Die Briefe an Timotheus und Titus
Der Brief an die Hebräer

Das Neue Testament Deutsch

Neues Göttinger Bibelwerk

In Verbindung mit Paul Althaus, Horst R. Balz,
Jürgen Becker, Hans Conzelmann, Joachim Jeremias,
Friedrich Lang, Eduard Lohse, Karl Heinrich Rengstorf,
Jürgen Roloff, Wolfgang Schrage, Siegfried Schulz,
Eduard Schweizer, Gustav Stählin, August Strobel,
Peter Stuhlmacher und Heinz-Dietrich Wendland

herausgegeben von Gerhard Friedrich

Teilband 9

Die Briefe an Timotheus und Titus

Der Brief an die Hebräer

11. Auflage
(1. Auflage dieser neuen Fassung)
51.—56. Tausend

Göttingen · Vandenhoeck & Ruprecht · 1975

Die Briefe an Timotheus und Titus

Der Brief an die Hebräer

Übersetzt und erklärt
von
Joachim Jeremias
und
August Strobel

Göttingen · Vandenhoeck & Ruprecht · 1975

Verzeichnis der Abkürzungen

Abkürzungen und Reihenfolge der neutestamentlichen Schriften im Gesamtwerk

Mk.	Joh.	1. Kor.	Eph.	1. Thess.	1. Tim.	Hebr.	2. Petr.	3. Joh.
Mt.	Apg.	2. Kor.	Phil.	2. Thess.	2. Tim.	Jak.	1. Joh.	Jud.
Lk.	Röm.	Gal.	Kol.	Phlm.	Tit.	1. Petr.	2. Joh.	Offb.

Abkürzungen alttestamentlicher Schriften (auch Apokryphen und Pseudepigraphen)

Am. = Amos
1., 2.Chron. = 1., 2. Buch der Chronik
Dan. = Daniel
Esr. = Esra
Esth. = Buch Esther
Hab. = Habakuk
Hag. = Haggai
Hes. (Ez.) = Hesekiel (Ezechiel)
Hhld. = Hoheslied
Hi. = Hiob
Hos. = Hosea
Jer. = Jeremia
Jes. = Jesaja
Jon. = Jona
Jos. = Buch Josua
Klgl. = Klagelieder
1., 2.Kön. = 1., 2. Buch der Könige
1., 2., 3., 4.Makk. = 1., 2., 3., 4. Buch der Makkabäer
Mal. = Maleachi
Mi. = Micha
Nah. = Nahum
Neh. = Buch Nehemia
Ob. = Obadja
Pred. = Prediger
Ps. = Psalm
Ri. = Richter
Rt. = Ruth
1., 2.Sam. = 1., 2. Buch Samuel
Sach. = Sacharja
Sir. = Buch Jesus Sirach
Spr. = Sprüche
Tob. = Buch Tobit
Weish. = Weisheit Salomos
Zeph. = Zephanja

LXX = Septuaginta
1 QS = Gemeindeordnung von Qumran
Par. = Parallelstellen aus den anderen (synoptischen) Evangelien

CIP-Kurztitelaufnahme der Deutschen Bibliothek

Das Neue Testament Deutsch: neues Göttinger Bibelwerk / in Verbindung mit Paul Althaus [u. a.] hrsg. von Gerhard Friedrich

NE: Friedrich, Gerhard [Hrsg.]; Testamentum novum <dt.>

Teilbd. 9. Die Briefe an Timotheus und Titus. Der Brief an die Hebräer / übers. u. erkl. von Joachim Jeremias u. August Strobel.

ISBN 3-525-51327-5

NE: Jeremias, Joachim [Bearb.]

DIE BRIEFE AN TIMOTHEUS UND TITUS

Joachim Jeremias

Einleitung. Die drei Pastoralbriefe (der Name begegnet zuerst bei D. N. Bardot 1703 für den Titusbrief) bilden sachlich und sprachlich eine Sondergruppe innerhalb der paulinischen Briefe. An einen Einzeladressaten gerichtet ist von diesen sonst nur noch Phlm., der sich aber durch seinen privaten Charakter von den Pastoralbriefen unterscheidet.

1. *Timotheus und Titus.* Es war im Sommer 49 (oder 50), wenige Monate nach der Auseinandersetzung des Paulus mit Petrus (Gal. 2, 11 ff.) und Barnabas (Apg. 15, 36 ff.), als dem vereinsamten Apostel in Lystra (Apg. 16, 1 ff.) wie eine Gottesgabe *der* Mann geschenkt wurde, der ihm selbstlos wie kein zweiter (Phil. 2, 20 f.) bis an sein Ende in Treue und Glaubensgemeinschaft verbunden blieb: *Timotheus.* Zunächst scheint der damals etwa zwanzigjährige (s. zu 1.Tim. 4, 12) Sohn einer Mischehe (Apg. 16, 1), den Paulus auf der ersten Missionsreise für den Glauben gewonnen hatte (1.Kor. 4, 17; 1.Tim. 1, 2), Paulus und Silas als Missionsgehilfe begleitet zu haben; sehr bald hat ihn jedoch der Apostel mit wichtigen selbständigen Aufträgen betraut (1.Thess. 3, 1 ff.; 1.Kor. 4, 17; 16, 10 f.; Apg. 19, 22; Phil. 2, 19 ff.). In sechs Briefen wird er als Mitbriefsteller genannt (1. und 2.Thess., 2.Kor., Phil., Kol., Phlm.). Auf der Reise nach Jerusalem am Ende der dritten Missionsreise hat er Paulus begleitet (Apg. 20, 4) und war sodann während der ersten römischen Gefangenschaft in seiner Nähe (Kol. 1, 1; Phlm. 1). Der einsame Gefangene rühmt den selbstlosen Freund als seinen Trost (Phil. 2, 19-23). Die Pastoralbriefe zeigen den damals wohl in den dreißiger Jahren stehenden „Evangelisten" (2.Tim. 4, 5) in verantwortlicher Führerstellung als Vertreter des Apostels in der kleinasiatischen Kirche: er setzt wie Titus (Tit. 1, 5) Amtsträger ein und ordiniert sie (1.Tim. 5, 22) und hat die Kirchenzucht zu verwalten (1.Tim. 5, 19 f.). Der 2.Tim. bringt ihm die letzte Bitte des vor der Hinrichtung stehenden Apostels: „Komm zu mir, so schnell du kannst" (2.Tim. 4, 9 vgl. 4, 21). Offenbar will Paulus ihm sein Lebenswerk als Vermächtnis übergeben. Nach dem Martyrium des Apostels hat er dessen Werk getreulich fortgesetzt, in Arbeitsgemeinschaft mit einem führenden Lehrer des paulinischen Kreises, mit dem unbekannten Verfasser des Hebräerbriefes (Hebr. 13, 23). Das ist die letzte Kunde über ihn. Die Überlieferung hat ihn, nicht ganz ohne historischen Anhalt, einhellig zum ersten Bischof von Ephesus gemacht.

Titus, der etwa im Alter des Timotheus gestanden zu haben scheint (Tit. 2, 6-7), ist uns nur aus vier Paulusbriefen (Gal., 2.Kor., Tit., 2.Tim.) bekannt; die Apg. erwähnt ihn merkwürdigerweise nicht. Heide von Geburt (Gal. 2, 3) und von Paulus bekehrt (Tit. 1, 4), begegnet er zuerst 48 (oder 49) n. Chr. als Mitglied der antiochenischen Gemeinde und Begleiter des Paulus auf der Reise zum Apostelkonzil

(Gal. 2, 1); er war also schon früher als Timotheus Mitarbeiter des Apostels. Auf der dritten Missionsreise hat er den Korinthern den „Tränenbrief“ überbracht, das Ultimatum des Apostels, und durch sein geschicktes Vorgehen die Paulus schon fast verlorene Gemeinde zum Gehorsam zurückgeführt (2. Kor. 2, 13 ff.; 7, 13 ff.; 8, 6; 12, 17 f.). Als Überbringer des 2. Korintherbriefes hat er hierauf die Ankunft des Apostels endgültig vorbereitet (2.Kor. 8, 6. 16-24). Erst Jahre später begegnet er wieder im Titusbrief auf Kreta, wo ihn Paulus zur Organisation der jungen kretischen Kirche zurückgelassen hat (Tit. 1, 5). Kurz vor dem Tode des Apostels ist er nach Dalmatien gegangen, wohl in seinem Auftrag (2.Tim. 4, 10). Nach der Tradition ist er, 94 Jahre alt, in Gortyna auf Kreta als Bischof der Insel gestorben.

2. *Die Reihenfolge der Entstehung der drei Briefe.* Einen Anhalt für ihre Bestimmung gibt die Präskriptentwicklung. In den älteren Paulusbriefen lautet die Eingangsgrußformel ausnahmslos „Gnade (sei mit) euch und Friede“. Im Titusbrief ist das „euch“, das als Anrede an eine Einzelperson nicht paßte, weggelassen: „Gnade und Friede“. Im 1. Timotheusbrief ist der durch diese Verkürzung gestörte Rhythmus durch Einfügung des Wortes eleos („Barmherzigkeit“) wiederhergestellt, ebenso im 2. Timotheusbrief. Der Titusbrief, dessen Präskript dem der älteren Briefe am nächsten steht, ist also wahrscheinlich der älteste der drei Briefe.

3. *Die Situation.* Aus dem *Titusbrief* erfahren wir von einer missionarischen Wirksamkeit des Apostels zusammen mit Titus auf der Insel Kreta (1, 5). Paulus ist zum Festland zurückgekehrt und hat die Absicht, in Nikopolis (wohl Nikopolis in Epirus) den Winter zuzubringen (3, 12). Der *1. Timotheusbrief* erwähnt an Situationsangaben lediglich eine Reise des Apostels nach Mazedonien, der eine gemeinsame Wirksamkeit mit Timotheus in Ephesus vorausgegangen zu sein scheint (1, 3). Die meisten Situationsangaben bietet der *2. Timotheusbrief.* Paulus ist gefangen (1, 8), und zwar in Rom (1, 17). Die Haft ist sehr streng: er liegt in Fesseln wie ein Verbrecher (2, 9). Eine erste Gerichtsverhandlung liegt hinter ihm (4, 16 f.); sie ist günstig verlaufen, aber Paulus ist sich über den Ausgang des Prozesses nicht im unklaren (4, 18) und erwartet seine Hinrichtung in Bälde (4, 6 ff. 9.21). Die Notizen über den in Troas zurückgelassenen Mantel (4, 13), den in Korinth zurückgebliebenen Erastus und den in Milet erkrankten Trophimus (4, 20) sowie über das Versagen der kleinasiatischen Brüder (1, 15) zeigen, wo Paulus vor seiner unlängst erfolgten Verhaftung zuletzt gewirkt hat. Über den Aufenthaltsort des Timotheus s. zu 4, 19, über die Abfassungszeit s. zu 4, 21.

Diese Angaben sind mit den uns in der Apostelgeschichte überlieferten, bis zum Ende der ersten römischen Gefangenschaft reichenden Daten nicht in Einklang zu bringen; sehr deutlich ist das z. B. beim 2.Tim., der voraussetzt, daß Paulus unmittelbar vor seiner Gefangennahme in Rom auf griechischem und kleinasiatischem Boden wirkte, und zwar ohne von Timotheus und Trophimus (4, 20) begleitet zu sein. So weisen die Situationsangaben der Pastoralbriefe in die Zeit nach der ersten römischen Gefangenschaft. In der Tat weiß keine einzige alte Quelle davon, daß Paulus nach der ersten römischen Gefangenschaft hingerichtet worden sei. (Der unvermittelte Schluß der Apostelgeschichte besagt das keineswegs, sondern könnte sich aus der Absicht erklären, daß das lukanische Doppelwerk durch ein drittes

Buch seinen Abschluß finden sollte. Dafür läßt sich die Beobachtung anführen, daß Lukasevangelium und Apostelgeschichte die gleiche Länge aufweisen, d.h. daß bei Apg. 28,31 nicht der Stoff, sondern nur die Rolle zu Ende gegangen sein könnte.) Wohl aber kennt der um 96 n. Chr. geschriebene 1. Clemensbrief (5,7) eine Spanienreise des Paulus, die – falls sie nicht lediglich aus Röm. 15,24.28 erschlossen ist – nur in der Zeit nach der ersten römischen Gefangenschaft untergebracht werden kann. Der wichtigste Zeuge dafür, daß Paulus noch einmal freigekommen ist und auf einer vierten Missionsreise sein Werk abgeschlossen hat, sind die Pastoralbriefe selbst, auch für den Fall ihrer Unechtheit: auch ein Fälscher hätte den äußeren Rahmen der Briefe schwerlich im Widerspruch zu dem tatsächlichen Ablauf der Ereignisse erfinden können in einer Zeit, in der noch Zeitgenossen des Apostels am Leben waren. (Die einzige ernste Schwierigkeit, die der Bejahung einer Wirksamkeit des Paulus in Kleinasien nach der ersten römischen Gefangenschaft entgegensteht, ist die Ankündigung des Apostels Apg. 20,25.38, daß die Gemeinde von Ephesus ihn nicht wiedersehen werde. Doch dürften diese Worte einfach die Erinnerung an die Befürchtungen des Apostels, die er Röm. 15,31 ausspricht, und an die Abschiedsstimmung aufbehalten, vielleicht mit der Nebenabsicht, den testamentarischen Charakter der Milet-Rede einzuprägen. Jedenfalls läßt die Apg. auch an anderer Stelle Ankündigungen über das Schicksal des Apostels stehen, die sich nicht wörtlich erfüllt haben [21,11.13]).

4. Während der 2. Brief an Timotheus nach Form und Inhalt ein *Privatbrief* ist, geben sich der Brief an Titus und der 1. Timotheusbrief in formaler Hinsicht als *amtliche Schreiben*. Der den Text der Briefe des Paulus regelmäßig eröffnende lobpreisende Dank gegen Gott fehlt im 1.Tim und Tit. (sonst nur noch im Gal.); statt seiner findet sich 1.Tim. 1,3 ff. und Tit. 1,5 ff. als Briefeingang die schriftliche Wiederholung eines bereits mündlich gegebenen Auftrages, wie es der Gepflogenheit amtlichen Verkehrs entsprach. Dem amtlichen Charakter entspricht auch der Schluß der beiden Briefe: im 1.Tim. fehlen die sonst zumeist die paulinischen Briefe abschließenden Mitteilungen persönlicher Art, Aufträge und dgl. sowie die Grüße; im Tit. sind Aufträge und Grüße auf das knappste bemessen (3,12 ff.). Auch der Inhalt der beiden Briefe ist amtlich gehalten; Paulus gibt in apostolischer Vollmacht umfassende Anweisungen. Das heißt: 1.Tim. und Tit. sind Schreiben, die in gleichem Maße für die beiden Empfänger als auch für deren Gemeinden bestimmt sind. Sie übermitteln Timotheus und Titus die Weisungen des Apostels und sind gleichzeitig Beglaubigungsschreiben, die die beiden Delegierten des Apostels ihren Gemeinden gegenüber als zur Ausübung der vertretungsweisen Kirchenleitung in Kleinasien und auf Kreta bevollmächtigt ausweisen. Daß auch 2.Tim. für die Gemeinden mitbestimmt ist, zeigt die feierliche Titulatur im Eingang und der Plural im Schlußsatz.

5. *Die Eigenart der Pastoralbriefe* ist mit ihrem Namen „Hirtenbriefe" treffend beschrieben. Als Anweisungen und Seelsorgeschreiben an „Hirten" der Kirche stehen sie einzig da in der ganzen Bibel. Was sie sagen über die Pflichten der Amtsträger, über die rechte Predigt, die Ordnung des gottesdienstlichen Lebens in den Gemeinden, die Handhabung der Kirchenleitung und Kirchenzucht, die

Seelsorge an den Ständen der Gemeinde wie an den Abgeirrten, vollends was sie an persönlichem Zuspruch und Rat zu geben haben, hat überzeitliche Bedeutung für alle Amtsträger der Kirche. Aber die Bezeichnung „Hirtenbriefe“ ist nicht erschöpfend. Die Briefe sind mehr als persönliche Schreiben (s. o. 4), sie reden zugleich die Gemeinden an. Der 1. Timotheusbrief und der Titusbrief enthalten die ältesten Ordnungen des kirchlichen Lebens auf dem Boden des Evangeliums. Sie regeln die Besetzung der kirchlichen Ämter und legen die an den Amtsträger zu stellenden Anforderungen fest; sie geben Weisungen für das kirchliche Verhalten der Gemeindeglieder im Gottesdienst wie im Alltag; sie ordnen die Abgrenzung von den Irrlehrern. Diesen Gemeindeordnungen, die ihrerseits zum Teil älteres Gut zu verwenden scheinen, verdanken die Pastoralbriefe den Einfluß, den sie in der Folgezeit ausgeübt haben. Endlich aber beruht Eigenart und Wert der drei Briefe darauf, daß sie für den Fall ihrer auch nur teilweisen Echtheit die letzten Schreiben des großen Apostels sind; das gilt namentlich für den 2. Timotheusbrief, das gewaltige Testament des dem Martyrium entgegengehenden Paulus.

6. *Die Bedenken gegen die Echtheit.* Die Echtheitsfrage ist bei den Pastoralbriefen besonders verwickelt. Es kennzeichnet die Schwierigkeiten, daß die Mehrzahl der Forscher sich weder zu einer glatten Annahme der Unechtheit noch zu einer uneingeschränkten Echtheitserklärung entschließen kann, sondern zu vermittelnden Hypothesen ihre Zuflucht nimmt. Was zunächst die Bedenken *gegen die* Echtheit anlangt, so ist nicht alles, was man vorgebracht hat, stichhaltig. Mancher Anstoß (z. B. an der schriftlichen Wiederholung bereits mündlich erteilter Aufträge 1. Tim. 1, 3 ff.; Tit. 1, 5 ff. oder daran, daß dem Timotheus 1. Tim. 2 u. 3 Anweisungen erteilt werden, die nicht für ihn selbst, sondern für die Gemeinden bestimmt sind) beruht auf der Verkennung des amtlichen Charakters des 1. Tim. und Tit. (s. o. 4); manche Abweichungen der Pastoralbriefe von den älteren Briefen des Paulus erklären sich aus ihrer soeben (s. o. 5) geschilderten Eigenart. Der Einwand schließlich, daß die Pastoralbriefe nicht paulinisch sein könnten, weil sie das Amt des „Ältesten“ kennen, das den übrigen Paulusbriefen unbekannt ist, erledigt sich, wenn die Ausführungen zu 1. Tim. 5, 17 zutreffen. Die ernst zu nehmenden Bedenken gegen die Echtheit gründen sich im wesentlichen auf vier Beobachtungen. *Erstens: ihr Fehlen* im Kanon des Marcion (um 150) und in dem ältesten erhaltenen Pauluscodex P^{46} (um 200 geschrieben). Aber das Fehlen bei Marcion muß nicht auf Unkenntnis der Briefe zurückgehen, sondern kann auch auf Ablehnung beruhen (so schon Tertullian, adv. Marc. V 21); sie werden Marcion um ihrer antignostischen Haltung und ihrer Hochschätzung des Alten Testaments willen unsympathisch gewesen sein. Und was P^{46} anlangt, so sind die ersten und letzten sieben Blätter verloren, so daß wir nicht wissen, was auf Blatt 97 (1. Thess. 5, 28) noch folgte. Da die Pastoralbriefe allein noch acht Blätter erfordert hätten, waren sie offenbar nicht vorgesehen. Das bedeutet aber nicht notwendig, daß sie unecht sind, denn die älteste Sammlung der Paulusbriefe könnte sich auf die an Gemeinden gerichteten Briefe beschränkt haben. Denkbar wäre auch, daß sich der Schreiber von P^{46} im Umfang des Codex verrechnete (er drängt in der zweiten Hälfte des Codex mehr Zeilen auf die Seite als in der ersten); er würde sich in diesem Fall durch Hinzufügen von drei Blättern (denen am Anfang leere Blätter entsprochen

hätten) geholfen haben. Jedenfalls steht fest, daß um 200, als P^{46} geschrieben wurde, die Pastoralbriefe in der ganzen alten Kirche als Schreiben des Paulus bekannt waren (Irenaeus, Tertullian, Canon Muratori. Clemens Alex.). *Zweitens* beziehen sich die Bedenken auf die *religiöse und theologische Eigenart* der Pastoralbriefe. Einerseits legen diese stärker als die übrigen paulinischen Briefe den Nachdruck auf die „gesunde Lehre“ der Kirche (1.Tim. 1, 10; 2.Tim. 4, 3; Tit. 1, 9; 2, 1 u. ö.); wiederholt nähert sich das Wort „Glauben“ der Bedeutung von „Glaubenslehre“ (1.Tim. 4, 6; Tit. 1, 13): der Glaube wird zur Rechtgläubigkeit. Andererseits nimmt in diesen Briefen das „gute Werk“ einen größeren Raum ein (1.Tim. 2, 10; 5, 10; 6, 18; 2.Tim. 2, 21; 3, 17; Tit. 2, 14), als es sonst bei Paulus der Fall ist. Beides schien ein Hinweis auf ihre Abfassung in nachpaulinischer Zeit zu sein. Die Kirche befestigt sich nach den bewegten Anfangszeiten: ihre Lehre beginnt, sich als feste Größe herauszubilden, ihre Ethik wird „bürgerlich“ (M. Dibelius). Aber dieses Bedenken wird der Eigenart der Pastoralbriefe, deren Hauptzweck die Ordnung des kirchlichen Lebens im inneren Aufbau und im Kampf gegen die Sektierer ist, nicht voll gerecht. Die Betonung der Glaubenslehre als fester Norm, die sich übrigens schon in den älteren Briefen gelegentlich findet (z. B. Röm. 6, 17; 16, 17; Objektivierung des Glaubens: Gal. 1, 23 u. ö.), erklärt sich aus dem breiten Raum, den der Kampf gegen die Irrlehre in den Pastoralbriefen einnimmt. Und was die „guten Werke“ anlangt, die auch in den älteren Paulusbriefen durchaus nicht fehlen (2.Thess. 2, 17; 2.Kor. 9, 8; Röm. 2, 7; 13, 3; Kol. 1, 10; Eph. 2, 10), so dürfen diese keinesfalls im Sinne der Werkgerechtigkeit aufgefaßt werden; vielmehr sind, ebenso wie in der Predigt Jesu (s. die Ausführung nach 1.Tim. 5, 16), ganz bestimmte „Werke der Liebe“ – diese Übersetzung ist die einzig sinngemäße Wiedergabe des Ausdrucks – gemeint, in denen sich die im Gottesmenschen wirksamen Kräfte des neuen Lebens offenbaren (2.Tim. 3, 17). Ihre verhältnismäßig häufige Erwähnung in den Pastoralbriefen erklärt sich aus deren praktischem Zweck. Immerhin bleiben hier erhebliche Unterschiede zwischen den Pastoralbriefen und den älteren Briefen des Apostels. Den hellenistischen Satz zum Beispiel, daß Gesetze nicht für rechtschaffene Bürger, sondern nur für ruchlose Menschen bestimmt seien (1.Tim. 1, 9), hätte Paulus niemals auf das alttestamentliche Gesetz angewendet (vgl. nur Röm. 3, 10–12. 19; 13, 8–10). Unterschiede zeigen sich auch in der Christologie, die sich stärker, als es in den übrigen Paulusbriefen der Fall ist, mit der allgemein-urchristlichen berührt, was sich allerdings z. T. daraus erklärt, daß die Pastoralbriefe in großer Zahl festgeprägte Sprüche und Formeln anführen (1.Tim. 1, 15; 2, 5 f.; 3, 16; 6, 13; 2.Tim. 2, 8 u. ö.). Schwerer wiegt ein *drittes* Bedenken gegen die Echtheit, das sich auf *Wortschatz und Stil* der Briefe bezieht. Eine Reihe dem Paulus eigentümlicher Wörter und Wendungen, darunter Partikeln und Adverbien, fehlen; Wörter, die Paulus kennt, werden in anderer Bedeutung, Konstruktion oder Häufigkeit gebraucht. Vor allem aber tauchen 306 neue Wörter auf (ein gutes Drittel der gebrauchten), die sich bei Paulus nicht finden (z. B. „Frömmigkeit“, „fromm sein“ dreizehnmal, „gesunde Lehre“, „Besonnenheit“), und der reiche Sprachschatz als ganzer berührt sich stärker mit der gehobenen Alltagssprache der hellenistischen Welt und mit der Sprache der jüdisch-hellenistischen Weisheitslehre, der Popularphilosophie und des Hofstils, als es im allgemeinen bei Paulus der Fall ist. Der Stil ist nüchtern und ruhig im Gegensatz zu dem bewegten, oft überstürzten Stil der übrigen Paulusbriefe; Listen und Aufzählungen (in der Übersetzung an vielen Stellen durch kleine Ziffern kenntlich gemacht) nehmen einen breiten Raum ein (1.Tim. 3,2ff. 8ff.; 2.Tim. 3,2ff. u. ö.); die Zahl der Adjektive ist auffällig groß. Nun darf man aber die Bedeutung der Wortstatistik nicht überschätzen. Jeder der paulinischen Briefe weist sprachliche Eigenheiten auf; so finden sich z.B. im Römerbrief 261 neue Wörter. Bei den Pastoralbriefen insbesondere erklärt sich manches aus ihrer Eigenart: eine Gemeindeordnung gebraucht notwendig andere Wörter und einen sachlicheren Stil als ein Seelsorgeschreiben und knüpft von selbst stärker an traditionelle Formulierungen an; solche Anknüpfung läßt sich in der Tat vielfältig nachweisen (s. z.B. die Vorbemerkung zu 1.Tim. 2-3 und die zahlreichen Anführungsstriche in der Übersetzung). Ferner zwang die Bekämpfung der Gnosis zur Benutzung ihrer Terminologie (s. zu 1.Tim. 1,4; 6,20; Tit. 1,16) und zur Ausbildung eines polemischen Vokabulars. Das stärkere Hervortreten des Hofstils erklärt sich – ganz abgesehen davon, daß sich vereinzelte Anklänge an ihn schon in den früheren Briefen finden (z.B. Phil. 3,20: „Heiland", vgl. die Ausführung nach 2.Tim. 1,14) – aus der Beobachtung, daß die auffälligsten Stellen (Tit. 3,4; 2.Tim. 1,10) Zitate sind (s. zu Tit. 3,4). Doch bleibt auch hier eine ernste Schwierigkeit, die durch eine scheinbar geringfügige, aber wichtige Beobachtung verstärkt wird: die durchschnittliche Buchstabenzahl eines Wortes der älteren paulinischen Briefe schwankt zwischen 4,67 (Philemonbrief) und 5,02 (1.Thess.) Buchstaben, in den Pastoralbriefen dagegen beträgt sie 5,26 (2.Tim.), 5,58 (1.Tim.), 5,66 (Tit.) Buchstaben (Roller). Diese Feststellung deutet zwingend darauf hin, daß in den Pastoralbriefen eine andere Hand die Feder geführt hat als in den älteren Briefen des Paulus. Am schwersten wiegt ein nicht immer genügend beachtetes *viertes* Bedenken. Paulus ist zur Zeit der Abfassung des 2.Tim. in *strenger Haft:* er ist gefesselt und wird wie ein Verbrecher behandelt (2.Tim. 2,9). Vergegenwärtigt man sich die Zustände in antiken Gefängnissen – die Gefangenen waren zusammengepfercht, den kalten Zellen fehlte das Licht – und bedenkt man, daß die Abfassung eines Briefes von der Länge des 2.Tim. für antike Schreibtechnik nicht Stunden, sondern Tage mühsamer Arbeit erforderte, so wird man es als äußerst unwahrscheinlich bezeichnen müssen, daß Paulus den 2.Tim. eigenhändig im Gefängnis niedergeschrieben hat. Da dieser Brief aber nicht von den beiden anderen Pastoralbriefen losgelöst werden kann, so folgt daraus, daß alle drei Briefe nicht eigenhändiger Niederschrift des Apostels entstammen können. Wem diese Bedenken so zwingend erscheinen, daß er glaubt, die Briefe dem Apostel Paulus absprechen zu müssen, der unterstellt damit ihrem Verfasser keineswegs notwendig, daß er im modernen Sinn ein Fälscher gewesen sei. Wir wissen heute, daß es in den hellenistischen Philosophen- und Mediziner-Schulen ein weitverbreitetes Verfahren war, literarische Produkte der Schule dem Schulhaupt zuzuschreiben, auch wenn der Meister schon gestorben war. Man wollte ihn auf diese Weise ehren. So hat der Verfasser des 2. Petrusbriefes gewiß den Apostel Petrus ehren wollen, wenn er ihm sein Werk zuschrieb. Er war überzeugt, dessen apostolische Lehrtradition treu weiterzugeben und verlieh seinem Schreiben zugleich erhöhte Autorität gegenüber den bekämpften Irrlehrern. Ähnlich würde es bei den Pastoralbriefen liegen, die ja gleichfalls den Kampf gegen die Irrlehre auf ihre Fahne geschrieben haben. Grundsätzlich ist die Möglichkeit, daß sie Nachahmungen sind, durchaus ernst zu nehmen. Ihr Verfasser hätte sich für das Gefühl der Zeit mit der Verwendung der Pseudonymität nicht als Fälscher betätigt, sondern ein durchaus legitimes literarisches Hilfsmittel angewendet.

7. *Indizien für die Echtheit der Briefe.* Wenn wir uns trotz alledem der Unechtheitshypothese nicht anschließen können, so hat das seinen Grund darin, daß auf der anderen Seite schwerwiegende Argumente für die Richtigkeit des Anspruchs der Briefe auf paulinische Verfasserschaft eintreten. a) Auszugehen ist hier von der Tatsache, daß von den Menschen des christlichen Altertums, die man sich keinesfalls als unfähig zu kritischen Beobachtungen vorstellen darf (vgl. z.B. die Einleitung zum 2. Petrusbrief Abschnitt 6), *niemand* auf die Idee verfallen ist, *an der Echtheit* der Pastoralbriefe *zu zweifeln*. Das geschah vielmehr erst im Anfang des 19. Jahrhunderts (Schleiermacher 1806). – b) Sodann sind *sprachliche und brieftechnische Beobachtungen* zu nennen. Wir finden in den Pastoralbriefen typisch paulinische Stilformen, z.B. „in Christo Jesu" (neunmal), ferner die im Neuen Testament (außer Apg. 24,24) streng auf das paulinische Briefkorpus beschränkte Umstellung „Christus Jesus" statt „Jesus Christus" (27mal), den absoluten Gebrauch des Wortes „Evangelium" usw. Vor allem ist die folgende Beobachtung wichtig: der Eingang und der Schluß der paulinischen Briefe (das sog. Briefformular) weisen bedeutende Abweichungen vom üblichen Briefformular auf, und zwar hat das paulinische Briefformular im Laufe der Jahre eine Aus- und Umgestaltung seiner Eigentümlichkeiten erfahren. Bereits im ältesten Briefe, dem 1.Thess., begegnet die charakteristisch paulinische Eingangsgrußformel „Gnade sei mit euch und Friede" (1.Thess. 1,1) sowie der ebenfalls charakteristisch paulinische, die persönliche Unterschrift darstellende Schlußgruß „Die Gnade unseres Herrn Jesu Christi sei mit euch" (1.Thess. 5,28). Seit dem 2.Thess. hat die Eingangsgrußformel konstant die erweiterte Form „von Gott dem Vater und dem Herrn Jesus Christus" (2.Thess. 1,2). Seit dem Gal. bezeichnet sich Paulus am Eingang als Apostel (nur im Philipper- und Philemonbrief fehlt verständlicherweise der Titel). Seit dem 1.Kor. werden die Adressaten als „Heilige" angeredet. Im Röm. erstmalig und dann wieder im Eph. zeichnet Paulus allein als Absender. Der Kol. endlich bringt die neue, verkürzte Fassung des Schlußgrußes: „Die Gnade sei mit euch" (4,18). Es ist ein gewichtiges Argument für die Echtheit der Pastoralbriefe, daß sie nicht nur die allgemeinen charakteristischen Kennzeichen des paulinischen Briefformulars aufweisen (s. zu Röm. 1,1-7), sondern darüber hinaus genau diejenige Entwicklungsstufe desselben widerspiegeln, die in den letzten vorhergehenden Briefen erreicht ist: Paulus nennt sich in ihnen Apostel (seit Gal.); er zeichnet allein als Absender (wie vorher im Röm. und Eph.); die Eingangsformel hat die erweiterte Form (seit 2.Thess.), und vor allem hat der unterschriftliche Schlußgruß der Past. die erstmalig im Kol. begegnende verkürzte Form: „Die Gnade sei mit euch". Die zahnradartig ineinandergreifenden Entwicklungsreihen der einzelnen Formeln verknüpfen das Briefformular der Past. so präzise und so unlöslich mit dem der vorhergehenden Briefe, daß die Annahme, sie seien eine Fälschung, als äußerst unwahrscheinlich gelten muß. Es ist außerdem nicht recht einzusehen, warum der

Fälscher gleich drei Briefe verfaßt hätte statt eines einzigen. – c) Zu diesen formalen Echtheitsmerkmalen treten *inhaltliche.* Nirgendwo in der gesamten außerpaulinischen Literatur tritt die paulinische Lehre so klar hervor wie in den Pastoralbriefen. Was 1.Tim. 1, 12-17 über die in Jesus Christus geoffenbarte göttliche Barmherzigkeit gesagt wird und über den Heiland, der kam, um Sünder selig zu machen, das Bekenntnis zu Jesus Christus als dem neuen Menschen (1.Tim. 2, 5), die Rechtfertigung aus Gnaden (Tit. 3, 7), das „allein durch den Glauben" (1.Tim. 1, 16; 2.Tim. 3, 15 u. ö.) mit der scharfen Abweisung aller Werkgerechtigkeit („nicht infolge der Werke und der Gerechtigkeit, die wir aufzuweisen gehabt hätten, sondern nach seiner Barmherzigkeit" Tit. 3, 5 vgl. 2.Tim. 1, 9), die Liebe als das eine Ziel aller göttlichen Gebote (1.Tim. 1, 5), die Mahnung zur nachgehenden Geduld gegenüber dem irrenden Bruder (2.Tim. 2, 25 vgl. 2.Thess. 3, 15), das Wort von der Unvermeidbarkeit (2.Tim. 3, 11 f.) und der stellvertretenden Kraft der Leiden (2.Tim. 2, 10) – all das ist die paulinische Lehre, wie wir sie so ausgeprägt nur in seinen eigenen Briefen wiederfinden. Ebenso reden die Selbstzeugnisse 1.Tim. 1, 12-16; 2.Tim. 3, 10-12; 4, 6-8 u. ö. in ihrer Demut, Leidenswilligkeit und Glaubensstärke die eigenste Sprache des Apostels. – d) Zu alledem kommt eine Fülle von Einzelbeobachtungen, die gegen eine Spätdatierung der Briefe sprechen. Hier ist zunächst das Bild der *gesamtkirchlichen Situation* zu nennen, das sie zeichnen: an der kleinasiatischen Küste eine konsolidierte, aber organisatorisch noch in der Weiterentwicklung befindliche (1.Tim. 5, 3 ff.) paulinische Großstadtgemeinde, auf Kreta nach einem erfolgreichen Missionsfeldzug die ersten zaghaften Anfänge der Organisation einer Kirche ebenfalls paulinischer Prägung, in der Hauptstadt des Reiches dagegen eine dem Apostel völlig desinteressiert gegenüberstehende Gemeinde. Dieses Gesamtbild läßt sich nur in den letzten Lebensjahren des Apostels unterbringen. Das gilt besonders von den Notizen über die ablehnende Stellung der römischen Gemeinde zu Paulus. Während wir wissen, daß Ende der fünfziger Jahre Spannungen zwischen der römischen Gemeinde und dem Apostel herrschten (der ganze Römerbrief mit seinem Bemühen, Mißverständnisse der römischen Judenchristen auszuräumen, bezeugt es, ebenso wie Phil. 1, 14-17, falls der Brief in Rom geschrieben wurde), ist es ganz undenkbar, daß ein Pseudo-Paulus sich hundert Jahre später das Bild der beschämenden Gleichgültigkeit der römischen Gemeinde, die keinerlei Kontakte mit dem gefangenen Apostel hatte (s. zu 2.Tim. 1, 17) und ihn bei seinem Prozeß im Stich ließ (4, 16), aus den Fingern gesogen haben sollte. Weiter sprechen für die Echtheit der Pastoralbriefe die Angaben über *die Ämter.* Allein die Tatsache, daß der monarchische Episkopat, wie wir ihn bei Ignatius von Antiochia (110 n. Chr.) voll ausgebildet vorfinden, noch nicht in Sicht ist, verbietet die von vielen vertretene Zuweisung der Pastoralbriefe an das zweite Jahrhundert. Vielmehr stellt das Nebeneinander der beiden Ämter des Episkopos und Diakonos in 1.Tim. 3, das im ganzen Neuen Testament nur Phil. 1, 1 eine Entsprechung hat, die Pastoralbriefe zu den übrigen Paulusbriefen. Dazu stimmt, daß den Pastoralbriefen das Amt des Presbyters so wenig bekannt ist wie den übrigen Briefen des Apostels (es hätte sonst unbedingt in 1.Tim. 3 auftauchen müssen, s. zu 1.Tim. 5, 17); damit erweisen sie sich als älter als der 1. Petrusbrief, die Apostelgeschichte und die johanneische Literatur, deren Existenz sie auch sonst nirgendwo eindeutig erkennen lassen. Der Ritus des Handaufstemmens bei der *Ordination,* der in der christlichen Literatur erstmalig in den Pastoralbriefen und Apg. 6,6 auftaucht, stammt aus dem Judentum (s. A. nach 1.Tim. 4,16); da die Judenschaft ihn nur im Mutterlande übte, muß die Übernahme dort erfolgt sein, und zwar vor dem etwa 62 n. Chr. (Steinigung des Herrenbruders Jakobus) erfolgten Bruch zwischen der palästinischen Kirche und der Synagoge. Auch die Eigenart der bekämpften *Gnosis* weist vielfältig in die Frühzeit. Die judaisierenden Züge (1.Tim. 1,3ff.; Tit. 1,10ff.; 3,9), die sich auch Kol. 2,16ff. finden, sind charakteristisch für die älteste Gnosis; der Doketismus (über ihn s. 2.Tim. 2,18), dessen Bekämpfung zentrales Anliegen der johanneischen Briefe ist, meldet sich allenfalls in einem ersten Ansatz zur Polemik (in der ersten Zeile des Christus-Hymnus 1.Tim. 3,16) zu Wort, sonst nirgendwo; vollends sind die großen gnostischen Lehrgebäude des 2. Jahrhunderts noch ganz außer Sicht. Die Abwehr ist noch schematisch und unbeholfen (vgl. 1.Tim. 1,3-11) und befindet sich offensichtlich erst in den Anfängen ihrer Ausbildung. Die gnostischen Lehrer und ihre Anhänger stehen noch innerhalb der Gemeinden (Tit. 1,10 f.). Der Bruch mit ihnen bahnt sich erst an, nur in Einzelfällen ist es zum Ausschluß gekommen, der wie 1.Kor. 5,5 in Form der Übergabe an den Satan vollzogen wird (1.Tim. 1,20). Das zitierte christologische *Formelgut* gibt sich durch judenchristliche Züge (2.Tim. 2,8) und das Zurücktreten der Präexistenzaussage als alt zu erkennen. Die Stellung zu *Staat* und Gesellschaft ist die des Paulus (man vergleiche die wörtlichen Berührungen von Tit. 3,1 mit Röm. 13,1.3, ferner 1.Tim. 2,1 ff.); die neronische Verfolgung zeichnet sich nicht ab (anders etwa Hebr. 10,32-34); Martyrien werden jedenfalls nirgendwo erwähnt, und die Leidensscheu fehlt in dem Lasterkatalog 2.Tim. 3,1ff. Das *Bild des Timotheus und Titus* ist von jeder Schönfärberei entfernt (1.Tim. 4,12; 2.Tim. 1,7f.; 2,3.12.22; Tit. 2,15); die alte Kirche hat anders gedichtet und die Männer der apostolischen Zeit lobrednerisch verherrlicht. Vor allem sind es zahlreiche *geschichtliche Einzelheiten* (bes. 2.Tim. 4,9-21; 1,5.15-18; 3,14f.; Tit. 3,12-14), die sich dagegen sträuben, als Fälschung behandelt zu werden, wie z.B. die Bitte um den in Troas bei Karpus zurückgelassenen Mantel (2.Tim. 4,13). Obwohl es richtig ist, daß es zur Kunst der damaligen Pseudepigraphen gehörte, nachgeahmte Briefe durch frei erfundene, möglichst plastische und konkrete Züge als echt erscheinen zu lassen, so wirken die Personalangaben namentlich 2.Tim. 4,9-21 doch in keiner Weise klischeehaft. Das Einmalige der Situation und des innigen Verhältnisses von Schreiber und Empfänger wird stets der Hauptgrund für die Echtheit der Briefe bleiben.

8. *Versuch einer Lösung.* So ergibt sich ein merkwürdig zwiespältiges Bild: den Beobachtungen, die die Abfassung der Past. durch Paulus auszuschließen scheinen, stehen sehr gewichtige Gründe für ihre Echtheit gegenüber. Vielfach glaubt man, dem widersprüchlichen Tatbestand, wie er in Abschnitt 6 einerseits, in Abschnitt 7 andererseits dargelegt war, auf die Weise gerecht zu werden, daß man annimmt, daß die Pastoralbriefe zwar als Ganzes unecht seien, daß in ihnen aber Bruchstücke echter Briefe verarbeitet seien (Fragmentenhypothese). Über die Abgrenzung der echten Stücke sind die Meinungen bei den Vertretern der Fragmententheorie verschieden, doch besteht Einigkeit darüber, daß die Abschnitte

2.Tim. 4,9-22 und Tit. 3,12-15 mit ihren zahlreichen konkreten Angaben zu den echten Stücken zu rechnen seien. Die Hypothese ist jedoch von Schwierigkeiten belastet. Es fällt z.B. schwer, sich vorzustellen, wie diese Fragmente zu Briefen kombiniert bzw. erweitert worden sein sollten, zumal genaue Parallelen in der Literatur der Antike fehlen. Wir schlagen daher eine andere Lösung vor. Sie geht davon aus, daß sich das *Zustandekommen eines antiken Briefes unter wesentlich anderen Bedingungen vollzog als das eines modernen.* Bei der Empfindlichkeit und Rauheit des Schreibmaterials (Papyrus), der Unvollkommenheit der Rohrfedern und der Tinte sowie der Umständlichkeit der Großbuchstabenschrift war das Schreiben ein sehr mühsamer, viel Zeit erfordernder Vorgang. Eigenhändige Niederschrift war daher nur bei ganz kurzen Briefen die Regel, nicht bei so langen Erzeugnissen, wie sie die Briefe des Paulus darstellen. Dem entspricht die Nachricht Röm. 16,22, derzufolge der Röm. von Tertius niedergeschrieben worden ist. Aber auch das wörtliche Diktieren war eine äußerst mühsame und zeitraubende Angelegenheit, weil bei der Langsamkeit des Schreibens nicht Satz für Satz, sondern Silbe für Silbe vorgesprochen werden mußte: wörtliches Diktieren war daher *noch* ungewöhnlicher als eigenhändiges Schreiben. Vielmehr vollzog sich bei längeren Schriftstücken das Diktat im allgemeinen derart, daß ein Sekretär den Briefinhalt dem Sinne nach auf Wachstäfelchen nachschrieb und an Hand der notierten Stichworte den Brief aufsetzte; der Absender korrigierte das Schriftstück durch und unterzeichnete eigenhändig mit dem Schlußgruß. So etwa ist z. B. 1.Petr. 5,12 (s. z. St.) zu verstehen. Wie verbreitet die Sekretärs-Mithilfe war, hat der Fund von 15 Briefen Bar Kochbas im Jahre 1960 gezeigt. Von den Briefen sind 9 aramäisch, 4 hebräisch und 2 griechisch abgefaßt, und nicht nur die Briefe selbst, sondern auch die Namenszüge Bar Kochbas weisen verschiedene Handschriften auf. Sie sind also jeweils einem Schreiber diktiert und, vielleicht mit einer Ausnahme, nicht von Bar Kochba selbst, sondern in seinem Namen von dem diktierenden Sekretär unterzeichnet worden. Von diesem Tatbestand aus gesehen ist bereits für die zehn älteren Briefe des Paulus eine über das rein Technische hinausgehende Beteiligung der Gefährten des Paulus an der Abfassung seiner Briefe anzunehmen, wie denn ja auch in diesen Briefen – mit Ausnahme des Röm. und Eph. – durchgängig Mitbriefsteller im Briefeingang erwähnt werden und weithin im Wir-Stil gesprochen wird. Entsprechend ist die Abfassung der Past. vorzustellen: auf Grund vorheriger mündlicher Anweisung und unter ständiger Mitarbeit des Apostels werden sie von einem seiner Mitarbeiter in seinem Auftrage niedergeschrieben worden sein, und es ist durchaus mit der Möglichkeit zu rechnen, daß Paulus bei diesen letzten Briefen seinem Sekretär größere Freiheit gab als bisher. Daß jetzt nicht mehr Timotheus, sondern ein anderer Gefährte des Apostels, ein hellenistischer (s. zu 1.Tim. 1,11.17; 6,15 f.; 2.Tim. 3,8 f.), in der jüdischen Schriftauslegung bewanderter (1.Tim. 1,9 f.; 2,13-15) Mitarbeiter, ihm als Sekretär behilflich war, erklärt die Abweichungen der Past. von den älteren, unter Mitwirkung des Timotheus entstandenen Briefen in mancher inhaltlichen Einzelheit sowie in Wortschatz und Stil vollauf. Das Entscheidende bleibt: auch hinter diesen Briefen steht als ihr Schöpfer die Gestalt des großen Heidenapostels.

9. *Zeit und Ort der Abfassung:* s. oben Einl. 3 und zu 2.Tim. 4,21.

10. *Der Gedankengang.* **1. Brief an Timotheus.** 1,1-2: Gruß. I. 1,3-20: Abwehr von Gesetzeslehrern. II. 2,1-3,16: Die Gemeindeordnung. III. 4,1-11: Gegen die asketischen Forderungen der Irrlehrer. IV. 4,12-6,2: Anweisungen für die Kirchenleitung. V. 6,3-19: Die falsche und rechte Stellung zum Geld. 6,20-21: Briefschluß. – **2. Brief an Timotheus.** 1,1-2: Gruß. I. 1,3-2,13: Mahnung zu furchtlosem Bekenntnis. II. 2,14-4,8: Die Sektierer. III. 4,9-18: Die persönliche Lage des Apostels. 4,19-22: Briefschluß. – **Brief an Titus.** 1,1-4: Gruß. I. 1,5-16: Gemeindeamt und Sektierertum. II. 2,1-3,11: Ordnung der christlichen Lebensführung. 3,12-15: Briefschluß.

Wissenschaftliche Kommentare: H. J. Holtzmann, Die Pastoralbriefe kritisch und exegetisch behandelt, 1880; B. Weiß (Meyers kritisch-exegetischer Kommentar über das Neue Testament XI)[7] 1902; G. Wohlenberg (Zahns Kommentar zum Neuen Testament XIII)[8] 1923; M. Dibelius (Lietzmanns Handbuch z. Neuen Testament 13)[2] 1931,[4] (bearbeitet von H. Conzelmann) 1966; A. Schlatter, Die Kirche der Griechen im Urteil des Paulus, 1936; B. S. Easton, The Pastoral Epistles, 1947; G. Holtz, Pastoralbriefe (Theol. Handkommentar zum Neuen Testament), 1965; C. Spicq, Les Épîtres Pastorales, [4]1969.

Gemeinverständliche Kommentare: F. Köhler (in: J. Weiß, Die Schriften des Neuen Testaments, Bd. 2)[3] 1917; Th. Haering, Die Pastoralbriefe, 1928; A. Schlatter, Erläuterungen zum Neuen Testament, Bd. 2, [4]1928, auch einzeln; M. Meinertz (in: Die Hl. Schrift des Neuen Testaments, hrsg. v. Tillmann)[4] 1931 (katholisch); P. Leo, Das anvertraute Gut (Die urchristliche Botschaft XV) 1935; C. K. Barrett, The Pastoral Epistles (New Clarendon Bible), 1963; J. N. D. Kelly, A Commentary on the Pastoral Epistles (Black's NT Commentaries), 1963; N. Brox (in: Das Regensburger Neue Testament 7, 2)[4] 1969; F. G. Schierse (in: Die Welt der Bibelkleinkommentare zur Hl. Schrift) 1969.

Zur Echtheitsfrage: H. H. Mayer, Über die Pastoralbriefe, 1913; W. Michaelis, Pastoralbriefe und Gefangenschaftsbriefe, 1930; grundlegend: O. Roller, Das Formular der paulinischen Briefe, 1933.

DER ERSTE BRIEF AN TIMOTHEUS

Die Grußüberschrift 1,1-2

1 Paulus, Apostel Christi Jesu auf Befehl Gottes, unseres Heilandes, und Christi Jesu, (der) unsere (ganze) Hoffnung (ist), 2 an Timotheus, sein geliebtes Kind im Glauben: Gnade, Barmherzigkeit, Friede von Gott, dem Vater, und Christus Jesus, unserem Herrn (sei mit dir)!

Als Apostel, das heißt als bevollmächtigten Sendboten Jesu, braucht Paulus sich 1
seinem treuen Mitarbeiter Timotheus gegenüber schwerlich auszuweisen; wenn er es dennoch tut, so deshalb, weil der Brief zugleich für die Gemeinden mitbestimmt ist, deren Leitung Timotheus anvertraut ist (s. o. S. 3). Aber der Titel „Apostel" ist kein Ruhmestitel; sehr scharf hebt Paulus seine Gehorsamspflicht hervor: seine

Sendung beruht auf dem Befehl Gottes und Jesu Christi. Wenn dabei Gott in Anlehnung an den alttestamentlichen Sprachgebrauch (vgl. Ps. 25,5; 27,9; Hab. 3,18; Sir. 51,1; ferner Lk. 1,47; Jud. 25) als „unser Heiland" (vgl. die Ausführung zu 2.Tim. 1,10), Jesus Christus als „unsere Hoffnung", bezeichnet wird, so lenken beide Zusätze den Blick auf die Enderlösung, die mit dem Kommen Jesu angebrochen ist; wie alle Evangeliumsverkündigung, so geschieht auch die Verkündigung des Paulus im Blick auf die durch Jesus Christus verbürgte Weltvollendung.

2 Die Präskripte der Pastoralbriefe haben ihre Eigenart in der persönlichen Wärme. Sie kommt zum Ausdruck in der herzlichen Wendung „mein geliebtes (diese Bedeutung hat das Wort gnēsios auf Inschriften) Kind im Glauben". So darf Paulus sein Verhältnis zu Timotheus umschreiben, weil er diesen seinen treusten (Phil. 2,20) Mitarbeiter zum Glauben geführt und später für sein Amt ordiniert (2.Tim. 1,6) hat. „Gnade, Barmherzigkeit, Friede" lautet der dreigliedrige Segenswunsch des ersten und zweiten Timotheusbriefes; er unterscheidet sich von der Grußformel aller älteren Paulusbriefe dadurch, daß an Stelle des sonst üblichen „mit euch" das Wort „Barmherzigkeit" tritt, das einer jüdischen Segensformel entstammt (vgl. Gal. 6,16); die dreigliedrige Grußformel war, wie 2.Joh. 3 zeigt, in den christlichen Gemeinden Kleinasiens üblich. Ein Argument gegen die paulinische Verfasserschaft ist in der dreigliedrigen Formel nicht zu erblicken, da sie lediglich aus Gründen des Rhythmus gewählt sein dürfte: das singularische „mit dir" würde im Griechischen den Rhythmus der Grußformel stören (s. Einl. 2). Die Gnade des göttlichen Segens, die vergebende Barmherzigkeit und der Friede der Gottesgemeinschaft, das sind die Heilsgüter, die jeder Christ immer wieder zu erbitten nötig hat, mag er auch noch so reich begnadet sein.

Erster Teil: Abwehr von Gesetzeslehrern 1,3—20

1. Timotheus soll gegen gesetzliche Irrlehrer auftreten 1,3-11

3 Wie ich dich bei meinem Aufbruch nach Mazedonien bat, noch in Ephesus zu bleiben, um gewissen Leuten Weisung zu erteilen, nicht andere Lehren zu verbreiten 4 und sich nicht mit uferlosen Mythen und Geschlechtsregistern zu befassen, die ja doch nur zu Tüfteleien führen statt zur göttlichen Heilserziehung im Glauben ... 5 Das Ziel der Weisung aber ist: Liebe, (die) aus reinem Herzen[1] und gutem Gewissen[2] und ungeheucheltem Glauben[3] (erwächst). 6 Davon sind manche abgeirrt und haben sich nichtigem Geschwätz zugewandt. 7 Sie finden Gefallen daran, Gesetzeslehrer zu sein, ohne doch wirklich zu verstehen, was sie reden und zuversichtlich behaupten. 8 Wir aber wissen: das Gesetz ist gut, muß aber sinnentsprechend angewendet werden, 9 nämlich in der Erkenntnis, daß ein Gesetz einem rechtschaffenen (Bürger) nicht gilt, sondern Feinden des Gesetzes und widersetzlichen Menschen, Gottlosen und Sündern, ruchlosen Menschen und Frevlern[1-4], Vater- und Muttermördern[5], Mördern[6], 10 Unzüchtigen, Knabenschändern[7], Menschen-

räubern[8], Lügnern, Meineidigen[9] und was sonst der gesunden Lehre widerstreitet. 11 So (lehrt) die Frohbotschaft von der Herrlichkeit des (allein) seligen Gottes, deren Verkündigung er mir anvertraut hat.

Der Brief beginnt seltsamerweise mit einem Bruch des Satzgefüges (am Ende 3
von V. 4), der eine stärkere Unruhe des Schreibers verrät, als die betont nüchternen
Ausführungen vermuten lassen. Der Apostel erneuert, amtlichem Brauch ent-
sprechend, den Auftrag, den Timotheus schon früher empfangen hat (vgl. Tit. 1,5,
s. S. 69). Als Paulus abreiste, mußte er Timotheus den Wunsch abschlagen, ihn zu
begleiten. Er ist auch jetzt noch in Ephesus unentbehrlich wegen der Gefährdung
der kleinasiatischen Kirche durch Irrlehrer, und der Brief will ihm in seinem
Kampfe gegen sie den Rückhalt der Autorität des Apostels geben. Unser Abschnitt
ist die erste Auseinandersetzung mit den Irrlehrern, der zahlreiche weitere folgen
(1.Tim. 1,19 f.; 4,1-10; 6,3-21; 2.Tim. 1,15; 2,14-26; 3,1-9; 4,1-5; Tit. 1,10-16;
3,8 b-11). In zweifacher Richtung wird die Irrlehre gekennzeichnet: sie ergeht sich 4
in wertlosen Spekulationen (V. 4-6) und fordert strenge Gesetzlichkeit (V. 7-11).
Was zunächst die Spekulationen der Irrlehrer angeht, so waren die altkirchlichen
Ausleger geteilter Meinung darüber, ob bei den „Mythen“ und „Geschlechts-
registern“ an jüdisches oder gnostisches Gedankengut gedacht sei. Beide Deutun-
gen enthalten Richtiges, da die Irrlehre (wie schon diejenige des Kolosserbriefes)
sowohl Berührungen mit der Gnosis (1.Tim. 4,3; 6,20; 2.Tim. 2,18; Tit. 1,16) als
auch jüdische Züge (Tit. 1,10.14 f.; 3,9) aufweist. Für unseren Zusammenhang
ist davon auszugehen, daß Tit. 1,14 von „jüdischen Mythen“, Tit. 3,9 von „Ge-
schlechtsregistern, Streitigkeiten und Kämpfen um das (mosaische) Gesetz“ die
Rede ist; danach ist anzunehmen, daß es sich bei den „Mythen und Genealogien“
um Ausdeutungen des Alten Testamentes handelt. Nun war dieser Doppelausdruck
in der hellenistischen Literatur Bezeichnung für mythologische Geschichtsschrei-
bung, und damit hängt zusammen, daß Philo die Geschichtserzählungen der Bibel
bis zur Gesetzgebung am Sinai als „Buch der Geschlechtsregister“ (Genealogikon)
bezeichnet. Dann wird bei den V. 4 an erster Stelle genannten „Mythen“ an Speku-
lationen über die Schöpfung gedacht sein. Der Ausdruck „Mythen und Genealo-
gien“ bezeichnet also wahrscheinlich mit einer Wendung der hellenistischen Bil-
dung: allegorische Spekulationen an Hand der Urgeschichte des Alten Testamentes.
Aber Gott hat das Alte Testament nicht zu „Tüfteleien“ gegeben, sondern zur
„Heilserziehung (diese Bedeutung dürfte der mehrdeutige Ausdruck oikonomia
theu hier haben) im Glauben“ – eine wichtige grundsätzliche Aussage über die
Bedeutung des Alten Testamentes für den Christen, die 2.Tim. 3,16 f. näher er-
läutert wird. Wie alle richtige Erziehung, so hat auch die göttliche Weisung ein 5
klares Ziel. Es faßt sich ganz schlicht in einem Wort zusammen: „Liebe“! Tätige
Liebe aber braucht, zumal im Kampf der Geister, als Nährboden ein Dreifaches: ein
reines Herz[1], ein gutes Gewissen[2] und ungeheuchelten Glauben[3]. Davon sind 6
jene Theologen, denen Timotheus entgegentreten soll, abgeirrt. Hier liegt der tiefere
Grund dafür, daß ihre Lehre trotz aller Gelehrsamkeit bloß Geschwätz ist. Als 7
„Gesetzeslehrer“ (ein aus dem Judentum stammender Titel, im Neuen Testament
nur noch Lk. 5,17; Apg. 5,34) suchen sie ihren Ruhm nicht nur in der Spitzfindig-

keit ihrer Schriftauslegung, sondern auch in strenger Gesetzlichkeit (vgl. auch Tit.
1,14) und in asketischen Forderungen (1.Tim. 4,3), die sie der Gemeinde aufer-
legen. Eine solche Einstellung, die gesetzliche Leistung an die Stelle der Liebe setzt,
zeigt, daß sie trotz ihrer Selbstsicherheit das Evangelium nicht verstanden haben.
8 Denn Gesetzlichkeit ist Verkennung des Evangeliums. Gewiß: auch der Christ
weiß, daß die Gesetzesforderung des Alten Bundes heilsame göttliche Offenbarung
ist (vgl. 2.Tim. 3,15-17; Röm. 7,12.16); sie muß aber „dem Gesetz entsprechend"
9.10 gebraucht werden. Dieser richtige Gebrauch der alttestamentlichen Gesetzesforde-
rung ergibt sich aus der allgemeinen Erkenntnis (es ist zu beachten, daß V. 9 a eine
allgemeingültige Wahrheit stoischen Ursprungs ausspricht!), daß Gesetze nicht im
Blick auf rechtschaffene Menschen erlassen werden, sondern im Blick auf grobe
Sünder, wie sie der „Lasterkatalog" (eine geprägte Stilform, vgl. in den Pastoral-
briefen noch 1.Tim. 6,4 f.; 2.Tim. 3,2-5; Tit. 3,3) aufzählt. Unser Lasterkatalog
fällt durch die Nennung ganz ungewöhnlicher Laster, wie Vater- und Muttermord
und Menschenraub, auf. Sie erklärt sich aus der Feststellung, daß die rabbinische
Auslegung das 5. Gebot des Dekalogs: „Du sollst Vater und Mutter ehren!" (das
Judentum der Zeit Jesu hatte die sog. „reformierte" Zählung der 10 Gebote) auf
die Pflicht des erwachsenen Sohnes deutete, die gealterten Eltern zu sich zu nehmen,
zu kleiden und zu ernähren, das 8. Gebot: „Du sollst nicht stehlen!" auf Menschen-
raub. Mit „Vater- und Muttermördern" sind also Übertreter des 5. Gebotes ge-
meint, mit „Menschenräubern" Übertreter des 8. Gebotes. In der Tat zählt der
Lasterkatalog Übertreter der 10 Gebote auf, und zwar derart, daß die Übertreter
der ersten Tafel zusammenfassend charakterisiert werden ([1-4]), während die Ver-
ächter des 5.-9. Gebots einzeln genannt werden (vgl. die Zahlen in der Übersetzung
von V. 9-10). Zu der abschließenden Wendung „und was sonst der gesunden Lehre
widerstreitet" vgl. die A. nach V. 11. Der in V. 9 f. entfaltete Satz, daß „Gesetze
nicht für Gerechte da sind", will natürlich nicht ethischer Bindungslosigkeit das
Wort reden, sondern die Gesetzlichkeit der ephesinischen „Gesetzeslehrer" als
Irrlehre brandmarken. Wer durch Christus gerechtfertigt ist, ist frei von der sklavi-
11 schen Bindung an den Buchstaben des Gesetzes (Gal. 5,18 vgl. Röm. 10,4). Die
Verkündigung dieser Freiheit vom Gesetz ist zentraler Bestandteil der dem Apostel
im besonderen (vgl. Eph. 3,8) anvertrauten Botschaft, die, gegenüber der vorberei-
tenden Offenbarung des alttestamentlichen Gesetzes, die endzeitliche Herrlichkeit
Gottes, des seligen (ein griechisches, vom hellenistischen Judentum übernomme-
nes Gottesattribut) und seligmachenden, enthüllt.

Die Kennzeichnung der Irrlehrer in diesem ersten Abschnitt ist für die *Datierungsfrage wichtig*. 1. Wir haben es noch nicht mit den großen gnostischen Lehrgebäuden zu tun. 2. Die Irrlehre ist wie die früheste Form der Gnosis (vgl. Kol. 2,16 ff.) judaisierend. 3. Die Irrlehrer stehen noch innerhalb der Gemeinde; nur in Einzelfällen beginnt der Ausschluß (1.Tim. 1,20). Alle drei Züge weisen in frühe Zeit (s. noch zu 2.Tim. 2,18).

Die „gesunde" Lehre (1,10). Liest man die Listen der an die Amtsträger zu stellenden Anforderungen (1.Tim. 3,2-7. 8-12; 5,9 f.; Tit. 1,6-9), so fällt auf, daß eine ganze Anzahl häßlicher Eigenschaften genannt werden, die man bei einem christlichen Amtsbewerber keinesfalls vermuten würde. Das erklärt sich sehr einfach daraus, daß die Listen an vorgegebene säkulare Schemata anknüpfen, freilich nicht ohne sie zu verchristlichen. Zu den spezifisch christlichen Anforderungen gehört, daß der Gemeindeleiter „zum Unterricht geschickt" sein soll (1.Tim. 3,2), daß es „ihm am Herzen liegen muß, daß die Predigt unverfälscht der Lehrüberlieferung folgt" (Tit. 1,9), und daß der Diakon „das Geheimnis des Glaubens mit reinem Gewissen bewahrt" (1.Tim. 3,9). Wenn einmal von tüchtigen Vorstehern die Rede ist, „die im mühevollen Dienst der Wortverkündigung und des Unterrichts stehen" (5,17), so mag (obwohl es nicht sicher ist) bei der „Wortverkündigung" an die missionarische, beim „Unterricht" an die innergemeindliche Predigt gedacht sein. Wie dem auch sei, auf jeden Fall ist mit der ständig in den Briefen wiederkehrenden, sonst im Neuen Testament unbekannten Wendung „gesunde Lehre" (1.Tim. 1,10; 2.Tim. 4,3; Tit. 1,9; 2,1), „gesunde Worte" (1.Tim. 6,3; 2.Tim. 1,13 vgl. Tit. 2,8), „zu gesundem Glauben kommen" (Tit. 1,13; 2,2) ihr zentrales Anliegen präzis beschrieben. Dabei will das Attribut „gesund" weder die Lehre (wie es griechischem philosophischem Sprachgebrauch entsprechen würde) als vernunftgemäß bezeichnen noch will es die Orthodoxie als die einzig adäquate Lehre hervorheben, vielmehr ist „gesund" antihäretisch gemeint. Wie eine ansteckende Krankheit (1.Tim. 6,4), ja wie ein Krebsgeschwür (2.Tim. 2,17) greift die Häresie um sich. Ihre Theologie wird uns nicht zusammenhängend geschildert, aber einzelne Nachrichten wie beispielsweise die, daß die Sektierer sich besonderer „Erkenntnis Gottes" rühmten (Tit. 1,16), daß sie eine spiritualisierte Umdeutung der Auferstehung lehrten (2.Tim. 2,18), und daß sie asketische Forderungen wie Eheverzicht und Enthaltung von bestimmten Speisen erhoben (1.Tim. 4,3-5), zeigen, daß es sich bei der Häresie um Gnosis und Selbsterlösung handelt. Dieser kranken Lehre sollen Timotheus und Titus die „gesunde Lehre" entgegenstellen. Sie hat zum Inhalt Jesus Christus, der als Sproß des Königshauses im Fleisch erschien (2.Tim. 2,8), um als Mittler zwischen Gott und Menschen, als Gottesknecht und Menschensohn, sein Leben als Lösegeld für alle in den Tod zu geben (1.Tim. 2,5 f.), und den Gott rechtfertigte proklamierte und inthronisierte (3,16) als künftigen Richter der Lebendigen und der Toten (2.Tim. 4,1). Wieso ist gerade diese Lehre und keine andere „die gesunde Lehre", „die Wahrheit" (1.Tim. 6,5 und sehr oft), „der (rechte) Glaube" (1.Tim. 4,6)? Paulus (oder wer immer in seinem Namen schrieb) weiß auf diese Frage nur eine Antwort: die Schau des Erhöhten vor den Toren von Damaskus hat ihm das grenzenlose Erbarmen (1.Tim. 1,13), den Überreichtum der Gnade unseres Herrn (V. 14) zuteil werden lassen. Seitdem weiß er, daß der Weg zum Heil nicht über unsere Werke, sondern einzig und allein über die Gnade führt (2.Tim. 1,9; Tit. 3,5).

2. Der Lobpreis des Erbarmens Jesu Christi 1,12-17

12 Ich bin voll Dankes gegen den, der mir Kraft gegeben hat, unseren Herrn Christus Jesus, dafür, daß er mir die Treue zutraute und mich in seinen Dienst nahm, 13 obwohl ich früher ein Lästerer (seines Namens) [1], ein Verfolger [2] und ein gewalttätiger Bekämpfer (seiner Gemeinde) [3] war. Aber Gott hat sich meiner

erbarmt, weil ich unwissend aus Unglauben gehandelt habe. 14 Ja, über die Maßen reich hat sich an mir die Gnade unseres Herrn erwiesen samt Glauben und Liebe, (die) in Christus Jesus (wurzeln). 15 Bewährt ist der Spruch und wert, daß alle ihn anerkennen: „Christus Jesus kam in die Welt, um Sünder selig zu machen.“ Unter ihnen stehe ich obenan. 16 Aber eben deshalb hat Gott sich meiner erbarmt, weil Jesus Christus an mir, allen anderen voran, die ganze Fülle seiner Langmut erweisen wollte, um an mir urbildlich darzustellen, was für Menschen durch den auf ihn (bauenden) Glauben künftig zum ewigen Leben kommen sollten.

17 „Dem König der Weltzeitalter aber,
dem unvergänglichen, unsichtbaren, alleinigen Gott,
dem sei Ehre und Herrlichkeit
in alle Ewigkeit.“ Amen.

12 Mit den letzten Worten des vorangehenden Abschnittes: „So lehrt die Froh-
botschaft von der Herrlichkeit des allein seligen Gottes, deren Verkündigung er
mir anvertraut hat“, hatte sich Paulus auf seine apostolische Vollmacht berufen.
Er hat damit das große Wunder seines Lebens erwähnt und kann nicht anders, als
sich selbst durch einen Lobpreis aus übervollem Herzen zu unterbrechen. Un-
begreiflich ist es dem Apostel noch immer, daß Jesus ihm bei seiner Berufung vor
Damaskus die Treue, die die einzige Forderung Gottes an seine Haushalter ist
(1.Kor. 4, 2), zugetraut hat und ihm dann auch die Kraft gegeben hat, dieses Zu-
13 trauen zu rechtfertigen, ihm, der Jesus gelästert (vgl. Gal. 3, 13 b)[1] und die Ge-
meinde verfolgt[2] hatte und alle, die sich weigerten, Jesus zu verfluchen, hatte
geißeln lassen[3]. Für dieses Wunder gibt es nur eine einzige Erklärung: mir ist
Erbarmung widerfahren, Erbarmung, deren ich nicht wert. Daß Paulus als Saulus
sich aus Unwissenheit (Paulus denkt an die alttestamentliche Unterscheidung von
Unwissenheits- und Vermessenheitssünden) und Unglauben versündigte, kann an
Schuld und Schmerz nichts ändern, nur erklären, inwiefern solches Erbarmen
überhaupt möglich war; Paulus stellt sich zu denen, denen das Kreuzeswort ent-
schuldigender und vergebender Heilandsliebe gilt: „Vater, vergib ihnen, denn sie
14 wissen nicht, was sie tun“ (Lk. 23, 34). Aber nicht nur in der Stunde seiner Be-
kehrung hat er den unglaublichen Reichtum der Gnade erfahren, sondern auch in
„Glauben und Liebe in Christus Jesus“. Sein neues Leben in der Christus-Gemein-
schaft, die ihm die Kraft gibt zum Glauben an seinen Herrn und zur Liebe zu den
Brüdern, ist ebenso wie die Bekehrung nichts als Ausfluß des *einen* unfaßlichen
15 Erbarmens. Eine nur in den Pastoralbriefen (und zwar fünfmal) begegnende
Zitationsformel, die bald (wie an unserer Stelle) auf das Folgende (1.Tim. 3, 1;
2.Tim. 2, 11), bald auf das Vorhergehende (1.Tim. 4, 9; Tit. 3, 8) bezogen ist und
die bald einer Sentenz (1.Tim. 3, 1; 4, 9), bald einem Lied (2.Tim. 2, 11; Tit. 3, 8),
bald einem Jesuswort (unsere Stelle) besonderen Nachdruck verleiht, zeigt an, daß
Paulus in einem Zitat das Gesagte zusammenfassen will. Kein Wort faßt das
Wunder seines Lebens so klar und knapp zusammen wie das Heilandswort an
Zachäus: „Der Menschensohn ist gekommen, zu suchen und selig zu machen, das
verloren ist“ (Lk. 19, 10). Das ist es, was Paulus vor Damaskus erfahren hat, denn
er gehörte zu den Verlorenen, die von Rechts wegen dem Zorn Gottes verfallen
wären, ja er gehörte an ihre Spitze (1.Kor. 15, 9; Eph. 3, 8). Man beachte das Präsens:

„stehe ich obenan!“: die Schuld ist getilgt, aber sie bleibt ein ständiger Anlaß zur
Demut. Und nun das Letzte, Größte – die Absicht Gottes (das Passiv: „mir wurde 16
Erbarmung geschenkt“ ist Umschreibung des Gottesnamens = Gott hat sich meiner erbarmt) bei diesem Erbarmen: Als der Erste der Sünder zum Ersten der Begnadeten wurde, als Jesus Christus an Paulus die ganze Fülle seiner Langmut erwies, da wurde Paulus zum Urbild aller folgenden Erbarmungen, da wurde an einem außergewöhnlichen Grenzfall aller Welt gezeigt, was für Menschen durch den auf Jesus bauenden (es liegt das Bild von Jesus als dem Grundstein vor, vgl. Röm. 9,33) Glauben künftig selig werden sollten. So ist Paulus ein lebendiges, unwiderlegliches Zeugnis dafür, daß kein Mensch sich für so verloren zu halten braucht, daß ihn nicht das Erbarmen Dessen erreichen könnte, der kam, um Sünder selig
zu machen. Von selbst wird dieses lobpreisende Bekenntnis, wird der Gedanke an 17
die eigene und die ungezählten ihr nachfolgenden Bekehrungen zur Anbetung, zur Doxologie. Eine liturgische Gebetsformel, die die Gemeinde im Gottesdienst oft gebetet haben wird und die dem Gebetsschatz der vorchristlichen hellenistischen Synagoge entstammen wird, bietet das rechte Wort. Dem König der Weltzeitalter, der in Gnade, Gericht und Neuschöpfung ein Zeitalter auf das andere folgen läßt bis hin zu der mit Jesu Kommen angebrochenen Weltvollendung, gilt die Anbetung der Gemeinde. Er ist der Spender des Lebens („unvergänglich“), er ist in der Fülle des Lichtes, zu dem kein Mensch kommen kann („unsichtbar“), er ist der schlechthin Einzige. Ihm gebührt Ehre und Herrlichkeit in Ewigkeit. Hier hält der Verfasser des Briefes inne, damit die gläubige Gemeinde sich den Lobpreis aneigne mit „Amen“.

3. Kämpfe den guten Kampf! 1,18-20

18 **Diese Weisung lege ich dir ans Herz, mein (lieber) Sohn Timotheus, im Gedenken an die Prophetenworte, die (bei deiner Beauftragung) über dich ergingen. Kämpfe durch sie (gestärkt) den guten Kampf,** 19 **mit Glauben und reinem Gewissen (ausgerüstet). Dieses haben einige von sich geworfen und haben (daher auch) am Glauben Schiffbruch erlitten;** 20 **Hymenäus und Alexander gehören zu ihnen. Ich habe sie dem Satan übergeben (müssen); der soll sie züchtigen, damit sie das Lästern verlernen.**

Schon die Wendung „diese Weisung“, die auf V. 3 und 5 zurückgreift, aber auch 18
der Inhalt des Abschnittes zeigt, daß er V. 3-11 fortführt. Paulus erinnert Timotheus an die Stunde seiner Ordination (s. zu 4,14), genauer – da die segnende Handauflegung offenbar bei jeder Abordnung wiederholt wurde (vgl. Apg. 13,3) – an die Stunde seiner Beauftragung mit der Vertretung des Apostels in Ephesus. Die vom Geist gewirkten Worte prophetisch begabter Männer (vgl. zum Vorgang Apg. 13,1-3) berechtigten Paulus, Timotheus die Verantwortung für die Arbeit in Ephesus zu übertragen, und sollen Timotheus die Freudigkeit geben, diese Verantwortung zu bejahen und den guten Kampf, insbesondere gegen jede Verfälschung des Evangeliums, zu führen. Es entspricht dem furchtlosen Christentum des Paulus, daß er das Bild vom Kriegsdienst liebt, und es ist seine eigenste Erfahrung, wenn er vor allem den Amtsträger (vgl. 2.Tim. 2,3-4; 1.Kor.

9,7) als Kriegsmann Jesu Christi bezeichnet, der gleicherweise zum Kampf wie
19 zum Leiden gerüstet sein muß. Seine wichtigste Ausrüstung ist der Glaube und
das reine Gewissen (vgl. V. 5). Wer im Glauben schwankend und mit beflecktem
20 Gewissen in den Kampf geht, der muß unterliegen. Zwei warnende Beispiele
beleuchten den Ernst des Kampfes. Die beiden Männer, die Paulus nennt (vgl.
2.Tim. 2, 17; 4, 14), scheinen Mitarbeiter des Paulus und Timotheus gewesen zu
sein. Mit laxer Lebensführung begann ihr Verderben. Ein Spielball der Leidenschaften, mußte ihr Lebensschiff Schiffbruch erleiden, ihr Glaube zerbrechen. Und als sie sich zu Lästerungen dessen, was der Gemeinde heilig ist, hinreißen ließen, mußte Paulus sie „dem Satan übergeben", wie einst den Blutschänder von Korinth (1.Kor. 5, 5). Wie diese Übergabe an den Satan im einzelnen vorzustellen ist, wissen wir nicht. Fest steht, daß der Satan als Vollstrecker des Strafgerichts gedacht ist; wahrscheinlich ist, daß die Übergabe an ihn in Form der Ausstoßung aus der Gemeinde (Exkommunikation) erfolgte. Man war überzeugt, daß die auf solche Weise Gebannten von körperlicher Züchtigung (vgl. 1.Kor. 11, 30) getroffen werden würden. Jedenfalls handelt es sich bei dem V. 20 erwähnten Strafgericht um eine Handlung der Kirchenzucht, die nicht aus persönlichen Motiven erfolgte, sondern um der Gemeinde willen, deren inneres Leben zerstört wurde, und um der Sünder willen, die an weiterer Versündigung gehindert und durch die Züchtigung von des Satans Hand zur Buße geführt werden sollten.

Zweiter Teil: Die Gemeindeordnung 2,1—3,16

1.Tim. 2-3 haben wir die älteste *Gemeindeordnung* der christlichen Kirche vor uns. Sie ist aus einem dringenden, praktischen Bedürfnis erwachsen. Während nämlich in der Anfangszeit der paulinischen Mission sich das Gemeindeleben unter dem bestimmenden Einfluß der Geistesgaben, namentlich der Prophetie und des Zungenredens, frei entfaltete, führten doch bald Mißstände, wie sie uns 1.Kor. 11. 12. 14 entgegentreten, zu dem Bedürfnis nach festen Ordnungen. Wie dringend dieses Bedürfnis war, kann man daraus ersehen, daß wenig später eine Kirchenordnung ganz anderer Art entstand: die Zwölf-Apostel-Lehre (sog. Didache). Führt uns 1.Tim. 2-3 in den paulinischen Bereich, so die Didache in die nicht von Paulus gegründeten Kirchen Ägyptens und Syriens. Regelt die Ordnung der Pastoralbriefe das Gemeindeleben (Gottesdienst und Ämter), so die der Didache die Eingliederung der Neubekehrten in die Gemeinde (1-6: Missionspredigt, 7: Taufe, 8: Fasten, Vaterunser, 9f.: Abendmahl usw.). Unsere Gemeindeordnung als die älteste ihrer Art kündet somit den allmählichen Abschluß der Epoche des Enthusiasmus (s. A. nach 1.Kor. 14) an. Sie zerfällt in zwei Teile: 1) Kap. 2 handelt vom rechten Gottesdienst (Fürbitte V. 1-7, Verhalten der Männer V. 8 und der Frauen V. 9-15 im Gottesdienst), 2) Kap. 3 von den Amtsträgern (Amt der Gemeindeleitung V. 1-7 und Diakonenamt V. 8-13).

1. Der rechte Gottesdienst 2, 1-15

Der erste Teil der Gemeindeordnung, der in drei Abschnitten vom Gottesdienst handelt, stellt das Gebet ganz in den Mittelpunkt (V. 1 f. 8. 9): die Kirche der Pastoralbriefe war eine betende Kirche. Die Anordnung des Stoffes läßt erkennen, daß die Gottesdienstordnung aus dem sog. „Haustafelschema" hervorgegangen ist (ebenso Tit. 2, 2-10), jenen Anweisungen für das christliche Leben im christlichen Haus, wie sie uns im Neuen Testament erstmalig im Kolosser- und Epheserbrief (Kol. 3, 18-4, 1; Eph. 5, 22-6, 9), sodann im 1. Petrusbrief (2, 13-3, 9) begegnen. Man vergleiche die Anordnung des Stoffes 1.Tim. 2 (Obrigkeit, Männer, Frauen) mit der Stoffanordnung in der Haustafel des 1. Petrusbriefes (Obrigkeit, Sklaven, Ehefrauen, Ehemänner, alle). Wodurch die Übertragung des Schemas der Hausordnung auf die Gemeinde veranlaßt ist, zeigt 1.Tim. 3, 15, wo die Gemeinde als „Haus Gottes" bezeichnet wird. Gott ist ein Gott der Ordnung (1.Kor. 14, 33); das gilt für das christliche Haus, die Familie, wie für das Haus Gottes, die Gemeinde. Auch im einzelnen verwendet die Gemeindeordnung traditionelle Stoffe (s. zu 2, 5; 3, 2 und vgl. 2, 9-15 mit 1.Petr. 3, 3-6). Der hymnische Abschluß 3, 16 gibt ihr den Charakter eines selbständigen Ganzen.

a) Die Fürbitte 2, 1-7

1 So ermahne ich denn zu allererst, Bitten, Gebete, Bittflehen, Danksagungen (fürbittend) für alle Menschen[1], 2 für die Kaiser[2] und alle Männer in führenden Stellungen[3] zu verrichten, auf daß wir ein stilles und ruhiges Leben führen können, ganz fromm und ehrbar. 3 So ist es Gott, unserem Heiland, recht und wohlgefällig, 4 dessen Wille es ist, daß alle Menschen gerettet werden und zur Erkenntnis der Wahrheit gelangen. 5 Denn

„Einer ist Gott,
Einer auch der Mittler zwischen Gott und den Menschen:
der Mensch Christus Jesus,
6 der sich selbst für alle als Lösegeld gab" –
zum Zeugnis zur festgesetzten Zeit.

7 Für diese (Botschaft) hat mich Gott zum Herold und Apostel bestimmt – in Wahrheit, ich lüge nicht! –, zum Lehrer der Völker in Treue und Wahrhaftigkeit.

An der Spitze der Gemeindeordnung steht die gemeinsame Fürbitte im Gottes- 1
dienst – genauer: im Abendmahlsgottesdienst, denn alle Versammlungen der
ältesten Gemeinden waren Mahlfeiern – als innerlichster Ausdruck eines leben-
digen Gemeindelebens; sie schloß sich an die Schriftauslegung an (Justin, Apologie
I 67). Die vierfache Wendung „Bitten, Gebete, Bittflehen, Danksagungen" will als
Einheit gefaßt werden: das christliche Beten soll nach allen Seiten umschrieben
werden. Das fürbittende Gebet gilt allen Menschen[1], ohne Schranke, ganz im
Geiste der Liebesgesinnung Jesu. Es gilt auch „den Kaisern" (der Plural unter- 2
streicht die Allgemeingültigkeit der Weisung, die nicht nur an Nero denkt)[2] und
den hohen Beamten (z. B. den Provinzialstatthaltern)[3]. Die Fürbitte für die
heidnische Obrigkeit ist vom Judentum übernommen (vgl. Jer. 29, 7). Was die
Gemeinde dabei bewegt, lehrt der „auf daß"-Satz in V. 2 b, der an eine Formel

anknüpft, die uns durch Papyrusurkunden aus Ägypten bekannt geworden ist, wo sie sich als Motivation von Bittgesuchen findet. So, als Motivation, ist der Hinweis auf das Gemeindeleben in V. 2b gemeint: „Segne unsere Mitbürger, segne den Kaiser, auf daß unser Gemeindeleben so gedeihe, wie es deinem Willen entspricht." In dieser Begründung der Fürbitte liegt das Vertrauen der Gemeinde, daß sie in Gottes Augen so wert geachtet ist, daß er bei der Lenkung der Weltgeschichte Bedacht nimmt auf das rechte Gedeihen des Gemeindelebens in Frieden-haben und Frieden-halten („stilles und ruhiges Leben") und in Wohlgefälligkeit vor Gott und
3 Menschen („ganz fromm und ehrbar"). Solche umfassende Fürbitte für alle Menschen (V. 1) ist Gott wohlgefällig; er ist ja der Heiland (vgl. 1, 1), und sein Heils-
4 plan ist allumfassend. Alle Menschen – dieses *alle* hat den Ton – sollen vor dem Zornesgericht gerettet werden, indem sie „zur Anerkennung der Wahrheit kommen", d. h. indem sie sich bekehren (vgl. Hebr. 10, 26 und auch 2.Tim. 2, 25; 3, 7). Die Gewißheit der Gemeinde, daß Gottes Heilswille niemanden (vgl. das betonte „alle" in V. 1, 4 und 6) ausschließt, steht im Gegensatz zur Synagoge, die der Überzeugung war, daß Gott die Sünder verderben und nur die Gerechten retten wolle, und im Gegensatz zur Gnosis, die das Heil nur den „Wissenden" zusprach. Die
5 Gemeinde hat diese Gewißheit, weil sie unter dem Kreuz gestanden hat. Das ist der Sinn des Zitats in V. 5-6 (vgl. die Anführungszeichen in der Übersetzung), das wie ein formuliertes Gemeindebekenntnis klingt. Die Christenheit bekennt sich (mit dem Grunddogma des Judentums) zu dem Einen Gott und (im Gegensatz zu der Vielheit der Erlöser der Umwelt) zu dem Einen Mittler, d. h. (Friedens)vermittler zwischen Gott und der Menschheit. Person und Werk dieses Mittlers beschreibt das Bekenntnis mit dem Jesuswort Mk. 10, 45 Par Mt. 20, 28: „Der Menschensohn kam ..., sein Leben als Lösegeld für die Vielen zu geben". Wer ist er? Er ist *der* Mensch (= „der Menschensohn", s. zu Mk. 8, 27 ff.), d. h. der zweite Adam, der Anfänger und Herr der neuen erlösten Menschheit (Röm. 5, 12 ff.; 1.Kor. 15, 21 f.,
6 45 ff.). Was tat er? Er gab – die Worte nehmen bezug auf Jes. 53 – sein Leben stellvertretend zur Sühne für die dem Tode verfallene Menschheit hin; diese Hingabe am Kreuz ist das „Zeugnis" (Jesu [vgl. 1.Tim. 6, 13]? Gottes? der Boten?) zu „seiner", d. h. „rechten" Zeit, nämlich am Ende der Zeiten (Gal. 4, 4). Menschensohn und Gottesknecht, das ist also die Christologie des altertümlichen Bekenntnisses. Der Ton liegt in unserm Zusammenhang auf dem Wort „alle" in V. 6 (alles andere ist nur mitzitiert): weil Jesus Christus sich für alle Menschen ohne Ausnahme in den Tod gab, darum hat die Gemeinde das Recht und die Pflicht zu
7 schrankenloser Fürbitte für die unerlöste Menschheit. Den Völkern die Offenbarung dieses allumfassenden göttlichen Heilswillens zu verkünden, das ist der dem Apostel von Gott übertragene besondere Auftrag (Gal. 2, 8 f.; Eph. 3, 1-13); die schwurhafte Versicherung „in Wahrheit, ich lüge nicht" betont nachdrücklich die göttliche Sendung gegenüber etwaigen Anzweiflungen der Vollmacht des Apostels durch die Sektierer.

b) Der rechte Gottesdienst der Männer 2, 8

Ferner ist mein Wille, daß die Männer allerorts, wenn sie beten, heilige Hände (zu Gott) erheben, frei von Zorn und Zank.

Das Aufheben der Hände beim halblaut gesprochenen Gebet nit nach oben 8
gekehrten Handflächen, Schalen zum Auffangen des göttlichen Segens gleich, ist heidnische, jüdische (vgl. das „nicht einmal die Augen“ Lk. 18, 13, wozu „geschweige denn die Hände“ zu ergänzen ist), samaritanische wie auch urchristliche Gebetsgeste. „Allerorts“ (Mal. 1, 11) in der Welt, wo Christen sich zur Anbetung versammeln, sollen die „erhobenen Hände“ nicht nur äußerlich rein sein, sondern „heilig“, d. h. nicht befleckt von der Sünde, insonderheit der Sünde des Zornes und Streites. Das hatte schon Jesus gelehrt: wer betet, muß bereit sein zu vergeben (Mt. 5, 23 f.; 6, 12; Mk. 11, 25). Wie kann ein Mensch sich von Gott Vergebung erbitten, wenn er selbst Haß im Herzen trägt und nicht vergeben will? Wie kann er sich im Abendmahl, bei dem ja das hier gemeinte Gebet geschieht (s. zu V. 1), Vergebung der Sünden zusprechen lassen, wenn er selbst den Brüdern die Vergebung verweigert? Es ist die besondere Sünde der Männer, die *ihren* Gottesdienst und *ihr* Gebetsleben hemmt, die der Apostel nennt.

c) Das rechte gottesdienstliche Verhalten der Frauen 2, 9-15

9 Gleicherweise (will ich), daß die Frauen sich (zum Gottesdienst) mit würdiger Kleidung in Schamhaftigkeit und Sittsamkeit schmücken, nicht mit künstlichem Haarputz, goldenem Zierat, Perlen oder kostbarer Gewandung, 10 sondern wie es sich für Frauen geziemt, die sich zur Gottesfurcht bekennen: mit Werken der Liebe. 11 Die Frau soll still zuhören und sich ganz unterordnen. 12 Ich erlaube nicht, daß eine Frau lehre, noch daß sie sich selbstherrlich über den Mann erhebe; vielmehr soll sie sich still zurückhalten. 13 Denn Adam wurde zuerst geschaffen, hierauf erst Eva. 14 Und nicht Adam ließ sich verführen, sondern die Frau ließ sich verführen und kam zu Fall. 15 Sie wird aber gerettet werden durch Erfüllung ihrer Mutterpflicht, sofern sie an Glauben, Liebe und Heiligung festhalten in Sittsamkeit.

Auch der Gottesdienst der Frau unterliegt besonderen Gefahren. Da ist vor allem 9
die Versuchung, die Begehrlichkeit des Mannes durch auffällige Kleidung zu entzünden und damit sich selbst wie dem Manne die Andacht zu rauben und die ärmeren Frauen zu beschämen. Darum fordert die Gemeindeordnung Schamhaftigkeit in der Kleidung der Frau, wenn sie am Gottesdienst der Gemeinde teilnimmt – ein Wort, das den natürlichen Trieb der Frau, sich zu schmücken, nicht unter-
drückt, aber heiligt. Der wahre Schmuck einer gottesfürchtigen Christin, der sie 10
mehr ziert als Gold und Edelstein, sind Werke der Liebe (über diese s. nach 1.Tim.
5, 16); vgl. 1.Petr. 3, 3-6. Eine zweite Mahnung an die Frau verbietet ihr das störende 11
Dazwischenreden (so schon 1.Kor. 14, 33 b-36, siehe z. St.) und das öffentliche 12
Lehren als gottesdienstliches Handeln. Diese Frage war brennend geworden, weil sich Mißstände herausgebildet hatten. Während die Synagoge die Frau nur zum Zuhören zuließ, hatte sich in den paulinischen Gemeinden (z. B. in Korinth) die Sitte herausgebildet, daß prophetisch begabte Frauen im Gottesdienst zu Worte kamen (1.Kor. 11, 5), ein sichtbarer Ausdruck des Fortfalls aller Unterschiede in der neuen Welt Gottes (Gal. 3, 28). Aber diese Sitte hatte gefährliche Folgen gehabt. Es hatte sich gezeigt, daß das eigene Haus von solchen prophetisch wirkenden Frauen leicht vernachlässigt wurde (vgl. Tit. 2, 4 f.) und daß zum Enthusiasmus neigende Frauen

den Halt verloren (1.Tim. 5, 13), was von den Irrlehrern ausgenutzt wurde (2.Tim.
3, 6 f.). Es mußte daher solchen ungesunden Emanzipationsbestrebungen energisch
13 entgegengetreten werden. Sie verstoßen, sagt V. 13 f., gegen die Schöpfungsordnung
Gottes. Schon in der Tatsache, daß Adam vor Eva geschaffen wurde, sieht unser
Text den göttlichen Willen, daß die Frau sich dem Manne unterordnen solle. Er
folgt dabei dem morgenländischen, auch im Neuen Testament oft anzutreffenden
Gedanken: das Ältere ist das Wertvollere (vgl. Kol. 1, 15; Eph. 1, 4; Joh. 1, 1 u. ö.).
So ist eine Gleichstellung von Mann und Frau im Gottesdienst nicht im Einklang
14 mit der Schöpfungsordnung. Eine zweite Schriftbegründung, diese der Geschichte
vom Sündenfall entnommen, führt zu demselben Ergebnis: Eva war es, nicht Adam,
die sich durch die Schlange verführen ließ (1.Mose 3, 6 vgl. 2.Kor. 11, 3), weshalb
das Strafwort Gottes nach dem Sündenfall (1.Mose 3, 16) den Mann zum Herrn
15 der Frau erklärt. Zugleich zeigt dasselbe Wort 1.Mose 3, 16, welche Aufgabe der
verheirateten Frau von Gott gestellt ist: die Erfüllung ihrer Mutterpflicht. Das wird freilich ganz auffällig ausgedrückt, wenn es heißt, daß die Frau „durch das Kindergebären gerettet werden wird, sofern sie (doch wohl: die Kinder, möglich bleibt: die Frauen) an Glauben, Liebe und Heiligung festhalten in Sittsamkeit". Die Mutterschaft wird also als Mittel zur Rettung bezeichnet, vorausgesetzt allerdings, daß sie verbunden ist mit christlicher Erziehung der Kinder durch das Vorbild eines frommen und reinen Lebenswandels. Hier sind spätjüdische Gedanken übernommen (die Schmerzen bei der Geburt tilgen den Fluch von 1.Mose 3, 16; ferner vgl. b. Ber. 17 a: „Wodurch erwerben sich Frauen Verdienste? Dadurch, daß sie ihre Kinder im Lehrhause unterrichten lassen"). Diese Übernahme verliert an Befremdlichkeit, wenn man sich klarmacht, daß der ganze Abschnitt V. 11-15 nicht etwa die Mitarbeit der Frau in der Gemeinde unterbinden möchte (dagegen 1.Tim. 5, 10; Tit. 2, 2-5 u. ö.), sondern gefährliche Auswüchse einer mißbrauchten Emanzipation beseitigen und der ehefeindlichen Askese der Irrlehrer (1.Tim. 4, 3) entgegentreten will. Es geht um die Erhaltung der Ehen (Schlatter)! In der Familie liegen zuerst die gottgewollten Pflichten der Frau (V. 15; 1.Tim. 5, 10. 14) – das ist die im schärfsten Gegensatz zu asketischer Schwärmerei stehende christliche Lösung der Frauenfrage.

2. Die Amtsträger der Gemeinde 3, 1-13

Hatte der erste Teil der Gemeindeordnung (Kap. 2) vom rechten Gottesdienst gehandelt, so wendet sich der zweite Teil (Kap. 3) den Amtsträgern der Gemeinde zu, den „Episkopen" (V. 1-7) und den „Diakonen" (V. 8-13). Episkopat und Diakonat sind – abgesehen vom Witwen„amt" – die einzigen (vgl. zu 5, 17) Ämter, die die Pastoralbriefe kennen; die fehlende Berücksichtigung der Charismatiker (Apostel, Propheten und Lehrer, s. zu 1.Kor. 12, 28) erklärt sich daraus, daß nur von gewählten Amtsträgern die Rede ist. Für die Echtheitsfrage ist wichtig, daß sich das Nebeneinander von Episkopen und Diakonen im ganzen Neuen Testament nur noch Phil. 1, 1 findet. Das stellt die Pastoralbriefe in die Nähe der paulinischen Gefangenschaftsbriefe.

a) Die Gemeindeleiter 3,1-7

1 Bewährt ist der Satz: „Wer das Amt der Gemeindeleitung begehrt, der erstrebt eine herrliche Aufgabe". 2 Es muß aber der Gemeindeleiter untadelig[1] sein, nur einmal verheiratet[2], nüchtern[3], besonnen[4], ehrbar[5], gastfrei[6], zum Unterricht geschickt[7], 3 nicht dem Weine[8] oder der Streitlust ergeben[9], sondern nachgiebig[10], friedfertig[11], nicht ans Geld gebunden[12]; 4 einer, der sein eigenes Hauswesen vorbildlich führt[13] und der seine Kinder zu Gehorsam und völliger Ehrbarkeit erzieht[14] – 5 denn wenn jemand sein eigenes Haus nicht recht zu führen vermag, wie will er die Gemeinde Gottes recht verwalten? 6 Er darf kein Neubekehrter[15] sein, sonst könnte er leicht hochmütig werden und dem vom Teufel (geforderten) Verdammungsurteil anheimfallen. 7 Er muß endlich auch einen guten Leumund haben bei denen, die nicht zur Gemeinde gehören[16], damit er nicht in üble Nachrede gerate und sich in der Schlinge des Teufels verfange.

Wer sind die *Episkopoi* (wörtlich: Aufseher), von denen 1.Tim. 3,1-7 redet? Der 1-7
Ausdruck begegnet im Neuen Testament nur fünfmal, erstmalig Phil. 1,1, dann 1.Tim. 3,2; Tit. 1,7; Apg. 20,28; 1.Petr. 2,25. Aus dem hellenistischen Sprachgebrauch, wo das Wort Magistratsbeamte, Baurechnungsführer und Vereinskassierer bezeichnet, ist die christliche Amtsbezeichnung schwerlich abzuleiten; wohl aber findet sich auf jüdischem Boden eine Entsprechung. Die Siedlungen der jüdischen Sekte der Essener wurden, wie wir durch die Damaskusschrift wissen, jeweils von Männern geleitet, die den Titel „Aufseher" (mebaqqer) führten. Von dem „Aufseher" über eine Siedlung heißt es dort: „Er soll die Menge unterweisen in den Taten Gottes ..., er soll sich ihrer erbarmen wie ein Vater seiner Kinder ..., wie ein Hirte seiner Herde, er soll alle Bande lösen, mit denen sie gefesselt sind, ... und jeden, der zu seiner Gemeinde hinzutreten will, soll er prüfen" (13,7-11). So ähnlich werden wir uns nach unserer Stelle die Pflichten der „Aufseher" (episkopoi) der frühchristlichen Gemeinden vorzustellen haben (s. zu Phil. 1,1). Direkte Abhängigkeit der Kirche von den Essenern muß dabei nicht notwendig angenommen werden, da vermutlich die pharisäischen Gemeinschaften ähnlich wie sie organisiert waren (vgl. Lk. 14,1) und ihrerseits das Vorbild für die Urkirche abgegeben haben könnten. – Der Episkopos ist noch nicht „Bischof" im Sinn des monarchischen Episkopats. Weder die essenischen Texte noch die neutestamentlichen Gemeinden kennen ein solches Bischofsamt, wie es um 110 bei Ignatius von Antiochia ausgebildet vorliegt. Wie der Plural Phil. 1,1 zeigt, ist vielmehr die sinngemäße Übersetzung von Episkopos: „Gemeindeleiter". Da die Episkopoi auch geistliche Funktionen hatten (3,2; Tit. 1,9), könnte man mit einigem Recht 1.Tim. 3,1-7 und Tit. 1,6-9 als die beiden *Pfarrspiegel* des Neuen Testaments (vgl. auch Mt. 18) bezeichnen.

Mit der bereits aus 1,15 bekannten Zitationsformel wird ein Zitat eingeführt, 1
das die Herrlichkeit des Amtes des Gemeindeleiters *(episkopos)* preist. Es ist eine
heilige Aufgabe. Aber eben deshalb stellt es hohe Anforderungen. Wehe dem, der 2
leichtfertig danach strebt (vgl. Jak. 3,1)! Wenn die Aufzählung dieser Anforderungen auf den ersten Blick farblos, ja primitiv erscheint, weil sie Eigenschaften nennt, die sich bei einem christlichen Amtsträger von selbst verstehen sollten, so hängt

das mit der Übernahme von oder doch zum mindesten der Anlehnung an hellenistische Tugendschemata zusammen (so erklärt es sich auch, daß die Listen in 3, 1-7. 8-13; Tit. 1, 6-9; 2, 2.3 dasselbe Grundschema variieren); bei näherem Hinsehen erweist sich die christliche Überarbeitung der Listen doch als Niederschlag reicher kirchlicher Erfahrung. Ein zusammenfassendes „untadelig"[1] geht voran: kein Makel darf auf dem Vorleben eines Mannes liegen, der des Vertrauens seiner Gemeinde wert sein soll. Was von ihm im einzelnen erwartet wird, zeigt die nun folgende Liste. Gleich das sie eröffnende „Eines Weibes Mann"[2] stellt vor ein Problem.

Die Forderung **„Eines Weibes Mann"** bzw. „Eines Mannes Weib" gilt für alle in den Pastoralbriefen erwähnten Amtsträger (vgl. zu 1.Tim. 5, 17): für den Episkopos (1.Tim. 3, 2; Tit. 1, 6) ebenso wie für den Diakon (1.Tim. 3, 12) und die Gemeindewitwe (5, 9). Wegen ihrer allzu knappen Formulierung läßt die Wendung verschiedene Deutungen zu. Vom Wortlaut her möchte man zunächst an ein Verbot der Polygamie denken; aber das kommt sachlich nicht in Frage und würde außerdem dazu zwingen, das Gegenstück 1.Tim. 5, 9 „Eines Mannes Ehefrau" auf ein Verbot der Polyandrie zu beziehen, was absurd wäre. Eine Deutung auf eheliche Treue müßte anders formuliert sein. So scheint nur die Erklärung zu bleiben, daß an den Verzicht auf Wiederheirat gedacht ist und mithin alle in zweiter Ehe Lebenden für unfähig zur Bekleidung eines Amtes erklärt werden, gleichviel ob die erste Ehe durch den Tod des Ehepartners oder durch Scheidung gelöst worden war. Indes, so verständlich es ist angesichts der Auffassung des Amtes der Gemeindewitwe als eines Verlöbnisses mit Christus (5, 11), daß von den mindestens 60 Jahre alten (5, 9) Bewerberinnen um dieses Amt der Verzicht auf Wiederheirat gefordert wurde, so schwer ist es andererseits einzusehen, warum ein Witwer durch Wiederheirat die Eignung zum Gemeindeleiter oder zum Diakon verlieren sollte, zumal die Dringlichkeit, mit der den jüngeren Witwen zur Wiederheirat geraten wird (5, 14), aufs deutlichste zeigt, daß der 1.Tim. die Wiederheirat Verwitweter an sich nicht als Makel bewertet. So bleibt nur die Deutung der formelhaften Wendung „Eines Weibes Ehemann" auf unterlassene Scheidung und Wiederheirat. Das gibt guten Sinn. Die Zahl der Scheidungen hatte in der Kaiserzeit sehr zugenommen; Grabinschriften rühmen im Gegensatz dazu die nur einmalige Ehe des Verstorbenen; auch das Königsgesetz der Tempelrolle von Qumran wendet sich gegen die Wiederheirat nach Scheidung, erlaubt sie dagegen ausdrücklich dem Witwer (57, 17-19: „Und nicht soll er außer ihr [seiner ersten Frau] eine andere Frau nehmen; sie allein soll mit ihm sein solange sie lebt; stirbt sie, dann darf er sich eine andere nehmen"); vor allem aber hatte Jesus nach der Evangelienüberlieferung seinen Jüngern die Trennung der Ehen und das Eingehen einer zweiten Ehe nach vorangegangener Scheidung untersagt (Mk. 10, 11; Mt. 5, 32; 19, 9; Lk. 16, 18 a; 1.Kor. 7, 10 f.), und den Pastoralbriefen liegt daran, daß die Bewerber um Ämter dieser Weisung entsprechen sollten.

Unsere Liste fährt fort: „nüchtern" d. h. klar im Urteil (kaum: mäßig im Weingenuß, vgl. unter[8]) soll der Gemeindeleiter sein[3], „besonnen" in seinen Entschlüssen[4], „ehrbar" im Wandel[5]. Sein Haus soll den Boten der Gemeinden

(3.Joh. 8 u.ö.) ebenso wie den Notleidenden und Hilfesuchenden offenstehen
(„gastfrei“)[6]. Zum Lehren muß er Geschick und Gabe haben[7]. Keinesfalls darf er 3
dem Trunk[8] oder der Streitlust[9] ergeben sein, vielmehr muß er der Gemeinde das
Vorbild der Nachgiebigkeit[10] und Friedfertigkeit[11] geben und darf er kein Sklave
des Geldes sein[12]. Vor allem ist unerläßlich, daß sein Familienleben vorbildlich sei: 4
im eigenen Haus[13], insbesondere in der Erziehung seiner Kinder zu Gehorsam und
Ehrbarkeit[14], muß er sich bewährt haben, soll ihm das Gotteshaus, die Gemeinde, 5
mit allen inneren und äußeren Nöten zur väterlichen Fürsorge anvertraut werden.
(Man beachte, daß die Ehe des Gemeindeleiters als selbstverständlich angesehen
wird.) Wenn aber die Anforderungen so ernst sind, dann hieße es, den Menschen 6
in Versuchung führen, wollte man Neubekehrten (neophytos: „neugepflanzt“),
etwa um ihres gesellschaftlichen Ansehens willen, die große Verantwortung über-
tragen[15]. Geistliche Hoffart heißt diese Versuchung, und wo sie den Leiter einer
Gemeinde packt, da ist der Satan selbst am Werk und bereit, von Gott die Voll-
streckung des Strafurteils zu fordern (Offb. 12, 10). Noch ein Letztes ist zu nennen, 7
worüber bei der Berufung zum Amt nicht hinweggesehen werden darf: das ist der
gute Leumund bei den Außenstehenden[16]. Gewiß weiß die Gemeinde um die Vergebung, und sie ist die Grundlage ihres Seins. Aber Vergeben und zum Führer Berufen ist zweierlei. Blickt doch die Welt bei der Beurteilung der Gemeinde zunächst auf den geistlichen Leiter. Ein beflecktes Vorleben kann üble Nachrede zur Folge haben und kann unversehens in die Schlinge des Satans führen. In Qumran (Damaskusschrift 4, 17 f.) sprach man von den drei Netzen des Teufels: Unzucht, Reichtum, Entweihung des Heiligtums (d.h. Abfall), ähnlich dürfte das Bild von der Schlinge an unserer Stelle gemeint sein. Die Lehrer und Führer der Gemeinde müssen besonders auf der Hut vor ihr sein, weil keine Beute dem Satan so erwünscht ist wie einer von ihnen. Eines beachte man wohl: was Paulus nicht nennt. Er nennt als Voraussetzung für das Amt nicht organisatorische Veranlagung oder die Gabe der zündenden Rede, sondern er fragt nach der Bereitschaft, Gott gehorsam zu sein.

b) Die Diakonen 3, 8-13

8 In gleicher Weise müssen die Diakonen ehrbar[1] sein, frei von Doppelzüngigkeit[2], nicht übermäßigem Weingenuß[3] oder schnöder Gewinnsucht ergeben[4], 9 Männer, die das Geheimnis des Glaubens mit reinem Gewissen bewahren[5]. 10 Auch sie aber sollen erst geprüft werden, und nur, wenn sie unbescholten sind, zum Diakonenamt zugelassen werden. 11 Desgleichen müssen die Frauen ehrbar sein, nicht verleumderisch, sondern nüchtern und unbedingt zuverlässig[6]. 12 Die Diakonen sollen nur einmal geheiratet haben[7], Männer sein, die ihre Kinder sorgfältig erziehen und die eigenen Häuser vorbildlich führen[8]. 13 Denn die, die ihren Diakonenberuf vorbildlich ausüben, erreichen eine schöne Stufe und gewinnen große Zuversicht im Glauben an Christus Jesus.

Neben dem Amt des Episkopos kennen die Pastoralbriefe nur noch (vgl. zu 8
5, 17) das des Diakonos (ebenso Phil. 1, 1) und der Witwe. Der Titel Diakonos
(„Diener, Helfer“) war etwas völlig Neues in der damaligen Zeit; die Amtsbezeich-

nungen der Umwelt bringen die Vollmacht des Amtes oder den Anspruch auf
Ehrung zum Ausdruck. Anders die neue Amtsbezeichnung, die unmittelbar auf
Worte Jesu zurückgeht: er selbst hatte seinen Jüngern eingeprägt, daß in seiner
Nachfolge Dienen-Dürfen wahre Größe ist (Mk. 9, 35), und sich als Vorbild im
Dienen hingestellt (Mk. 10, 45; Joh. 13, 1 ff.). Wie hoch man den Titel Diakonos
schätzte, geht daraus hervor, daß Timotheus „Diener Jesu Christi“ genannt wird
(4, 6). Der folgende Abschnitt nennt die an die Diakonen zu stellenden Anforderun-
gen, die sich eng mit den für die Gemeindeleiter geltenden berühren, sagt uns aber
leider nichts Konkretes über ihre Amtspflichten. Da neben Ehrbarkeit[1] der Verlaß
auf ihr Wort[2] und die Sauberkeit in Geldsachen[4] besonders erwähnt wird, darf
man wohl schließen, daß sie es mit den Gemeindegeldern, also Armen- und Kran-
9 kenfürsorge zu tun hatten. Im Auftrag der Gemeinde geübte christliche Liebestätig-
keit setzt absolute Vertrauenswürdigkeit voraus; darum muß, wer sie übt, das
Evangelium – „Geheimnis des Glaubens“ genannt, weil Gott es verbarg (Röm.
16, 25 f.; Kol. 1, 26 f.), bis er in Christus sein Schweigen brach – „mit reinem Ge-
wissen bewahren“[5], d. h. besonders sorgfältig darauf achten, daß er die Froh-
botschaft nicht durch Anstöße, die er gibt, unglaubwürdig macht. Nichts schadet
der Sache des Glaubens so, als wenn ein unreiner, in seinem Gewissen belasteter
10 Mensch für sie eintritt. Gewiß! Den Glaubensstand eines Menschen kann nur Gott
beurteilen; um so mehr muß das Vorleben und die sittliche Würdigkeit der Män-
ner, denen das Vertrauensamt eines Diakonen übertragen werden soll, in einer
Probezeit geprüft werden; das „auch sie“ am Anfang von V. 10 trägt zwischen den
Zeilen nach, daß auch den Gemeindeleitern eine solche Probezeit auferlegt wurde.
11 Auch an ihre Frauen[6] sind Anforderungen zu stellen. Ist doch gerade die Liebes-
tätigkeit eine Aufgabe, die die Mithilfe der Frau erfordert. Ehrbar soll die Frau
eines Diakonen sein; der Zungensünde der Verleumdung, der ja die Frau besonders
leicht erliegt, darf sie nicht verfallen sein; nüchternes Urteil soll sie vor falschem En-
thusiasmus bewahren; in jeder Hinsicht muß auf sie voller Verlaß sein. Doch bleibt
es möglich, daß V. 11 von weiblichen Diakonen die Rede ist; wir wissen von Phöbe,
der Diakonin von Kenchreai (Röm. 16, 1-2), und von zwei Mägden, „ministrae
genannt“, die Plinius, der Statthalter von Bithynien, 112 n. Chr. foltern ließ
12 (Briefe X 96). Für die Diakonen selbst, zu denen V. 12 zurückkehrt, gilt, wie für
die Gemeindeleiter, daß sie „Eines Weibes Mann“[7] sein sollen (wahrscheinlich,
s. zu V. 2: Verbot der Wiederverheiratung Geschiedener) und daß sie in ihrem
Hause, namentlich in der Kindererziehung, der Gemeinde das Vorbild eines christ-
13 lichen Hausstandes[8] geben sollen. Wo aber Gott viel fordert, da gibt er auch
viel. Ein treuer Diakon erntet reichen Lohn: er „erwirbt sich eine schöne Stufe“,
nämlich Ansehen und Vertrauen in der Gemeinde, und er gewinnt „große Zuver-
sicht“, nämlich – nach dem neutestamentlichen Gebrauch des ursprünglich die
Redefreiheit bezeichnenden Wortes – die Freudigkeit zum unerschrockenen Zeug-
nis, zum kindlichen Gebet und vor allem die Zuversicht vor Gottes Richterstuhl
am Jüngsten Tage. Wohl dem, der treu war im Amt: er darf getrost dem Urteils-
spruch Gottes entgegensehen. Freilich – nicht auf Grund seines Verdienstes, son-
dern auf Grund des gläubigen Vertrauens auf Christus Jesus, der für alle Sünden,
deren auch der Treueste übergenug hat, genug getan hat.

3. Der Abschluß der Gemeindeordnung mit dem Christus-Hymnus 3,14-16

14 Das alles schreibe ich dir, obwohl ich die Hoffnung habe, baldigst zu dir kommen zu können, 15 damit du für den Fall, daß sich mein Kommen verzögern sollte, weißt, wie die Ordnung sein soll im Hauswesen Gottes, das ist in der Kirche des lebendigen Gottes, Säule und Bollwerk der Wahrheit. 16 Und – fürwahr! – gewaltig ist das Geheimnis unseres Glaubens, (nämlich Er), „der da ward

geoffenbart im Fleisch,
gerechtfertigt im Geist[1];
geschaut von Engelmächten,
verkündigt unter den Völkern[2];
geglaubt in der Welt,
erhoben in Lichtglanz“[3].

Der Abschluß begründet zunächst, warum Paulus trotz der Absicht baldigen 14
Kommens schreibt: es könnten Verzögerungen die Reise hinausschieben. Ein zwei- 15
ter Grund dürfte hinzukommen: die Gemeindeordnung ist nicht nur für Timotheus
bestimmt, sondern als dauernde Richtschnur für die kleinasiatischen Gemeinden.
Das locker angefügte Doppelbild „Säule und Bollwerk der Wahrheit“ kann in
zweifacher Weise gedeutet werden. Läßt man mit ihm einen neuen Satz beginnen,
so bezieht es sich auf das hymnische Bekenntnis zu Christus in V. 16; zieht man
dagegen das Bild zum Vorhergehenden, so ist es die Kirche, die als Säule und
Bollwerk beschrieben wird. Unsere Übersetzung folgt der zweiten Deutung, zu
deren Gunsten geltend gemacht werden kann, daß in Qumran die Gemeinde „Fundament der Wahrheit“ genannt wird. Wie immer man deutet, entscheidend ist, daß
das Bild „Säule und Bollwerk der Wahrheit“ als antihäretisch erkannt wird. Allen 16
Machenschaften der Irrlehrer zum Trotz bleibt unerschütterlich „die Wahrheit“
(V. 15), „das Geheimnis unseres Glaubens“, nämlich ER, nur ER, von dem der
Lobpreis der anbetenden Gemeinde im Hymnus singt: „Geoffenbart im Fleisch...“

Der **Christus-Hymnus** in 3,16, der den Höhepunkt des ganzen Briefes bildet, bietet zunächst ein textkritisches Problem. Die besten Zeugen lesen am Anfang das maskulinische Relativpronomen „welcher“ (griechisch: *HOS*): „gewaltig ist das Geheimnis: welcher geoffenbart wurde ...“; dann ist der ganze Hymnus ein Relativsatz, dem der Hauptsatz fehlt. Die meisten abendländischen Zeugen lesen das neutrische Relativpronomen „welches“ (griechisch: *HO*) und verbinden so, grammatisch korrekt, den Hymnus als Nebensatz mit 16a: „Gewaltig ist das Geheimnis unseres Glaubens, welches ...“ Die meisten späteren Zeugen dagegen lesen „Gott“ *(TH[EO]S)*; bei dieser Lesart, die Luther vorlag, ergibt sich ein korrekter Hauptsatz: „Gewaltig ist das Geheimnis: Gott ist geoffenbart im Fleisch ...“ Es gilt hier jedoch die textkritische Regel: die grammatisch schwierigste Lesart, in unserem Falle die zuerst genannte, ist die ursprüngliche; die spätere Zeit hat geglättet. Der Hymnus ist also nach dem ältesten Text ein einziger Nebensatz ohne Hauptsatz, zu dem mindestens das Bezugswort (in unserer Übersetzung: „nämlich ER“) ergänzt werden muß. Eben dadurch wird deutlich, daß er aus dem Zusammenhang eines Gemeindeliedes genommen ist, in dem wahrscheinlich ein Lobpreis voranging, also etwa: „Preis und Ehre sei Ihm, der geoffenbart wurde ...“

Nächst der Frage nach dem ursprünglichen Text fordert der stilistische Aufbau des Hymnus Beachtung; er besteht aus sechs parallel gebauten Zeilen, deren jede mit einem (im Griechischen gleich auslautenden) Passiv beginnt, das ein Handeln Gottes beschreibt. Je zwei Zeilen bilden ein Gegensatzpaar: Fleisch–Geist[1]; Engelmächte–Völker[2]; Welt–Lichtglanz[3]. Jedes der drei Gegensatzpaare stellt also Irdisches und Himmlisches einander gegenüber, und zwar in chiastischer Reihenfolge (Irdisches–Himmlisches; Himmlisches–Irdisches; Irdisches–Himmlisches). Diese Feststellung ist wichtig für die Auslegung, weil sie zeigt, daß drei zeitlich aufeinander folgende Vorgänge der Offenbarung Gottes in Jesus Christus in hymnischer Form verherrlicht werden: es sind drei Vorgänge, die wir aus dem altorientalischen Zeremoniell bei der Thronbesteigung eines Königs, wie es namentlich für Ägypten bezeugt ist (E. Norden), kennen. Das altägyptische Thronbesteigungs-Zeremoniell besteht aus drei Akten: 1. der neue König erhält in feierlicher Sinnbildhandlung göttliche Eigenschaft (Erhöhung); 2. der nunmehr vergottete König wird dem Kreise der Götter vorgestellt (Präsentation); 3. danach erst wird ihm die Herrschaft übertragen (Inthronisation). Dieses uralte Zeremoniell war allmählich zur Stilform erstarrt, die auch zu einer Zeit noch fortlebte, als die Thronbesteigungsbräuche längst nicht mehr ausgeübt wurden. Diese Stilform der dreistufigen Thronbesteigungs-Hymnen liegt z.B. Phil. 2, 9-11 vor; denn hier folgt auf 1. die Erhöhung (V. 9 a) und 2. die Proklamation des Namens über alle Namen (V. 9 b) 3. die Huldigung vor dem Inthronisierten in Anbetung und Bekenntnis (V. 10 f.). Ein weiteres Beispiel bietet Mt. 28, 18-20: 1. Herrschaftsübertragung (V. 18 b), 2. Proklamation (V. 19-20 a), 3. Machterweise (vgl. Mk. 16, 17 f.) des Inthronisierten (V. 20 b), ferner Offb. 5, 5-14: 1. Ankündigung des Sieges Christi (V. 5), 2. Präsentation des Lammes (V. 6), 3. Machtverleihung und Akklamation (V. 7-14). Schließlich ist auf Hebr. 1, 5-14 zu verweisen, wo unter jeweiliger Gegenüberstellung von Sohn und Engeln nacheinander 1. die Adoption zum Gottessohn, den die Engel anbeten (V. 5-6), 2. die Proklamation der unvergänglichen Herrschaft (V. 7-12) und 3. die Inthronisation (V. 13 f.) genannt werden. Diese Stilform des *Thronbesteigungs-Hymnus* liegt auch unserem Christus-Hymnus zugrunde: die Thronbesteigung Jesu Christi ist sein Inhalt. Sie wird als Triumphzug geschildert, der sich in drei Vorgängen abspielt: 1. in der Erhöhung des Menschgewordenen (erstes Gegensatzpaar); 2. in der Kundgebung der Erhöhung an die himmlische und irdische Welt (zweites Gegensatzpaar); 3. in der Einsetzung Christi in die Herrlichkeit (drittes Gegensatzpaar). Jeder dieser drei Vorgänge vollzieht sich im Himmel und auf Erden: die Christusoffenbarung ist ein kosmisches, allumfassendes Geschehen. Von dieser Feststellung hat die Erklärung auszugehen.

1. *Die Erhöhung.* Die Gemeinde bekennt sich zu Jesus Christus als dem, „der geoffenbart wurde im Fleisch, gerechtfertigt im Geist". Irdischer und überirdischer Vorgang stehen sich gegenüber. Der irdische ist die „Erscheinung vermittels Fleisches", wobei das Wort „Fleisch" im Anschluß an alttestamentlichen Sprachgebrauch die irdische Existenz Jesu (so z.B. auch in den verwandten christologischen Formeln Röm. 1, 3 f.; 1.Petr. 3, 18) bezeichnet. Der abwertende Beiklang der Vergänglichkeit, der dem Ausdruck in diesen Formeln anhaftet, will das Ärgernis der Menschwerdung bewußtmachen; in der ersten Zeile unseres Hymnus könnte

also eine antidoketische (vgl. 2.Tim. 2, 18) Spitze enthalten sein. Der überirdische Vorgang ist die „Rechtfertigung vermittels Geistes". Mit der „Rechtfertigung" könnte, einem (freilich erst nachchristlich bezeugten) hellenistischen Sprachgebrauch gemäß, die Erhöhung in die Seinsweise der göttlichen Gerechtigkeit bezeichnet sein; wahrscheinlicher ist, daß, biblischem Sprachgebrauch gemäß, die Gerechtsprechung gemeint ist: Gott erweist den als Verbrecher am Kreuz Hingerichteten vor aller Welt als den Gerechten. In beiden Fällen ist sachlich mit der Rechtfertigung die Auferstehung gemeint. Sie geschah „im Geist" (Gottes), d. h. kraft des Gottesgeistes, dessen Träger Jesus war, wie auch die Auferweckung der Gläubigen „durch den Geist" (bzw. „vermöge des Geistes") erfolgen wird (Röm. 8, 11). Mit dieser öffentlichen Rechtfertigung des Gekreuzigten in der Auferstehung begann seine Thronbesteigung. Es folgte 2. *die Kundgebung der Erhöhung* an die himmlische und irdische Welt (Präsentation): „geschaut von Engelmächten, verkündigt unter den Völkern". Wieder stehen sich himmlischer und irdischer Vorgang gegenüber. Die Engel beten den zum Himmel Auffahrenden an, dem sie fortan als ihrem Herrn unterworfen sein werden (Phil. 2, 10 f.; Eph. 1, 20 f.; 1.Petr. 3, 22). Dieser Einführung des Erhöhten in seinen himmlischen Herrschaftsbereich entspricht seine Verkündigung im irdischen Herrschaftsbereich; denn die Predigt des Evangeliums von der Erlösung durch Jesus Christus ist die Proklamation seines Herrschaftsanspruches an die Völkerwelt. Und endlich 3. *die Thronbesteigung:* „geglaubt in der Welt, erhoben in Lichtglanz". Auch die Thronbesteigung des erhöhten Christus ist ein Ereignis, das Himmel und Erde umfaßt. Auf Erden ergreift er seine Herrschaft überall da, wo Menschen sich gläubig der Heilsbotschaft unterwerfen; in der himmlischen Welt geschieht die Thronbesteigung durch die Aufnahme des zum Himmel Gefahrenen in die Herrlichkeit und auf den Thronsitz zur Rechten Gottes.

Es ist die kraftvolle Christologie der Urgemeinde, die in dem Thronbesteigungs-Hymnus zu Worte kommt, wie wir sie aus Phil. 2, 5-11 kennen: auch dort bekennt sich die Gemeinde zu dem Gekreuzigten als dem Erhöhten, den die Engel anbeten und der fortan der Herr ist. Das Unerhörte dieser Botschaft aber bleibt das „geoffenbart im Fleisch". Daß der ewige (2.Tim. 1, 9) Gottessohn Mensch wurde, das ist das „kündlich große Geheimnis".

Dritter Teil: Der Kampf gegen die asketischen Forderungen der Irrlehrer 4,1—11

Nach dem Abschluß der Gemeindeordnung mit dem jubelnden Lobpreis des göttlichen Geheimnisses wendet sich unser Brief wieder dem Kampf des Timotheus gegen die Sektierer zu, von dem bereits das erste Kapitel handelte. Die Ordnung des Gemeindelebens und die Bewahrung der Gemeinde vor falscher Lehre sind ja die beiden Hauptanliegen des 1.Tim. und des Tit. Während aber im ersten Kapitel von der Lehre der Sektierer die Rede war, wird im vierten Kapitel auf ihre Forderungen für die Lebensgestaltung ihrer Anhänger eingegangen. Nicht asketische Gesetzlichkeit, wie die Irrlehrer behaupten, sondern ein Wandel in der Zucht des Geistes ist rechte christliche Lebensgestaltung: das soll Timotheus der Gemeinde in Wort und Wandel bezeugen und vorleben.

1. Die asketischen Forderungen der Sektierer 4,1-5

1 Der Geist kündet ausdrücklich an: in den letzten Zeiten werden manche vom Glauben abfallen und Geistern des Trugs und Lehren der Dämonen folgen, 2 (die) in Gestalt heuchlerischer und in ihrem eigenen Gewissen gebrandmarkter Lügenredner (an sie herantreten). 3 Diese Leute verbieten die Heirat und fordern die Enthaltung von Speisen, die doch Gott dazu geschaffen hat, daß sie von denen, die zum Glauben und zur Wahrheitserkenntnis gelangt sind, mit Danksagung genossen werden sollen. 4 Denn alle Gottesschöpfung ist gut, und nichts davon ist verwerflich, wenn es mit Danksagung genossen wird. 5 Wird doch die Gabe geheiligt durch Gottes Wort und Gebet.

1 Mit einem weissagenden Wort des heiligen Geistes beginnt der Abschnitt. Gott selbst hat der Gemeinde unmißverständlich durch die Worte geistbegabter Männer angekündigt, daß in den letzten Zeiten Abfall vom Glauben die Gemeinde heimsuchen werde. Die Erwartung, daß das Reich Gottes nach einer Zeit voll Anfechtung, Leiden und Abfall kommen werde, war Gemeingut der ältesten Christenheit und ist oftmals ausgesprochen worden in den weissagenden und mahnenden prophetischen Worten, die im urchristlichen Gottesdienst ihre feste Stätte hatten. In dem Herrenwort Mk. 13, 22 und in den Apostelworten 2.Thess. 2, 3. 11-12; Apg. 20, 29-30; Offb. 3, 10; 13 haben wir Beispiele für den Inhalt solcher Prophezeiungen der Zeit des Abfalls, in Apg. 11, 27-28; 13, 1-2; 1.Kor. 14 Beispiele für den äußeren Vorgang beim Lautwerden der prophetischen Stimmen im Gottesdienst. Aber nicht in unbestimmter, ferner Zeit erwartet unser Text die Erfüllung dieser Prophezeiungen der bevorstehenden Abfallszeit, sondern die konkreten Einzelzüge in V. 3 und V. 7 zeigen, daß er von der Gegenwart der Gemeinde redet. Die Sektierer sind die ersten Boten der gottfeindlichen Geisterwelt, die die Gemeinde Jesus zu zerstören sucht. Wie der heilige Geist in den auf Jesu Namen Getauften, so haben böse Geister in ihnen Wohnung genommen, um sie für die Verbreitung ihrer Lehren zu gebrauchen. „Lehren der Dämonen“? Ja! Satan schafft eine neue Religion! Das ist *die* Ver-
2 suchung der letzten Zeit. Ein doppeltes Kennzeichen lehrt, daß die Irrlehrer Werkzeuge satanischer Mächte sind: 1. ihre heuchlerische, überhebliche Scheinfrömmigkeit und 2. ihr vergebliches Bemühen, das unsichtbare, aber unaustilgbare Sklavenbrandmal in ihrem Gewissen – gemeint ist Knechtschaft unter geheimer Sünde, vor allem (vgl. 6, 3-10) Selbstsucht und Geldgier – durch strenge asketische Forderun-
3 gen zu verdecken. Denn scheinbar sind die Irrlehrer Vertreter einer sehr ernsten Lebensauffassung, wenn sie lehren, Eheverzicht und Enthaltung von Speisen sei der Weg zum Heil. Diese doppelte asketische Forderung ist ein wichtiges Mittel, Näheres über ihre Lehre zu erfahren. Tit. 1, 10-15 zeigt, daß die Forderung der Enthaltung von Speisen (es ist z. B. an vegetarische Lebensweise zu denken, vgl. Röm. 14, 1 ff.) mit jüdisch-rituellen Speise- und Reinheitsgeboten zusammenhängt; 1.Tim. 5, 23 legt ferner die Vermutung nahe, daß auch die Enthaltung vom Wein gefordert

wurde, vielleicht um der jüdisch-rituellen Befürchtung willen, daß der Wein durch ein Götzen-Trankopfer entweiht sein könnte. In ganz andere Richtung weist das Eheverbot, das dem Judentum (mit Ausnahme von Qumran) fremd ist, dagegen in gnostischen Kreisen begegnet. Hier vertrat man eine dualistische Weltanschauung, die zwischen Leib und Seele, Materie und geistiger Welt derart schied, daß sie in allem Irdisch-Natürlichen etwas Widergöttliches sah und in der Loslösung der Seele von allem Materiellen den Weg zur Vereinigung mit der Gottheit erblickte. Doch muß bei dem Verbot der Ehe keineswegs unbedingt an gnostische Einflüsse gedacht werden; es kann sich ebensogut um Auswirkungen des urchristlichen Enthusiasmus gehandelt haben, wie sie z.B. in Korinth begegnen (1.Kor. 7, 1 ff.), wobei die Mißdeutung eines Jesuswortes wie Mk. 12, 25 von Einfluß gewesen sein könnte (vgl. 2.Tim. 2, 18!). Warum die Schärfe unseres Textes in der Bekämpfung der Sektierer? Ihre Lehre und ihre asketischen Forderungen tasten das Heiligste des Glaubens an, nämlich das „allein aus Gnaden". Es ist eine selbstgemachte Erlösung, eine künstliche Heiligkeit, die sie predigen. Durch Askese und gesetzliche Leistung wollen sie gewaltsam den Zugang zu Gott und das Anrecht auf das Heil erzwingen, und mit diesem Versuch der Selbsterlösung, der das Verderben in der Natur und nicht in der Sünde sieht, mißachten sie die in Jesus Christus dargebotene Vergebung und Erlösung. Zugleich mißachten sie die Schöpfungsordnung Gottes, der die Ehe gestiftet hat und der seine Gaben mit dem Willen geschaffen hat, daß
die Seinen sie dankbar entgegennehmen. Den Speiseverboten der Sektierer setzt 4
unser Text den gewaltigen Satz entgegen: Alle Gottesschöpfung ist gut. Dieses Wort wäre auf dem Gebiet des hellenistischen Dualismus mit seiner Mißachtung der materiellen Welt und auf dem Gebiete des Judentums mit seiner Fülle von Speise- und Reinheitsvorschriften undenkbar. Wie kommt es, daß das Urchristentum anders urteilen kann? Welches ist die Wahrheitserkenntnis (V. 3), die die Gläubigen zu dieser weltoffenen Stellung berechtigt? Die klarste Antwort findet sich Apg. 10, 9-16 in dem Petrus-Gesicht von den unreinen Tieren. Das Tuch mit den Vierfüßlern, Kriechtieren und Vögeln, das an vier Zipfeln herabgelassen wird, versinnbildlicht in der Bildsprache der Bibel das Weltall mit seinen vier Weltecken (vgl. Hebr. 1, 11-12; die vier Weltecken Offb. 7, 1; 20, 8), und durch die Worte der himmlischen Stimme: „Was Gott für rein erklärt hat, das halte du nicht für unrein" (Apg. 10, 15) wird Petrus verkündigt, daß die erlöste Schöpfung Gottes rein ist. *Das* ist der Schlüssel zu unserer Stelle. Die Christenheit weiß sich durch die Taufe auf Christi Namen aus der verderbten, dem Satan und der Sünde unterworfenen alten Welt erlöst und in die neue Welt der Königsherrschaft Jesu Christi verpflanzt (Kol. 1, 13), in der es nichts Unreines mehr gibt. Aus dieser Glaubensgewißheit der erlösten Heilsgemeinde Jesu heraus ist allein das Wort verständlich: Alle Gottesschöpfung ist gut. Wie in der ersten Schöpfung alles gut war (1.Mose 1, 31), solange die Schöpfungswelt nicht durch die Sünde verdorben war, so ist in der neuen Schöpfungswelt, die der zweite Adam, Christus, heraufgeführt hat (Röm. 5, 12-21; 1.Kor. 15, 45-49) und der die Gemeinde durch Glauben und Taufe angehört, alles gut. Wo man das weiß, daß in Christus das Alte vergangen ist und daß jeder, der ihm angehört, eine neue Kreatur ist (2.Kor. 5, 17), da können Gottes Gaben freudig genossen werden. Nur an *eine* Voraussetzung ist dieser freie Gebrauch der

Gaben Gottes gebunden: Speise und Trank sind rein, wenn sie mit Danksagung empfangen werden. Nicht weniger als dreimal (V. 3.4.5) wird in unserem Text ausdrücklich auf das Tischgebet verwiesen als die Voraussetzung für den rechten Gebrauch der Mittel, die Gott zum Leben gegeben hat. Das Tischgebet war ein wertvolles Erbteil jüdischer Sitte, mit dem es die älteste Christenheit genauer nahm als ein entartetes späteres Geschlecht. Wie der Judenschaft, so war es den ersten Gemeinden selbstverständlicher Brauch, daß ihre Glieder kein Stück Brot, das mehr als Olivengröße hatte, aßen, daß sie keinen Becher Wein tranken ohne den Aufblick zu dem Geber aller guten Gaben. So gewissenhaft, wie Jesus die Sitte des Lobpreises Gottes *vor* Tisch und der Danksagung *nach* dem Essen geübt hat (Gebet über dem Brot: Mk. 14, 22; 6, 41; 8, 6; Lk. 24, 30, über Fischen: Mk. 6, 41; 8, 7; Danksagung nach der Mahlzeit über dem Wein: Mk. 14, 23), so gewissenhaft hat die älteste Christenheit das Tischgebet geübt (über Speisen: Röm. 14, 6; 1.Kor.
5 10, 30; über dem Wein: 1.Kor. 10, 16). Weil die Gabe Gottes durch sein Wort (zum Tischgebet gehörte vermutlich ein Schriftwort wie Ps. 24, 1 vgl. 1.Kor. 10, 26) und durch das Gebet geheiligt ist, hat die Enthaltsamkeitsforderung einer gesetzlichen Selbsterlösungslehre in der Gemeinde keine Stätte.

2. Die rechte christliche Übung 4, 6-11

6 Wenn du dieses die Brüder lehrst, wirst du ein rechter Diener Christi Jesu sein, der sich nährt von den Worten des Glaubens und der rechten Lehre, die du dir zur Richtschnur genommen hast. 7 Aber die unfrommen und kindischen Mythen, die sollst du zurückweisen. Übe dich dagegen, immer mehr in der Frömmigkeit zu wachsen. 8 Denn

> **„die Übung in leiblichen Dingen bringt wenig Nutzen,**
> **die Frömmigkeit aber bringt vollen Nutzen,**
> **weil ihr für Zeit und Ewigkeit das Leben verheißen ist".**

9 Das ist ein bewährtes Wort, wert, daß es alle anerkennen. 10 Denn im Blick auf dieses Ziel tragen wir (willig) Mühe und Kampf; haben wir doch unsere Hoffnung auf den lebendigen Gott gesetzt, der der Heiland aller Menschen ist – erst recht, wenn sie gläubig sind. 11 Das sollst du einschärfen und lehren.

6 Von 4, 6 an wendet sich der Brief wieder persönlich an Timotheus. Im Gegensatz zu den Sektierern soll er die Gemeinde zum rechten Gebrauch der Gaben Gottes, zu denen auch Nahrung und Ehe gehören, anhalten, wie es die Pflicht seines Amtes ist. Daran soll die Gemeinde erkennen, daß ihr Prediger Gottes
7 Offenbarung im Evangelium zu seiner Speise macht (vgl. Mt. 4, 4; Joh. 4, 34). Denn eine andere Quelle der geistlichen Erkenntnis gibt es nicht. Die „Mythen" (vgl. zu 1, 4), die die Sektierer so hoch schätzen (es handelt sich um theosophische Spekulationen [Tit. 1, 16] und um schwärmerische Lehren, mit denen ihre Askese zusammenhängt [vgl. zu 2.Tim. 2, 18]), sind nicht nur wertlos, sondern – sie beruhen ja nicht auf Gottes Offenbarung in Jesus Christus – auch gottlos. Timotheus soll sie unnachgiebig zurückweisen; von Diskussionen halten die Pastoralbriefe nichts. „Übe dich dagegen, immer mehr in der Frömmigkeit zu wachsen." Es gibt auch

eine christliche „Übung", die hier den asketischen Übungen der Sektierer (V. 3)
entgegengestellt wird. Das ist die Zucht des Geistes in Wort, Wandel, Liebe, Glau-
ben, Keuschheit (V. 12). Zwar weiß auch das Christenleben von Enthaltsamkeit in 8.9
leiblichen Dingen, sei es zur Festigung des Gebetslebens (Mk. 9, 29; 1.Kor. 7, 5), sei
es aus Rücksicht auf den Bruder (1.Kor. 8, 13), sei es um der sittlichen Selbstbeherr-
schung willen (1.Kor. 9, 27). Aber solches leibliche „Trainieren" (gymnasia) kann,
wie ein durch V. 9 als Zitat (vgl. zu 1, 15) gekennzeichnetes (ursprünglich wohl von
den Stoikern gegen Überschätzung der Athletik geprägtes) Wort besagt, niemals
Weg zum Heil werden; zum Heil führt allein die geistliche Übung, der Wandel in
der Zucht des Geistes, die Frömmigkeit. Denn ihr ist das wahre Leben verheißen,
nicht erst für die Ewigkeit, sondern schon für die Zeitlichkeit. Im Blick auf diese 10
Verheißung, so schließt der Abschnitt, ertragen wir willig Mühe und Kampf. Denn
unsere Hoffnung beruht ja nicht auf menschlicher Kraft und Leistung, sondern
auf der Zusage des lebendigen Gottes, dessen umfassender Heilswille allen Men-
schen gilt (vgl. 2, 4) – wieviel mehr dürfen dann die Gläubigen sich auf seine Ver- 11
heißung verlassen.

Vierter Teil: Anweisungen an Timotheus für die Kirchenleitung 4,12—6,2

Gab die Gemeindeordnung (Kap. 2-3) allgemeingültige Vorschriften für die rechte Gestaltung des Gottesdienstes und für die an die Amtsträger zu stellenden persönlichen Anforderungen, so enthält der Abschnitt 4, 12-6, 2 Anweisungen für Timotheus, nach denen er die Kirche der Provinz Asia in Vertretung des Apostels leiten soll. Es sind also Richtlinien für die *Kirchenleitung*, mit denen wir es zu tun haben. Nach einem überleitenden Abschnitt, der Timotheus mahnt, sich durch den Anstoß an seiner Jugend nicht beirren zu lassen (4, 12-16), folgen Anweisungen über die rechte Behandlung der verschiedenen Altersstufen (5, 1-2), über die Versorgung der Witwen und die Ordnung des Witwenamtes (5, 3-16), über die Bezahlung der Gemeindeleiter, die Handhabung der Kirchenzucht gegen sie und ihre Auswahl vor der Ordination (5, 17-25) und endlich über die seelsorgerliche Behandlung der Sklaven (6, 1-2). Es ist bedeutsam, daß neben der Aufsicht über die Gemeindehirten vor allem die Fürsorge für die Ärmsten, die Witwen und die Sklaven, als Pflicht der Kirchenleitung herausgestellt wird.

1. Der Anstoß an seiner Jugend soll Timotheus nicht beirren 4, 12-16

12 Niemand soll dich um deiner Jugend willen gering achten; vielmehr sollst du ein Vorbild für die Gläubigen sein in Wort[1], Wandel[2], Liebe[3], Glauben[4], Keuschheit[5]. 13 Bis ich wiederkomme, widme dich weiter fleißig der (Schrift-)Vorlesung[1], der Predigt[2] und dem Unterricht[3]. 14 Laß die Gnadengabe in dir nicht ungenutzt,

die dir auf Grund von Prophetenworten verliehen wurde, als du unter Handaufstemmen ordiniert wurdest. 15 Auf alles das verwende deine Sorgfalt, in alledem erhalte dich, alle müssen merken, daß du (innerlich) fortschreitest. 16 Gib acht auf dich und auf die Lehre, halte fest daran! Denn wenn du das tust, wirst du dich selbst retten und auch deine Hörer zum Heil führen.

12 Timotheus erscheint an unserer Stelle (ferner 5,1f.; 2.Tim.2,22) als junger
Mann. Ist das denkbar? Durchaus! Bei seiner Berufung zum Mitarbeiter des Pau-
lus im Sommer 49 oder 50 (Apg. 16,1ff.) war er nach 1.Kor. 16,10-11 offenbar noch
sehr jung. Seitdem waren etwa zehn Jahre vergangen. Timotheus wird also zur
Zeit des 1.Tim. in den dreißiger Jahren seines Lebens gestanden haben. Überhaupt
haben wir vielfach falsche Vorstellungen vom Alter der Männer des Neuen Testa-
ments. Jesus war bei seinem Auftreten Anfang 28 n. Chr. (vgl. Lk.3,1) etwa 34
Jahre alt (s. zu Mt.2,1); seine Jünger werden jünger gewesen sein als er. Da der
Herrenbruder Jakobus ebenfalls jünger war als Jesus (Lk.2,7), stand er im Anfang
der dreißigre Jahre, als ihm der Auferstandene erschien (1.Kor.15,7). Paulus da-
gegen war bei seiner Bekehrung (31/33 n. Chr.) bereits ordinierter Schriftgelehrter
(das geht z.B. aus seinem Stimmrecht bei Kapitalprozessen hervor, das Apg. 26,10
erwähnt wird), also damals etwa 30 Jahre alt, bei Abfassung des 1.Tim. gegen
60 Jahre alt. – Aus der Jugend des Timotheus haben sich Schwierigkeiten in seinem
Amt der Leitung der kleinasiatischen Gemeinden ergeben. Ähnlich ist es dem ebenfalls
noch jugendlichen Titus (Tit.2,6f.) auf Kreta ergangen (V.15). Das ist nicht ver-
wunderlich. Von einem jungen Mann nimmt niemand gern Belehrung oder gar
Zucht an; dazu kam, daß üblicherweise ältere Männer (1.Tim.5,17; Tit.1,5 vgl. 7)
die Gemeinden leiteten. Trotzdem soll Timotheus sein Amt im Dienst des Evan-
geliums zuversichtlich verwalten. Durch innerlich begründete Autorität, nämlich
durch die vorbildliche christliche Lebensführung (die eine für die Pastoralbriefe
typische, hier fünfgliedrige Kette umschreibt), soll er zu ersetzen suchen, was ihm an
13 Alter fehlt. Es ist des Apostels ausdrücklicher Wunsch, daß er bis zu seinem Kom-
men, unbeirrt durch Bedenken wegen seiner Jugend und durch falsche Bescheiden-
heit, sein Amt verwalte und der Gemeinde diene mit Schriftverlesung[1] („Schrift“ ist
hier natürlich das Alte Testament; unsere Stelle ist – zufällig – der älteste Beleg
für die Verlesung des Alten Testaments im urchristlichen Gottesdienst), „tröst-
lichem Zuspruch“[2] (= Predigt Apg.13,15; Hebr.13,22) und „Unterweisung“[3] (es
14 ist z.B. an Katechumenenunterricht zu denken). Ist er doch, auf Grund göttlicher
Weisung, verordneter Diener am Wort! Ist ihm doch das Amtscharisma, die Amts-
gnade, bei seiner Ordination von Gott verliehen worden! Und Gottes Gabe ist
15 dazu gegeben, daß sie genützt werde. Wenn er dieses beachtet, daß die Autorität
des Amtsträgers eine innere sein muß, begründet erstens durch die Vorbildlichkeit
seines Wandels und zweitens durch die Amtsgnade, die eine reale, wirkungskräftige
Gabe Gottes ist, dann wird er innerlich fortschreiten, und die Gemeinde wird sich
16 ihm willig unterordnen. Und Gott wird einem Diener am Wort, der sich in Zucht
hält und das lautere Evangelium verkündigt, beides schenken (vgl. Jak.5,20): die
Rettung der eigenen Seele und die Rettung derer, deren Seelen ihm anvertraut
sind.

Die urchristliche Ordination stellt uns vor eine Reihe von Problemen. – 1. Fest steht, daß sie an den spätjüdischen Ordinationsritus anknüpft; andere Vorbilder gibt es nicht. Das Spätjudentum schrieb dem Theologen (Schriftgelehrten) einen vieljährigen Studiengang vor; erst wenn er die Methode der Schriftauslegung und den gesamten Überlieferungsstoff beherrschte, erlangte er die Ordinationsfähigkeit. Die Ordination (für die die Amtseinsetzung des Josua durch Moses 4.Mose 27, 18-23; 5.Mose 34,9 als Vorbild galt), erfolgte in Form des mit aller Kraft ausgeführten Aufstemmens beider Hände, das durch drei ordinierte Gelehrte vollzogen wurde. Man war überzeugt, daß der Ritus auf ununterbrochener Folge von Moses her beruhe und daß daher „die Hoheit und Weisheit" des Moses auf den Ordinierten übergehe. – 2. Über den *äußeren Vollzug* der urchristlichen Ordination herrschen weithin irrige Vorstellungen infolge des unglücklichen Umstandes, daß das Neue Testament im Gefolge der Septuaginta zwei ganz verschiedene und im Hebräischen mit unterschiedlichen Vokabeln umschriebene Riten als „Handauflegung" bezeichnet. Das Richtige ergibt sich, wenn man sorgfältig unterscheidet einerseits zwischen der nur berührenden Handauflegung zur Heilung (Mk. 6,5; 7,32 u.ö.), beim Segen (Mk. 10,16) und zur Geistesmitteilung nach der Taufe (Apg. 8,17-19; 19,6, auch Hebr. 6,2) *(sim, schith)* und andererseits dem durch kräftiges Aufstemmen beider Hände vollzogenen Handaufstützen bei der Bevollmächtigung und bei bestimmten Opfern *(samakh)*. Die Ordination wird im Neuen Testament nur in den Pastoralbriefen (1.Tim. 4,14; 2.Tim. 1,6: Timotheus, ferner 1.Tim. 5,22) und in der Apostelgeschichte erwähnt (6,6: die Sieben; 13,3: die Missionare Barnabas und Saulus). Doch muß die Übernahme des Ritus seitens der christlichen Gemeinde in viel früherer Zeit, und zwar in Palästina, erfolgt sein, da das zeitgenössische Judentum Ordinationen außerhalb des Mutterlandes nicht kennt. – 3. Die Ordination erfolgte auf Grund der durch den Mund prophetisch begabter Männer (Apg. 13,2-3; 1.Tim. 1,18; 4,14) gegebenen Weisung des Geistes und nach innerer Vorbereitung aller Beteiligten (Apg. 13,3): der *Ruf Gottes* und die innere Rüste des Gerufenen waren die unerläßlichen Voraussetzungen. Der feierliche Ritus wurde derart vollzogen, daß dem künftigen Amtsträger, wahrscheinlich vor versammelter Gemeinde, unter fürbittendem Gebet (Apg. 13,3) segnend die Hände aufgestemmt wurden. Nach 2.Tim. 1,6 („durch mein Handaufstemmen") hat Paulus selbst Timotheus ordiniert (ein Widerspruch zu 1.Tim. 4,14 besteht nicht, da der hier verwendete Ausdruck *epithesis ton cheiron tu presbyteriu* höchstwahrscheinlich nicht mit „Handauflegung durch das Presbyterium" zu übersetzen ist, sondern die wörtliche Wiedergabe eines jüdischen Fachausdruckes für Ordination [„Handaufstemmen zur Amtsübertragung"] darstellt). Nach Apg. 13,3 scheint das segnende Handaufstemmen bei jeder Beauftragung mit einem bestimmten Dienst wiederholt worden zu sein. – 4. Die Ordination galt nicht als bloße Formalie oder als sinnbildliche Handlung, sondern als *Mitteilung der Amtsgnade* (1.Tim. 4,14; 2.Tim. 1,6: charisma). Daß Gott deren Geber ist (2.Tim. 1,7), wird an unserer Stelle durch das Passiv angedeutet. Ganz neu gegenüber der jüdischen Ordination ist, daß die Ordinierten durchweg schon im Besitz des Geistes waren (vgl. Apg. 6,3.5; 13,1); sie sollten durch die Amtsgnade jeweils für einen bestimmten Dienst und Auftrag bevollmächtigt und ausgerüstet werden.

Was die Amtsgnade schenkt, ist am klarsten 2.Tim. 1,7 gesagt, wie sie wirkt 2.Tim. 1,8 (Lit.: E. Lohse, Die Ordination im Spätjudentum und im Neuen Testament, 1951.)

2. *Die rechte seelsorgerliche Behandlung der verschiedenen Altersstufen 5,1-2*

1 Einen älteren Mann[1] sollst du nicht anfahren, sondern ihm gute Worte geben wie einem Vater, junge Männer[2] behandle wie Brüder, 2 ältere Frauen[3] wie Mütter, jüngere[4] wie Schwestern in völliger Keuschheit.

1-2 Eine rechte christliche Gemeinde ist eine große Familie. Schon Jesus selbst hatte seine Jünger und Jüngerinnen Brüder, Schwestern und Mütter genannt (Mk. 3,31-35) und die Seinen gelehrt, sich als große Familie zu betrachten (Mk. 10,29f.); das gleiche Gefühl herzlicher Verbundenheit finden wir bei Paulus, wenn er von der Mutter des Rufus sagt, sie sei auch ihm eine Mutter (Röm. 16,13). So soll denn auch ein rechter Seelsorger die ihm anvertrauten Gemeindeglieder als seine Familie betrachten und behandeln, als Menschen, denen er mit der gleichen Liebe und Zartheit verbunden ist wie seinen eigenen Eltern und Geschwistern. Dann wird es nicht vorkommen, daß er einen alten Mann, den er von Amts wegen ermahnen muß, zornig und ohne Ehrerbietung behandelt oder daß er einem weiblichen Glied der Gemeinde mit unreinen Gedanken gegenübertritt.

3. *Die Gemeindewitwen 5,3-16*

a) Ihre Versorgung 5,3-8

3 Ehre die Witwen, die wirklich Witwen sind. 4 Wenn aber eine Witwe Kinder oder Enkel hat, sollen diese lernen, zunächst einmal die Kindespflichten im Hause selbst zu erfüllen, nämlich Vergeltung an ihren gealterten Angehörigen zu üben. Denn so ist es vor Gott wohlgefällig. 5 Eine wirkliche Witwe aber, die ganz vereinsamt ist, hat es gelernt, ihre Hoffnung auf Gott zu setzen, und hält in Gebet und Flehen Nacht und Tag an. 6 Eine Witwe jedoch, die ihrem Vergnügen lebt, ist bei Lebzeiten gestorben. 7 Schärfe ihnen das ein, damit sie ein untadeliges Leben führen. 8 Wenn aber jemand seine Angehörigen, zumal wenn sie seine Hausgenossen sind, nicht versorgt, der hat den Glauben verleugnet und ist schlimmer als ein Heide.

V.3 führt V.1-2 weiter durch Nennung einer fünften Gruppe, der Witwen (als sechste folgen 6,1 die Sklaven). Die (wohl traditionelle) Mahnung „ehre die Witwen" weitet sich aus zur ausführlichsten Äußerung des Neuen Testaments über die Witwen (V.3-16). Dabei geht es unserm Abschnitt jedoch nicht um die Witwen der Gemeinde schlechthin, sondern um die „wirklichen Witwen" (V.3.5.16). Dieser Ausdruck wird in V.5 geradezu definiert und in V.11f. näher erläutert. Danach handelt es sich um Witwen ohne Angehörige und Versorger (V.4f.), die sich, auf künftige Ehen verzichtend, Christus in einem Treubund verbanden (V.11f.) und ihr Leben ganz dem Gebet weihten (V.5); sie wurden von der Gemeinde unterhalten

(V. 16). In der Gestalt der Hanna wird Lk. 2,36-38 der Idealtyp einer solchen „wirklichen Witwe“ geschildert. Sowohl die Bezeichnung der Hanna als Prophetin als auch die ausführlichen Angaben der syrischen Didaskalie (frühes 3. Jh.) über die Witwen machen es wahrscheinlich, daß diese Beterinnen als Charismatikerinnen (d. h. vom heiligen Geist Berufene und Begabte) galten. Das heißt aber nicht, daß ihr Stand ohne äußere Ordnung sein konnte. Die Anforderungen, die als Vorbedingung für die Auswahl zur „Gemeindewitwe“ genannt werden (V. 9 f.), berühren sich mit denen, die an die Episkopen und Diakonen gestellt wurden (1.Tim. 3,1-13; Tit. 1,6-9); hier wie dort wird eheliche Makellosigkeit gefordert (vgl. V. 9 mit 1.Tim. 3,2.12; Tit. 1,6), ferner Bewährung in christlicher Lebensführung und tadelloser Ruf. Man wird daraus wohl schließen dürfen, daß die „wirklichen Witwen“ als Trägerinnen eines Amtes galten. Schwerlich darf man aber aus V. 10 folgern, daß das Witwenamt diakonische Aufgaben umfaßte, also eine Fortbildung des weiblichen Diakonenamtes (Röm. 16,1 f.) oder gar mit ihm identisch war, vielmehr spricht das Schweigen von V. 5 über diakonische Aufgaben sowie die Beschränkung auf Greisinnen (V. 9) gegen diese Annahme. Wir hören nur vom Gebet als der Aufgabe der „wirklichen Witwen“ (V. 5). Die Ausführlichkeit der Anweisungen und die Erwähnung von ungünstigen Erfahrungen läßt vermuten, daß das Viduat (Witwenamt) in Kleinasien noch nicht lange bestand; die Tendenz zur Einschränkung zeigt, daß der Andrang zu dem Amt groß war. Unser Abschnitt handelt zunächst von der Versorgung der Witwen durch die Gemeinde (V. 3-8 vgl. 16), sodann von ihrer Auswahl (V. 9-16), und verrät das Bestreben, den Kreis der „wirklichen Witwen“ einzugrenzen.

Die Mahnung „ehre die Witwen“ nimmt Bezug auf das 4. [5.] Gebot (vgl. zu 3
1,9 f. über die Auslegung dieses Gebotes). „Ehren“ meint dabei nicht nur die Ehr-
erbietung, sondern schließt, wie das Folgende (V. 4-8.16) zeigt, die materielle Für-
sorge ein. Schon die Urgemeinde hatte Fürsorge für die Witwen geübt (vgl. Apg.
6,1; 9,39); sie war in den hellenistischen Gemeinden vordringlichste Pflicht, weil
die außerjüdische Antike eine geordnete öffentliche Armenfürsorge nicht kannte
und weil die Witwen die schutzlosesten Glieder der Gesellschaft waren. Die Unter- 4
stützung seitens der Gemeinde soll nun aber nur den „wirklichen Witwen“ zuteil
werden. Denn es wäre nicht recht, wenn Witwen, die Nachkommen haben, der
Fürsorge der Gemeinde zur Last fielen; in solchen Fällen sind vielmehr die Kinder
und Enkel nachdrücklich an die Pflicht zu erinnern, die ihnen die Dankbarkeit für
erfahrene Liebe und der Wille Gottes (4. Gebot) auferlegt. Anders liegt es bei den 5
„wirklichen Witwen“; hier hat die Gemeinde einzugreifen. Ihr Kennzeichen ist
freilich nicht nur die Vereinsamung, sondern auch die auf die Ewigkeit gerichtete
Lebenshaltung. Eine rechte christliche Witwe lernt aus dem Leid, das Gott ihr
auferlegt, und aus der Vereinsamung, was es um die christliche Ewigkeitshoffnung
ist. Und wo die Seele eines leidgeprüften, vereinsamten Menschen im Jenseits
heimisch geworden ist, da wird von selbst das Gebet zur beherrschenden Lebens-
macht bei Nacht und Tag (vgl. Lk. 2,37, wo ebenfalls, verbreitetem Sprach-
gebrauch entsprechend, die Nacht voransteht). Eine Witwe dagegen, die ihr Leid 6.7
durch ein haltloses Leben betäubt, hat sich selbst innerlich von der Gemeinde ge-
löst und auch das Recht auf die Fürsorge der Gemeinde verwirkt; sie ist bei Leb-

8 zeiten geistlich tot (Mt. 8,22; Offb. 3,1). Unbedingt aber gilt hinsichtlich der Fürsorge für die Witwen, daß zunächst diese Pflicht, wie schon in V. 4 gesagt war, von den Angehörigen wahrgenommen werden sollte. Wer diese Pflicht vernachlässigt, wird durch dieses Unrecht – zwar nicht mit Worten, aber mit der Tat – abtrünnig vom Glauben. Ein solcher Mensch ist schlimmer als ein Heide, der Christus nicht kennt und daher auch nicht wissen kann, was es um die Liebe ist, die Christus uns geschenkt hat und dadurch in uns wecken will.

b) Ihre Auswahl 5,9-16

9 Eine Witwe soll (nur unter folgenden Voraussetzungen) ausgewählt werden: (1.) wenn sie mindestens 60 Jahre alt ist, (2.) wenn sie nur einmal verheiratet gewesen ist, 10 (3.) wenn ihr bezeugt wird, daß sie Werke der Liebe getan hat, insofern sie nämlich Kinder aufgezogen hat[1], Gastfreundschaft geübt hat[2], den Heiligen die Füße gewaschen hat[3], in Not Geratene unterstützt hat[4], überhaupt jede Gelegenheit zu Liebeswerken ergriffen hat[5]. 11 Jüngere Witwen dagegen weise ab; denn wenn sie die Sinnlichkeit Christus abwendig macht, dann wollen sie heiraten. 12 Und dann trifft sie das Urteil, daß sie die erste Treue gebrochen haben. 13 Zugleich aber lernen sie Müßiggang und laufen in den Häusern umher und sind dann nicht allein müßiggängerisch[1], sondern auch schwatzhaft[2] und voll unnützer Geschäftigkeit[3] und führen unziemliche Reden[4]. 14 Ich will daher, daß die jüngeren (Witwen) heiraten[1], Mütter werden[2], den Haushalt führen[3] und keinem Widersacher Anlaß zu übler Nachrede geben[4]. 15 Denn leider sind schon einige abgefallen und dem Satan nachgefolgt. 16 Wenn eine gläubige Frau Witwen (im Hause) hat, soll sie für sie sorgen, und die Gemeinde soll nicht mit der Fürsorge für sie belastet werden, damit sie sich der wirklichen Witwen ausreichend annehmen kann.

9 Bei der Auswahl der Inhaberinnen des Witwenamtes soll besonders behutsam vorgegangen werden. Folgende Bedingungen müssen erfüllt sein, wenn einer Witwe das Witwenamt anvertraut werden soll: 1. Als Altersgrenze wird ein Alter von mindestens 60 Jahren gefordert, damit Erfahrung und Zuverlässigkeit gewährleistet sind: man beschränkt das Amt auf Greisinnen (das 60. Jahr galt als Beginn des Greisenalters), weil man mit jüngeren Witwen Enttäuschungen erlebt hatte (V. 11-15). 2. „Eines Mannes Ehefrau" muß die Witwe gewesen sein; da V. 14 jüngeren Witwen eine zweite Heirat ausdrücklich empfohlen wird, bestätigt es sich, daß diese Bestimmung gegen die Wiederverheiratung Geschiedener (nicht: Verwitweter) gerichtet ist (s. zu 3,2), wobei man bedenken muß, daß in der hellenistischen Welt (anders als im Judentum) die Scheidung sehr oft von der Frau
10 ausging. 3. Endlich muß das Zeugnis vorliegen, daß die mit dem Witwenamt zu Betrauende Werke der Liebe getan hat. Für diese Liebesübung werden vier Beispiele genannt: das Aufziehen von Kindern[1], wobei vielleicht an Waisenkinder zu denken ist (s. die Ausführung nach V. 16), Gastlichkeit[2], die bei der großen Zahl der Wandermissionare in der ältesten Kirche von besonderer Bedeutung war, das „Waschen der Füße der Heiligen"[3], womit nicht nur Gastlichkeit (Lk. 7,44), sondern zugleich die Bereitschaft zum selbstverleugnenden, demütigen Dienen (Joh. 13,1 ff.; Mk. 1,7) gemeint ist, endlich Hilfsbereitschaft gegenüber in Not

Geratenen[4]. Wenn dabei die Mitchristen, denen das „Füßewaschen“ gilt, als Heilige
bezeichnet werden, so ist, wie stets bei Paulus, nicht an Sündlosigkeit zu denken;
Heilige heißen vielmehr die Christen als „Geheiligte“ (1.Kor 1,2), nämlich als
Menschen, die durch die in der Taufe geschenkte Vergebung (1.Kor.6,11; Eph.
5,26) von Gott ausgesondert worden sind (s. zu Röm.1,7). Die Verse 11-15 11
begründen ausführlich die erste Bedingung für die Auswahl: die Altersgrenze (V.9).
Die Erfahrung hatte gelehrt, daß es aus verschiedenen Gründen nicht richtig sei,
junge Witwen, deren Zahl nicht klein war, da man früh heiratete und die Lebens-
erwartung niedrig war, mit dem Amt zu betrauen. Zunächst: einer jüngeren Witwe
kann sich leicht die Möglichkeit zur Wiederheirat bieten. Das war an sich kein
Unrecht, wird doch die Wiederheirat junger Witwen in V.14 gefordert (vgl. auch
2,15; 4,3). Da aber das Witwenamt als Verlöbnis mit Christus aufgefaßt wurde
und seine Übernahme den Verzicht auf die Ehe (durch ein Gelübde?) in sich schloß,
so war eine in den Dienst der Gemeinde gestellte Witwe – nur eine solche –, die 12
sich für eine Wiederheirat entschied, mit dem Vorwurf belastet, die „erste Treue“,
d.h. das Christus gegebene Wort, zu brechen. Dieser Gewissenszwiespalt sollte
den jüngeren Witwen erspart bleiben. Ein anderes kam hinzu: es hatte sich gezeigt, 13
daß junge Inhaberinnen des Witwenamtes in den von den Sektierern beunruhigten
Gemeinden leicht Versuchungen unterlagen, die ihr Amt schädigten. Sie waren,
wenn sie nicht genug zu tun hatten, in den Häusern herumgelaufen (der Text ist
schwierig; dürfen wir einen Buchstaben ändern [lanthanusin statt manthanusin
des Textes], so heißt es: „zugleich aber laufen sie, wenn sie nichts zu tun haben,
im Geheimen in den Häusern umher“), und der Müßiggang[1] hatte sich mit Lust
am Klatsch[2], mit „neugieriger Einmischung in fremde Angelegenheiten“[3] (das
Wort bezeichnet Apg.19,19 geradezu die Zauberei und hat vielleicht auch an un-
serer Stelle diesen Sinn: dann wäre an abergläubische Handlungen, Beschwörung
Kranker u. dgl. zu denken) und mit Freude an „unziemlichen“ Worten[4] (vielleicht
Zaubersprüchen u. dgl., das Zauberwesen grassierte damals in der Mittelmeerwelt)
verbunden. In einigen Fällen war es sogar so weit gekommen, daß junge Witwen 14
den Sektierern zugefallen waren und auch in sittlicher Hinsicht den Halt verloren
hatten und eine Beute des altbösen Feindes geworden waren (vgl. 2.Tim.3,6f.).
Darum ordnet unser Brief an, daß jungen Witwen das Witwenamt verschlossen 15
werde. Es fehlte ihnen in den Gemeinden nicht an Gelegenheit, einen Hausstand
zu gründen[1] und die der Frau von Gott gegebenen häuslichen Pflichten zu er-
füllen[2-3]. So war jeder üblen Nachrede seitens der ungläubigen Gegner der Weg
versperrt[4]. Der Schluß des Abschnittes über die Witwen wendet sich nochmals der 16
Frage ihrer Versorgung zu. Auch hinsichtlich der im Dienst der Gemeinde stehen-
den Witwen gilt das in V.4 Gesagte: es ist Christenpflicht jeder gläubigen Frau, sich
der Witwen im Hause und in der Verwandtschaft anzunehmen, damit die Fürsorge
der Gemeinde ungekürzt denen gelten kann, die wirklich ganz vereinsamt sind.
Dieser nüchterne, von den Witwen handelnde Abschnitt ist vorbildlich für die
christliche Witwenfürsorge, auch die der Gegenwart, vor allem in einem: die
Witwenfürsorge einer lebendigen Gemeinde beschränkt sich nicht auf die materielle
Hilfe, sondern sie ruft die Vereinsamten zur vollen Hingabe an Christus auf und
zum Gebetsdienst für die Gemeinde.

Das Liebeswerk (5,10). Es entspricht der Betonung des praktischen Christentums in den Pastoralbriefen, daß in ihnen immer wieder von den Liebeswerken die Rede ist; von der ganzen Gemeinde (Tit. 2,14; 3,8.14) wird das Liebeswerk erwartet, insbesondere von den Amtsträgern (Tit. 2,7) und den wohlhabenden Gemeindegliedern (1.Tim. 6,18) sowie von den Frauen und Witwen (1.Tim. 2,10; 5,10). Zum richtigen Verständnis des Ausdrucks muß man beachten, daß das ganze Neue Testament, ebenso wie die Zeitgenossen Jesu, das Almosen vom Liebeswerk unterscheidet (Apg. 9,36; Hebr. 13,16; 1.Tim. 6,18 u.ö.); Jesus redet in der Bergpredigt Mt. 6,1-4 von Almosen, 5,14-16 vom Liebeswerk. Das *Almosen* besteht in der Geldgabe. Almosengeben wurde im Jüngerkreis geübt (Mk. 14,5; Joh. 13,29) und wird an Tabitha und Kornelius gerühmt (Apg. 9,36; 10,2.4.31). Jesus stellt die Liebe, die den Armen freudig abgibt, über die Erfüllung des Buchstabens der Zehn Gebote (Mk 10,21) und redet von dem „Schatz im Himmel", den das Almosen erwirkt (Mk. 10,21; Mt. 6,20). Nur fordert er, daß die Geldgabe im Geheimen gegegeben werde, ja daß seine Jünger, damit die Gabe von jedem Verdienstgedanken frei sei, sie ganz vergessen (Mt. 6,1-4). Vom Almosen unterscheidet sich das *Liebeswerk* (die wörtliche Übersetzung „gutes Werk" ist deshalb irreführend, weil sie zu dem Mißverständnis verleiten kann, als handle es sich um verdienstliche Werke) dadurch, daß es nicht in einer Geldgabe besteht, sondern den Einsatz der ganzen Person erfordert. Als Liebeswerke werden genannt: Hungrige speisen und Durstige tränken (Mt. 25,35; 10,42; Jak. 2,15 f.), Gastfreundschaft gewähren (Mt. 25,35; 10,40 f.; Röm. 12,13; 1.Tim. 3,2; 5,10; Tit. 1,8; Hebr. 13,2; 1.Petr. 4,9; Jak. 2,25; 3.Joh. 5-8 vgl. 10), Bedürftige kleiden (Mt. 25,36; Apg. 9,39; Jak. 2,15 f.), Kranke, Gefangene und Vereinsamte besuchen (Mt. 25,36; Jak. 1,27 vgl. 2.Tim. 1,16 f.), Waisenkinder aufziehen (Mk. 9,37; wohl auch 1.Tim. 5,10) und Tote begraben (Mk. 14,8). Jesus urteilt sehr hoch über den Segen des Liebeswerkes. Er stellt es höher als den Opferdienst (Mt. 9,13), und er hat in Bethanien seinen Jüngern gesagt, daß das Liebeswerk noch wichtiger sei als das Almosen (Mk. 14,3-9); die Heiden, die mit Ihm nicht in Berührung gekommen sind, wird er im Jüngsten Gericht nach der Liebesübung gerechtsprechen oder verurteilen (Mt. 25,31-46). Auch das Liebeswerk hat Jesus vor der Gefahr des Verdienstgedankens und der Selbstgerechtigkeit geschützt, wenn er sagt, daß die Liebeswerke seiner Jünger so geübt werden sollen, daß die Menschen nicht den Täter, sondern den himmlischen Vater preisen (Mt. 5,16). Das geschieht dann, wenn die Menschen spüren, daß die Liebestat aus Dankbarkeit für Gottes Liebe geschieht. Hier liegt der entscheidende Unterschied gegenüber jeder verdienstlichen Auffassung der „guten Werke": die Liebeswerke der Jünger Jesu geschehen nicht um des Verdienstes willen, sondern erwachsen aus der Dankbarkeit der erlösten Gotteskinder. Nur dann sind sie nicht Menschenwerk, sondern Gotteswerk (s. zu 2.Tim. 2,21).

4. Die Alten 5,17-25

17 Diejenigen Alten, die sich als tüchtige Vorsteher bewähren, sollen doppelter Ehrung wert geachtet werden, zumal, wenn sie im mühevollen Dienst der Wortverkündigung und des Unterrichtes stehen. 18 Denn die Schrift sagt: „Du sollst dem

Ochsen beim Dreschen keinen Maulkorb vorbinden"; ferner (heißt es): „Ein jeder Arbeiter ist seines Lohnes wert". 19 Nimm gegen einen Alten eine Klage nur dann an, wenn 2 oder 3 Zeugen sie bestätigen (oder: zugegen sind). 20 Diejenigen, die (weiter) sündigen, weise vor allen zurecht, damit auch die anderen Furcht bekommen. 21 Ich beschwöre dich vor dem Angesicht Gottes und Christi Jesu und der auserwählten Engel: befolge diese Anweisung ohne Vorurteil, und laß dich nicht durch parteiische Neigungen beeinflussen. 22 Entschließe dich nicht schnell dazu, jemanden die Handauflegung zu erteilen, und mache dich nicht mitverantwortlich für die Sünden anderer. Halte dich selbst rein! 23 Trinke nicht mehr bloß Wasser, sondern nimm etwas Wein hinzu wegen deines Magens und deiner häufigen Schwächeanfälle. 24 Es gibt Menschen, deren Sünden allen so offenbar sind, daß sie ihnen (gleichsam) zum Gericht voraneilen, anderen wieder folgen sie erst nach. 25 In gleicher Weise sind auch die Werke der Liebe allen offenbar, und wo es sich anders verhält, können sie (auf die Dauer) doch nicht verborgen bleiben.

Vers 18: *5. Mose 25, 4 und Luk. 10, 7* Vers 19: *5. Mose 19, 15*

V. 17 ist schwierig, wenn man *presbyteroi* nicht mit „die Alten", sondern mit 17-25
„Presbyter" übersetzt: „Diejenigen Presbyter, die sich als tüchtige Vorsteher bewähren, sollen doppelter Ehrung wert geachtet werden"; denn da das Wort „Ehrung" nach V. 18 ganz sicher die Bezahlung einschließt, wäre in V. 17 gesagt, daß die „tüchtigen" Presbyter ein doppelt so hohes Entgelt erhalten sollten als die übrigen Presbyter. Es würden also zwei Gehaltsstufen der Presbyter je nach der Leistung unterschieden! Das klingt nicht eben wahrscheinlich. Die Schwierigkeit löst sich mit der Erkenntnis, daß das Wort *presbyteroi* nicht Amts-, sondern Altersbezeichnung ist (wie soeben in V. 1). Dann besagt V. 17 völlig einleuchtend, daß diejenigen Alten, denen ein Amt übertragen wurde und die es treu verwalteten, doppelte Bezahlung erhalten sollen – nämlich im Vergleich zu den von der Gemeinde unterstützten Alten und Witwen! Auch im Titusbrief löst sich die Schwierigkeit, daß scheinbar die Amtsbezeichnungen Presbyter (1, 5) und Episkopos (1, 7) unterschiedslos wechseln, auf gleiche Weise; *presbyteros* ist auch Tit. 1, 5 Alters- (nicht Amts-)bezeichnung. Für dieses Verständnis von V. 17 sprechen außerdem drei weitere Erwägungen: 1. Ist *presbyteroi* in V. 17 Altersbezeichnung, dann fügt sich der Vers glatt an das Vorhergehende an. Von der Unterstützung der Witwen (V. 3-16) geht die Gedankenführung zu der Versorgung der alten Männer über, wobei der besondere Fall ins Auge gefaßt wird, daß ein alter Mann seine Kraft in den Dienst der Gemeinde stellt. – 2. Das Wort *presbyteros* kommt in den Pastoralbriefen nur viermal vor (1.Tim. 5, 1.17.19; Tit. 1, 5). An allen vier Stellen gibt die Bedeutung „älterer Mann" guten Sinn, 1.Tim. 5, 1.17 ist sie die einzig mögliche. – 3. Kap. 3 schließt es aus, daß es neben den Ämtern des Episkopos und des Diakonos noch ein Amt des Presbyters gegeben hat. – Die meist übersehene Tatsache, daß das Wort *presbyteros* in den Pastoralbriefen durchgängig Altersbezeichnung ist, ist von Wichtigkeit für die Datierung der Briefe und für die Echtheitsfrage. Denn die übrigen Paulusbriefe kennen ebenfalls das Wort *presbyteros* nicht als Amtsbezeichnung; es fehlt in ihnen ganz; die Amtsträger werden anders bezeichnet (vgl. 1.Kor. 12, 28; Röm. 12, 8; Phil. 1, 1; Eph. 4, 11). Erst nach Paulus hat sich das Wort Presbyter, zuerst in der kleinasiatischen Kirche, als Amtsbezeich-

nung eingebürgert (1.Petr. 5, 1 f. [zeigt den Übergang zum Titel]; Apg. 14, 23 [wohl anachronistisch]; 20, 17 [alternierend mit Episkopos]. Dagegen ist 2.Joh. 1; 3.Joh. 1 „der Alte“ wahrscheinlich ein Deckname, der aus politischen Gründen gewählt wurde). Der Gebrauch des Wortes *presbyteros* stellt also die Pastoralbriefe in eine Reihe mit den älteren Paulusbriefen, denen der Gebrauch des Wortes als Amtsbezeichnung unbekannt ist, und *vor* den 1.Petrusbrief und die Apostelgeschichte. – Unser Abschnitt ordnet die Bezahlung der im Dienst der Gemeinde stehenden Alten (V. 17-18), das Kirchenzuchtverfahren gegen sie (V. 19-21) und, falls man die folgenden Verse als zusammengehörig betrachten darf, die Auswahl der Amtsträger aus ihrer Mitte (V. 22-25).

17 Doppelte „Ehrung“ (Ehrerbietung mit Einschluß der Ehrenbezahlung V. 18) soll
man denjenigen betagten Männern der Gemeinde gewähren, denen ein Vorsteheramt übertragen ist und die es treu verwalten; das gilt besonders, wenn ihnen daneben noch die Wortverkündigung in Predigt und Unterricht obliegt: die Leitung der Gemeinde und die Wortverkündigung lagen also nicht immer in einer Hand. Die Aufgliederung der Verkündigung in Predigt und Unterricht (wörtlich: in „Wort und Lehre“) könnte den missionarischen und den innergemeindlichen Dienst im Auge haben. Die Mühewaltung der als Vorsteher und Prediger tätigen „Alten“ soll durch die Verdoppelung der üblichen Unterstützung öffentlich anerkannt wer-
18 den. Die Pflicht der Gemeinden, ihre Leiter und Leher zu unterhalten, wird zwei-
fach begründet: 1. durch eine allegorisch gedeutete Tierschutzvorschrift des Alten Testaments (5.Mose 25, 4 vgl. 1.Kor. 9, 9); 2. durch ein schon von Jesus (Lk. 10, 7) aufgegriffenes Sprichwort. Aus den Vorwürfen, die Paulus sich in Korinth zuzog, weil er sich den Lebensunterhalt selbst erwarb (1.Kor. 9), ersehen wir, wie selbst-
19 verständlich diese Unterhaltspflicht den paulinischen Gemeinden war. Wichtig war
neben der Regelung der Bezahlung, daß Timotheus als Vertreter des Apostels in der Leitung eines größeren Kreises von Gemeinden Weisungen erhielt für die Handhabung der Kirchenzucht gegenüber den Alten. Einerseits sollen sie geschützt werden gegen leichtfertige Verdächtigungen; keine Klage soll angenommen werden, wenn sie nicht auf der Aussage zweier oder dreier Zeugen beruht (5.Mose 19, 15).
20 Verharrt jedoch der Schuldige trotz Zurechtweisung in der Sünde, so soll er an-
dererseits mit aller Schärfe in der Gemeindeversammlung zur Rede gestellt werden – um der Gemeinde willen: nur so werden „auch die anderen“ (Alten? eher doch
21 wohl: Gemeindeglieder) lernen, die Sünde zu fürchten. Und so wichtig ist dem
Apostel diese Anweisung, daß er sie seinem beauftragten Vertreter mit einer feierlichen, dreigliedrigen Beschwörung, die ihn an die Rechenschaft im Endgericht mahnt (vgl. 2.Tim. 4, 1), aufs Gewissen legt. Gewiß: die Handhabung der Kirchenzucht ist doppelt schwer, wenn gegen einen alten Mann oder gar einen Führer der Gemeinde vorgegangen werden muß. Aber wo es sich um die Sünde handelt, dürfen weder Rücksichtnahme noch Sympathie, weder Feigheit noch Liebe daran hindern, die Sünde zu strafen; denn die Zucht in der Gemeinde ist zerbrochen, wenn ihre
22 Übung nicht bei den Angesehenen und den Amtsträgern einsetzt. Ob die Verse
22-25 zusammengehören, ist nicht sicher; doch darf als überwiegend wahrscheinlich gelten, daß sie durch den Obergedanken der Auswahl der zu Ordinierenden zusammengehalten sind. (Man deutet neuerdings V. 22 gelegentlich auf die Wieder-

aufnahme von Büßern, die nicht überstürzt erfolgen solle; aber die Handauflegung bei der Rekonziliation ist erst für das 3. Jahrhundert bezeugt; es kommt hinzu, daß die Handauflegung in den Pastoralbriefen ausschließlich im Zusammenhang mit der Ordination erwähnt wird [1.Tim. 4, 14; 2.Tim. 1, 6]). Nur nach genauer Prüfung (über die Anforderungen vgl. 3, 1 ff.) darf Timotheus, der hierin als Vertreter des Apostels in der Kirchenleitung handelt (vgl. zu Tit. 1, 5), die Ordination der Amtsträger vollziehen. Die Wahl eines Unwürdigen würde ihn mitverantwortlich für dessen Sünden machen (vgl. zu 3, 6-7). Vor allem: „Halte dich selbst
rein“: wer andere beurteilen und richten soll, muß selbst reine Hände haben. Das 23
bedeutet aber nicht, daß Timotheus falsche Rücksichten nehmen soll. Die sektiererischen Kreise scheinen (vgl. zu 4, 3) Enthaltung von Wein gefordert zu haben; in solchen Gesetzlichkeiten darf Timotheus nicht die Reinheit suchen. Ruhig soll er, da seine Gesundheit es erfordert, Wein trinken, der den Alten als vorzügliches
Heilmittel galt. V. 24 greift wohl auf V. 22 zurück und begründet die Mahnung zur 24
Vorsicht bei der Auswahl der zu Ordinierenden. Gewiß: es gibt Fälle, in denen die Sünden so offen zutage liegen, daß sie Anklägern gleichen, die öffentlich voraneilen zur Gerichtsstätte. Aber es gibt auch heimliche Sünden – vielleicht ist vor allem an heimliche Geschlechtssünden gedacht –, die Anklägern gleichen, die sich
erst einstellen, wenn die Gerichtsverhandlung schon eröffnet ist. Genauso liegt es 25
bei den Werken der Liebe: es gibt Fälle, wo sie allen offenbar sind, und andere, wo sie in der Verborgenheit geschehen. Aber auf die Dauer kann Böses (24) wie Gutes (25) den Mitmenschen nicht verborgen bleiben, und eben darum ist die Gewissenhaftigkeit bei der Auswahl der Amtsträger eine so ernste Pflicht.

5. Die Sklaven 6, 1-2

1 Alle, die als Sklaven unter dem Joch stehen, sollen ihre Herren aller Ehrerbietung wert achten, damit der Name Gottes und die (christliche) Lehre nicht in Verruf gebracht werde. 2 Diejenigen aber, die Christen zu Herren haben, sollen ihnen deshalb nicht weniger Achtung erweisen, weil sie ihre Brüder sind, sondern um so eifriger ihren Dienst versehen, (gerade) weil sie Christen sind und liebenswert, wenn sie sich des Wohltuns befleißigen. So sollst du lehren und predigen.

Als sechste Gruppe der Gemeinde (s. zu 5, 3) werden die Sklaven genannt (vgl. in den Haustafeln Kol. 3, 22-4, 1; Eph. 6, 5-9; 1.Petr. 2, 18-25). Paulus verharrt in der damaligen gesellschaftlichen Ordnung, und es wäre anachronistisch, wenn man
ihn deshalb tadeln wollte. Er unterscheidet zwei Fälle: 1. die Herren sind Heiden 1
(V. 1), 2. sie sind Christen (V. 2). Dem heidnischen Herr gegenüber, so warnt er, dürfe nicht der Anschein erweckt werden, als mache die Freiheit der Kinder Gottes aufsässig und unbrauchbar zum Dienst. Die Folge wäre, daß der heidnische Herr von dem Gott und der Lehre der Christen verächtlich reden würde; denn nach dem Leben der Christen beurteilt die Welt den christlichen Glauben. Jeder Dienst muß Zeugnis für das Evangelium durch die Tat sein. Das ist das hohe Motiv der
christlichen Sozialethik, durch das auch der schlichteste Dienst geadelt wird. War 2
der Herr dagegen christlicher Bruder, so bestand die Gefahr, daß der Dienende

die religiöse Gleichstellung mit der sozialen verwechselte und träge wurde, statt doppelt eifrig im Dienst zu sein, weil es ein Dienst am Bruder war. Aber auch die Herren hatten in solchem Fall besondere Pflichten, nämlich die Betätigung der Bruderliebe im Wohltun. Herren wie Dienende, hochgestellte wie schlichte Gemeindeglieder, werden aufgerufen, den Glauben in der Tat zu bewähren. Darin kennt der Apostel keinen Unterschied.

Fünfter Teil: Die falsche und die rechte Stellung zum Geld 6,3—19

1. Die falsche Stellung zum Geld 6,3-10

3 Wenn jemand andere Lehren verbreitet und sich nicht an die gesunden Worte unseres Herrn Jesu Christi und an die Lehre unseres Glaubens hält, 4 der ist ein aufgeblasener Mensch, der (in Wahrheit) nichts versteht. Ein solcher Mensch ist krank in (seinem Hang zu) Spekulationen und Wortgefechten, aus denen (nur) Neid[1] und Streit[2] entstehen, Schmähungen[3], boshafte Verdächtigungen[4] und fortwährende Zänkereien[5], 5 wie sie von Menschen angerichtet werden, die in ihrem Verstand verblendet sind[1], die sich die Wahrheit haben rauben lassen[2] und die meinen, die Religion sei eine Quelle des Gewinns[3]. 6 Gewiß ist die Religion eine reiche Quelle des Gewinns, wenn jemand sich genügen läßt (in dem Bewußtsein, daß), 7 wie wir nichts (mit uns) in die Welt hineingebracht haben, wir auch nichts (mit uns) hinaustragen können. 8 Daher wollen wir uns, wenn wir Nahrung und Kleidung haben, daran genügen lassen. 9 Diejenigen aber, die (um jeden Preis) reich werden wollen, fallen in Versuchung und Fallstrick und viele törichte und schädliche Lüste, welche die Menschen in Verderben und Untergang stürzen. 10 Denn Wurzel alles Bösen ist die Geldgier. So manche, die sich ihr ergaben, hat sie dazu gebracht, vom Glauben abzuirren und sich viele qualvolle Schmerzen zu bereiten.

3 Ein drittes Mal (vgl. 1,3-11; 4,1-11) wendet sich unser Brief der Auseinandersetzung mit den Irrlehrern zu, dieses Mal mit schärfsten moralischen Vorwürfen. Unsere Stelle nennt zunächst den tiefsten Grund für ihre Trennung von der Gemeinde: sie haben die Worte Jesu verlassen, die allein innerlich gesund erhalten können, und sich von der Lehre der Kirche (wörtlich: der der Frömmigkeit ent-
4 sprechenden Lehre) abgesondert. Eine solche Abkehr beruht nicht, wie die Sektierer aller Zeiten sich eingebildet haben, auf höherer Einsicht – es gibt keine Einsicht, die die Worte Jesu und seiner Kirche überböte –, sondern auf Überheblichkeit. Diese äußert sich in dem krankhaften Hang zu Spekulationen und Wortgefechten, die jede Gemeinschaft zerstören. Wer diesem Hang verfallen ist, kann dem Bruder keinen Erfolg gönnen[1]; er stiftet Unfrieden[2]; er greift zur Schmähung, wo ver-

nünftige Gründe versagen[3]; er verdächtigt die Beweggründe des Gegners[4]; er
richtet fortwährend Zank an[5]. Kein Wunder, denn Überheblichkeit verblendet 5
den Verstand[1] und führt notwendig ab von der ewigen Wahrheit Gottes[2] (Röm.
1,22). Da kann es dann kommen, daß Menschen so verblendet sind, daß sie die
Religion zum Geschäft machen[3]. Mit schneidender Schärfe stellt unser Brief diese
Sünde der Sektierer heraus, die sich offenbar ihren Unterricht reichlich bezahlen
ließen und ihre Anhänger ausbeuteten. Das ist das Schlimmste: sie stellen damit
Gott in den Dienst der Sünde. Nun ist gewiß die Religion ein sicherer Weg zu 6
wahrem Gewinn (vgl. 4,8). Sie macht den Frommen reich nicht nur an den himm-
lischen Gütern der oberen Welt, sondern auch reich in dieser Welt, weil sein
Leben unter der segnenden Hand Gottes steht. Aber das gilt freilich nur, wenn
er sich frei hält von der Gier nach Geld und zufrieden ist mit dem, was Gott ihm
beschieden hat (autarkia, stoisch). Zu solcher Genügsamkeit und zur rechten Ein- 7
schätzung der irdischen Güter hilft schon eine einfache Erwägung, die der Ethik
der Bibel (Hiob 1,21; Pred. 5,15; Lk. 12,16-21), des Judentums und des Griechen-
tums geläufig ist, die Erwägung nämlich, daß wir nackt und bloß in die Welt
kommen und sie ebenso verlassen müssen. „Du Narr, heute Nacht wird man deine
Seele von dir fordern, und wes wird's sein, das du erworben hast?" (Lk. 12,20).
Wer das zum Leben Unentbehrliche hat – mit Recht wurde die stoische Ethik 8
nicht müde, das zu predigen –, der sei zufrieden und dankbar. Nicht nur sinnlos,
sondern seelenmordend ist die Geldgier. Auch in der Gemeinde gab es reiche Leute
(V. 17), und sie können treue Christen sein. Hat aber die Gier, um jeden Preis
reich werden zu wollen, einen Menschen gepackt, die auri sacra fames, der ver-
fluchte Hunger nach Gold (Horaz), dann tut sich die Versuchung auf, kein Mittel
zu scheuen, um zu Geld zu kommen, dann erwachen Lüste, die hemmungslos be-
friedigt werden wollen, und dann endet der Lebensweg im ewigen Verderben.
„Wurzel alles Lasters ist Geldgier", sagt unser Text, wohl im Anschluß an ein
Sprichwort der Zeit. Nicht, als ob es nicht noch andere Ursachen der Sünde gäbe.
Aber die Geldgier ist besonders gefährlich, weil sie den Menschen verhärtet und zu
allem fähig macht. Die Gemeinde hat es erlebt: Geldgier ist unvereinbar mit christ-
licher Frömmigkeit. Sie läßt in ihren Opfern den Glauben erkalten bis zum Abfall
und lohnt ihnen statt mit dem vorgespiegelten Glück mit schwerster Gewissens-
qual.

2. Aufruf an Timotheus mit Doxologie 6,11-16

11 Du aber, o Gottesmensch, fliehe solches. Jage vielmehr der Gerechtigkeit[1], der Frömmigkeit[2], dem Glauben[3], der Liebe[4], der Geduld[5], der Sanftmut[6] nach. 12 Kämpfe den guten Kampf des Glaubens, streck die Hand aus nach dem ewigen Leben. Zu ihm hat Gott dich berufen, wie du (ja selbst) bekannt hast, als du das gute Bekenntnis vor vielen Zeugen ablegtest. 13 Ich gebiete dir im Angesichte

Gottes, der alles in das Leben ruft,
und Christi Jesu, der unter Pontius Pilatus das gute [Bekenntnis bezeugt hat:

14 bewahre das Gebot makellos, untadelig bis zu der Erscheinung unseres Herrn Jesu Christi, 15 die zu seiner Zeit Der herbeiführen wird, der da ist

der selige und alleinige Herrscher[1],
der König der Regierenden und Herr der Herrschenden[2],
16 der allein unsterblich ist, in unzulänglichem Lichte wohnend[3],
den kein Mensch je sah noch zu sehen vermag[4].
Ihm sei Ehre und Macht in Ewigkeit. Amen.

11 Ein „Gottesmensch", d.h. ein Mensch, der im Dienste Gottes steht und sein
Werkzeug ist, wie die „Gottesmänner" (1.Kön. 12, 22 u. ö.) des Alten Bundes, kann
vor der Versuchung des Geldes nur fliehen wie vor einer großen Gefahr. Er hat ein
anderes, besseres Ziel. Er ringt im edlen Wettlauf – Paulus liebt dieses jedes
Griechenherz entfllammende, die Anspannung aller Kräfte zum Ausdruck brin-
gende Bild – um Rechtschaffenheit[1] (den Menschen gegenüber) und Frömmigkeit[2]
(Gott gegenüber), nämlich um die drei christlichen Haupttugenden Glaube, Liebe
und Geduld (dieselbe Gestalt der Trias auch Tit. 2, 2)[3-5] zu denen als vierte sich
die Sanftmut[6] gesellt: die Fähigkeit, mit nie ermüdender, vergebender Liebe die
12 Sünden und Fehler der Brüder zu tragen. Ein solcher von der Kraft des Glaubens
getragener Kampf ist „gut", d.h. er verlohnt den Einsatz; denn sein Siegespreis ist
das ewige Leben, und dieses Ziel ist nicht unerreichbar, weil Gottes Berufung das
Erreichen verheißt. Zu dieser Berufung Gottes hat sich Timotheus bei seiner Or-
13 dination öffentlich bekannt. Beschwörend erinnert ihn Paulus hieran, an eine (wie
1.Tim. 2, 5 f.; 2.Tim. 2, 8; 4, 1 zweigliedrige) Bekenntnisformel anknüpfend. Timo-
theus hat sich mit der Christenheit aller Zeiten bekannt zu dem Gott, „der alles ins
Leben ruft", d.h. zu dem allmächtigen Schöpfer *und* Erlöser. Für die Urchristenheit
nämlich liegt im Bekenntnis zur Lebensmacht Gottes nicht nur der Schöpfungs-,
sondern auch der volle Heilsglaube: denn dieselbe Leben schaffende Macht Gottes,
die aus dem Nichts das Sein schuf, ruft die geistlich Toten zum Leben und verklärt
sündige Menschenleiber aus der Verwesung heraus zum Lichtglanz der Auf-
erstehung. Zu diesem Gott hat sich Timotheus bekannt und zu dem Vorbild der Be-
kenner, dem Heiland am Kreuz, der unter Pontius Pilatus durch seine Selbsthingabe
14 das ihm aufgetragene Zeugnis abgelegt hat. Nun gilt es für ihn, das Bekenntnis zu
bewähren und Gottes Gebot in einem makellosen und untadeligen Wandel zu er-
15 füllen bis zur Erscheinung Jesu Christi in seiner königlichen Herrlichkeit. Wie so
oft, findet auch hier das Denken des Apostels seine Ruhe erst in der Anbetung
Gottes. Im Ausblick auf die Stunde der Vollendung betet er in feierlicher, geradezu
überschwenglicher Sprache an, mit den Worten einer den Einen Gott bekennenden
Doxologie, die an den Gebetsschatz der hellenistischen Synagoge anknüpft. Sie
preist (in Abwehr der Menschenvergötterung des Kaiserkults) die Allmacht des
„seligen" (s. zu 1, 11) und alleinigen (s. 2, 5) Königs aller Könige, der über allen
16 weltlichen Machthabern steht[1-2], und (in Abwehr der gnostischen „Gotteserkennt-
nis") die Unnahbarkeit des Unsterblichen, dessen Wohnung das Licht unerreichter
Reinheit ist[3] und dessen Anblick kein Menschenauge zu ertragen vermag[4] – wenn
nicht Gott selbst an denen, die reinen Herzens sind (Mt. 5, 8), das Wunder vollzieht,
ihren Augen seine Schau zu gewähren.

Die gewaltige Doloxie darf nicht als ursprünglich beabsichtigter Briefabschluß betrachtet werden, so daß V. 17-19 ein Nachtrag wären. Vielmehr ist der Gedankengang von 6,3-19 in sich völlig geschlossen: auf die Warnung vor Habgier (6,3-10), die in dem persönlichen Aufruf an Timotheus gipfelt (V. 11-16 vgl. besonders V. 11), folgt in V. 17-19 eine Anweisung, wie Timotheus die Reichen zum rechten Gebrauch ihres Besitzes anleiten soll.

3. Der rechte Gebrauch der irdischen Güter 6,17-19

17 Denen, die reich sind an Gütern dieser Welt, schärfe ein, daß sie nicht hochmütig seien[1] noch auf den im Bestand unsicheren Reichtum ihre Hoffnung setzen[2], sondern auf Gott, der uns alles reichlich zum Genuß darreicht, was wir brauchen[3]. 18 (Schärfe ihnen ferner ein), daß sie Gutes tun[1] und nach Reichtum in Werken der Liebe streben[2], daß sie freigebig seien[3] und (anderen) mitteilen (von ihrem Besitz)[4], 19 (kurz) daß sie sich einen sicheren Grundstock aufspeichern für die Zukunft[5], damit sie das wahre Leben erlangen.

Überheblichkeit[1] und falsches Vertrauen auf die Macht, die der Reichtum in der 17
menschlichen Gesellschaft verleiht[2], ist die besondere Versuchung der Besitzenden.
Zu leicht wird vergessen, daß der Besitz nur ein Gut dieser Welt ist und daß sein
Bestand unsicher ist. Christen haben ein besseres Vertrauen: das Vertrauen auf
die Vatergüte Gottes, die seinen Kindern reichlich alles gewährt, was sie brauchen.
Nicht wer viel hat, ist reich, sondern wer viel gibt. Reichtum gibt die beglückende 18
Möglichkeit, andere zu beglücken, sowohl durch Liebestaten[1-2] als auch durch
Liebesgaben[3-4] (zur Unterscheidung zwischen Liebestat und Liebesgabe s. die Ausführung nach 5,16). Der Segen solcher opferwilligen Liebe ist unvergänglich. Deut- 19
lich knüpft Paulus an Worte Jesu an (Mt. 6,20; Lk. 12,21), wenn er zusammenfassend von dem Grundstock an unsichtbarem Kapital redet, das die Liebe im Himmel anhäuft und das die Türe zum wahren Leben öffnet (Lk. 16,9). Schon diese Anknüpfung an Worte Jesu zeigt, daß es unzulässig ist, unsere Stelle im Sinne eines unpaulinischen Verdienstgedankens auszulegen. Nicht um Verdienst geht es, sondern um die Gewißheit, daß Gottes Güte Taten der Liebe vergilt.

Der Briefschluß 6,20-21

20 Lieber Timotheus, hüte das dir anvertraute Gut; halte dich fern von dem unfrommen Geschwätz und den Streitsätzen der fälschlich sogenannten „Erkenntnis". 21 Manche sind schon dadurch, daß sie sich zu ihr bekannten, in ihrem Glauben auf Abwege geraten. Die Gnade (Gottes) sei mit euch.

Der Briefschluß zieht die Summe des Briefes. Er läßt noch einmal die akute Ge- 20
fahr erkennen, die den Gemeinden durch die falsche Lehre, die eine starke Anziehungskraft besessen haben muß (V. 21), drohte. Die reine Lehre des Evangeliums ist ein heiliges anvertrautes Gut (s. zu 2.Tim. 1,12), das der Diener am Wort vor aller Verfälschung durch Irrlehre zu hüten hat. „Erkenntnis" (gnosis) nannten die Irrlehrer ihre Theologie, weil sie Erkenntnisse über das Geheimnis der oberen Welt

zu vermitteln versprach. In Wahrheit ist diese sogenannte „Erkenntnis" unfromm, weil sie nicht von oben, sondern von unten stammt und auf menschlicher Selbstüberschätzung beruht, die Auflehnung gegen Gottes Offenbarung ist. Die Antithesen (Streitsätze) der Gnosis, die dabei erwähnt werden, haben mit den um 140 geschriebenen „Antithesen" Marcions nichts zu tun; denn die in den Pastoralbriefen bekämpfte Gnosis ist judaistisch, während die Gnosis Marcions scharf antijüdisch war. Vielmehr zeigt unsere Stelle, daß das ursprünglich der Rhetorik angehörende Wort „Antithesen" schon vor Marcion von Gegnern der kirchlichen Lehre für
21 ‚Streitsätze gegen die Orthodoxie' gebraucht wurde. Mit der (unserer Unterschrift entsprechend) eigenhändig geschriebenen schlichten christlichen Grußformel, die nicht nur Timotheus, sondern die ganze Gemeinde grüßt („sei mit euch"), schließt der Brief. In dem Worte „Gnade" faßt sich der Inhalt des Evangeliums zusammen („durch Gnade seid ihr gerettet worden", Eph. 2,5); in diesem Worte liegt darum das Beste, was Christen einander wünschen können.

Der zweite Brief an Timotheus

Die Anschrift 1, 1-2

1 Paulus, Apostel Christi Jesu, (abgesandt) durch den Willen Gottes zur (Verkündigung der) Verheißung des Lebens, (das uns) in Christus Jesus (geschenkt wird), 2 an Timotheus, sein geliebtes Kind: Gnade, Barmherzigkeit, Friede von Gott, dem Vater, und Christus Jesus, unserem Herrn (sei mit dir)!

1.2 Es ist kaum Zufall, daß der Apostel in dem Briefgruß des 2. Timotheusbriefes, der in formaler Hinsicht dem des 1.Tim entspricht (s. zu 1.Tim. 1, 1 f.), die Verkündigung der Verheißung des Lebens als die ihm von Gott gestellte Aufgabe bezeichnet. Ist doch der 2.Tim. das Testament des Märtyrerapostels (4, 6-8). Im Angesicht der Hinrichtung ist ihm besonders deutlich bewußt, daß die in Jesus Christus geschenkte und verbürgte Gewißheit des ewigen Lebens der Kern aller Evangeliumspredigt ist.

I. Mahnung zu furchtlosem Bekenntnis 1, 3-2, 13

1. Einleitender Dank 1, 3-5

3 Dank sage ich Gott, dem ich wie meine Vorfahren mit reinem Gewissen diene, wenn ich – es geschieht ohne Unterlaß – deiner (fürbittend) gedenke in meinen Gebeten bei Nacht und Tag. 4 Ich sehne mich nach einem Wiedersehen mit dir in Erinnerung an deine (Abschieds)tränen: was wäre das für eine Herzensfreude, 5 wenn ich mich wieder persönlich überzeugen könnte von deinem ungeheuchelten Glauben, der zuerst in deiner Großmutter Lois und deiner Mutter Eunike wohnte, ebenso aber auch – ich bin dessen gewiß – in dir.

Der Einleitungsdank des 2.Tim. zeigt besonders deutlich, daß Paulus nicht nur 3
der antiken Briefsitte folgt, wenn er Dank und Fürbitte an den Briefanfang stellt.
Ein Strom von Liebe durchzieht diese Verse. Paulus blickt voll Dank auf zu dem
Gott, der auch der Gott seiner Väter ist und dem er wie sie mit reinem Gewissen
dient (vgl. Apg.24,14-16); so kann er von sich sagen nicht aus falschem Selbst-
vertrauen, sondern im Blick auf seine Lage als Gefangener und Verbrecher (2,9)
in den Augen der Welt. Immer, wenn er betet – auch in Ketten geschieht es „ohne
Unterlaß“ (d.h. regelmäßig) bei Tag und Nacht – und fürbittend seine Gemeinden
und Mitarbeiter vor Gott stellt, gedenkt er auch des Timotheus, und so herzlich
wie seine Fürbitte ist auch sein Dank. Er sehnt sich danach, seinen Getreuen noch 4
einmal vor seiner Hinrichtung zu sehen, und diese Sehnsucht durchzieht den ganzen
Brief wie ein roter Faden: komm zu mir, ehe es zu spät ist (4,9.21). Schwer war
der letzte Abschied. Welche Glaubensstärkung wäre ein Wiedersehen! Auch Timo- 5
theus hat, wie Paulus selbst, in seinem Glaubensleben erfahren dürfen, welchen
Segen ein frommes Familienerbe darstellt (der Vater ist nicht genannt, weil er nach
Apg.16,1 Heide war), und Paulus weiß aus Erfahrung, wie lauter die Beweg-
gründe seines Glaubens sind, der sich gewiß – Paulus denkt an die 1,6ff. angedeu-
tete, 4,9 ausgesprochene Bitte – auch jetzt bewähren wird. Wenn Paulus dabei das
Bild vom „Wohnungnehmen“ des Glaubens gebraucht, so liegt darin aus-
gesprochen, daß der Glaube Gottes Gabe, nicht Menschenverdienst ist.

2. Es gilt, furchtlos Zeugnis abzulegen 1,6-14

6 Aus diesem Grunde ermahne ich dich erneut: entfache die Gnadengabe Gottes, die dir durch meine Handauflegung verliehen ist, zur hellen Flamme. 7 Denn Gott hat uns nicht einen zaghaften Geist gegeben, sondern einen Geist voll Kraft, Liebe und Selbstüberwindung. 8 So habe nun keine Scheu, dich zu unserem Herrn zu bekennen und zu mir zu halten, der ich sein Gefangener bin, sondern sei willig, mit (mir) Leiden zu erdulden für das Evangelium in der Kraft Gottes,

9 (a) der uns errettet hat und berufen hat mit heiligem Ruf
– nicht auf Grund unserer Werke, sondern auf Grund seines freien
Ratschlusses und seiner Gnade –,
(b) die uns vor ewigen Zeiten in Jesus Christus geschenkt ward,
10 jetzt aber kundgetan ist durch die Erscheinung unseres Heilandes
Jesu Christi,
(c) der den Tod entthront hat
und unvergängliches Leben ans Licht gebracht hat

durch das Evangelium, 11 zu dessen Herold[1] und Sendboten[2] und Lehrer[3] Gott mich bestimmt hat. 12 Das ist auch die Ursache, deretwegen ich (all) das leiden muß; aber ich schäme mich nicht. Denn ich weiß, wer es ist, dem ich mein Vertrauen geschenkt habe, und ich bin gewiß, daß er die Macht hat, das mir anvertraute Gut zu bewahren bis auf den jüngsten Tag. 13 Behalte als ein Beispiel gesunder Predigt, was du von mir gehört hast, im Glauben an Christus Jesus und in Liebe zu ihm. 14 Bewahre das köstliche, (dir) anvertraute Gut in Kraft des heiligen Geistes, der in uns wohnt.

6 Wie 1.Thess. 5,19 der Geist Gottes mit einem Feuer verglichen wird, so an
unserer Stelle das Charisma, die Amtsgnade, die Timotheus bei seiner Ordination
(s. die Ausführung nach 1.Tim. 4,16) durch die Handauflegung des Apostels
vermittelt worden ist. Die dem Amtsträger verliehene Amtsgnade ist ein Feuer,
das unter der Asche glimmt, wenn es nicht durch Gebet, Bekenntnis und die Tat
7 wagenden Glaubens immer wieder zur Flamme entfacht wird. Timotheus neigt
zur Ängstlichkeit, ist leicht verzagt (vgl. 1.Kor. 16,10 f.). Das darf nicht sein. Der
Geist Gottes, der ihm für seine Amtsführung geschenkt wurde, hat nichts zu tun
mit Zaghaftigkeit, sondern seine Gaben sind: kraftvolles Bekenntnis, Liebe zu den
Brüdern und Selbstüberwindung, die vor dem glaubensstarken Wagnis nicht
8 zurückschreckt. Angewandt auf die konkrete Situation heißt das: Hab keine Scheu
vor dem Bekenntnis zu unserem Herrn und tritt ein in meine Leidensgemeinschaft,
die du in den Jahren der ersten Gefangenschaft (Phil. 1,1; 2,19; Kol. 1,1; Phlm. 1)
bewährt hast. Nur Lukas ist bei mir (2.Tim. 4,11), komm zu mir nach Rom! War
das Bekenntnis zu dem Gekreuzigten in einer zum Hohn geneigten feindlichen
Welt an sich schon ein Wagnis, so setzte diese Forderung, erhoben in der Zeit kurz
vor der neronischen Verfolgung, die Bereitschaft zum letzten Opfer voraus. Paulus
weiß das. Aber er ist Jesu Gefangener, nicht der des römischen Kaisers; das Be-
kenntnis zu ihm ist darum Bekenntnis zu Jesus, das Leiden mit ihm ist Leiden
fürs Evangelium, und stärker als alles Leiden ist die Kraft Gottes, die das Leiden
9 zu tragen und zu überwinden hilft. Diese Gotteskraft ist enthüllt und geschenkt
in der Heilsgeschichte; das wird in drei wohl liturgischem Gebrauch entstammenden
Relativsätzen gesagt (s. in der Übersetzung: a b c), deren jeder aus zwei parallelen
Sätzen besteht und deren drei Bezugsworte (in der Übersetzung gesperrt) jeweils
am Schluß der vorangehenden Zeile stehen. Im ersten Satz (a) findet sich eine
Erweiterung, die ganz ähnlich Tit. 3,5, ebenfalls in einem Zitat, wiederkehrt.
a) *Gott* offenbarte seinen Heilswillen, indem er uns erlöste und uns die Erlösung
zueignete in der Berufung aus der Welt heraus zur Heiligung (wörtlich: „mit heili-
gem Ruf"). Eine Antithese fügt den Grundgedanken der paulinischen Predigt
hinzu. Nicht aufgrund unserer Würdigkeit tat er das, sondern aus freier Gnade.
Schwankend ist das Heil, wenn es auf Menschenleistung, unerschütterlich, wenn
es auf Gottes Gnade ruht. b) Diese göttliche Berufung und *Gnade* ist uns gegeben
einzig und allein in Jesus Christus. In ihm wurde sie uns bereits geschenkt in der
vorweltlichen Ewigkeit: es ist die Lehre von der Präexistenz Christi, verbunden
mit der Lehre von der Präexistenz der Heilsgüter und der Vorweltlichkeit des
Erlösungsratschlusses (Eph. 1,4), die die Sicherheit der Heilsgewißheit ebenso wie
10 den Ausschluß alles Menschentuns zum Ausdruck bringt. In Jesus Christus, nämlich
in seiner ersten Erscheinung – nur hier im Neuen Testament wird das Wort „Epi-
phanie" auf Jesu Erdenleben angewandt, sonst stets auf seine Parusie (s. zu Tit. 3,
4) – wurde diese vorweltliche göttliche Gnade aller Welt kundgetan. c) Das Heilands-
werk *Jesu Christi* aber bestand in der Überwindung des Todes und der Darbie-
tung des Lebens im Evangelium. Todesüberwindung und Lebensdarbietung sind
11 die Gaben der ersten wie der zweiten Epiphanie Jesu (Dibelius). Dieses das Leben
„ins helle Licht rückende" Evangelium darf Paulus durch Gottes Gnade (das Passiv

„ich wurde bestimmt" umschreibt das Handeln Gottes) als Herold verkündigen[1],
als Sendbote überbringen[2], als Lehrer einprägen[3]. Um dieser Botschaft willen 12
muß er jetzt die Verbrecherschmach (2,9) tragen. Er tut es freudig, weil er aus der
Erfahrung eines langen Christenlebens weiß, daß sein Vertrauen auf Christus
(möglich bleibt: auf Gott) nicht getäuscht werden wird, und weil er gewiß
ist: „Er hat die Macht, das mir (schwerlich: das Ihm von mir) anvertraute Gut zu
bewahren bis auf den Jüngsten Tag." Mit diesem „Depositum" (vgl. 1.Tim. 6,20;
2.Tim. 1,14), das ihm sein Herr zu treuen Händen übergeben hat und über dem
Er selbst bis zur Parusie wachen wird, ist entweder (vgl. Weish. Sal. 15,8) die Seele
gemeint oder (vgl. 1.Tim. 6,20; 2.Tim. 2,2) das Evangelium, was besser zu V. 14
paßt. Nach dem Vorbild des Apostels soll Timotheus das Wächteramt ausüben, 13
die Botschaft verkündigen und als köstliches anvertrautes Gut bewahren; die Worte 14
deuten an, daß Paulus ihn zu seinem Nachfolger ausersehen hat.

„Jesus Christus, unser Heiland" (V. 10). Achtmal begegnet im neutestamentlichen Schrifttum das griechische Wort soter (Retter, Heiland) als Bezeichnung Gottes, sechzehnmal als Bezeichnung Christi (Pastoralbriefe: sechsmal und viermal). Die uns Heutigen zunächst auffallende Bezeichnung *Gottes* als Heiland hat sprachgeschichtlich nichts Auffallendes; sie knüpft an den Sprachgebrauch des griechischen Alten Testaments (Septuaginta) an, wie am deutlichsten Lk. 1,47 zeigt (mein Geist „jubelt über Gott meinen Heiland"), wo die Wendung aus Habakuk 3,18 entlehnt ist. Und zwar heißt Gott im neutestamentlichen Schrifttum der Heiland stets im Blick auf die Endvollendung: als der Gott, der im Kommen Jesu die Erlösung hat anbrechen lassen und der den Seinen die Rettung im Endgericht schenken wird (s. zu 1.Tim. 1,1). Ein schwieriges Problem dagegen enthalten diejenigen Stellen, an denen *Jesus* als Heiland bezeichnet wird (in den Pastoralbriefen: 2.Tim. 1,10; Tit. 1,4; 2,13; 3,6). Niemals nämlich wird im Alten Testament der Messias als Heiland bezeichnet, niemals nennt sich Jesus selbst so, niemals heißt er so in den älteren, auf palästinischem Gebiet entstandenen Schichten der neutestamentlichen Überlieferung; dagegen stellt sich die Bezeichnung Jesu als „Heiland" erst zaghaft, dann in steigendem Maße auf hellenistischem Gebiete ein. Und hier war in der Tat diese Bezeichnung als Beiname der vielen Erlöser und Erretter des zeitgenössischen Heidentums außerordentlich verbreitet. „Asklepios, Gott und Heiland" verkündigten zahlreiche Inschriften der Tempel des hilfreichen Heilgottes; „Sarapis ist Heiland, Isis ist Heilbringerin", lehrten die ägyptischen Mysterienreligionen; „Kaisar soter" war die Losung des Kaiserkultus, in dem den römischen Kaisern göttliche Ehren gezollt wurden. Da nun in den Pastoralbriefen wiederholt Formeln des Kaiserkultus auf Jesus übertragen werden (z.B. 2.Tim. 1,10: „die Epiphanie unseres Heilands", der „Leben ans Licht gebracht hat", ferner s. zu Tit. 3,4), schien der Schluß gesichert, daß die Bezeichnung Jesu als des Heilandes dem Kaiserkultus entlehnt sei: im scharfen Gegensatz zur Verehrung der Cäsaren als Heilande bekennt sich die Gemeinde zu ihrem himmlischen König als ihrem Heiland. Doch erfaßt diese Erklärung nur einen Teil des Tatbestandes. Die Wurzeln der Bezeichnung Jesu als Heiland sind älter. Aus Mt. 1,21

(„Du sollst ihn Jesus nennen; denn er wird seinem Volk Heil [durch Befreiung] von seinen Sünden bringen“) wissen wir, daß die ältesten Gemeinden den Namen Jesus (wörtlich: „Jahwe ist Heil“) als „Heilbringer“ deuteten. Diese Deutung des Jesusnamens dürfte der Anlaß dafür gewesen sein, daß Jesus auf griechischem Sprachgebiet – älteste Belege sind Phil. 3,20 (vorpaulinisch) und Apg. 5,31 – als Heiland (soter) bezeichnet wurde. In der Mission bewährte sich dieser Schritt, weil die neue Bezeichnung Jesu den Hellenisten verständlich machte, was den Juden die Messiasbezeichnung sagte: der Gekreuzigte ist der, der die tiefste Erlösungssehnsucht der jüdischen wie der heidnischen Welt erfüllt, der Heiland der Welt.

3. Schmerzliche Erfahrungen des Apostels – aber eine Erfahrung der Treue 1,15-18

15 Das weißt du ja, daß sich alle in (der Provinz) Asia von mir abgewandt haben, darunter Phygelus und Hermogenes. 16 Der Herr sei barmherzig der Familie des Onesiphorus, denn er hat mich oftmals (durch seinen Zuspruch) erquickt und sich nicht geschämt, mich im Gefängnis zu besuchen, 17 sondern er hat mich, in Rom angekommen, mit vieler Mühe gesucht und auch gefunden. 18 Der Herr schenke ihm, daß er Erbarmen beim Herrn finde am Jüngsten Tage. Und was für treue Dienste er mir in Ephesus erwiesen hat, das weißt du ja so gut wie ich selbst.

15 Vor der Erinnerung des Apostels steht eine schmerzliche Erfahrung. Es war wohl bei seiner nur kurze Zeit zurückliegenden (s. zu 4,13) Gefangennahme, als sie ihn in der Provinz Asia (im westlichen Kleinasien, Hauptstadt Ephesus) alle im Stich ließen: nicht, daß sie vom Glauben abgefallen wären, besagt der Ausdruck, sondern daß sie so feige waren wie bei seiner ersten Verteidigung die römischen Christen auch (4,16). Bei Phygelus und Hermogenes – sie sind Timotheus bekannt, uns sonst unbekannt – scheint die Enttäuschung besonders schmerzlich gewesen zu sein; gerade von ihnen hatte der Apostel anderes erwartet. Unausgesprochen steht
16-18 hinter den Worten die Bitte an Timotheus: Du darfst mich nicht auch noch im Stich lassen. Aber es hat nicht an einer Erfahrung rührender Treue in der Not gefehlt. Onesiphorus hat ihm in Ephesus aufopfernd beigestanden (V. 18), ist in Rom, wo die christliche Gemeinde, nicht ohne ihre Schuld (vgl. 4,16), die Verbindung mit Paulus offenbar verloren hatte, von Behörde zu Behörde und von Kerker zu Kerker gelaufen, bis er ihn fand (V. 17), ist dann furchtlos zu ihm gegangen und hat den gefangenen Apostel oftmals durch seinen Zuspruch und seine Treue erquickt (V. 16). Er ist aber offenbar nicht mehr am Leben. Denn die von der üblichen Grußform abweichende Form des Wunsches für die Familie des Onesiphorus (V. 16 vgl. 4,19) und die Form des Segenswunsches für ihn selbst (V. 18), in dem ihm der Apostel in sinnigem Wortspiel ein neues seliges Finden in der Ewigkeit wünscht, zeigt, daß V. 16-18 die Grabschrift für den treuen verstorbenen Freund ist. Die doppelte Erwähnung des Herrn in V. 18 erklärt sich daraus, daß hier zwei formelhafte Redeweisen ineinander geflossen sind („Der Herr [Christus] lasse ihn Erbarmen

finden“ und „möchte er Erbarmen bei [Gott] dem Herrn finden“). Die Verse 16-18 sind ein Segenswunsch, der den Heimgegangenen (V. 18) wie die Trauernden (V. 16) in die Hände des ewigen Erbarmens legt im Vertrauen auf die Fürsprache Christi am Jüngsten Tage.

4. Werde mein Leidensgefährte 2, 1-7

1 So erstarke nun, mein lieber Sohn, in dem Gnadenstand, der (dir) in Christus Jesus (geschenkt) ist, 2 und vertraue das, was du von mir im Beisein vieler Zeugen gehört hast, zuverlässigen Leuten an, die imstande sein werden, wieder andere zu lehren. 3 Werde mein Leidensgefährte als ein tapferer Soldat Christi Jesu. 4 Kein Soldat, der im Felde steht, verwickelt sich in Handelsgeschäfte, um nicht seinem Kriegsherrn zu mißfallen. 5 Auch ein Ringkämpfer erhält den Siegeskranz nur, wenn er zuvor nach der Regel gekämpft hat. 6 Der Landmann, der schwere Arbeit tut, der hat das erste Anrecht auf die Früchte. 7 Überlege dir, was das heißt – der Herr wird dir schon in allen Dingen rechte Einsicht geben.

Erneut (vgl. 1, 6-8) erhebt unser Abschnitt die Forderung des Bekennermutes 1
und der Leidenswilligkeit. „In der Gnade“, d. h. im christlichen Gnadenstand, gilt
es zu erstarken durch mannhaften Entschluß. Timotheus soll „was er gehört hat“, 2
nämlich die ihm bei seiner Ordination bzw. Amtseinsetzung in Zeugengegenwart
(vgl. 1.Tim. 6, 12) anvertraute apostolische Lehrtradition, seinerseits zuverlässigen
Nachfolgern verantwortlich übergeben. Er soll also seine Abreise vorbereiten, und
zwar offenbar so, daß für den Fall seines Todes die Arbeit weitergeht. Sein Posten 3
als Streiter Jesu Christi ist jetzt in Rom bei dem gefangenen Apostel, denn zur
militia Christi gehören nicht nur Wehr und Waffe, Streit und Kampf, sondern auch
Leidenswilligkeit. Und nur der volle, rückhaltlose Einsatz führt zu dem ewigen
Ziel. In drei Bildern, die auch 1.Kor. 9, 7. 24 ff. begegnen, wird das gezeigt. Der 4
Soldat im Felde muß ganz seinem Dienste leben, will er dem Feldherrn nicht miß-
fallen. Der Ringkämpfer darf sich den Kampf nicht durch Umgehen der Regeln 5
erleichtern, will er den Preis erringen. Der Landmann muß schwere Arbeit tun, 6.7
will er Früchte ernten. Absichtlich gibt Paulus keine Anwendung dieser Bilder; aus Zartgefühl will er seine Bitte nicht deutlicher aussprechen. Timotheus wird es schon selbst empfinden, und der Herr wird es ihm zeigen, was im Augenblick von ihm gefordert ist – nämlich der volle Einsatz.

5. Die Leidensgemeinschaft mit Christus 2, 8-13

8 Denke daran:

„Jesus Christus,
auferweckt aus (den) Toten,
(stammend) aus Davids Geschlecht“ –

so lehrt es die mir aufgetragene Frohbotschaft, 9 um derentwillen ich bis zu Fesseln, wie ein Verbrecher, leide; aber Gottes Wort ist (darum) nicht gefesselt. 10 Darum

erdulde ich alles willig um der Auserwählten willen, damit auch sie die Rettung erlangen durch Christus Jesus samt dem ewigen Lichtglanz. 11 Zuverlässig ist das Wort:

> **„Sind wir nämlich mit (ihm) gestorben,**
> **so werden wir auch mit (ihm) leben;**
> **12 dulden wir willig,**
> **so werden wir auch mit (ihm) herrschen.**
> **Verleugnen wir,**
> **so wird auch er uns verleugnen;**
> **13 werden wir untreu –**
> **er bleibt treu! Denn er kann sich selbst nicht verleugnen."**

8 Aber eindringlicher als solche allgemeinen Erwägungen redet das Leidensvorbild
Jesu, auf das der Apostel den Blick des Timotheus lenkt. Er zitiert eine alte, zwei-
gliedrige Bekenntnisformel, die sich mit Röm. 1, 3-4 berührt und judenchristlichen
Ursprungs ist (das geht inhaltlich aus dem Interesse an der davidischen Abstam-
mung, sprachlich z.B. aus dem [semitisierenden] Fehlen des Artikels vor „Same
Davids" hervor). Dieses alte Credo bekennt sich zu dem Auferstandenen als dem
verheißenen (vgl. 2.Sam. 7, 12; Ps. 89, 4-5) Messias. Der Ton liegt in unserem
Zusammenhang (wie schon die auffällige Voranstellung der Auferweckung [anders
Röm. 1, 3 f.] zeigt) auf den Worten „auferweckt aus Toten". Der Heiland lebt!
Durch Leiden und Kreuz ging sein Weg zur Herrlichkeit, und das ist auch der Weg
9 zum Heil für seine Jünger. Dies erfährt Paulus gerade jetzt an sich selbst, wo er
um der Botschaft vom Gekreuzigten willen Gefängnis und, was schlimmer und
niederdrückender ist, Verbrecherschmach erdulden muß. Aber wie ein Jubelruf
klingt es: das Evangelium ist darum nicht gefesselt. Paulus wird bei diesen Worten
weniger an seine Bezeugung des Evangeliums bei den Verhören im Gefängnis
(Phil. 1, 12 ff. vgl. 2.Tim. 4, 17) als an die Wirksamkeit seiner Mitarbeiter in Gallien
10 und Dalmatien (4, 10) denken. Lag schon in dieser Gewißheit, daß sein Leiden
Dienst am Evangelium hatte sein dürfen, eine gewaltige Stärkung, so hat seine
Leidenswilligkeit noch einen tieferen Grund. Sein Leiden kommt stellvertretend
den Brüdern zugute. Paulus denkt, wie wir aus Kol. 1, 24 wissen, an die Vor-
stellung von den Maßen, die Gott für die Zeit bis zum Eintreffen der Parusie fest-
gesetzt hat. Im Anschluß an die Worte Jesu von der festgesetzten Notzeit, die dem
Ende vorausgehen muß (Mk. 13, 5-27), sprach die alte Christenheit von dem Maß
der Sünde, das sich zuvor erfüllen müsse (1.Thess. 2, 16 vgl. Mt. 23, 32), von der
abgemessenen Zahl der Märtyrer, die zuvor das Blutzeugnis ablegen müßten
(Offb. 6, 11), von dem festgesetzten Vollmaß der Heiden, die zuvor das Heil finden
müßten (Röm. 11, 25), und auch von dem Maß der Christusleiden, das von dem
Leib Christi, seiner Gemeinde, vor dem Ende durchlitten werden müsse (Kol. 1, 24).
Wenn Paulus etwas von diesem Leidensmaß abträgt, so leidet er stellvertretend
für die Auserwählten; sein Leiden und sein Martyrium gehört in diesem tiefen
Sinn zu seinem Beruf, den er als Diener des Evangeliums hat, den Brüdern zur
Rettung zu helfen. Freilich: die Rettung selbst und den Lichtglanz der verklärten

Leiblichkeit erlangen sie „durch Christus Jesus“; jeder Verdienstgedanke ist mit
diesem Aufblick zu dem Herrn der Gemeinde ausgeschlossen. Noch einen letzten 11
Schritt tiefer in das Leidensverständnis des Apostels führen die vier Doppelzeilen eines Liedes, das mit der aus 1.Tim. 1, 15; 3, 1; 4, 9; Tit. 3, 8 bekannten Einleitungsformel zitiert wird. Es ist durch das Stichwort „erdulden“ (V. 10. 12) mit dem Vorhergehenden verbunden. Die zwei ersten Doppelzeilen führen ein Pauluswort (Röm. 6, 8), die zwei letzten einen Jesusspruch (Mt. 10, 33) aus. Das Lied ist ein *Lobpreis des Martyriums.* Da die Stilform dieses Liedes ungriechisch ist und mit Sicherheit auf einen hellenistischen Judenchristen als Verfasser weist, da es ferner im Anschluß an Röm. 6, 8 gedichtet ist, besteht die Möglichkeit, daß Paulus selbst es gedichtet hat. Vom „Sterben mit Christus“ (vgl. Röm. 6, 8) redet die erste Zeile unter Verwendung der griechischen Präposition „syn“, die eine besonders enge Verbindung ausdrückt und die bei Paulus gebraucht wird, um im Unterschied von dem ständigen Leben des Christen in der Zeit (en Christo „*in* Christus“) die in der Taufe erfolgende sakramentale Verbindung mit dem Herrn sowie die eschatologische Gemeinschaft mit ihm in der verklärten Welt (syn Christo „*mit* Christus“) zu bezeichnen. Das Martyrium für Christus, und das ist das tiefste, was Paulus über das Leiden zu sagen hat, ist ein Sterben „*mit* (syn) Christus“; wie die Taufe vereinigt es den Märtyrer mit seinem Herrn. Es ist der Beginn jener Christusgemeinschaft in der oberen Welt, die bei der Parusie in der Verklärung des Leibes ihre Vollendung erfährt. Solches „mit Christus“ Sterben verbürgt darum das „mit
(syn) Christus“ Leben in der Weltverklärung. Geduld im Leiden, das sagt der 12
zweite Satz, verbürgt die Teilnahme (syn) an dem königlichen Regiment Jesu auf der verklärten Erde (Röm. 8, 17; 1.Kor. 6, 2; 15, 24 f.; Offb. 1, 6; 3, 21; 5, 10; 20, 4; 22, 5). Wie aber, wenn wir versagen? Verleugnen wir Christus durch Abfall in Leidenszeit (dritter Satz), so wird er beim Jüngsten Gericht uns auch verleugnen
müssen, wie er Mt. 10, 33 selbst gesagt hat. „Werden wir untreu“ (vierter Satz) – 13
hier bricht der Satzbau und der Gedanke um. „So wird er auch untreu“ kann Paulus nicht sagen. ER bleibt treu. Das kann heißen: er bleibt sich selbst treu, bleibt glaubwürdig, indem er seine Gerichtsworte wahr macht. Aber das ist schwerlich der Sinn. „Treu“, von Christus gesagt, bezeichnet seine Zuverlässigkeit; wo sich ein Beiklang einmischt, ist es stets der des Beharrens in der Güte (2.Thess. 3, 3; Hebr. 2, 17; vgl. die Profanbedeutung von pistos: „der, auf den man sich vollkommen verlassen kann“). Außerdem fügt sich ein Drohwort dem Zusammenhang weniger gut ein als ein Trostwort. Daher ist mit Luther und einem Teil der neueren Ausleger zu erklären: er bleibt *uns* treu. Oder besser: er bleibt seinen Verheißungen treu (vgl. die sachlich V. 13 eng verwandte Aussage Röm. 3, 3: „wenn einige untreu werden, kann ihre Treulosigkeit die Treue Gottes aufheben?“). Auch wenn wir so oft versagen und ihm untreu werden – Er kann sich selbst nicht verleugnen, Er kann vergeben. Die Logik zerbricht an der Liebe des Heilandes. Dies ist kein Freibrief für Sünde und Abfall, das zeigt die vorhergehende dritte Zeile des Liedes, aber ein Trost für erschrockene Gewissen. Während der Abfallende das Band mit seinem Herrn durchschneidet (Z. 3), darf der versagende Glaube (Z. 4) sich an der Treue seines Herrn aufrichten.

II. Die Sektierer 2,14-4,8

1. Keine unnützen Wortkämpfe! 2,14-21

14 Dies bringe (den Gemeindegliedern) in Erinnerung und beschwöre (sie) im Angesichte Gottes, daß sie sich nicht – es ist ja zwecklos! – in Wortfechtereien einlassen, die den Hörern doch nur zum Verderben gereichen. 15 Gib dir Mühe, vor Gott als bewährter (Christ) dazustehen, als ein Arbeiter, der sich seiner Arbeit nicht zu schämen braucht und der das Wort der Wahrheit ohne Umschweife darbietet. 16 Mit dem unfrommen leeren Gerede habe nichts zu tun; nur immer tiefer werden sie in Gottlosigkeit hineinkommen, 17 und ihre Lehre wird wie ein Krebsgeschwür um sich fressen. Hymenäus und Philetus gehören auch zu ihnen; 18 sie sind von der Wahrheit abgewichen und lehren: die Auferstehung sei schon geschehen. Und manchem zerstören sie dadurch den Glauben. 19 Der feste Grund, den Gott gelegt hat, bleibt trotzdem bestehen. Er hat als Siegel (die Inschrift): „Der Herr kennt die Seinen" und: „Jeder, der sich zum Herrn bekennt, löse sich von der Ungerechtigkeit!" 20 In jedem großen Haushalt gibt es nicht nur goldene und silberne Gefäße, sondern auch solche aus Holz und Ton, und die einen sind zu ehrenvollem, die anderen zu unehrenvollem Gebrauch bestimmt. 21 Wenn sich nun jemand ganz von diesem (Unrat) reinigt, der wird ein Gerät zu ehrenvoller Bestimmung sein, geheiligt, brauchbar für den Hausherrn, zu jedem guten Werke verwendbar.

Vers 19: *4. Mose 16,5. 26 vgl. Jes. 52,11 (26,13)*

Daß von 2,14 an ein ausführlicher Abschnitt mit Weisungen für die Behandlung der Sektierer folgt (vgl. 1.Tim. 1,3ff.; 4,1ff.; 6,3ff.; Tit. 1,10ff.; 3,9ff.), die die kleinasiatischen Gemeinden beunruhigten, mag angesichts der Bitte um die baldige Abreise des Timotheus nach Rom (4,9.21) überraschen. Indes ist zu bedenken, daß diese Anweisung zugleich für die Nachfolger gilt, die Timotheus einsetzen soll (2,2), und daß Paulus mit der Möglichkeit rechnen muß, daß sein Schüler und Freund ihn nicht mehr unter den Lebenden antrifft. Schon hier wird deutlich, daß der 2. Timotheusbrief das Testament des Apostels ist (vgl. 4,6ff.).

14 Auf das dringendste wird Timotheus wiederholt (vgl. V. 16.23) eingeschärft,
die Gemeinden vor Wortkämpfen mit den Sektierern zu warnen. Es kommt bei
dem Streit um theologische Formeln nicht heraus; die Erfahrung hatte gelehrt, daß
die Gegner auf diese Weise nicht bekehrt, die Zuhörer dagegen oft verwirrt wur-
15 den. Nicht auf die Überlegenheit im Wortstreit mit den Gegnern kommt es an,
16 sondern auf die Treue in der Verkündigung, die vor dem Urteil Gottes besteht.
Nochmals: kein Eingehen auf jene gnostischen Spekulationen, die das Evangelium
durch Menschengedanken ersetzen wollen und die darum „unfromm" sind, wie
alles Reden über Gott, dem die Beugung vor Gott fehlt. Es wird sogar noch
17 schlimmer werden; die Gnostiker werden sich noch weiter in ihre Gottlosigkeit
hineinsteigern, und ihre Lehre wird wie ein Geschwür um sich fressen; mit Wort-
kämpfen ist da nichts getan. Auch Hymenäus und Philetus sind auf diesen Weg
geraten. Den Erstgenannten hatte Paulus um seiner Lästerungen willen „dem
Satan übergeben" müssen (1.Tim. 1,20); jetzt scheint er einer der Führer der
18 Sektierer geworden zu sein. Daß uns hier ein Kernsatz der Lehre dieser beiden
Männer geschildert wird, ist von großem Wert für unsere Kenntnis der Irrlehre,

die die Pastoralbriefe bekämpfen. Sie lehren, „die Auferstehung sei schon geschehen". Wie das gemeint ist, kann man etwa aus dem Bericht des Irenäus über den samaritanischen Gnostiker Menander, einen Schüler des Magiers Simon (über diesen s. zu Apg. 8,20), ersehen; dieser Menander lehrte im Kampf gegen den christlichen Auferstehungsglauben, daß seine Taufe die Auferstehung vermittle und daß seine Jünger nicht mehr sterben, sondern, ohne zu altern, unsterblich bleiben würden. Oder man denke an die in den apokryphen Paulusakten (Kap. 14) erwähnte Lehre, daß die Auferstehung in den Kindern bzw. durch die Erkenntnis Gottes erfolge. Auch an unserer Stelle wird es sich um eine spiritualisierende Umdeutung der Auferstehungslehre handeln, die sich auf Paulus' Taufdeutung (vgl. Röm. 6,4; Kol. 2,12; 3,1-4; Eph. 2,6; 5,14) berufen haben mag. Daß diese Lehre starken Anklang fand, ist begreiflich aus dem Anstoß, den die christliche Auferstehungslehre griechischem Denken bereitete (1.Kor. 15; Apg. 17,32); galt doch der griechischen Popularphilosophie seit Plato der Leib als Kerker der Seele und Sitz des Bösen; Auferweckung des Leibes war daher für griechisches Denken ein Widersinn. Mit der Umdeutung der Auferstehungslehre war dieser Anstoß behoben. Warum bekämpft Paulus diese Lehre mit so harten Worten als leichtfertiges, leeres Gerede, als Gottlosigkeit und Unglauben? Weil entscheidende Glaubenserkenntnisse auf dem Spiel standen. Wurde im Anschluß an griechisches Denken der Leib mißachtet, so war der Selbsterlösung, die in der asketischen Lösung vom Leiblichen den Weg zum Heil erblickt (s. zu Tim. 4,3) ebenso wie dem Mißbrauch des Leibes (1.Kor. 6,12 ff.) das Tor geöffnet. Verband sich mit der Verachtung des Leiblichen dann noch die schwärmerische Illusion, schon jetzt im Vollendungszustand zu leben (vgl. 1.Kor. 4,8), so hatte man sich vollends von der Nachfolge des Gekreuzigten gelöst und die theologia crucis durch eine enthusiastische theologia gloriae ersetzt. – Für die Datierung der Pastoralbriefe ist V. 18 wichtig. Die Gnosis hat noch einen zweiten intellektuellen Anstoß der Griechen zu beheben gesucht, den Anstoß am Kreuzestode des Erlösers. Ihn behob sie mit der Auskunft, daß am Kreuz nicht der Gottessohn, sondern nur der Mensch Jesus (Kerinth; Irrlehrer des 1. und 2. Johannesbriefes) oder ein Scheinleib (Doketismus) gestorben sei. Daß diese gnostische Theorie in den Pastoralbriefen noch fehlt, zeigt deren Alter, das auch durch die judaisierenden Züge der in ihnen bekämpften Irrlehre
(Tit. 1,10 ff.; 3,9) bestätigt wird, die für die älteste Gnosis charakteristisch sind. 19
Aber durch den Abfall einzelner wird die Kirche in ihrem Bestande nicht bedroht. Denn unerschütterlich bleibt ihr Fundament, an dem der Besitzer und Erbauer des Hauses zwei dem Alten Testament entnommene Inschriften anbringen ließ: „Der Herr kennt die Seinen" (4.Mose 16,5) und: „Es trenne sich von der Ungerechtigkeit, wer sich zum Herrn bekennt" (4.Mose 16,26 vgl. Jes. 52,11; 26,13). Das sind die beiden Kennzeichen der Kirche: sie hat einen Herrn, der die Seinen von denen zu unterscheiden weiß, die sich von ihm abwenden. Und: wer diesem Herrn zu eigen ist, meidet alle Ungerechtigkeit, zu der auch die Irrlehre
gehört. Daß Irrlehrer auftreten, ist nicht verwunderlich. Gibt es doch in jedem 20
großen Haushalt neben Gefäßen aus Edelmetall für festliche Tage auch hölzerne
und tönerne Gefäße, die Schmutz und Unrat aufnehmen müssen. Alles kommt 21
darauf an, daß jedes Glied der Gemeinde besorgt ist, sich von dem Unrat rein zu

halten; ohne Bild: die Zeit der klaren Scheidung zwischen Kirche und Schwärmertum ist gekommen! Solche „Reinigung“ ist der Weg für die Glieder der Gemeinde, geheiligte Gefäße zu werden. Könnte das alles so klingen, als ob unser menschliches Tun, insbesondere die totale Trennung von der Irrlehre, das Entscheidende leiste, so stellen das die letzten Worte von V. 21 richtig: „brauchbar für den Hausherrn, zu jedem guten Werk verwendbar“. Ein wichtiger, echt paulinischer Gedanke: alles Gute, was wir tun, ist Gottes Werk. Er erfüllt die Forderungen des Gesetzes an uns (Röm. 8, 4); er hat die guten Werke zuvor geschaffen, in denen wir wandeln sollen (Eph. 2, 10). Menschen können nur dafür sorgen, daß sie brauchbare Werkzeuge Gottes seien; das gute Werk muß Er selbst tun. „Ist etwas Gutes auch an mir, so ist es alles, Herr, von dir.“

2. Der rechte Weg zur Bekehrung der Irrenden 2, 22-26

22 Fliehe die Begierden der Jugend; jage vielmehr der Gerechtigkeit[1], dem Glauben[2], der Liebe[3], dem Frieden[4] nach (zusammen) mit denen, die den Herrn aus reinem Herzen anrufen. 23 Die törichten und unverständigen Spekulationen jedoch weise zurück – du weißt, sie erzeugen (nur) Streitereien. 24 Ein Knecht des Herrn aber soll nicht streiten, sondern freundlich gegen alle sein[1], bereit, sie zu lehren[2], und willig, sich auch einmal etwas gefallen zu lassen[3]. 25 Er soll die Gegner in Sanftmut zurechtweisen[4] (und zusehen), ob Gott sie nicht vielleicht durch Buße zur Wahrheitserkenntnis kommen läßt, 26 so daß sie wieder zur Besinnung kommen und sich der Schlinge (entziehen), in der sie vom Teufel gefangen gehalten werden zur Ausrichtung seines Willens.

22 Bei den „Begierden der Jugend“, die Timotheus meiden soll (über sein Alter
s. zu 1. Tim. 4, 12), darf wohl nicht nur an die Sinnlichkeit gedacht werden; die
folgenden Verse lassen vermuten, daß Leidenschaftlichkeit, Eitelkeit, geistlicher
Hochmut und dergleichen eingeschlossen ist. Dem steht die christliche Lebens-
führung gegenüber, zu der vor allem das Friedenhalten gehört; sie schließt die
Jünger Jesu zusammen. Die Anrufung Jesu im Gebet wird dabei, wie 1. Kor. 1, 2
u. ö., als das Kennzeichen des Christenstandes genannt. Sie muß aus reinem Ge-
wissen erfolgen, wenn sie echt ist (wie 1. Joh. 3, 19 ff. u. ö. steht „Herz“ für „Ge-
wissen“, ein Sprachgebrauch, der sich daraus erklärt, daß das Hebräische und
23.24 Aramäische kein eigenes Wort für Gewissen hat). Solche christliche Lebenshaltung
schließt, nochmals wird es gesagt (vgl. V. 14. 16), die Freude am Streit aus; ein
Knecht des Herrn (Jesus) weiß, daß schlagfertige Widerlegung der Gegner nicht
der Weg zu ihrer Bekehrung ist, sondern – die Liebe, die ihnen freundlich begeg-
net[1], die bereit ist zur Rechenschaft über die eigene Glaubensgewißheit[2], die sich
auch einmal etwas gefallen lassen kann[3] und die den Gegner mit Sanftmut zurecht-
25 weist[4]. Solche überwindende Liebe wird am ehesten die Abtrünnigen stutzig
26 machen. Ja mehr! Sie allein öffnet Gott die Tür für sein Tun. Denn nicht mit
Menschen allein hat es der Glaubenskampf zu tun. Trunken von dem eigenen
Wissensdünkel sind die Gnostiker in die Schlinge des Satans geraten, willenlos
ihm als Werkzeug (zur Zerstörung der Kirche) verfallen wie ein lebendig gefan-
genes Tier dem Jäger. Hier erst wird ganz deutlich, warum unser Abschnitt so

dringend vor Disputationen und Wortkämpfen warnt: der Aufruf an den Verstand ist keine Waffe im Kampf gegen den altbösen Feind, sondern der Aufruf an das Gewissen und das Vertrauen zu Gott, daß er auch scheinbar hoffnungslos verirrten, verrannten Menschen, die schon den Kopf in der Schlinge des Satans haben, Buße schenken kann, daß sie seinen (Gottes) Willen tun. Denn Herzen umlenken kann nur Gott. Ein treuer Seelsorger weiß, daß das beste, was in seiner Macht steht, dies ist, daß er durch unermüdliche Liebe Gott den Weg bereitet für sein heiliges Tun.

3. *Die Verwilderung der letzten Zeit 3, 1-9*

1 Das aber wisse, daß in den letzten Tagen schwere Zeiten hereinbrechen werden. 2 Denn da werden die Menschen selbstsüchtig[1] sein, geldsüchtig[2], prahlerisch[3], überheblich[4], verleumderisch[5], den Eltern ungehorsam[6], undankbar[7], unheilig[8], 3 unverträglich[9], unversöhnlich[10], verleumderisch[11], zügellos[12], zuchtlos[13], vom Guten los[14], 4 verräterisch[15], verwegen[16], aufgeblasen[17], dem Vergnügen ergeben statt Gott ergeben[18]. 5 Sie werden sich (wohl noch) mit dem (äußeren) Schein der Frömmigkeit umgeben, aber die Kraft (der Frömmigkeit) verleugnen[19]. Solche Menschen sollst du verabscheuen. 6 Denn zu ihnen gehören die, die sich in die Häuser einschleichen und besonders weibliche Wesen an sich zu fesseln suchen, die mit Sünden beladen sind[1], umhergetrieben werden von Begierden aller Art[2], 7 die beständig am Lernen sind[3], aber niemals zur wirklichen Wahrheitserkenntnis kommen können[4]. 8 So wie Jannes und Jambres dem Mose Widerstand leisteten, so leisten auch diese der Wahrheit Widerstand, Menschen, deren Sinn verderbt ist und die die Probe des Glaubens nicht bestanden haben. 9 Aber sie werden mit ihrem Treiben nicht weit kommen, denn es wird für jedermann offenbar werden, wie töricht sie sind – so wie es ja bei jenen beiden der Fall war.

Von der Gegenwart wendet der Apostel den Blick zur letzten Zeit. Er erinnert 1
an jene Grundüberzeugung der neutestamentlichen Endzeiterwartung, von der zu
1.Tim. 4, 1 ff. die Rede war: daß das Reich Gottes durch Leiden kommt (Mk. 13). 2-5
Zu der letzten, schwersten Drangsal, die der Parusie vorangeht, gehört die Auflösung aller sittlichen Bande, die ein Lasterkatalog von 19 Gliedern schildert. Unsere Übersetzung versucht die Gliederung der Aufzählung durch eine Reihe ähnlich an- oder auslautender Wortpaare, so gut es geht, im Deutschen wiederzugeben: selbstsüchtig, geldsüchtig[1-2], überheblich, verleumderisch[4-5], ungehorsam, undankbar, unheilig[6-8], unverträglich, unversöhnlich[9-10], zügellos, zuchtlos, vom Guten los[12-14], verräterisch, verwegen[15-16], dem Vergnügen ergeben statt Gott ergeben[18] werden die Menschen sein. Von dem Lasterkatalog Röm. 1, 29-32, der die Sünden des Heidentums schildert, unterscheidet sich der unsrige dadurch, daß er, wie V. 5 u. 6 zeigen, Sünden nennt, die sich innerhalb der Christenheit ausbreiten werden. Dadurch erhält er seinen besonderen Ernst. Selbstsucht[1] und Habgier[2] werden sich einschleichen als Wurzeln alles Übels, Überheblichkeit gegen Gott[3-5] und Zuchtlosigkeit im Verkehr mit den Mitmenschen[6-17], auch den allernächsten, werden die Folge sein. Sich ausleben will man, Gott ist gleichgültig[18]. Und das alles

wird, nachdrücklich steht diese innere Verlogenheit als das Schlimmste am Schluß, unter Wahrung des äußeren Scheins der Frömmigkeit erfolgen[19]. Schon zeigen sich die ersten Anfänge dieses endzeitlichen Geschehens. Nicht früh genug kann die Gemeinde Jesu auf der Hut sein: die letzten Worte von V. 5 dürften die Aufforderung enthalten, denen die Gemeinschaft zu versagen (vgl. 2.Joh. 10), die in solche Bahnen geraten. Zu diesen Menschen gehören die gnostischen Sektierer.
6 Ihre Scheinfrömmigkeit zeigt sich am deutlichsten in ihrer Werbearbeit, die sich
7 mit Vorliebe Frauen mit belasteter Vergangenheit zuwendet[1-2], die die innere Not zwar zu religiösem Interesse führt[3], die aber nicht den Willen aufbringen, sich
8 unter den Ernst der christlichen Botschaft zu beugen[4]. Mit dieser unlauteren und von zweifelhaften Beweggründen getragenen Werbetätigkeit verbinden die Sektierer einen erbitterten Kampf gegen die Gemeinde, zu der sie noch vor kurzem gehört hatten, und ihre Verkündigung. Es ist ein Widerstand gegen die Botschaft Gottes, wie ihn Moses am Pharaonenhof von den beiden ägyptischen Zauberern Jannes
9 und Jambres erfuhr; aber, das ist die Stärkung der Gemeinde, auch das Schicksal jener Widersacher der Wahrheit, deren Anschläge zunichte wurden, wird sich an den Sektierern wiederholen. Ihre Wühlarbeit, mag sie auch vorübergehende Erfolge haben, ist gerichtet; das weiß die Gemeinde im Blick auf das Ende (V. 1) so gut
8 wie im Rückblick auf die Heilsgeschichte (V. 8 f.). – Die Namen der beiden Zauberer, *Jannes und Jambres,* finden sich nicht im Alten Testament. Sie gehören der spätjüdischen Moseslegende an, die im Neuen Testament mannigfachen Niederschlag gefunden hat (Unterricht Moses' in der Ägypterweisheit Apg. 7, 22; 40jähriges Alter Moses' bei seinem Auftreten 7, 23; das Gesetz durch Engel gegeben Apg. 7, 53; Gal. 3, 10; Hebr. 2, 2; die Wolke hüllt die Israeliten ein 1.Kor. 10, 2; der Horeb-Fels wandert mit 10, 4; der Erzengel Michael kämpft mit dem Satan um Moses' Leichnam Jud. 9). 2.Mose 7, 11 f. 22 wird erzählt, daß die ägyptischen Weisen und Zauberer vor Pharao das Wunder Aarons wiederholten, der seinen Stab in eine Schlange verwandelte. Die Legende malte diesen Bericht aus und stellte dem Brüderpaar Moses-Aaron ein Brüderpaar ägyptischer Zauberer gegenüber: Jannes und Jambres. (Ältester Beleg ist Damaskusschrift 5, 18 f.: „Jachne und sein Bruder." Ursprünglich sprach die Legende wahrscheinlich nur von *einem* Zauberer: „Johannes der Apostat [mamre]"; auf hellenistischem Sprachgebiet wurde mamre zu Jam[b]res verderbt und als Eigenname verstanden.) Daß 2.Tim. 3, 8 die Irrlehrer mit diesen beiden ägyptischen Zauberern verglichen werden, hat tieferen Sinn. Das Neue Testament versteht das Alte Testament gern „typologisch", d. h. es sieht in den alttestamentlichen Gestalten und Ereignissen Vorabbildungen („Typen") dessen, was in der Endzeit, die mit Christus angebrochen ist, geschieht. So gilt dem ganzen Neuen Testament die Wüstengeneration als der „Typus" der messianischen Heilsgemeinde (1.Kor. 10, 1-13; Hebr. 3, 7-4, 13; Offb. 15, 3 u. ö.). Wie die Wüstengeneration durch den gottgesandten Erlöser Moses aus der Knechtschaft in das gelobte Land geführt wurde, so wird die christliche Gemeinde durch den Heiland aus Finsternis, Not und Sünde in die Königsherrschaft Gottes geleitet. Darum ist das Schicksal der Wüstengeneration warnendes (1.Kor. 10, 1-13) und tröstliches (Offb. 15, 3; 2.Tim. 3, 9) Beispiel für das Geschick der neutestamentlichen Heilsgemeinde.

4. Der rechte Weg in der Nachfolge des Apostels 3,10-17

10 Du aber hast dir zur Richtschnur genommen meine Lehrweise[1], meine Lebensführung[2], mein Lebensziel[3], meinen Glauben[4], meine Langmut[5], meine Liebe[6], meine Geduld[7], 11 meine Verfolgungen[8], meine Leiden[9], wie ich sie in Antiochia, Ikonium und Lystra erduldet habe. Was für Verfolgungen habe ich nicht ertragen müssen – und aus allen hat mich der Herr errettet! 12 Und so werden auch alle, die in Christi Jesu Kraft ein frommes Leben führen wollen, Verfolgung leiden müssen. 13 Böse Menschen aber und Scharlatane werden es immer schlimmer treiben, verführte Verführer. 14 Du aber bleibe dem treu, was du gelernt hast und was dir zur völligen Gewißheit geworden ist; du weißt ja, wer deine Lehrer waren, 15 und hast ja von früher Jugend an die Heilige Schrift kennen gelernt, die dir durch den auf Christus Jesus begründeten Glauben die Erkenntnis vermitteln kann, wie man das Heil erlangt. 16 Jede Schriftstelle stammt aus Gottes Geist und ist nützlich zur Belehrung[1], zur Überführung[2], zur Besserung[3], zur Erziehung in der Gerechtigkeit[4]: 17 damit der Mensch Gottes im gehörigen Stande sei – nämlich gerüstet zu jedem Werk der Liebe.

Timotheus ist auf dem rechten Weg. Seit er durch die Missionspredigt des 10
Apostels bekehrt wurde, ist er dessen Vorbild gefolgt nicht nur in der Lehre, sondern auch in der Lebensführung eines Missionars Jesu Christi (in der Aufzählung gehören die Glieder 2-9 je paarweise zusammen). Welche Opferbereitschaft es erfordern würde, ein Nachfolger des großen Apostels zu sein, das hat
Timotheus gleich bei seiner Bekehrung mit eigenen Augen gesehen. Als Paulus 11
auf der ersten Missionsreise nach Lystra, der Heimatstadt des Timotheus, kam, da war er eben aus Antiochia (in Pisidien) verjagt worden (Apg. 13,50) und in Ikonium mit knapper Not der Steinigung entronnen (14,5-6). In Lystra selbst wurde er gesteinigt, vor die Tore der Stadt geschleppt und für tot liegen gelassen (14,19); es ist kein Zufall, daß die erste Missionsreise in den Briefen des Paulus fast nur im Zusammenhang mit seinen Leiden erwähnt wird (Gal. 4,13f.; 2.Kor. 11,25; 2.Tim. 3,11). Inzwischen sind etwa 15 Jahre vergangen. Timotheus arbeitet an den Gemeinden Kleinasiens, die Paulus einst unter so schweren Verfolgungen gegründet hatte; so hat er auch jetzt noch ständig die Erinnerung an die Opfer vor Augen, die der Missionsberuf fordert. Das pisidische Antiochien, Ikonium, Lystra sind nur Stationen auf dem Leidensweg, der hinter dem Apostel liegt (2.Kor. 11,23-33 u. ö.); aber alle Leidensstationen sind doch, dankbar ruft Paulus
es aus, zugleich Zeugen machtvoller Durchhilfe des Herrn. Was Paulus erfahren 12
hat, gilt für alle Jünger Jesu – unerbittlich ist dieses „alle" betont –, daß die Nach- 13
folge Jesu auf den Kreuzesweg führt. Gewiß gibt es andere, die es verstehen, sich dem Leiden zu entziehen, und die hinter frommer Maske selbstsüchtigen Zielen nachjagen. Sie werden es sogar noch schlimmer treiben, aber das Urteil ist ihnen
schon gefällt: verführte Verführer (damals geflügeltes Wort). Timotheus soll es 14
anders halten. Zwei feste Stützen tragen sein inneres Leben und seine Amtsführung.
Die eine ist das Apostelwort, das Evangelium; Paulus mahnt ihn: vergiß nicht, 15
wer deine Lehrer waren. Die andere Stütze ist die Heilige Schrift Alten Testaments, in der ihn einst seine fromme Mutter Eunike und seine Großmutter Lois (1,5) unterwiesen hatten (die jüdische Sitte empfahl, die Kinder vom 5. Lebensjahr an

im Lesen der heiligen Schrift zu unterweisen [Pirqe Abot 5, 21]; diese Unterweisung gehörte zu den Pflichten des Vaters, was aber bei Timotheus nicht in Frage kam, weil der Vater Heide war Apg. 16, 1). Warum ist das so wichtig, daß Timotheus von Jugend auf mit dem Alten Testament vertraut gewesen ist? Weil die Schrift des Alten Testaments – für die ältesten Christengemeinden gab es ja noch keine neutestamentliche Schriftensammlung – die Erkenntnis über den Weg zum Heil vermittelt. Denn das Alte Testament bietet nicht nur das Gesetz, das dem Christen nicht mehr gilt (1.Tim. 1, 9), sondern auch die Erkenntnis über den gnädigen Heilswillen Gottes. Freilich enthüllt es diese Seite nur dem, der es im Glauben an Jesus Christus liest, wie Paulus das vorbildlich Röm. 4 u. ö. gezeigt hat; denn nur der Glaube bewahrt vor dem werkgesetzlichen Verständnis des Alten Testaments. „Das Alte Testament besitzt also nicht ohne das Evangelium die Würde, das heil-
16 spendende Wort zu sein" (Schlatter). Auch für die Christenheit ist das Alte Testament inspirierte Offenbarungsurkunde: jede Schriftstelle ist „durch das Wehen des Geistes Gottes entstanden" – es ist wirklich Gott, der hier redet. Darum bleibt das Schriftwort des Alten Bundes, im Lichte des Evangeliums gelesen, für die Gemeinde des Neuen Bundes und ihre Leiter unentbehrliches göttliches Werkzeug zur Heiligung, nämlich: zur Belehrung über den Gotteswillen[1], zur Überführung der Sündigenden[2], zur Aufrichtung und Besserung der Reuigen[3], zur Erziehung
17 in der rechten Lebensführung, wie Gott sie fordert[4]. So schafft das Gotteswort, daß die Gottesmenschen „im gehörigen Stande" sind, nämlich bereit, daß Gott sie zu seinen Werkzeugen in Werken der Liebe (s. zu 1.Tim. 5, 10) mache: kein gutes Werk ist denkbar, zu dem ein Gottesmensch nicht brauchbar wäre.

Das Urteil des Apostels über das Alte Testament in 3, 15-17 ist das klarste, was in den neutestamentlichen Schriften über diese Frage gesagt ist. Beides ist Gemeingut des gesamten Neuen Testaments: 1. die Überzeugung, daß das alttestamentliche Schriftwort durch Gottes Geist gewirktes Gotteswort ist, und 2. die Gewißheit, daß erst das christozentrische und christusgläubige Verständnis des Alten Testaments seine Tiefe erschließt und es zum Werkzeug der Heiligung macht. – Hinsichtlich der Auffassung der *Inspiration des Alten Testaments* weist das Neue Testament gewisse Unterschiede auf. Es spiegelt sich nämlich im Neuen Testament die verschiedene Ausprägung wider, die das Inspirationsdogma im palästinischen und im hellenistischen Judentum gewonnen hatte: während man in Palästina die Mitwirkung der menschlichen Werkzeuge Gottes in Rechnung setzte, neigte die Diaspora (Philo) einer starren Verbalinspiration zu, die in ihnen nur den willenlosen Griffel des Geistes sah. Jesus und Paulus vertreten die elastischere palästinische Auffassung der Inspiration: sie erwähnen die Menschen, durch die Gott redete (David: Mk. 12, 36 f. Par.; Moses: Röm. 10, 19; Jesaja: Röm. 10, 20), ja Jesus kann gelegentlich neben dem Gotteswort auch reines Menschenwort im Alten Testament finden (Mk. 10, 5 Par.). Dagegen begegnet uns im Hebr. die strenge Verbalinspiration des hellenistischen Judentums, und zwar ist sie, wie dort, auch auf die griechische Übersetzung des Alten Testaments (Septuaginta) ausgedehnt (s. zu Hebr. 1, 5-14).

5. Jetzt gilt es, Treue im Amt zu üben, denn meine Zeit ist um 4,1-8

1 Ich beschwöre dich im Angesicht Gottes und Christi Jesu, der die Lebendigen und die Toten richten wird, so gewiß er erscheinen und seine Königsherrschaft aufrichten wird: 2 verkündige das Wort[1], sei zur Stelle – gelegen oder ungelegen –[2], rede ins Gewissen[3], tadle[4], ermuntere[5], mit viel Geduld und in jeder Art der Belehrung. 3 Denn es wird eine Zeit kommen, in der die Menschen die gesunde Lehre unerträglich finden und sich nach ihrem eigenen Gelüste Lehrer zusammensuchen werden, weil sie nach einem Ohrenkitzel verlangt; 4 von der Wahrheit werden sie das Ohr abwenden und sich (statt dessen) den Mythen zuwenden. 5 Du aber bleibe nüchtern in allem[1], halte aus im Ungemach[2], verrichte deine Arbeit als Prediger des Evangeliums[3] und erfülle (treu) deinen Dienst bis zuletzt[4]. 6 Denn was mich betrifft, so wird mein Blut schon als Trankopfer vergossen, und die Zeit meines Scheidens steht bevor. 7 Ich habe den edlen Wettkampf durchgekämpft[1], ich habe den Lauf vollendet[2], ich habe Treue gehalten[3]. 8 Nun liegt für mich (als Preis) der Kranz der Gerechtigkeit bereit, den mir der Herr, der gerechte Richter, am Jüngsten Tage aufs Haupt setzen wird – nicht nur mir allein, sondern auch allen denen, die mit Liebe seine Erscheinung ersehnt haben.

Immer dringlicher wird der Aufruf an Timotheus. In feierlicher Beschwörung, 1
deren Ernst durch den Anklang an das Bekenntnis (vgl. Apg. 10,42; 1.Petr. 4,5;
apostolisches Glaubensbekenntnis) erhöht wird, zwingt Paulus ihn vor den un-
entrinnbaren Anspruch Gottes und vor das unbestechliche Richterurteil dessen,
der wiederkommen wird zum Gericht über Lebende und Tote, aber auch zur
Aufrichtung seiner Gnadenherrschaft. Unter dem Vorzeichen dieser Beschwörung 2
steht die Mahnung zur Amtstreue. Den Heroldsruf des Evangeliums gilt es mehr
denn je erschallen zu lassen[1]. Gelegen oder ungelegen, gleichviel ob den Men-
schen Zeit, Art und sonstige Umstände passen oder nicht, soll Timotheus zur
Stelle sein[2]. Je nachdem es nötig ist, soll er ins Gewissen reden[3], furchtlos die
Sünde strafen[4], den tröstlichen Zuspruch der Botschaft bringen[5]. All das mit der
Geduld der Liebe, die alles duldet und alles hofft und die immer neue Wege findet,
an die Menschen heranzukommen. Notwendiger denn je ist jetzt solche Treue.
Die Zeit ist im Anbruch, da man in der Kirche die herbe Predigt von Sünde und 3.4
Gericht, von Erlösung und Heiligung unerträglich finden wird, weil sie dem natür-
lichen Geschmack nicht paßt, und da die Menschen Geistreiches, Interessantes,
Sensationelles zu hören gelüsten wird, wie die gnostischen Spekulationen der
Sektierer mit ihren Gedankenbauten über Schöpfung und Sündenfall, Äonenlauf
und Selbsterlösung. In Mengen werden sich Lehrer solchen Ohrenkitzels finden.
Da gilt es, nüchtern zu sein und zu bedenken, daß das Merkmal der rechten 5
Predigt nicht darin liegt, ob sie den Menschen gefällt, sondern darin, ob sie die
Gewissen trifft, auch wenn den Menschen dadurch die Predigt verhaßt werden
sollte. Anfeindung und Ungemach gehören zum Amt, wenn der Verkündiger
(„Evangelist“ vgl. Apg. 21,8; Eph. 4,11) nur nach dem einen trachtet, unbeküm-
mert um Launen und Geschmack der Menschen das schlichte, unverkürzte Evan-
gelium zu verkündigen mit der Treue, die Gott als einziges an den Haushaltern
sucht (1.Kor. 4,2). Nicht nur die Lage der Kirche erfordert die volle Treue mehr denn 6-8

je, sondern auch die Lage des Apostels, der sein Testament schreibt im festen Blick
auf den Tod (V. 6), im sieghaften Rückblick auf die Kampfbahn (V. 7) und im
glaubensgewissen Ausblick auf die richterliche Herrlichkeit seines Heilands (V. 8).
6 In zwei Bildern, die auch im Philipperbrief begegnen (2,17; 1,23), redet der
Apostel von seinem Ende, das Präsens verwendend, weil das Todesurteil täglich zu
erwarten ist. „Mein Blut wird schon als Trankopfer vergossen", lautet das erste
Bild; sein Tod ist Opfertod, weil er als Märtyrer Gott zur Ehre stirbt und weil
sein Leiden den Brüdern zugute kommt (s. zu 2,10). Das andere Bild ist das Bild
vom Aufbruch. Sein Sterben ist Heimkehr zum Herrn (Phil. 1,23), ins Vaterhaus.
In beiden Bildern liegt die Freudigkeit der Sterbensbereitschaft; Paulus stirbt gern,
7 weil er weiß, daß er „dem Herrn stirbt" (Röm. 14,8). Der Todgeweihte blickt
zurück auf die durchmessene Kampfbahn: der Kampf ist durchgekämpft, das
Ziel ist erreicht. Wie ein Aufamten klingt es: ich habe Treue gehalten (so ist zu
übersetzen, „Treue halten" ist fester Sprachgebrauch). Am Ziel der Laufbahn
8 bleibt der Blick ruhen. Dort liegt der Siegeskranz bereit, der das Durchhalten
belohnt (vgl. Offb. 2,10). Paulus neigt das Haupt vor Christus, dem gerechten
Richter, der ihm bei der Parusie (nicht etwa der Tod ist gemeint) den „Kranz der
Gerechtigkeit" aufs Haupt setzen wird – daß der Gerechte die Gerechtigkeit
schenkt (Röm. 3,26), bleibt bis zuletzt für Paulus die eine unbegreifliche Heilsgabe
(Gal. 5,5). Aber nicht ihm allein liegt der Kranz bereit! Es ist, als ob Paulus Angst
hätte, er könne dahin mißverstanden werden, daß er Besonderes geleistet habe
und daher besonderen Lohn empfangen werde. Darum lenkt er den Blick auf die
Brüder. Allen denen gilt die gleiche Verheißung, die ihre ganze Liebe Jesus zugewendet haben und mit sehnsuchtsvoller Freudigkeit seiner Parusie entgegenschauen.

III. Die persönliche Lage des Apostels 4,9-18

9 Komm sobald als möglich zu mir. 10 Denn Demas hat mich aus Liebe zu dieser Welt verlassen und ist nach Thessalonich gereist, Kreszenz nach Gallien, Titus nach Dalmatien. 11 Nur Lukas ist noch bei mir. Bring auch Markus mit; denn ich kann ihn sehr gut zum Dienst brauchen. 12 Tychikus schicke ich nach Ephesus. 13 Bring bitte den Mantel mit, den ich in Troas bei Karpus gelassen habe, auch die Bücher, besonders die Pergamente. 14 Der Schmied Alexander hat mir viel Böses angetan; „der Herr wird ihm vergelten nach seinen Taten". 15 Hüte auch du dich vor ihm; denn er hat sich zu unseren Worten ganz besonders feindlich verhalten. 16 Bei meiner ersten Gerichtsverhandlung hat mir keiner Beistand geleistet, vielmehr haben mich alle im Stich gelassen. Gott rechne es ihnen nicht zu. 17 Aber der Herr hat mir Beistand geistet und mich stark gemacht, damit mein Verkündigungsamt bis zuletzt durchgeführt werde und alle Heiden die Predigt zu hören bekämen, und so wurde ich „aus dem Löwenrachen" erlöst. 18 Der Herr wird mich (auch ferner) von allem Übel erlösen und in sein himmlisches Reich retten. Ihm sei Ehre in alle Ewigkeit. Amen.

Vers 14: *Ps. 62, 13* Vers 17: *Ps. 22, 22; Dan. 6, 21. 28*

9 Der Schlußabschnitt ist beherrscht von der zweimal (V. 9.21) ausgesprochenen
letzten Bitte, Timotheus möge umgehend kommen. Sonst trifft er den Apostel

nicht mehr unter den Lebenden. Paulus hat Sehnsucht. Er ist vereinsamt, mehr als 10
Timotheus weiß, und hat bittere Enttäuschungen an Menschen erlebt (vgl. 1,15;
4,16); das letzte Stück der Bahn war hart. Auch Demas, sein Gefährte und Mitarbeiter
während der ersten römischen Gefangenschaft (Phlm. 24; Kol. 4,14),
gehört zu denen, die das eigene Wohlergehen mehr liebten als die Erscheinung
des Herrn (V. 8); er hat sich nach Thessalonich in Sicherheit gebracht. Kreszenz,
ein sonst unbekannter Mitarbeiter, ist nach „Galatia" gereist, worunter entweder
das kleinasiatische Galatien oder (mit der alten Kirche) Gallien zu verstehen
ist; bei Kreszenz dürfte es sich um eine Reise im Auftrage des Apostels handeln;
die Legende berichtet, er sei gallischer Bischof geworden. Titus (vgl. Einleitung
Abschnitt 1), der von Kreta zu Paulus zurückgekehrt war (Tit. 3,12), ist nach
Dalmatien, d.h. der kaiserlichen Provinz Illyrikum (Jugoslawien) gereist, in die
schon Jahre vorher Sendboten, wohl der mazedonischen Gemeinden, vorgestoßen
waren (Röm. 15,19). Trotz der Gefangenschaft des Apostels wächst die Kirche:
Gottes Wort ist nicht gebunden (2.Tim. 2,9). Lukas, „der geliebte Arzt" (Kol. 4, 11
14), ist von den Reisebegleitern, die Timotheus kennt, der einzige, der „bei Paulus"
ist; Paulus kann also Besuche im Gefängnis empfangen, nach V. 21 offenbar auch
von Gemeindegliedern. Aber nicht an sich denkt Paulus, sondern an die Arbeit;
die Ernte ist groß und erfordert Arbeiter. So soll Timotheus Markus mitbringen,
der in Kleinasien ist, wohin er während der ersten römischen Gefangenschaft
des Apostels gereist war (Kol. 4,10). Ihn kann Paulus gerade in Rom gut
gebrauchen (ob aus dieser Bemerkung auf Spannungen zwischen Paulus- und
Petrusanhängern geschlossen werden darf, zu deren Ausgleich der geistliche Sohn
[1.Petr. 5,13] und Dolmetscher des Petrus [s. Einleitung zum Markus-Evangelium]
besonders gut geeignet ist?). Tychikus will Paulus erneut (vgl. Kol. 4,7-9; 12
Eph. 6,21 f.) nach seiner Heimat, der Provinz Asia (Apg. 20,4), und zwar nach
Ephesus, schicken (das Verb „schicken" steht zwar in der Vergangenheit [Aorist],
aber das dürfte ein Aorist des Briefstils sein, der von dem Zeitpunkt aus denkt,
an dem der Brief ankommt; daher: „ich schicke"); Paulus nimmt an, daß Timotheus 13
über Troas – Mazedonien – Brindisi nach Rom reisen wird. Dann soll er den
Mantel mitbringen, den Paulus, offenbar unlängst, in Troas gelassen hat: der
Winter steht vor der Tür, und das Gefängnis ist kalt. Auch Papyrus-Buchrollen hat
Paulus in Troas gelassen; offenbar wollte er bald dorthin zurückkehren, als ihn
die Gefangennahme überraschte (s. zu 1,15). Es könnte sich etwa um Briefe der
Gemeinden handeln; möglich, daß er sie für seine Verteidigung braucht. Am
meisten liegt ihm an den Pergamenten, wohl Rollen, vielleicht ein oder mehrere
Bücher der Bibel, etwa Psalter und Jesaja, in griechischer Übersetzung (für die
biblischen Bücher war Pergament, das viel teurer war als Papyrus, als Beschreibstoff
vorgeschrieben). Das sind die Schätze des Apostels, die bald seine irdische 14.15
Hinterlassenschaft bilden werden. Bei der Erwähnung von Troas fällt dem Apostel
ein besonders erbitterter Feind ein, der Schmied Alexander, vor dem er Timotheus
warnt. Es wird derselbe Alexander sein, den er dem Satan hatte übergeben
müssen (1.Tim. 1,20). Von da aus wird auch erst das Drohwort gegen Alexander
verständlich. Man beachte wohl: Paulus verwendet nicht den Optativ der Verwünschung,
sondern das Futurum der bestimmten Erwartung. Nicht persönliche

Gereiztheit redet also aus seinen Worten. Vielmehr ist die Übergabe des einstigen Gliedes der Gemeinde an den Satan (s. zu 1.Tim. 1,20) längst erfolgt, nachdem alle Versuche gescheitert waren, Alexander zur Buße zu bringen. Das letzte Wort
16 hat der Herr (nach Röm. 2,6 ist Gott gemeint) im Endgericht. Von Troas gehen die Gedanken des Apostels nach Rom in die letzte Vergangenheit. Hier hat er eine bittere Erfahrung machen müssen. Als er nach seiner Einlieferung in Rom zum ersten Male vor Gericht erscheinen mußte, stand er alleingelassen vor den Richtern; kein Mitglied der römischen Christengemeinde war erschienen, um sich für ihn einzusetzen, obwohl mancher ihm als Patronus (Beschützer, Verteidiger) hätte nützen können. Es sind offenbar alte, aus dem Römerbrief zu erschließende Gegensätze (doch s. auch zu V. 11), die sich neben der Scheu vor Gefahr auswirkten. Aber Paulus hat verziehen als Jünger dessen, der im Angesicht des Todes vergab
17 (Lk. 23,34); alle Bitterkeit läßt er auf Erden zurück. Menschen haben versagt, aber nicht der Herr. Er hat seine Verheißung Mk. 13,11; Mt. 10,19 f. erfüllt und ist selbst der Rechtsbeistand des Apostels gewesen. Dessen Verteidigung machte einen tiefen Eindruck: die Verhandlung wurde trotz der Schwere der Anklage („Löwenrachen") vertagt. Das geschah, sagt Paulus, um des Evangeliums willen. So stark lebt er in seinem Amt (kerygma hat hier die Bedeutung: Amt der Verkündigung), daß er selbst die Verteidigung auf Tod und Leben nur unter dem Gesichtspunkt betrachtet, daß sie eine Gelegenheit war, das Evangelium zu verkündigen. Das war der Abschluß seiner Verkündigung: die Botschaft an seine Richter und die Zuhörer im Prozeß. Gott hat ihm diese letzte Gelegenheit geschenkt, damit sein Auftrag, „allen Heiden" das Evangelium zu predigen, ganz ausgeführt werde. Für ihn selbst war die Errettung vor dem Todesurteil nur ein Aufschub. Er erwartet
18 eine zweite Verhandlung und ist sich über den Ausgang nicht im unklaren. Eine größere Errettung steht ihm bevor, herrlicher als die Bewahrung vor der Hinrichtung. Der Herr wird ihn erlösen von allem „bösen Werk", so wie es die letzte Vaterunser-Bitte erfleht (die nach unserer Stelle im Kreise des Paulus also neutrisch – „erlöse uns vom Übel", nicht: „vom Satan" – verstanden wurde), und ihn aus aller Erdennot hinüberretten in sein himmlisches Reich. Es ist die gegenwärtige Königsherrlichkeit Christi im Himmel, zu der das Martyrium ihm die Tür aufschließen wird, die Vorhalle zur Königsherrschaft des wiederkehrenden Heilandes auf der verklärten Erde (Phil. 3,20; 1.Kor. 15,25; 2.Tim. 4,1). Wie so oft bei Paulus (Röm. 9,5; 11,33-36; Gal. 1,5; Phil. 4,20; Eph. 3,21; 1.Tim. 1,17) wird auch hier die Erwähnung der Macht und Gnade seines Herrn von selbst zur Anbetung, zur Doxologie: „Ihm sei Ehre in alle Ewigkeit", die der Leser mit „Amen" sich anzueignen aufgefordert wird.

Briefschluß 4,19-22

19 Grüße Priska und Aquila und die Familie des Onesiphorus. 20 Erastus blieb in Korinth, Trophimus mußte ich in Milet krank zurücklassen. 21 Komm, wenn irgend möglich, noch vor dem Winter zu mir. Eubulus, Pudens, Linus, Klaudia und alle übrigen Brüder lassen dich grüßen. 22 Der Herr sei mit deinem Geiste! Die Gnade sei mit euch!

Es folgen die Grüße, zunächst an das Ehepaar Priscilla und Aquila (Apg. 18, 2 f. 19
18. 26; 1.Kor. 16, 19; Röm. 16, 3 f.), das einst Paulus unter eigener Lebensgefahr das
Leben gerettet hatte (Röm. 16, 4), sodann an die Familie des verstorbenen treuen
Onesiphorus (s. zu 2.Tim. 1, 16-18). Der Vergleich unserer Stelle mit 1, 18 (Onesi-
phorus in Ephesus) und Apg. 18, 24-26 (Priscilla und Aquila zeitweise in Ephesus)
läßt annehmen, daß sich Timotheus noch (1.Tim. 1, 3) in Ephesus befindet; auch
1, 15 spricht dafür, da Ephesus die Hauptstadt der Provinz Asia war. (Die Nennung
von Ephesus in 4, 12 [statt „zu dir“] kann man angesichts der Ortsnamen in den
umgebenden Versen schwerlich dagegen anführen.) Es folgt in V. 20 noch ein 20
Nachtrag zu den Nachrichten V. 10-18. Erastus, vielleicht der Röm. 16, 23 (vgl.
Apg. 19, 22) genannte korinthische Kassenbeamte, blieb in seiner Heimat. Tro-
phimus, einer der Apg. 20, 4 genannten Kollektenboten (vgl. Apg. 21, 29), ist in
Milet erkrankt. Paulus war also ganz unlängst in Troas (V. 13) und Milet, wohl
auch in Korinth, und zwar ohne Begleitung des Timotheus, der über diese Er-
eignisse erst unterrichtet werden muß. Die Reihenfolge, in der V. 20 Korinth und
Milet genannt werden, läßt es denkbar erscheinen, daß Paulus auf dem Wege
nach Jerusalem war. Noch einmal bittet Paulus: komm zu mir. Sieh zu, daß du 21
noch ein Schiff erreichst, ehe die Schiffahrt über das Adriatische Meer geschlossen
wird (mare clausum: 11. November bis 10. März = 17 Wochen; secura navigatio:
27. Mai bis 14. September). Eile tut not: das Todesurteil kann jederzeit erfolgen.
Die Bitte ermöglicht vielleicht eine Datierung des Briefes. Schwerlich berief Paulus
den Freund in die Hölle der neronischen Verfolgung des Herbstes 64; Herbst 63
dürfte also der 2.Tim. für den Fall seiner Echtheit (über diese s. nach V. 22 und
oben S. 4 ff.) spätestens verfaßt sein. Es folgen Grüße römischer Glaubensbrüder;
Linus heißt in der römischen Bischofsliste der erste Vorsteher der Gemeinde nach
Petrus. Ein Segenswunsch für seinen geliebten Mitarbeiter und die von ihm be- 22
treuten Gemeinden ist das letzte, was wir von der Hand des dem Tode ent-
gegengehenden Apostels haben.

Die Verse 6-21 widersetzen sich in ihrer schlichten Sachlichkeit der Annahme, die Pastoralbriefe seien unecht. Diese Verse, wie man versucht hat, als Bruchstück eines echten Briefes aus dem Zusammenhang zu lösen, geht nicht an: Wortschatz und Stil erweisen sie eindeutig als Bestandteil der Pastoralbriefe. Das Einmalige der Lage, insbesondere das Einmalige des Verhältnisses zwischen Schreiber und Empfänger wird stets, wie schon in der Einleitung Abschnitt 7 Ende gesagt, das Hauptargument für die Echtheit der Pastoralbriefe bleiben.

Der Brief an Titus

Der Titusbrief, wahrscheinlich der älteste der drei Pastoralbriefe (s. S. 2), setzt eine ganz andere kirchliche Situation voraus als 1.Tim. Während wir es in Ephesus mit einer Kirche zu tun haben, die sich schon konsolidiert hatte, führt uns der Titusbrief in eine blutjunge Missionskirche. Muß beispielsweise Timotheus instruiert werden, wie in Ephesus die Kirchenzucht gegen die Alten zu handhaben sei (1.Tim. 5, 17-21), so müssen in der kretischen Kirche die Amtsträger erst eingesetzt werden (Tit. 1, 5). Doch ist die gesamtkirchliche Situation in Ephesus und auf Kreta dieselbe; die beiden großen Anliegen des 1.Tim. beherrschen auch den Titusbrief: die Ordnung des kirchlichen Lebens und der Kampf gegen die Irrlehrer. Das erste Anliegen kommt in 1, 5-9 (die an den Amtsträger zu stellenden Anforderungen) und 2, 1-3, 7 (Ordnung der christlichen Lebensführung) zur Sprache, das zweite Anliegen in den an beide Abschnitte angeschlossenen antihäretischen Ausführungen (1, 10-16; 3, 8-11).

Die Anschrift 1, 1-4

1 Paulus, ein Sklave Gottes und Apostel Jesu Christi, (abgesandt) für (den Dienst am) Glauben der Auserwählten Gottes und (an der Ausbreitung der) Wahrheitserkenntnis unseres Glaubens 2 aufgrund der Hoffnung auf das ewige Leben, das (zu schenken) Gott, der nie lügt, vor ewigen Zeiten verheißen hat, 3 um dann zu seiner Zeit sein Wort kundzutun durch die Verkündigung, mit der ich betraut worden bin nach dem Befehl Gottes, unseres Heilandes – 4 an Titus, sein geliebtes Kind im gemeinsamen Glauben: Gnade und Friede (sei mit dir) von Gott, dem Vater, und Christus Jesus, unserem Heiland.

1 An der Titulatur des in sehr gedrängter Sprache abgefaßten Präskripts fällt die
Wendung „Sklave Gottes" auf, die sonst nur Jak. 1, 1 in einem Präskript vor-
kommt (anders Röm. 1, 1; Phil. 1, 1: „Sklave Jesu Christi"). Der danebenstehende
zweite Titel „Apostel Jesu Christi" wird in V. 1 b-3 näher erläutert. Eine doppelte
Sendung hat Paulus als Apostel: die Erhaltung der Gemeinden im Glauben und
die Ausbreitung der Wahrheitserkenntnis „unseres Glaubens" (wörtlich: „wie sie
der Frömmigkeit entspricht", wobei „Frömmigkeit" wie 1.Tim. 6, 3, vgl. 3, 16,
den Glauben der Kirche im Gegensatz zu den Lehren der judaisierenden Gnosti-
2 ker bezeichnet). Beides aber, die Pflege des Glaubenslebens der Gemeinden und
die missionarische Tätigkeit, geschieht im Blick auf die Zukunft Gottes: „auf
Grund der Hoffnung auf das ewige Leben." Diese Hoffnung ist fest gegründet,
ruht sie doch auf der Zusage dessen, der der absolut Verläßliche ist. Schon in der
vorweltlichen Ewigkeit hat Gott die Verheißung des ewigen Lebens gegeben, als
3 er den Erlösungsratschluß festsetzte; doch erst im Evangelium hat er nach den
Zeiten des Schweigens die Verheißung geoffenbart (vgl. die gleiche Gegenüber-
stellung des ewigen Ratschlusses und seiner Enthüllung in Jesus 2.Tim. 1, 9-10). Die
Stimmen der Propheten werden hier also der Zeit der Verborgenheit Gottes
zugerechnet; erst Jesus Christus ist, wie der Märtyrerbischof Ignatius es aus-
gedrückt hat, „das Wort, durch das Gott sein Schweigen brach" (Brief an die Ma-
gnesier 8, 2). Das Predigtamt (Kerygma, s. zu 2.Tim. 4, 17) hat Gott dazu eingesetzt,
seine in Christus enthüllte Verheißung des ewigen Lebens allen Menschen kund-
zutun – den Glaubenden, damit sie fest bleiben, und den Ungläubigen, damit sie
4 zum Glauben kommen. V. 4 zeigt, daß Titus (wie Timotheus, s. zu 1.Tim. 1, 2) von

Paulus bekehrt und wohl auch ordiniert worden ist. (Zu „Heiland“ in V. 3 u. 4 vgl. zu 1.Tim. 1,1; 2.Tim. 1,10; zu „geliebtes Kind“ 1.Tim. 1,2; zum Segensgruß V. 4 s. oben S. 2).

I. Gemeindeamt und Sektierertum 1,5-16

1. Einsetzung von Gemeindeleitern 1,5-9

5 Ich habe dich in Kreta zurückgelassen, damit du alles in Ordnung brächtest, was noch zu erledigen war, und (vor allem) in den einzelnen Städten ältere Männer einsetztest, wie ich es dir persönlich aufgetragen habe: 6 wenn einer unbescholten[1] ist, nur einmal verheiratet[2], wenn seine Kinder christgläubig sind und nicht im üblen Ruf der Liederlichkeit oder Unbotmäßigkeit stehen[3]. 7 Denn ein Gemeindeleiter (Episkopos) muß unbescholten dastehen als Haushalter Gottes, darf nicht rechthaberisch sein[4], nicht jähzornig[5], kein Trunkenbold[6] oder Raufbold[7], nicht schnöder Gewinnsucht ergeben[8], 8 sondern gastfrei[9] (muß er sein), voll Liebe zum Guten[10], besonnen[11], rechtschaffen[12], fromm[13], voll Selbstbeherrschung[14]; 9 es muß ihm am Herzen liegen, daß die Predigt unverfälscht der Lehrüberlieferung folgt[15], damit er (beiden Aufgaben) gerecht wird, die gesunde Lehre zu predigen, wie auch, die Widersacher zurechtzuweisen.

Nur kurze Zeit scheint Paulus auf der Insel Kreta gewesen zu sein; trotzdem 5
hatte das Christentum bereits in mehreren Städten festen Fuß gefaßt; darum hat
er Titus mit außerordentlich weitgehender Vollmacht als seinen Vertreter zurück-
gelassen und ihm die verantwortungsvolle Bestellung der Gemeindeleiter auf-
getragen. (Das Fehlen des einleitenden Dankgebetes und die Wiederholung eines
mündlich erteilten Auftrags ist amtlicher Stil, s. S. 3; der Brief ist also für die Ge-
meinden mitbestimmt und soll die Autorität des Titus stärken.) Daß die Auswahl
der Gemeindeleiter aus der Zahl der „Alten“ (s. zu 1.Tim. 5,17-25) nicht den
Gemeinden selbst überlassen wurde, war eine angsichts des jungen Alters der
Missionsgemeinden wohlbegründete Maßnahme. Bei dieser Auswahl soll Titus 6
vor allem auf zweierlei achten: auf tadellosen Ruf ([1]) – was das heißt, sagt V. 7 f.
– und vorbildlichen Hausstand. „Eines Weibes Mann“ ([2]) soll der zu Berufende
sein (s. zu 1.Tim. 3,2: Verbot der Wiederverheiratung Geschiedener), und seine
Kinder müssen, wie die Eltern, Christen geworden sein und dürfen nicht durch
Zuchtlosigkeit und Ungehorsam den Vater in schlechten Ruf bringen und in sei-
nem Amt unmöglich machen ([3]). V. 7 nennt das Amt, das die ausgewählten Männer 7
bekleiden sollen: Episkopos, d. h. Gemeindeleiter (s. zu 1.Tim. 3,1); offenbar gab
es auf Kreta noch keine Diakonen. Der *„Pfarrspiegel“* (s. zu 1.Tim. 3,1) in V. 7-9
berührt sich aufs engste mit 1.Tim. 3,1-7; er schildert in V. 7b die unchristliche
Gesinnung, die das Amt schändet (wobei die letzten Worte „nicht schnöder Ge-
winnsucht ergeben“ [8] entweder auf das Betreiben eines unsauberen Gewerbes
oder [vgl. V. 11] auf die Gefahr der Ausnutzung des Amtes zur persönlichen Be-
reicherung gehen), und stellt ihr V. 8 die rechte christliche Gesinnung gegenüber. 8
Das Haupterfordernis nennt der Schluß. Die Leitung einer Gemeinde darf nur 9
einem Mann anvertraut werden, dem eine Verkündigung nach dem Lehrverständ-

nis der kirchlichen Überlieferung innerlichst am Herzen liegt ([15]). Wie soll er sonst segensreich predigen und in der Lage sein können, die die Gemeinde verwirrenden Sektierer, gegen die das Amt ein Bollwerk sein soll, aus Gottes Wort zurechtzuweisen?

2. *Die Bekämpfung der Irrlehrer 1,10-16*

10 Denn es gibt viele unbotmäßige Menschen[1], Schwätzer[2] und Schwindler[3], besonders solche jüdischer Abstammung. 11 Ihnen muß der Mund gestopft werden, weil sie ganze Familien unglücklich machen durch ihre unziemlichen Lehren, die sie um schnöden Gewinnes willen verbreiten. 12 Es hat einer von ihnen, ihr eigener Prophet, gesagt: „Kreter sind immer verlogen, sind Bestien, müßige Bäuche." 13 Dieses Zeugnis stimmt. Darum weise sie streng zurecht, damit sie zu gesundem Glauben kommen 14 und sich nicht mit jüdischen Mythen abgeben und mit Satzungen von Menschen, die die Wahrheit verwerfen. 15 „Den Reinen ist alles rein", denen aber, die befleckt und ungläubig sind, ist nichts rein, sondern (beides), ihre Gesinnung und ihr Gewissen, ist befleckt. 16 Sie behaupten zwar, Gott zu kennen, verleugnen ihn aber mit der Tat, verabscheuenswerte und ungehorsame Menschen, die zu allem Guten unbrauchbar sind.

10.11 Nun werden die Irrlehrer charakterisiert, von denen in V. 9 die Rede war (vgl. auch 3,9-11). Sie stellen für die jungen, ungefestigten kretischen Gemeinden eine besonders ernste Gefahr dar, weshalb energisches Vorgehen am Platze ist; vor allem muß ihnen das Auftreten in den Gemeindeversammlungen verwehrt werden. Die Schilderung berührt sich, namentlich in den für die Kennzeichnung der Sektierer gebrauchten Wendungen, weithin mit den Irrlehrer-Abschnitten 1.Tim. 1,3-11; 4,1-11; 6,3-10; 2.Tim. 2,14-18, ist aber durch die Bezugnahme auf die besonderen Verhältnisse auf Kreta bedeutsam. Die kleinasiatische Irrlehre ist also dem Apostel auf dem Fuße nach Kreta nachgefolgt. Wie anderwärts handelt es sich um Persönlichkeiten, die sich der kirchlichen Lehre und Ordnung widersetzen und deren Sittlichkeit sehr ungünstig beurteilt wird. Und wie 1.Tim. 6,5 wird ihnen besonders Gewinnsucht vorgeworfen - sie verstehen es, ihre Anhänger auszunutzen; bei den „unziemlichen" Lehren ist vielleicht an Zauberei zu denken (s. zu 1.Tim. 5,13). Auf Kreta haben sich namentlich Judenchristen als die schlimmsten Schreier
12 und Gegner erwiesen. Sie haben alle Laster des kretischen Nationalcharakters angenommen, wie sie ein zum Sprichwort gewordener Hexameter aufzählt, der einer Schrift des Epimenides von Kreta (6. Jh. v. Chr.) „Theogonia" (Genealogie der
13 Götter) entstammt: Verlogenheit[1], Streitsucht[2], Genußsucht[3]. Hier hilft nur strenge Zurechtweisung ohne Weichlichkeit, damit die Einsicht in die eigene sittliche Not
14 jene Menschen auf den rechten Weg zurückführe. Nach zwei Seiten wird ihre Lehre gekennzeichnet. Zunächst: sie geben sich mit „jüdischen Mythen" ab, wobei an die Ausdeutung des Alten Testamentes im Sinne gnostischer Spekulationen zu denken sein wird (s. zu 1.Tim. 1,4). Sodann: sie fordern die Einhaltung „menschlicher Satzungen", nämlich die Beobachtung judaisierender Reinheitssatzungen (ein Kennzeichen der ältesten Gnosis, s. zu 2.Tim. 2,18). Selbsterlösung durch Erkenntnis höherer Welten und durch Halten ritueller Vorschriften (s. zu 1.Tim. 4,1ff.) ist

also der Kern ihrer Lehre. Unser Abschnitt geht zunächst auf die Reinheitssatzun- 15
gen ein. Ihnen gegenüber gilt das in seiner Schlichtheit gewaltige Wort: „den Reinen
ist alles rein", das inhaltlich auf Jesus zurückgeht (Mk. 7, 15) und fester Besitz der
Gemeinden war (Röm. 14, 20 vgl. 14). Wer von Gott in der Taufe rein gewaschen
wurde (vgl. Tit. 3, 5-7), dem ist alles rein, was Gott geschaffen hat. Er gehört der
neuen Weltordnung Gottes an und darf Gottes Gaben mit der Freiheit eines Chri-
stenmenschen gebrauchen (s. zu 1. Tim. 4, 3-5). Umgekehrt: ist die Gesinnung und
das Gewissen befleckt, dann ist alles unrein – nicht nur diese oder jene Speise –
und wird alles entweiht und in den Schmutz gezogen. An der Wiedergeburt, nicht
an den Dingen der Natur, hängt die Reinheit. Wie die asketische Gesetzlichkeit der 16
Sektierer, so hält auch ihre angeblich höhere Erkenntnis („Gott kennen" oder
„erkennen" ist ein typisch gnostischer Ausdruck) dem Gericht des Evangeliums
nicht stand. Das Leben ist hier der Prüfstein. Wer vorgibt, Gott zu kennen, und
ihn gleichzeitig mit der Tat verleugnet, ist ein Greuel vor Gott (vgl. 1. Joh. 2, 4).

II. Die Ordnung der christlichen Lebensführung 2, 1-3, 11

1. Die verschiedenen Stände der Gemeinde 2, 1-10

1 Du aber lehre nach der Regel der gesunden Lehre: 2 ermahne die älteren Männer [1], daß sie nüchtern [a], ehrbar [b], besonnen seien [c], (innerlich) gesund in Glauben, Liebe, Geduld [d]; 3 die älteren Frauen [2] ermahne gleichfalls, daß sie priesterlich seien in ihrer Haltung [a], weder dem Klatsch [b] noch dem Trunk verfallen [c], Lehrmeisterinnen im Guten [d], 4 damit sie die jungen Frauen [3] zur Besonnenheit anhalten können, zur Liebe zu ihren Männern [a] und ihren Kindern [b], 5 zu züchtigen [c] und keuschem [d] Wesen, zur Tüchtigkeit im Haushalt [e] und zur Unterordnung unter ihre Gatten [f], damit das Wort Gottes nicht in Mißkredit gebracht werde. 6 Von den jungen Männern [4] fordere desgleichen Selbstzucht 7 in allen Dingen, indem du dich selbst als Vorbild in Werken der Liebe erweist und deine Lehre getragen sein läßt von unverdorbener Gesinnung [a], würdigem Ernst [b], 8 gesundem, unanfechtbarem Wort [c], damit jeder Gegner beschämt werde, weil er uns nichts Böses nachsagen kann. 9 Die Sklaven [5] (ermahne), daß sie ihren Herren in allen Dingen gehorsam und stets gefällig seien, nicht widersprechen, 10 nichts unterschlagen, sondern jedes ihnen bezeugte Vertrauen rechtfertigen, damit sie der Lehre Gottes, unseres Heilandes, in allen Dingen Ehre machen.

Die Anweisungen für die spezielle Seelsorge 2, 1-10 fassen die einzelnen Stände 1
nicht als Glieder des Hauswesens (so die Haustafeln, z. B. Kol. 3, 18 ff.), sondern
als Gemeindestände ins Auge. Jedes Glied der Gemeinde hat die heilige Pflicht,
durch einen christlichen Lebenswandel innerhalb der Gemeinde vorbildlich zu
wirken und nach außen dem Evangelium Ehre zu machen (Mt. 5, 16). In dem ab- 2
geklärten und gereiften Mann soll sich die Grundhaltung des Christen: Glaube,
Liebe, Standhaftigkeit, verkörpern. Die älteren Frauen sollen durch ihre Lebens- 3
führung und ihren reifen Rat „Lehrmeisterinnen im Guten" für die jüngeren
Frauen sein; kommt doch das jugendliche Herz oftmals nicht ohne Kampf und Not
zu klarem Auge und besonnenem Urteil. Ganz Frau und Mutter zu sein, ist die 4.5

Aufgabe der jungen Frau; weil die Sünde der Frau besonders häßlich ist, darum muß sich die junge Frau davor hüten, daß ihr Alltagsleben den Gatten (es ist offenbar wie 1.Petr. 3, 1 f. an die Mischehe gedacht) zum verächtlichen Urteil über das
6 Evangelium verleite. Selbstzucht ist die rechte Haltung für den jungen Christen,
7.8 der ins Mannesalter tritt, und der junge Amtsträger muß ihm vorbildlich sein, indem er als erster zupackt, wo ein hilfreiches Werk zu tun ist, und indem er durch Lauterkeit[a], würdigen Ernst[b] und Unanfechtbarkeit seiner Predigt[c] die Gegner
9.10 innerhalb und außerhalb der Gemeinde beschämt. Auch die verachteten Sklaven haben vollen Anteil an der Aufgabe der Gemeinde, Gott durch ihr Leben zu ehren (1.Tim. 6, 1 f.). Sie sind ein Schmuckstück des Evangeliums, wenn sie sich durch Gehorsam und Treue als Erlöste Gottes, des Heilandes (s. zu 2.Tim. 1, 10), bewähren.

2. *Warum die Heiligung des Alltagslebens so wichtig ist 2, 11-15*

11 Ist doch die Gnade Gottes (gerade) dadurch in ihrer allen Menschen Heil wirkenden Kraft offenbar geworden, 12 daß sie uns dazu erzieht, nach der Absage an das gottlose Wesen und die weltlichen Begierden (mitten) in diesen Zeitverhältnissen ein zuchtvolles[1], rechtschaffenes[2] und frommes[3] Leben zu führen, als Menschen, 13 die auf die beseligende Erfüllung der Hoffnung warten, nämlich auf die Erscheinung des Lichtglanzes des großen Gottes und unseres Heilandes Jesus Christus, 14 der sich selbst für uns (in den Tod) gegeben hat, damit er uns „erlöste von aller Ungerechtigkeit" und uns „reinigte, daß wir sein auserlesenes Volk würden", eifrig in Werken der Liebe. 15 Solches sollst du reden, predigen und mit aller Entschiedenheit ans Licht stellen. Niemand soll dich geringschätzig behandeln.

V. 14: *vgl. Ez 37, 23 (Ps. 130, 8; 2. Mose 19, 5)*

11 Daß das neue Leben, von dem 2, 1-10 sprach, an allen Gliedern der Gemeinde, selbst den Sklaven, in Erscheinung tritt, ist deshalb so wichtig, weil (man beachte die oben gegebene Übersetzung!) die Erfahrung gelehrt hatte, daß die Welt dadurch, mehr als durch Worte, stutzig wird und etwas davon spürt, daß die Gnade Gottes wirklich für alle Menschen Rettung bietet. Das Alltagsleben der Christen – Sichtbarwerden der Gnade Gottes! Das Erziehungswerk Gottes an der Gemeinde
12 – eine Predigt Gottes an die Welt! Während 3, 4-7 von der die Schulden tilgenden, vergebenden und *rechtfertigenden* Heilswirkung der Gnade redet, die uns in der Taufe geschenkt wird, blickt unser Abschnitt, geprägtes Gemeindegut verwendend, auf die *erziehende* Heilswirkung der in Jesus Christus geoffenbarten Gottesgnade. Das Werk, das die rechtfertigende Gnade in der Taufe begann, wird von der erziehenden Gnade im Alltag des Christenlebens fortgesetzt. Die Taufe bedeutete ja die Absage (der griechische Wortlaut [Partizip des Aorist] zeigt, daß ein entschlossener Bruch mit den Sünden der Vergangenheit gemeint ist) an das alte, sündige Wesen. Gottlosigkeit und „weltliche" Begierden – das Wort „weltlich" ist im johanneischen Sinn gefaßt, vgl. 1.Joh. 2, 16: „alles, was in der Welt ist, Begierde des Fleisches und Begierde der Augen und Protzentum" – waren seine Kennzeichen. Was dieses Leben an Schuld anhäufte, hat Gottes rechtfertigende Gnade zugedeckt. Nun führt die erziehende Gnade das Werk Gottes fort und hilft zu

einem neuen Leben. Mit Worten des Lebensideals der griechischen Ethik wird dieses neue Leben dreifach beschrieben: im Blick auf das eigene Ich ist es ein Leben der Zucht, im Blick auf die Mitmenschen ein Leben der Rechtschaffenheit, im Blick auf Gott ein frommes Leben. Was die griechische Ethik der eigenen Kraft zumutete und darum vergeblich forderte, das wird Wirklichkeit, wo die erziehende Gnade Gottes am Werke ist. Es ist die ganze Kluft zwischen christlicher und außerchristlicher, jüdischer wie griechischer, Ethik, die sich hier bei aller Gleichheit der Vokabeln auftut. Dort ist die Triebkraft der Sittlichkeit die Forderung des Gesetzes oder der Vernunft oder des Gewissens, die den Menschen vor ein unerfüllbares „du sollst" stellt; das Christentum kennt ein neues Motiv der Ethik, das die Kraft zur Erfüllung schenkt: „die Gnade erzieht". Die Dankbarkeit des begnadeten Gotteskindes für Gottes Vergeben ist die neue Triebkraft, durch die sich die erziehende
Gnade Gottes als Heiligungskraft auswirkt. Ein solches Leben der Heiligung ist ge- 13
tragen von der Hoffnung auf die Parusie. Zur Rechten Gottes wird der Heiland in
königlicher Herrlichkeit erscheinen und die Seinen in sein Reich aufnehmen. (Die
Übersetzung: „die warten auf die Erscheinung des Lichtglanzes unseres großen
Gottes und Heilandes Christus Jesus" bleibt sprachlich möglich; aber die Über-
tragung des fest eingebürgerten spätjüdischen Gottesattributs „großer Gott" [Sep-
tuaginta, Henoch, Philo, Josephus] auf Jesus wäre völlig alleinstehend im Neuen
Testament). Klar stellt der Schlußsatz das doppelte (vgl. zu V. 12) Werk der Gnade 14
Gottes heraus als die Erfüllung der alttestamentlichen Verheißung Ez. 37, 23. Dazu
gab Jesus sich in den Tod (vgl. Mk. 10, 45), damit er uns „von aller Ungesetzlich-
keit erlöste", die unser altes Leben beherrschte, und damit er uns „zu seinem aus-
erlesenen Volk reinigte", fähig und willig zu Werken der Liebe (über diese vgl.
die Ausführung nach 1.Tim. 5, 16). Diese Botschaft von der rechtfertigenden und 15
erziehenden Gnade Gottes soll Titus verkünden, und die Gemeinden, denen der Brief verlesen wird, sollen wissen, daß die Vollmacht dieser Botschaft durch jugendliches Alter des Verkünders (Tit. 2, 6-7 vgl. zu 1.Tim. 4, 12) nicht gemindert wird. Wer die Pastoralbriefe für pseudonym hält, wird in der Wiederkehr des Motivs der Warnung vor Geringschätzung des jugendlichen Amtsträgers im 1.Tim. (4, 12) und Tit. (2, 6 f. 15) ein Stilelement der Pseudepigraphie erkennen; aber 1.Kor. 16, 10 f. läßt, zum mindesten für Timotheus, vermuten, daß er tatsächlich noch ein junger Mann war, als Paulus ihm verantwortliche Aufgaben übertrug.

3. *Die Stellung zu Obrigkeit und Gesellschaft 3, 1-8 a*

1 Bringe ihnen in Erinnerung, daß sie sich der Obrigkeit (und) den Behörden unterordnen[1], ihren Befehlen Gehorsam leisten[2] und zu jeder guten Tat (im Dienst des Gemeinwohls) bereit seien[3], 2 daß sie niemanden verleumden[4], sich friedfertig[5] und nachgiebig[6] erweisen und allen Menschen jederzeit Freundlichkeit bezeigen[7]. 3 Denn (wir wollen nicht vergessen, daß) auch wir einst unverständig[1], ungehorsam[2] und dem Irrtum verfallen[3] waren, Sklaven mannigfacher Begierden und Lüste[4], Menschen, die ihr Leben in Schlechtigkeit und Neid zubrachten[5], hassenswert[6] und einander hassend[7].

4 „Als aber die Güte und Menschenfreundlichkeit
Gottes, unseres Heilandes, erschien,
5 da hat er uns – nicht infolge der Werke und der Gerechtigkeit,
[die wir aufzuweisen gehabt hätten,
sondern nach seiner Barmherzigkeit –
gerettet durch das Wasserbad, das die Wiedergeburt bewirkt,
nämlich die Neuwerdung durch den heiligen Geist,
6 den er überreich auf uns ausgegossen hat
durch unseren Heiland Jesus Christus,
7 damit wir, gerechtfertigt durch seine Gnade,
Erben des ewigen Lebens würden, auf das wir hoffen."

8 a Zuverlässig ist dieses Wort, und ich will, daß du davon kräftig Zeugnis ablegst, damit die, die zum Glauben an Gott gekommen sind, darauf bedacht seien, sich in Werken der Liebe zu betätigen.

1 Die Ordnung der christlichen Lebensführung wendet sich in ihrem Abschluß der
Stellung zur Obrigkeit und zur Umwelt zu. Diese für die jungen Missionsgemein-
den besonders wichtige Frage war schon bei der Bekehrung der Kreter Gegenstand
der Belehrung gewesen. Den Reichsbehörden wie den städtischen Behörden gegen-
über gilt, obwohl es heidnische Obrigkeiten sind, nicht nur die Forderung des Ge-
horsams (vgl. zu Röm. 13, 1 ff.) [1-2], sondern darüber hinaus die Pflicht der tat-
2 kräftigen Förderung des bürgerlichen Gemeinwohls[3]. Auch der heidnischen Um-
gebung gegenüber, mag sie noch so sehr die Glieder der Gemeinden mit Verleum-
dung, Haß, Spott und persönlicher Unbill kränken, muß sich der einzelne als Jün-
ger Jesu bewähren, indem er sich vor Verleumdung hütet[4], ein Friedenskind
3 ist[5] und Unrecht zu ertragen vermag[6-7]. Solche Nachsicht freilich ist nur mög-
lich aus tiefer Demut und Selbsterkenntnis (V. 3) und aus der Dankbarkeit des
begnadeten Gotteskindes (V. 4-7) heraus. Noch ganz unlängst herrschte ja dieselbe
Gottesferne über den Verstand und Willen, dieselbe sündhafte Begierde und Ich-
sucht über die Lebensführung der jüngst bekehrten Christen Kretas. Sie waren
nicht besser als die Menschen, von denen sie jetzt Unbill erleiden, und wenn es
anders mit ihnen geworden ist, dann ist es nicht ihr Werk, sondern Gottes Wun-
4-7 der. (Die folgenden Verse 4-7 sind, wie die Zitationsformel am Anfang von V. 8
vermuten läßt, Zitat, das etwa einem Loblied entnommen sein mag, das Gott im
Wir-Stil für die Taufgnade dankte. Die Antithese V. 5 a dürfte eine Erweiterung
sein, die den Grundgedanken der paulinischen Predigt einfügte; denn 2.Tim. 1, 9
finden wir eine inhaltlich genau entsprechende Erweiterung, ebenfalls in einem
4 Zitat.) Dieses Gotteswunder, so singt die Gemeinde, brach an mit der Geburt und
dem Kreuzestod Christi. Sein Kommen stellt die Wende dar in der Geschichte der
Menschheit. Denn in Ihm erschien, wie ein Licht in der Finsternis aufleuchtend,
die „Güte und Leutseligkeit Gottes, unseres Heilandes". Es sind feierliche Worte,
der Ausdrucksweise des Hofstils entnommen – kaum eine andere Tugend wird am
hellenistischen Herrscher so oft gerühmt wie die Leutseligkeit – und von edlem
Klang für griechische Ohren, die in V. 4 auf den allgütigen, himmlischen Herrscher
übertragen werden. (Man hat in solchen Anklängen an den Hofstil [„Leutselig-
keit", nur hier im Neuen Testament; 2.Tim. 1, 10: „Epiphanie"; vielleicht auch

Tit. 2, 13: „der große Gott"] ein geradezu entscheidendes Indiz gegen die Echtheit unserer Briefe sehen wollen; aber die Beobachtung, daß unsere Stelle, wie die Zitationsformel in V. 8 ausdrücklich feststellt, Zitat ist und daß auch 2.Tim. 1, 9 f. und Tit. 2, 11-14 geprägtes Gut verwendet wird, erklärt die Abweichung im Sprachschatz). Die Erscheinung dieser in Jesus Mensch gewordenen „Güte und Leutseligkeit Gottes", des himmlischen Herrn und Königs der Gemeinde, ist die Wende der Menschheitsgeschichte und auch die Wende in jedem wahren Christenleben. Gottes Güte hat uns aus dem Verderben gerissen – in den jungen kretischen Missionsgemeinden hatte das jeder einzelne ganz unmittelbar erlebt –, ohne unser Zutun, allein aus Barmherzigkeit; mit aller Schärfe wird dieser Grundgedanke paulinischer Theologie herausgestellt. Zugeeignet wurde uns die Rettung in dem „Wasserbad der Wiedergeburt" und der Neuwerdung durch den heiligen Geist.

Palingenesia: Die im NT nur noch Mt. 19, 28 vorkommende Vokabel bedeutet „Wiedergeburt". Sie stammt aus dem Wortschatz der griechischen Philosophie, wo die Wiedergeburt bei den Stoikern die Erneuerung des Kosmos nach dem regelmäßig alle 440 Jahre wiederkehrenden Weltenbrand und bei den Pythagoräern die Wanderung und Reinkarnation der Seelen bezeichnete. Dem Wort haftet also schon im profanen hellenistischen Bereich der doppelte Aspekt des Kosmischen und des Individuellen an, der ihm auch in der Folgezeit eigen blieb. Noch in vorneutestamentlicher Zeit dringt das Wort über die Grenzen der philosophischen Schulsprache hinaus und wird es in die Alltagssprache der Gebildeten übernommen: Erneuerungen aller Art, wie etwa die Wiederkehr aus der Verbannung in das freie Leben, können jetzt als *palingenesia* bezeichnet werden. Diese Bedeutungserweiterung erleichterte die Übernahme des Terminus seitens des Judentums, die wir zuerst bei den Essenern nachweisen können; denn wenn im Qumran-Schrifttum von der endzeitlichen Wende als der Neuschöpfung (*ʿasoth chadascha*) geredet wird (Sektenschrift 4, 25), so dürfte sich hinter diesem Ausdruck nichts anderes als die *Palingenesia* verbergen. In diesem kosmisch-apokalyptischen Sinn redet auch das Matthäusevangelium von der Palingenesia: „in der Wiedergeburt, wenn der Menschensohn auf seinem herrlichen Thron sitzen wird . . ." (Mt. 19, 28). Daneben wird der Terminus im NT an unserer Stelle auf die Taufe angewendet. Das wird begreiflich, wenn man weiß, daß schon das Judentum lehrte, der Proselyt gleiche beim Übertritt „einem eben geborenen Kinde", sei wie „neu geschaffen". Diesen Vergleich hatte das Christentum übernommen: die Taufe macht zur „neuen Kreatur" (Gal. 6, 15; 2.Kor. 5, 17), zum „eben geborenen Säugling" (1.Petr. 2, 2), ist ein „Wiedergezeugtwerden" (Jak. 1, 18; 1.Petr. 1, 3. 23; Joh. 1, 12 f.; 3, 3-8; 1.Joh. 3, 9 f.; 5, 18). Zur Wiedergabe dieses Gedankens eignete sich das Wort *palingenesia* = „Erneuerung zu einem höheren Dasein", „Wiedergeburt" ausgezeichnet, weil in der Anwendung auf die Taufe sowohl der individuelle wie der kosmische Bezug des Wortes zum Tragen kam. Denn im Wasserbad der Taufe wird ja doch dem Täufling nicht nur persönlich Gottes Vergebung und rechtfertigende Gnade zugesprochen, sondern die Taufe ist zugleich seine Eingliederung in die neue Welt Gottes. „Das Alte ist vergangen, es ist Neues geworden" (2.Kor. 5, 17). Wenn die Wiedergeburt Tit. 3, 5 näher umschrieben wird als „Erneuerung durch den heiligen

6 Geist", den Gott „überreich auf uns ausgegossen hat (Joel 3, 1) durch unsern Heiland Jesus Christus", so wird damit nochmals alles Menschenwerk ausgeschlossen; es gibt keine Wiedergeburt, die durch Menschen bewirkt würde. Es ist der dreieinige Gott, Vater (V. 4 f.), Sohn (V. 6) und heiliger Geist (V. 5), der in der Taufe das Wunder der Neugeburt vollzieht.

7 Die Taufgnade umfaßt auch die Taufverheißung. Von ihr handelt (an V. 5 anknüpfend) V. 7. Weil wir in der Taufe durch Gottes Gnade die Gerechtigkeit erhalten (auch dieses ein echt paulinischer Satz!), die uns Jesu Sühnetod erworben hat, dürfen wir es wagen, den freisprechenden Urteilsspruch Gottes im Gericht und den Anteil am ewigen Leben zu erwarten. Die Dankbarkeit für diese Taufgnade Gottes ist es, die uns die rechte Stellung zu den Mitmenschen gibt. Sie schließt jede Überheblichkeit und jedes harte Urteil über diejenigen aus, die dem Heil noch fernstehen (V. 2), und sie macht tüchtig zu Werken der Liebe. Denn wahre tätige Liebe wächst einzig und allein aus tiefer Dankbarkeit.

4. Kirchenzucht gegenüber den Irrlehrern 3, 8 b-11

8 b Solches ist schön und segensreich für die Menschen. 9 Törichte geschichtsphilosophische Spekulationen aber sowie Kontroversen über das Gesetz lehne ab, denn das sind nutzlose und fruchtlose Dinge. 10 Einen Sektierer warne einmal und zweimal, (ist es vergeblich,) so verweise ihn (aus der Gemeinde), 11 in der Gewißheit, daß ein solcher Mensch auf verkehrte Wege geraten ist und sündigt, obwohl ihn sein eigenes Gewissen verurteilt.

9 Wie der erste Abschnitt des Titusbriefes (1, 10-16), so schließt auch der zweite mit einer Bemerkung über die Sektierer. Zur Bestimmung der Eigenart der
10 nomistisch-gnostischen Lehren s. zu 1. Tim. 1, 4 ff. und Tit. 1, 10 ff. Um der Gemeinde willen, der durch die Irrlehrer Gefährdung des Glaubenslebens droht, soll Titus gegenüber den Sektierern strenge Kirchenzucht üben. Zweimal soll ein Sektierer strenge Kirchenzucht üben. Zweimal soll ein Sektierer zunächst seelsorgerlich verwarnt und zur Buße gerufen werden, wobei nach Mt. 18, 15-16 die erste Verwarnung unter vier Augen, die zweite in Gegenwart eines oder zweier Zeugen zu denken ist. Ist das vergeblich, so soll er aus der Gemeinde verwiesen werden, was nach Mt. 18, 17 (vgl. 1. Tim. 5, 20) wohl in einer Gemeindeversammlung ge-
11 schah. Nicht Titus ist es, der in einem solchen Falle das Urteil spricht, sondern der Betreffende selbst. Denn wenn er verwarnt ist und trotzdem weiter sündigt, so tut er es bewußt und im eigenen Gewissen gerichtet und schließt sich selbst aus der Gemeinde aus.

Briefschluß 3, 12-15

12 Sobald ich Artemas oder Tychikus zu dir schicke, beeile dich, zu mir nach Nikopolis zu kommen, denn ich habe mich entschlossen, dort den Winter zuzubringen. 13 Den Juristen Zenas und Apollos statte sorgfältig für die Weiterreise aus, damit sie alles haben, was sie brauchen. 14 Überhaupt sollen auch unsere

Leute lernen, auf Werke der Liebe bedacht zu sein, wo sich ein Notstand zeigt, damit (ihr Christentum) nicht ohne Frucht sei. 15 Alle, die bei mir sind, lassen dich grüßen. Grüße die, die uns im Glauben lieb haben. Die Gnade sei mit euch allen.

Ein sonst unbekannter Artemas oder der wohlbekannte Tychikus (Apg. 20, 4; 12
Eph. 6, 21; Kol. 4, 7-9; 2.Tim. 4, 12) soll Titus in absehbarer Zeit ablösen und die
Leitung der kretischen Kirche übernehmen. In Nikopolis, wohl dem in Epirus
gelegenen, will Paulus ihn erwarten; die Wahl dieses am Adriatischen Meer gele-
genen Ortes läßt vermuten, daß die weiteren Pläne des Apostels nach dem Westen
gerichtet waren. Nun erfahren wir noch den äußeren Anlaß des Briefes: es ist die 13
Reise zweier christlicher Lehrer, des Juristen Zenas und des aus Apg. 18, 24 ff.;
1.Kor. 1, 12; 3, 4 ff. 22; 4, 6; 16, 12 bekannten Apollos, nach Kreta. Daß sie der 14
Hilfe und der Fürsorge der Gemeinden empfohlen werden, ist der eigentliche
Anlaß des Briefes, der also zur Gattung der Empfehlungsbriefe gehört. Die Art,
wie diese Empfehlung zum Anlaß genommen wird, Titus zu ermahnen, daß er die
jungen Gemeinden zu hilfsbereiter Liebe erziehe, in deren Betätigung sie nicht
hinter den opferbereiten jüdischen Diasporagemeinden zurückstehen sollen, ist
bezeichnend für das praktische Christentum der Pastoralbriefe. Mit Grüßen und 15
dem (eigenhändig geschriebenen, vgl. S. 10) Gnadenwunsch schließt der Brief.

DER BRIEF AN DIE HEBRÄER

August Strobel

Einleitung. 1. Vergleicht man das Schreiben „An die Hebräer" mit den anerkannten echten Paulusbriefen, so fällt unschwer seine eigentümliche Gestalt auf. Hinsichtlich der literarischen Form vermissen wir den üblichen *Briefeingang:* das sog. Präskript mit Absender, Adressatenangabe und Gruß, sowie die Danksagung. Unvermittelt setzt es mit einem hohen Aussagenkreis ein, an den sich konsequent fortschreitend größere Abschnitte reihen, die das in der Einleitung 1,1-3 genannte christologische Thema nach allen Seiten entfalten. Diese hat die Erhöhung Christi „zur Rechten der Majestät in der Höhe" zum Inhalt, wobei sofort am Beginn in programmatischer Weise Ps. 110 aufgegriffen ist. In allen folgenden Ausführungen bezeichnet er offen oder insgeheim die biblische Grundlage, auf der sich das einmalige Zeugnis des Briefes erhebt (1,13; 3,1; 5,6; 6,20; 7,3.1.15.17.21.24.28; 8,1.12.20; 10,13; 12,2).

2. Von den Paulusbriefen unterscheidet sich der Hebr. sowohl durch die geradlinige *Durchführung des homiletischen Hauptgedankens*, womit sich ein unmittelbar praktisches Interesse verbindet, als auch durch den bunten Wechsel von Ausführungen mahnenden und lehrhaften Charakters. Die mahnenden Texte dienen der Aufgabe, die angesprochene Gemeinde in ihrem Glauben an den erhöhten Christus zu festigen, die lehrhaften weisen den Grund der Hoheit des himmlischen Herrn auf, nämlich sein Opfer und seinen hochpriesterlichen Dienst. Der moderne Betrachter mag dazu neigen, im Hebr. das theologisch-spekulative Werk einer bedeutenden schriftgelehrten Gestalt der Urkirche zu sehen. Wahrscheinlich wäre damit das eigentliche Anliegen des Schreibens, das in seiner sprachlichen und argumentativen Einmaligkeit im Neuen Testament seinesgleichen sucht, aufs gröbste verkannt. In unserem Brief, der sich selbst als „Wort der Ermahnung" (13,22) ausgibt, drängt alle Rede hin auf Ausdauer und Hoffnung, Glauben und Bekenntnis, wobei aber, um die Notwendigkeit dieser Haltung einzuschärfen, immer auch der von Gott her gesetzte Grund aufgezeigt wird. „Die auf Gewißmachung zielende Mahnung erfolgt so gut wie nie ohne eine zurückweisende Begründung" (*H. Braun*). Der Verfasser weiß offenbar, daß es keine feste Willensentscheidung ohne das tiefere Verstehen der Christustat Gottes gibt. Daß solche Einsicht durch logische und hermeneutische Schritte erzielt werden soll, die dem heutigen Christen weithin fremd anmuten, muß betont werden. Dennoch wird der Bibelleser die Argumente zu verstehen suchen, die darin wahrscheinlich ihren für alle Zeit bleibenden Wert haben, daß nach dem Hebr. zum einen Glaube und Leben des Christen unaufgebbar zusammengehören, und daß zum andern das Zeugnis von dem erhöhten Christus keinen tieferen Grund

hat als den Gehorsam seines Glaubens, die Niedrigkeit seines Leidens, die Abgründigkeit seines Todes und damit die Größe seines Opfers. In gewisser Hinsicht ist unser Schreiben ein einmaliges Dokument dafür, daß alles christologische Bekenntnis des Einzelnen und der Gemeinde, will es mehr sein als hohle Deklamation, der theologischen Reflexion des Kreuzes bedarf. Es ist deshalb wahrscheinlich kein Zufall, daß die Auferstehung kein argumentatives Gewicht hat (s. nur 13,20), daß aber um so mehr das Verhältnis von Kreuz und Erhöhung Christi eingehend behandelt ist. Was dem modernen Leser besonders schwerfallen dürfte, ist die Aufgabe, die Denkschritte des Briefes von den Voraussetzungen seiner Umwelt, seiner Religiosität und seines Verstehenshorizontes her nachzuvollziehen. Es ist die Welt des hellenistisch-philosophischen Glaubens, in der platonische Begrifflichkeit die überirdischen nicht-materiellen Dinge aussagbar macht. Mit ihm verbindet sich eine vor allem kultisch orientierte Religiosität, die für jedes Gottesverhältnis des Menschen das Opfer als notwendig voraussetzt. Es ist nicht zuletzt ein jüdisch-schriftgelehrter Denkhorizont, der – streng am biblischen Text ausgerichtet – das Neue und Unerhörte des Christusgeschehens von der heiligen Schrift des Alten Testamentes her belegen und erweisen will.

3. Die *Sprache* verrät einen gebildeten Geist. Ihre Merkmale sind: ein reichhaltiger Wortschatz, sehr gewählte Wortbildungen und eine erstaunlich gewandte Diktion. Der Stil zeichnet sich aus durch schöngebaute Perioden und durch den spürbaren Willen zu argumentierender Darstellung. Fragen, Wortspiele, Bilder, Beispiele und die Verwendung der Schrift machen das Schreiben zu einem rhetorischen Kunstwerk, das seinesgleichen im Neuen Testament sucht, wobei aber freilich nicht einfach ein geschriebener theologischer Traktat vorliegt und ebensowenig eine sog. Kunstepistel. Da es offensichtlich zur Verlesung vor einer bestimmten Gemeinde geschrieben wurde, eignet ihm der Charakter eines auf größte sprachliche Wirkung hin bedachten homiletischen Entwurfes. Aller Glanz der Sprache und des rhetorischen Könnens dienen nicht etwa eitlem schriftstellerischen Selbstzweck, sondern der Erkenntnis, daß die gegenwärtige Rede eine Funktion und Fortsetzung des größeren Wortes ist, das seit Urzeiten ergeht (1,1) und im Sohn einmalige Gestalt angenommen hat (11,3). Was den Stil betrifft, so darf man mit Recht darauf hinweisen, daß das mehrfach gebrauchte kommunikative „wir“, das sehr persönliche „ihr“ und das individuelle „ich“ der Darlegung keineswegs nur einer rhetorischen Manier des Verfassers entstammen, sondern ein echtes homiletisches Moment darstellen: „Hier redet ein Prediger zu seiner Gemeinde“ (*H. Thyen*).

4. Der Aufbau der Darlegungen hält sich an die *Form des Vortrages*, wie er in der Synagoge der jüdischen Diaspora, aber dann sicher auch im frühchristlichen Gottesdienst der hellenistischen Gemeinde üblich war, sofern er ein solch hohes Niveau einhalten konnte. Nach einem feierlichen Vorbau, der das biblische Leitthema nach Ps. 110 angibt, nämlich die Erhöhung des Christus, welcher der seit Urzeiten verheißene Erbe und Sohn ist, folgen mehrere Abschnitte, die das Thema begründen, vertiefen und aktualisieren. Unsere Vermutung geht dahin, daß zumindest in den stärker lehrhaften Ausführungen sehr konsequent der wesentliche Inhalt dieses Psalms zu Worte kommt, wobei auf den näheren Kontext in besonderer

Weise Rücksicht genommen sein mag. Man wird beachten, daß Ps. 110 einen Haupttext des sog. „Großen Hallels" bildet, das auch in der (österlichen) Liturgie der ältesten Kirche von herausragender Bedeutung gewesen sein dürfte. Es lassen sich gewisse Rückschlüsse auf den gottesdienstlichen „Sitz im Leben" ziehen. Eine durch vielerlei Tatbestände angefochtene, vielleicht auch desorientierte und frustrierte Gemeinde sollte zu neuer Gewißheit, Entschiedenheit und Hoffnung geführt werden.

Nach dem Vorbild des Synagogenvortrags wird das Thema in reicher Fülle durch biblische Texte, typologisch bedeutsame Personen und gleichnisartige Hilfsgedanken erhellt. Ständige Vergleiche mit den Wahrheiten des Alten Bundes stellen das Besondere des Christusgeschehens sicher, wobei das Verfahren, vom Kleineren auf das Größere zu schließen, eine wichtige Rolle spielt. Ein nicht weniger geläufiges Beweismittel ist der Analogieschluß, bei dem für unsere Begriffe nicht streng logisch von der Bedeutung einer Sache oder Person auf die höhere Bedeutung der für biblisches Verstehen analogen Größe gefolgert wird. Insgesamt ist die Allegorese die Methode, die zur Erkenntnis Gottes und zum Einblick in die tieferen Gotteswahrheiten (bei Philo: zur Gottes*schau*) führen soll. Von dieser Voraussetzung her erklärt sich endlich auch das gelegentlich im Ansatz erkennbare Verfahren der sog. Begriffsspaltung (Diairese), bei der allgemeine Begriffe den Ausgangspunkt für eine spezielle Definition bilden. Darüber hinaus können etymologische Ableitungen im Dienste der symbolischen Auslegung stehen (s. 7,1-3).

Vortragsstil, methodisches Vorgehen und Auslegungstechnik stellen den Hebr. unverkennbar in eine große Nähe zu dem Schrifttum Philos von Alexandrien (s. Nr. 10). Die neuere Forschung trägt dem mehr und mehr in gebührender Weise Rechnung, wobei sehr schnell auch prinzipielle Verstehensfragen angerührt sind (s. H. Braun, Wie man über Gott nicht denken soll, Tübingen 1971).

5. Es scheint, daß es neuerdings gelungen ist, den komplexen und vielschichtigen *Aufbau des Briefes* einigermaßen zu erhellen (A. Vanhoye). Demnach muß man nicht nur in herkömmlicher Weise mit Stichwort-Verknüpfung rechnen, sondern darüber hinaus mit dem Prinzip der Thema-Anknüpfung (sog. Indikation). Unverkennbar sind außerdem die einzelnen Abschnitte eng miteinander verknüpft (sog. Konkatenation). Man hat außerdem herausgefunden, daß der Verfasser thematische Abschnitte durch den Gebrauch gleicher Begriffe am Anfang und Ende herausgehoben hat (sog. Inklusion). Für die jeweiligen Abschnitte sind nicht zuletzt bestimmte Begriffe typisch (sog. Motivwörter). Das gesamte Schreiben verrät in der Anordnung somit äußerste gedankliche Anspannung sowie einen spürbaren Willen zur homiletischen Symmetrie. Die offensichtlich ideale Beherrschung der Kunstmittel hellenistisch-synagogaler Rhetorik macht den Hebr. zu einem einzigartigen Dokument, wobei mit Recht von einer zugesandten Predigt gesprochen werden darf. Unsere Gliederung beruht auf der zusätzlichen Einsicht, daß ihr der bedeutsame Ps. 110, ein Eckpfeiler des großen Hallels, zugrunde liegt. Der Leser bzw. Hörer wird sofort in einen pädagogisch-homiletischen Denk- und Lernprozeß hineingezogen, der durch elementare Auslegungsstufen charakterisiert ist: 1,1-3 ‚Der Herr spricht' , 1,4-4,13 ‚Setze dich zu meiner Rechten' , 4,14-6,20 ‚Du bist Priester' , 7,1-10,18 ‚Ewiglich nach der Ordnung Melchisedeks' , 10,19-12,29 ‚Der

Herr wird das machtvolle Szepter aus Zion senden ... am Tage des Zorns ... wird er richten'. Bestimmender theologischer Inhalt der Darlegungen ist eine Theologie des Opfers als unmittelbare praktische Anwendung einer Eschatologie des Kreuzes.

6. Die Probleme der Abfassung sind vielfältig. Wer sind die *Adressaten*? Anscheinend hat der Brief eine judenchristlich-hellenistische Hörergemeinde im Blick, der der jüdische Kultus vertraut ist und von der man deshalb erwarten kann, sie werde sich der christologischen Autorität des Alten Testaments beugen. Daß von den „Vätern" gesprochen wird (1,1) und daß überhaupt ohne nähere Erklärung der Verheißungscharakter des Schriftwortes anerkannt ist, wobei das Thema der Berufung der Heiden nicht im mindesten anklingt, mag von weiterer Beweiskraft sein. Der gläubige Christ darf sich der Wolke der Zeugen unmittelbar zugehörig wissen. Die Gestalt Abrahams interessiert logischerweise nur nach ihrer messianischen Bedeutung und Vorbildlichkeit (6,13ff.; 7,4ff.; 11,17ff.), nicht in ihrer Relevanz für die Heidenmission. Dieser Sachverhalt springt zu sehr ins Auge, als daß man ihm bei der Festsetzung des Kanons mit der Briefüberschrift „An die Hebräer" (am Ausgang des 2. Jh.s) nicht Rechnung getragen hätte. Aus ihr spricht aber freilich zugleich die Verlegenheit der späteren Kirche, die ohne Zweifel die Abfassungsverhältnisse nicht mehr genau kannte. Daß der Brief schwerlich an Christen des jüdischen Mutterlandes geschrieben wurde, möchten wir annehmen. Eher kommt eine Gemeinde der jüdischen Diaspora in Betracht, sodaß sich die Frage erhebt, wo wir überhaupt mit einer im Kern so geschlossenen judenchristlichen Gruppe wie der offenbar hier vorausgesetzten rechnen dürfen. Sollte sie nicht allein im Osten des römischen Imperiums zu suchen sein? Verschiedene Einzelbemerkungen des Schreibens unterstützen eine solche Annahme. Soweit Warnungen gegeben sind, den beschrittenen Weg nicht zu verlassen und im Kampf des Glaubens nicht zu ermatten, wird die Möglichkeit eines Abfalls zum Heidentum an keiner Stelle ausdrücklich verhandelt oder erwogen. Da ebensowenig von einer drohenden judaistischen Gefahr gesprochen wird, sondern einzig und allein das Versäumnis des Heils und das Nachlassen der Hoffnung befürchtet werden, kann das Schreiben nur Ausdruck der Sorge eines judenchristlichen Predigers um eine judenchristliche Gemeinde sein (2,1.3; 6,6; 4,1; 10,38; 10,35; 3,18). 3,12 wird der Abfall vom lebendigen Gott überdies als „Verhärtung" des Herzens interpretiert, weshalb auch diese Stelle keine Ausnahme bezeichnet. Besonders aufschlußreich ist dazu 6,1ff., wo die Gefahr der Leser nicht eigentlich als Abfall gesehen wird, sondern als Rückfall in die frühere Zeit des unvollkommenen Wissens, der leidigen Buße und der toten Werke. Vielsagend ist außerdem die geäußerte Befürchtung, man könnte noch einmal den Sohn Gottes kreuzigen und so zur Schau stellen (6,6).

7. Der *Zeitpunkt der Abfassung* läßt sich vielleicht näher erschließen. Aus den letzten Bemerkungen wird man folgern, daß die Christwerdung länger zurückliegt. Hinzu kommt, daß man sich schon früher einmal bei einer Verfolgung, in der materielle Opfer gebracht werden mußten, bewährt hat (10,32ff.). Aber auch jetzt steht man wieder in einer Auseinandersetzung, bei der ganze Wachsamkeit gefordert ist (12,1ff.). Sich früherer Bewährung zu erinnern, mag nützlich sein. Des-

gleichen soll der zu bedenkende „Ausgang" ihrer Lehrer, womit deren vorbildliches Sterben, kaum das Martyrium gemeint ist, für die Leser eine hilfreiche Richtschnur rechten Verhaltens abgeben (13,7).

Die verstreuten Hinweise machen es gewiß, daß wir das Schreiben zeitlich nicht zu früh ansetzen dürfen. In Anbetracht der Erwähnung des Timotheus 13,23 verbietet sich eine Datierung vor die sog. dritte Missionsreise des Paulus um 53/55 n. Chr. Andererseits ist ausgeschlossen, da der jüdische Tempelkult durchgehend als Einrichtung der Gegenwart Gegenstand der theologischen Argumentation ist, über 70 n. Chr. hinaufzugehen. Üblicherweise wird angenommen, daß der Hebr. nicht später entstanden sein kann als der 1. Klemensbrief (um 95 n. Chr.), der den Hebr. bereits zitiert. Aber der erwähnte Sachverhalt, wonach mit keinem Wort der katastrophale Einschnitt des Jahres 70 n. Chr. erwähnt ist oder sonstwie in den Blick gerät, läßt u. E. nur eine Datierung vor 70 n. Chr. zu. Da seit der Gründung der Gemeinde offensichtlich schon einige Zeit verstrichen ist (2,3; 5,12; 10,32; 12,4; 13,7), wird man gut daran tun, die Abfassung um 60 n. Chr. anzusetzen. Schließlich scheint 6,10 auf das große Liebeswerk der vor allem seit der dritten Missionsreise mit Energie und Tatkraft durchgeführten Jerusalemkollekte anzuspielen (2.Kor. 8,4; 9,1.12; Röm. 12,13; 15,26-31), eine Aktion, die aber ebenfalls bereits einige Jahre zurückliegt. Alle diese Sachverhalte sprechen eindeutig gegen so vage Argumente wie die, daß der Satz 2,3 den chronologischen Ort des Verfassers und der Leser in der zweiten christlichen Generation fixiere und daß die Befürchtung neuer Leiden doch wohl auf die Zeit Domitians weise.

8. Der *Verfasser* selbst weiß sich der Gemeinde eng verbunden, hat vielleicht sogar früher in ihr gelehrt, weil sich nur so der am Schluß geäußerte Wunsch erklärt, er werde ihr hoffentlich bald „wiedergeschenkt" werden (13,19). Nicht nur die unbestreitbare Erwähnung des Paulusschülers Timotheus, auch gewisse Berührungen mit theologischen Zentralthemen des Paulus selbst (z.B. 6,8ff./2.Kor. 6,2; 5,12/2.Kor. 3,1ff.; 6,13ff./Röm. 4,1ff.; 10,37ff./Röm. 1,17/Gal. 3,11; 11,1ff./Röm. 3/Gal. 3) lassen auf eine Persönlichkeit schließen, die vielleicht Kontakte zu diesem größten der Apostel besaß. Der Verf. muß ein eigenständiger Denker von hohem theologischen Format gewesen sein.

Völlig irreal ist das Argument einer gelegentlich behaupteten geistigen Verwandtschaft mit Lk. und Apg. Was sich beispielsweise an sprachlichen Berührungen findet, geht ausschließlich auf das Konto einer ähnlichen hellenistisch-philosophischen Bildung, die im Falle des Hebr. aber stärker nach Alexandrien (Philo) weist.

Das eigentliche Raten beginnt u. E. dann, wenn man den Verf. namentlich benennen möchte. Im Blick auf die Erhebung der theologischen Bedeutung des Briefes ist die Frage völlig uninteressant. Betrachtet man die Fülle der vorgeschlagenen Namen (Lukas, Clemens Romanus, Silas, Apollos, Barnabas, Aquila und Priskilla, Timotheus, Judas u. a.), so ergibt die nüchterne Betrachtung, daß im Grunde allein der Hinweis auf Apollos erwägenswert ist. Dank der Apg. und mancher verstreuten Angaben bei Paulus sind wir über seine Persönlichkeit und seine missionarische Arbeit einigermaßen im Bilde. Verschiedene Sachverhalte stützen möglicherweise die zuerst von Luther (1522 und 1537) geäußerte Vermutung. So die Tatsache, daß Apollos mit Paulus und Timotheus während der sog. dritten Missionsreise Kontakte aufnahm und offenbar sogar mit ihnen zusammengearbeitet hat, um freilich letztlich selbständig zu bleiben (1.Kor. 16,12). Wir ersehen außerdem, daß er auch sonst Verbindungen zum Kreise der Paulusschüler unterhielt (Tit. 3,13) und offenbar als Reiseprediger und Missionar einen ausgezeichneten Ruf besaß (1.Kor. 1,12; 3,4f. 6). Möglicherweise deckte sich sein Tätigkeitsfeld im großen und ganzen mit dem der paulinischen Mission, doch wissen wir über sein weiteres Leben – etwa in den sechziger Jahren – wie auch über ein späteres Wirken in Rom nicht das geringste.

Möchte man von dem missionarischen Gespann Timotheus–Apollos her denken, so bliebe natürlich ebenfalls der Adressatenvorschlag (Gemeinde zu Korinth oder Ephesus) besonders plausibel. In Korinth gab es Anhänger des Apollos (Apg. 18,27), und andererseits besaß Ephesus (Apg. 18,24ff.) für beide Apostel den Rang einer Muttergemeinde. Leider kommen wir aber über Vermutungen und Wahrscheinlichkeiten auf Grund der mangelnden Dokumentation niemals hinaus.

9. Von einiger Aussagekraft für den *Abfassungsort* ist vor allem der Schlußsatz: „Es grüßen euch die aus Italien". Rein formal wäre es möglich, die Wendung ebensosehr auf eine Gruppe zu beziehen, die aus Italien grüßt, wie auf eine solche, die sich in der Ferne befindet und ihre Landsleute in Italien grüßen läßt. Solche Gemeinschaften gab es in der Tat, wie die Hausgemeinde um Aquila und Priskilla veranschaulicht (Apg. 18,2; 1.Kor. 16,19). Die Tatsache, daß die fragliche Wendung den Schluß des Briefes markiert, dazu sehr allgemein und weit formuliert ist, begünstigt indessen weitaus stärker die Annahme eines Schreibens aus Italien. Seine Adressaten müssen somit im Osten des Imperiums gesucht werden, doch sicher nicht in Alexandrien, über dessen erste christliche Gemeinden wir nichts wissen. Die jerusalemische Gemeinde kommt wegen der Erwähnung der Kollekte nicht in Betracht. Wie die übrigen Hinweise erkennen lassen, sollte vorzugsweise an eine Gemeinde im Umkreis der paulinischen Missionsarbeit der dritten Reise gedacht werden, dazu an eine solche, die sich überwiegend aus Judenchristen zusammengesetzt hat. Da auch Timotheus, der als „unser Bruder" ausgegeben wird, nach geschehener Freilassung, offenbar aus einer Haft, unverzüglich zusammen mit dem Verfasser die Adressaten aufsuchen möchte, weil man sich offensichtlich dort zu Hause wußte, kann mit allen Vorbehalten Ephesus oder Korinth, jedenfalls eine größere Gemeinde des griechisch-kleinasiatischen Raumes, vorgeschlagen werden. Von daher käme man überdies zu einer einigermaßen plausiblen Erklärung dafür, wie unser Schreiben in eine frühe Sammlung paulinischer Briefe gelangen konnte, müssen doch solche Sammlungen, was der vorhandene Briefbestand nahelegt, für die hervorgehobenen Kirchen angenommen werden.

10. Das Problem des *religions- und traditionsgeschichtlichen Hintergrundes* der Schrift spitzt sich heute auf die Frage zu, ob das scheinbar am meisten alttestamentlich-jüdisch fundierte Schreiben des Neuen Testaments wirklich zugleich eine fundamental hellenistische Schrift ist (so E. Gräßer). Bevor man hierzu negativ oder positiv Stellung nimmt, müssen verschiedene Sachverhalte klargestellt sein. Erstens muß zugegeben werden, daß das erwünschte Urteil nur abgegeben werden kann, wenn zwischen geistigen Voraussetzungen und wörtlicher Rede, dazu zwischen

indirekten und direkten Strukturen einer Aussage nach bestem kritischen Vermögen unterschieden wird. Zweitens müssen die Begriffe „gnostisch“, „essenisch“, „hellenistisch“ oder „apokalyptisch“ soweit eindeutig sein, daß es zu keinen unklaren Analysen kommt, bei denen dann letztlich ein Etikett durch das andere ausgetauscht werden könnte, etwa so, daß eine apokalyptische Aussage auch als gnostische gilt, weil eben im Grunde die Apokalyptik als Phänomen der hellenistisch-jüdischen Welt auch schon „Gnosis“ sei. Derlei gedankliche Spielereien helfen gewiß nicht weiter. Daher stellen wir fest, daß die folgenden Ausführungen von der Basis der religiösen Grundverschiedenheit von Gnosis und Apokalyptik ausgehen.

Es zeigt sich, daß das Zeugnis des Hebr. einem geistigen Milieu entstammt, das nur schwache Tendenzen zu einer Gnosis aufweist. Wir bezweifeln deshalb, daß der Kern der Botschaft der gnostischen Welt- und Erlöseranschauung verhaftet ist. Das jüdisch-biblische Thema vom „wandernden Gottesvolk“ (E. Käsemann) berührt sich mit der diametral anderen Heilskonzeption der Gnosis im wesentlichen auf Grund der bevorzugt gebrauchten platonischen Begrifflichkeit. Sogar die allegorisch-philonische Auslegungstechnik erfährt im Falle des Hebr. zugunsten einer christonomen Typologese unverkennbar eine gewisse Beschränkung (Sh. Nomoto). Die dualistische Axiologie einer platonisch-philosophischen Weltanschauung bestimmt dabei nicht die Sachaussagen. Diese sind vielmehr durchgehend im Sinne der teleologischen Hoffnung eines biblisch orientierten rabbinischen und apokalyptischen Judentums gefüllt. Es ist eben dieser Tatbestand, der uns nötigt, die theologische Färbung der Aussagen, freilich nicht sein eigentümliches Christuszeugnis, in die Nähe des alexandrinischen Denkens zu rücken. Speziell eine literarische Abhängigkeit vom Schrifttum Philos ist nicht auszuschließen (H. Köster, H. Braun). Essenische Traditionen können, wenn überhaupt, bloß mittelbar übernommen sein, weshalb wir in der Auslegung nur gelegentlich darauf eingehen. In gewisser Hinsicht darf die Enderwartung (Eschatologie) des Hebr. als Kriterium der religionsgeschichtlichen Einordnung des Briefes gelten. Um den Standort des Verfassers zu bestimmen, wird man dabei nicht im Blick auf das spätere frühkatholische Denken die Frage zu beantworten suchen, ob und wieweit das Schreiben eine Entwicklung einleitete, die von der konkreten Wiederkunftserwartung fortführt. Festzustellen ist vielmehr das, was der Brief angesichts der empfundenen Problematik der Parusieverzögerung selbst als geboten erscheinen läßt. Es zeigt sich dabei, daß er – genau wie das ältere Urchristentum (Paulus und die Synoptiker) – nicht umdeutet, sondern mit lebhafter Naherwartung reagiert und der angeschriebenen Gemeinde die Notwendigkeit der Ausdauer einschärft. Die häufig in der Forschung behauptete „gewisse Transformation der traditionellen (horizontalen) Eschatologie in eine vertikale“, die mit Hilfe alexandrinischer Vorstellungsinhalte zwar vollzogen, aber nicht spannungslos gelungen sei, muß bei kritischem Zusehen auf allergrößte Skepsis stoßen (anders E. Gräßer). Wo der Brief näher auf die Hoffnung der Christen eingeht, denkt er immer konkret-zeitlich, mögen sich bei den anderen Themen (himmlisches Heiligtum u. a.) auch die philosophischen Begriffe einer transzendenten Räumlichkeit zu Wort melden.

Wir halten zusammenfassend fest, daß der Hebr. als Zeugnis eines judenchristlichen Urchristentums zu verstehen ist, das das Christusgeschehen hellenistisch ausgesprochen, doch in Wahrheit durchaus apokalyptisch verstanden hat. Es wird Aufgabe der Auslegung sein, diese wichtige Erkenntnis hermeneutisch so umzusetzen, daß die Offenbarungsstruktur des Geschehens zur Möglichkeit heutigen Verstehens wird. Mit anderen Worten: Das Gottes- und Heilsgeheimnis des Kreuzes ist in heutiger Sprache als zeitlos-gültige *Eschatologia Crucis* darzulegen. Darunter verstehen wir die bleibende Zeit- und Endzeitbedeutung des Kreuzes und zwar in der Weise, daß in dieser Welt das Leben des Menschen nur durch das Opfer einen ewigen Sinn und eine bleibende Zukunft hat. Der letzte Maßstab hierfür ist durch das Opfer Christi gesetzt.

Wissenschaftliche Kommentare: H. Windisch (Lietzmannsches Handb. 14), [2]1931; O. Michel (MeyerK 13) [10]1957; O. Kuß (Regensburger NT 8) [2]1966; J. Moffatt (Int. Crit. Comm.) 1924, 1963; Th. Robinson (Moffatt Commentary) 1933, 1964; C. Spicq (Études Bibliques) 2 Bde. 1952/1953; J. Héring (Comm. du Nouveau Testament XII) 1954; F. F. Bruce (The New International Commentary) 1964, [2]1967.

Allgemein verständliche Auslegungen: W. Loew (Die urchristliche Botschaft) [3]1941; J. Schneider (Bibelhilfe für die Gemeinde 16) 1954; F. J. Schierse (Geistliche Schriftlesung 18) 1968.

Das jüdisch-rabbinische Material: H. Strack-P. Billerbeck, Kommentar aus Talmud und Midrasch 3, 1926, S. 671ff. Die Schriften Philos von Alexandrien liegen in einer deutschen Gesamtausgabe vor, hrsg. von L. Cohn, 1909-1938; Nachdr. 1962; Bd. 7, 1964.

Monographien und Aufsätze: E. Käsemann, Das wandernde Gottesvolk, FRLANT NF 37, 1938; H. Thyen, Der Stil der jüdisch-hellenistischen Homilie, FRLANT NF 65, 1955; F. J. Schierse S. J., Verheißung und Heilsvollendung. Zur theologischen Grundfrage des Hebr., MThSt I,9, 1955; H. Kosmala, Hebräer-Essener-Christen, StPB 1, 1959; W. Nauck, Zum Aufbau des Hebr., BZNW 26, 1960, S. 198ff.; H. Köster, Die Auslegung der Abraham-Verheißung in Hebr. 6, in: Studien zur Theologie der atl. Überlieferungen, 1961, S. 95ff.; U. Luck, Himmlisches und irdisches Geschehen im Hebr., NovTest 6, 1963, S. 192ff.. A. Vanhoye S. J., La structure littéraire de l'Ép. aux H., Studia Neotest. I, 1963; O. Maar, Philo und der Hebr., theol. Diss. Wien 1964; E. Gräßer, Der Glaube im Hebr., 1965; Sh. Nomoto, Die Hohepriester-Typologie im Hebr. Traditionsgeschichtliche Herkunft und redaktionsgeschichtlicher Hintergrund, Theol. Diss. Hamburg 1966; F. Schröger, Der Verfasser des Hebr. als Schriftausleger, Bibl. Unt. 4, 1968; U. Früchtel, Die kosmologischen Vorstellungen bei Philo von Alexandrien, ALGHJ 2, 1968; I. Christiansen, Die Technik der allegorischen Auslegungswissenschaft bei Philo von Alex., BGH 7, 1969; B. Klappert, Die Eschatologie des Hebr., ThExH 156, 1969; G. Theißen, Untersuchungen zum Hebr., StNT 2, 1969; R. Williamson, Philo and the Epistle to the Hebrews, ALGHJ 4, 1970; H. Braun, Das himmlische Vaterland bei Philo und im, Hebr., in: Verborum Veritas. Festschr. G. Stählin, 1970, S. 319ff.; O. Hofius, Katapausis. Die Vorstellung vom endzeitlichen Ruheort im Hebr., WUzNT 11, 1970; E. Gräßer, Hebr. 1,1-4. Ein exegetischer Versuch, EKK Vorarbeiten III, 1971, S. 55ff.; H. Braun, Die Gewinnung der Gewißheit im Hebr., ThLZ 96, 1971, Sp. 321ff.; O. Hofius, Der Vorhang vor dem Thron Gottes, WUzNT 14, 1972; G. Dautzenberg, Der Glaube im Hebr., BZ 17, 1973, S. 161ff. E. Mühlenberg, Das Problem der Offenbarung in Philo von Alexandrien, in: ZNW 64, 1973, S. 1–18; H.-M. Schenke, Erwägungen zum Rätsel des Hebr., in: NT und christliche Existenz, 1973, S. 421–437; A. Stadelmann, Zur Christologie des Hebr. in der neueren Diskussion, in: Theol. Berichte II, 1973, S. 135–221. J. Swetnam, Form and Content in Hebrews 7–13, Biblica 55, 1974, S. 333–348; A. Vanhoye, Discussions sur la structure de l'Epitre aux Hébreux, Biblica 55, 1974, S. 349–380. Einen Literaturbericht für die Jahre 1938-1963 hat E. Gräßer erstellt, Theol. Rundschau N. F. 30, 1964, S. 138-236.

Predigteingang (mit Themaangabe): „Der Herr sprach“ (Ps. 110,1)

Die Erhöhung des Sohnes ist der endzeitliche Abschluß eines uranfänglichen Wortgeschehens 1,1-3

1 Nachdem Gott auf vielfache und vielerlei Weise in früherer Zeit zu den Vätern durch die Propheten gesprochen hatte, 2 sprach er in der Endzeit dieser Tage zu uns durch den Sohn, den er zum Erben des Alls einsetzte und durch den er auch die Welten erschuf. 3 Er, der der Glanz seiner Herrlichkeit und das Ebenbild seines Wesens ist und dazu das All durch das Wort seiner Kraft trägt, „ hat seinen Platz zur Rechten“ der Majestät in den Höhen „eingenommen“, dadurch daß er eine Reinigung von den Sünden (durch sich selbst) bewirkte.

V.3: *Ps. 110,1.*

Der sehr feierlich gehaltene Vorbau benennt sofort das Thema des homiletischen 1-3
Vortrags: die Einsetzung des Sohnes zum endzeitlichen Herrscher nach Ps. 110. Das kunstvolle, in seinen Einzelheiten wohldurchdachte Satzgefüge stellt die umfassende Bedeutung des erhöhten Christus in Worten von inhaltsschwerer Kürze dar.

Der Tatbestand des fehlenden Briefeingangs weckt eine Reihe von Fragen. Ist etwa der ursprüngliche Anfang zum Zwecke der Hervorhebung der Allgemeingültigkeit des Schreibens in vorkanonischer Zeit durch diesen sprachlich und stilistisch kunstvollen Vorbau ersetzt worden? Liegt an Stelle des üblichen griechischen Briefformulars ein anderes vor? Kam es möglicherweise irgendwann durch Zufall oder aus Absicht zur Tilgung des üblichen Briefeingangs? Handelt es sich vielleicht um gar keinen Brief, sondern um einen gelegentlich niedergeschriebenen Traktat? Wir möchten eine in Briefform gebrachte Predigt (= Homilie) über Ps. 110 annehmen, die in der Tat für eine bestimmte urchristliche Gemeinde verfaßt wurde, worauf Kap. 13 weist. Wie bei allen Schreiben ist die Außenadresse verlorengegangen. Die wahrscheinlich sehr kurze Innenadresse mag durch häufigen Gebrauch der Schrift weggefallen sein. Beim Hebr. ist noch stärker als bei manchen paulinischen Briefen deutlich, daß Form und Inhalt ganz im Dienste der Verlesung vor einer bestimmten Gemeinde standen.

Der Vorbau stellt ein stilistisches Meisterwerk dar, das mit unserer Übersetzung nur in etwa wiedergegeben ist (s. die fünfmalige Alliteration im ersten Vers). Der Urtext bekundet darüber hinaus einen gewissen rhythmisierenden Stil, der den Vortrag im festlichen gottesdienstlichen Rahmen sofort zu einem feierlichen Geschehen werden ließ. Überhaupt ist dieser sprachliche Eingang ein klarer Beleg dafür, daß der Hebr. mit seinen „Figuren der Sprache“ und mit den sie begleitenden „Figuren des Gedankens“ eine gewisse sprachliche Tendenz zur „attischen Kunstprosa“ aufweist. Sie gehört zum vollendeten Stil eines hochgebildeten Christen der jüdisch-hellenistischen Welt (vgl. Philo, De somn. I, 221; In Flacc. 46; De cher. 112).

1 Die Gedanken setzen ein bei dem einen Gott biblischen Glaubens, dem Urheber der Dinge und dem Urgeheimnis der Welt, gewiß keine bloße Ursache oder ein allumfassendes Prinzip, sondern allgewaltige Person, ausgerichtet auf worthafte Offenbarung. Indem betont wird, daß die Offenbarung auf „vielfache“ und „vielerlei“ Weise geschehen sei, wird sie in ihrer quantitativen und qualitativen Art als von unendlicher Fülle und tausend Möglichkeiten ins Auge gefaßt; denn vielfältig wie die Geschichte der Menschheit ist auch das Handeln Gottes an dem auf Anruf geschaffenen Menschen. Aber Gottes Wort verklärt sich nicht in mystische Tiefen hinein und es verströmt sich auch nicht pantheistisch in die Weite des Alls. Immer spricht es direkt an und immer ist der Einzelne unmittelbar gemeint. Deshalb gibt es eine Geschichte der Offenbarung und eine Bewegung des Wortes im Wandel der Zeiten seit „alters“, sc. seit der Urzeit. Damit tritt für die biblisch denkenden Menschen notwendigerweise die aus dem Alten Testament ableitbare Heilsgeschichte in das Licht der Betrachtung. Sie ist eine Geschichte der gerufenen „Väter“, die in umfassender Weise als Betroffene der Anrede Gottes gesehen werden (s. Kap. 11). Vermutlich sind nicht einzelne Erzväter wie Abraham, Isaak oder Jakob gemeint, sondern die Frommen des alttestamentlichen Gottesvolkes im weitesten Sinn, da sie sich von den „Propheten“ unterscheiden, denen die Ausrichtung des speziellen Wortes oblag. Der Blick scheint sich im besonderen auf prophetische Gestalten wie Samuel, Elia, Jesaja und Jeremia zu richten, also auf solche Boten des Gotteswortes, die als einsame Einzelne für ihr Volk gelitten und zu ihm gesprochen haben (s. auch 11,32ff.). Der Verfasser sieht die Geschichte des Wortes Gottes auch als die Geschichte seiner Zeugen und verrät sich hierin als Angehöriger des jüdischen Volkes. Die Zeit der prophetischen Bezeugung des Wortes Gottes betrachtet er als abgeschlossen, ähnlich wie in der Synagoge, wo man der Meinung war, die Zeit der Offenbarung des Geistes Gottes habe mit Maleachi ein vorläufiges Ende erreicht. Sie liegt für den Verfasser des Briefes im Grunde weit zurück. Es war eine Periode, in der Gott nur unvollkommen und sehr bruchstückweise, vielleicht auch sehr undeutlich, gesprochen hat. Erst in jüngster Zeit ist die Geschichte der direkten früheren Offenbarung in Überbietung alles vorherigen Geschehens zum Ziel und zur Vollendung gelangt: „Gott sprach zu uns in der Endzeit dieser Tage“. Die Hörer und Leser des Briefes dürfen sich als die Gerufenen und Angesprochenen wissen.

2 Dies ist das Neue, daß nun das Wort unbegrenzt ergeht, vor allem aber, daß das Offenbarungsgeschehen in dem einen Sohn am Ende der Zeit seinen Abschluß hat (s. Ps. 110,1a). Der früheren Geschichte des Gotteswortes ist demnach eine vollkommenere zur Seite getreten, die nicht mehr überboten werden kann. Für den Menschen ist eine letzte Entscheidung gesetzt. Der „Sohn“ wird als der letzte Offenbarungsträger in der heilsgeschichtlichen Kette der prophetischen Zeugen Israels geführt. Gedanklich bringen uns die Überlegungen in die Nähe der synoptischen Darstellung Mk. 12,1ff. (s. „Sohn“, „Erbe“, Zitat: Ps. 118). Der Begriff des „Erben“ wird meist von Ps. 2,8 abgeleitet. Den Gott seit Uranfang als Erben vorgesehen hat, als er durch ihn die „Welten“ (= Äonen) erschaffen ließ, derselbe ist auch das Ziel und das Ende aller Dinge, somit der eigentliche Inhalt des Geheimnisses Gottes in und über dieser Welt (s. auch Kol. 1,16). Der Inbegriff des Endes

ist kein anderer als der Inbegriff des Anfangs und umgekehrt. Eine urchristliche liturgische Bekenntnisüberlieferung scheint in dieser Aussage anzuklingen, dazu ein vor allem deuteropaulinisches Thema, das wir bei Paulus selbst nur gelegentlich finden (1.Kor. 8,6). Er, der die ewigen Zeitenläufe in Gang gebracht hat, ist zugleich auch ihre Vollendung. Wie ungewöhnlich stark das Paradox der angetönten Gedanken empfunden werden konnte, entnehmen wir der folgenden Aussagengruppe.
Der Sohn, der Gottes Herrlichkeit ausstrahlt und Gottes Wesen anschaulich macht, 3
der sogar das All durch das Wort seiner Kraft erhält, hat eine Reinigung von den Sünden durch *Selbst*hingabe ermöglicht. Die Einzelheiten werden später ausgeführt, aber es klingt die entscheidende Wahrheit bereits an. Man wird darauf achten, daß Christi Sohnschaft als eine ihrem Wesen und Ursprung nach himmlische ausgegeben ist. Sie stellt sich dar als „Glanz" der göttlichen Herrlichkeit (s. die Übersetzungen von Ps. 110,3b), gewiß nicht nur als ihr schwächerer „Abglanz". Sie umschließt außerdem die stempel-und prägebildgleiche Wiedergabe seines Wesens. Die anschauliche Begrifflichkeit, die eine gewisse Nähe zur alexandrinisch-philonischen Beschreibung des Verhältnisses der menschlichen Seele zum göttlichen Logos aufweist (vgl. z.B. Philo, De plant. 18.50; auch Weish. 16,21), will nicht etwa sagen, daß Gott im Sohn nur mehr oder weniger deutlich sei, sondern daß jener seinem Wesen nach eben in ihm voll und ganz schaubar ist. Die Sprache des Briefes berührt sich an dieser Stelle engstens mit der zeitgenössischen Vernunft- und Weisheitsspekulation (s. Philo, De somn. I,233). Wir hören schließlich, daß der Sohn das „All" durch das Wort seiner Kraft trägt. Der Gedanke, daß Gott die Welt dadurch erhält und behütet, ist weder der rabbinischen Literatur (Str. B. III 673) noch Philo fremd (Quis rer. 36). Was unser Zeugnis auszeichnet, ist die ausschließliche Anwendung der Vorstellung auf Jesus, in dem in Wahrheit das uranfängliche Wort Gottes in abschließender Weise Gestalt angenommen hat. Die Vorstellung des „Tragens" weist darauf hin, daß die Welt für Gott eine Last darstellt und voller Spannungen ist, wobei Gefährdung und Auflösung drohen. Der Sohn indessen hält sie durch Gottes kraftvolles Wort zu ihrem Heil zusammen und sichert ihren Bestand. Die Überzeugung, die sich hier anmeldet, ist eine unaufgebbare, daß nämlich nur durch das Wort von Gott und über Gott, wie es allein mit Christus sachgemäß aussagbar wird, diese Welt eine Zukunft hat. Und man wird hinzufügen, daß die Ermöglichung hierzu allein im Opfer begründet ist, das er geleistet hat, um eine „Reinigung von den Sünden" zu bewirken, nämlich dadurch, daß er sich dahingab. Die Geschichte Gottes mit der Welt zielt somit auf Christi Kreuz, die Stelle seines Leidens und Sterbens. Wo scheinbar nur Sinnlosigkeit und Tod Triumphe gefeiert haben, ist in Wahrheit ein letztes Geheimnis niedergelegt. Im folgenden wird es auf Grund des biblischen Zeugnisses von Ps. 110 nach den verschiedensten Seiten hin erhellt. Weil die Selbsthingabe des Sohnes in Freiwilligkeit und Gehorsam geschehen ist, nahm er – wie im liturgischen Bekenntnisstil ausgesagt wird – seinen Platz „zur Rechten der Majestät in der Höhe" ein. Die Rede von der himmlischen Majestät ersetzt den Gottesnamen (s. 8,1). Das Stereotype der Aussage weist darauf hin, daß wir es mit einer Formel zu tun haben. Sie hat einen feierlichen Klang.

Erster Hauptteil: „Setze dich zu meiner Rechten“ (Ps. 110,1) 1,4-4,13

Die Majestät des erhöhten Sohnes überragt die Herrlichkeit der Engel 1,4-14

4 Um soviel machtvoller wurde er als die Engel, wie der Name, den er ererbt hat, diese überragt. 5 Denn zu welchem der Engel hat er je gesagt: „Du bist mein Sohn, heute habe ich dich gezeugt“ und wiederum „Ich werde ihm zum Vater sein und er wird mir zum Sohn sein“? 6 Sobald er aber erneut den Erstgeborenen in den Weltkreis ein(ge)führt (hat), sagt er einmal: „Und anbeten sollen ihn alle Engel Gottes“. 7 Und zum anderenmal spricht er hinsichtlich der Engel: „Seine Engel macht er zu Winden und seine Diener zu Feuerflammen“. 8 Im Blick auf den Sohn aber: „Dein Thron, o Gott, steht von Ewigkeit zu Ewigkeit“ sowie außerdem: „Ein Szepter der Geradheit ist das Szepter seiner Herrschaft“. „Du hast Gerechtigkeit geliebt und du hast Ungesetzlichkeit gehaßt“. 9 „Deshalb hat dich, o Gott, dein Gott mit Freudenöl gesalbt vor deinen Genossen“. 10 Dazu: „Du, o Herr, hast die Erde in den Anfängen fest gegründet und deiner Hände Werk sind die Himmel. 11 Sie werden vergehen, du aber bleibst beständig und alle werden wie ein Übergewand veralten, 12 und wie einen Umhang wirst du sie zusammenrollen“, wie ein Gewand „werden sie sogar gewechselt werden. Du aber bist derselbe und deine Jahre werden nicht entweichen“. 13 Zu welchem der Engel hat er gar je gesagt: „Setze dich zu meiner Rechten, bis ich deine Feinde zum Schemel deiner Füße mache“? 14 Sind sie nicht alle dienstbare Geister, ausgesandt zu Hilfeleistung an denen, die das Heil ererben sollen?

V. 5: *Ps.2,7; 2.Sam.7,14;* V. 6: *5.Mose 32,43;* V. 7: *Ps.104,4;* V. 8f.: *Ps.45,7f.;* V. 10-12: *Ps.102,26f.;* V. 13: *Ps.110,1.*

4-14 Entsprechend dem Aufbau des synagogalen Predigtvortrages folgt sofort ein Abschnitt, der das Thema der Erhöhung des Sohnes zur Rechten Gottes von der Schrift her beleuchtet. Es werden dabei in der Art einer sog. „Kette“ Schriftstellen zusammengetragen, die die wesentlichen Aussagen des Themas abstützen. Wie überlegt vorgegangen ist, zeigt die Auswahl der Texte, die in der Tat für die christologische Reflexion der Urgemeinde von elementarer Bedeutung sein mußten. V. 13 ist bezeichnenderweise die Eingangsfrage V. 5 aufgenommen, sodaß nun am Schluß mit Absicht nochmals jene Schriftstelle zu Wort kommt, die die homiletische Darlegung umfassend bestimmt. Eingeleitet wird die Zitatensammlung durch Ps.2,7, einen Text, dessen besondere Aussage ebenfalls primäres Interesse finden konnte. Das um so mehr, als auch sonst mit dem Thema der „Zeugung“ des Sohnes eine für den Schriftausleger bemerkenswerte Gemeinsamkeit gegeben war (s. Ps.110,3c und Ps.2,7c), die zu christologischen Betrachtungen auffordern konnte. Der rote Faden der Schriftzitate ist die Leitaussage V. 4, wonach Christus einen „Namen“ ererbt hat, der den der Engel überragt. Der Begriff des „Namens“ meint in umfassender Weise die neue Würde Christi, weil anders als für heutiges Denken der Name zugleich die Sache, hier: die Würde und das Amt, umschließt. Sicherlich ist zuerst an den Sohnesnamen gedacht, aber eben nicht ausschließlich. Die Funktion wird außerdem erhellt durch die Prädikate: „Herr“, „Erstgeborener“ und „Gott“.

Der Vergleich mit den Engeln erlaubte die ideale Herausarbeitung der einzigartigen Herrscherwürde des Sohnes, wohingegen jene als himmlische „dienstbare Geister“ deutlich abgesetzt sind. Geht man davon aus, daß dieser erste Gedankenabschnitt 1,4-14 unmittelbar an V. 3 anschließt, daß also nicht eine größere Erhabenheit Jesu verhandelt wird, sondern seine Erhöhung und Inthronisation zur Rechten Gottes, dann ist es wahrscheinlich, daß der Inhalt durch das allgemeine Hauptthema vorgegeben war und daß somit Ps. 110 weiterhin die homiletische Grundlage bildet. Unverkennbar wird ein bestimmter Gedankengang sehr überlegt weitergesponnen. Auf eine besondere aktuelle Auseinandersetzung über Engel, veranlaßt durch die allgemeine oder die besondere gemeindliche Situation, deutet nichts. Einleuchtender bleibt, daß Ps. 110,3, bezog man ihn auf die Inthronisation des endzeitlichen Herrn, auf den himmlischen Hofstaat ausgelegt ist, der am Tage des Gerichts in Aktion tritt. Die Urgemeinde hat die Erhöhung Christi immer funktional als Einsetzung in das richterliche Amt am Ende der Zeit verstanden. Auch in 1,6ff. liegt diese Sicht der Dinge vor. Daß Ps. 110,3 in der Urgemeinde auf eine Vollmacht Jesu gedeutet wurde, die höher ist als die der Engel, folgt auch aus Eph. 3,20ff. und 1.Petr. 3,22. Eine solche Auslegung ergab sich ohne weiteres dort, wo nicht nur Zitate reproduziert wurden, sondern ihr Kontext und geistiger Sinnzusammenhang Beachtung fanden. Von daher sind auch die engen sachlichen Berührungen mit dem sog. Christushymnus Phil. 2,5ff. hervorzuheben. Die Verwandtschaft mit Paulus ist keineswegs eine nur entfernte. Bedenkt man, daß es um die Aufgabe der Entfaltung der theologischen Bedeutsamkeit des Kreuzes ging, so erklärt sich das offenbar gegebene hohe homiletische Interesse an Ps. 110. Dieser Psalm als Teil des liturgischen Hallels hat wahrscheinlich schon im Judentum eine kerygmatische Eckposition im messianischen Denken eingenommen (s. Str. B. IV,1 S. 452ff.), woran die Urgemeinde anknüpfen konnte, wenn nicht schon Jesus selbst einen einmaligen Menschensohn-Anspruch damit biblisch legitimiert hatte (Mk. 12,35ff.; Mk. 14,62). Die auffallende Erscheinung, daß die alte Synagoge der ersten drei nachchristlichen Jahrhunderte kein Dokument der ehedem sicherlich beherrschenden messianischen Deutung hinterlassen hat, erklärt sich aus einer bewußten Opposition gegen diesen biblischen Kernbeweis urchristlichen Glaubens. Im
Sinne der Satzlogik gehört V. 4 noch zum Vorbau, sachlich-gedanklich weist er 4
bereits in eine neue Richtung. Das Bestreben der Darlegung zielt auf Grund von Ps. 110 nun verständlicherweise auf die Beschreibung des inthronisierten Christus. Die Überlegung wendet sich von der erwähnten Majestät Gottes her den himmlischen Mächten zu. Als Mittelwesen zwischen irdischer und himmlischer Region kam ihnen in der dualistischen Weltbetrachtung des damaligen hellenistischen und palästinischen Judentums große Bedeutung zu. Die Fülle der Vorstellungen war außerdem der Nährboden für wilde Spekulationen. Die Periode setzt im Lieblingsstil des Hebr. sofort mit einem Vergleich ein. Man hat von einem eigentümlichen proportionalen Denken des Verfassers gesprochen. Der „Sohn“ ist um so erhabener, genauer: machtvoller als die Engel, wie die ihm zugeteilte Würde (= „Name“) höher ist. Die Aussage zielt auf den Zeitpunkt der Inthronisation. Von Anfang an als Erbe vorgesehen und testamentarisch eingesetzt (V. 2), hat er durch sein gehorsames Opfer, das umfassende Reinigung von Sünden ermöglicht, nun endgültig

sein „Erbe“ am Ende der Zeit als Besitz erhalten, und er ist dabei, es gegen den Widerstand der Feinde kraft der ihm eigenen Stellung zu behaupten (V.13). Die Ausführungen lassen erkennen, wie sehr hier bei allem Wissen um die erkannte Vorzeitlichkeit des Sohnes adoptianisch gedacht ist. Ganz ähnlich wie in Phil.2,9 oder in Röm.1,4 rechnet diese Überlegung nicht mit einem Heilsprozeß, in dem sich Vorgesehenes automatisch im Sinne einer ewigen Programmation erfüllt hat, sondern ist bemüht, den eigentlichen Grund der Erhöhung, der zuvörderst die geschichtliche Wahrheit des Gekreuzigten ist, zu bedenken. Nie hat die apostolische Predigt einfach statuiert oder deklamiert, sondern immer interpretiert und argumentiert. Letzteres geschieht in unserem Text zunächst durch biblische Breiten-
5 arbeit. Als erste Zitatengruppe folgt Ps.2,7 in Verbindung mit 2.Sam.7,14. Beidemal steht der Begriff des Sohnes im Mittelpunkt einer einmaligen Rede und Zusage Gottes. Vermutlich durch Ps.110,3: „*gezeugt* vor der Morgenröte“ aus Gründen der auslegungstechnischen Kombination auf Ps.2 gebracht: „heute habe ich dich *gezeugt*“, spricht aus dem Zitat die Gewißheit der messianischen Bedeutung der Aussage, die freilich ehedem im Sinne einer gemeinorientalischen Idee auf die Amtseinsetzung des israelitischen Königs zielte, der sich als „Sohn“ seines Gottes wußte. Schon in vorchristlicher Zeit bezog aber das schriftgelehrte Denken den Psalm auf den erwarteten messianischen Heilskönig (s. Ps. Sal. 17,21ff.). Im Gefolge davon berief sich auch das Urchristentum in entscheidender Weise auf diesen christologischen Kardinaltext, um die Taufe (Apg.4,25ff.; Lk.3,22D) oder die Auferstehung darin angezeigt zu finden (Apg.13,33), kaum die Geburt Christi (vgl. auch Offb.12,5; Justin, Dial.88,3.8; 103,6; Evang. Ebion. u.a.), die zunächst kein theologisches Interesse fand. Ob der Hebr. an eine vorzeitliche „Zeugung“ denkt (s. Ps.110,3), ließe sich neben der Möglichkeit der Anspielung auf die österliche Erhöhung erwägen, weil im folgenden vom „Erstgeborenen“ gesprochen wird. Das „Heute“ hätte dann die Einführung des Präexistenten in die Welt im Auge. Im Hebr. liegt aller Nachdruck auf der Wendung „Du bist mein Sohn“. Der Nachsatz ist keineswegs nur gewohnheitsmäßig angeführt. Man konnte ihm Näheres über das Verhältnis des Sohnes zum Vater entnehmen. Dabei wurde das „ich habe dich heute gezeugt“ ohne Zweifel auf einen besonderen Erwählungsakt bezogen (s. auch zu 5,6). Das „Ich“ unterstreicht für urchristliches Hören die unbedingte Offenbarungswilligkeit Gottes in diesem Christus. Setzt der Verfasser eine ältere Tradition nach Weise der synoptischen Überlieferung zur Taufe Jesu voraus, dann geht das „Heute“ wahrscheinlich, wie in 3,7 und 4,7, auf die mit Christus eingeleitete Heilszeit. Dies böte zugleich eine Erklärung dafür, weshalb in V.6 der früheren „Einführung“ die „zweite“ mit der endzeitlichen Wiederkunft des Sohnes zur Seite gestellt ist. Als zusätzliches Zitat folgt 2.Sam.7,14. Die Nathanweissagung konnte man unschwer auf den verheißenen Davidskönig der Endzeit beziehen, wofür auch die essenische Sekte von Qumran einen klaren Beweis liefert (4 Qflor.). Der Ton liegt bei diesem komplementären zweiten Zitat auf dem Schluß: „Er wird mir sein zum Sohn“, so daß sich in feiner Weise die jüdische Stilfigur des antithetischen Parallelismus ergibt. Sie unterstreicht die Beweisführung, wonach keinem der Engel je solche Anrede und Zusage zuteil wurde. Wenn auch das Alte Testament mehrmals die Engel als „Göttersöhne“ führt (1.Mose 6,2.4; Ps.58,1

LXX; 89,7; Hiob.1,6; 2,1; 38,7), so hat dies doch das Denken der späteren Über-
setzer, vor allem der der LXX, der sich der Hebr. anschließt, um eines ausgeprägten
Monotheismus willen nicht billigen können. Hier wurden dann Umdeutungen ver-
sucht oder Neuformulierungen gewählt. Wie die Eingangsfrage richtig festhält, ist
keinem einzigen Engel jemals ein so einzigartiges Verhältnis zu Gott zugestanden
worden. Im folgenden wird nicht die Beziehung zwischen Vater und Sohn, sondern 6
die zwischen dem Sohn und den Engeln von der Schrift her beleuchtet, wobei zu-
nächst einmal von jenem und dann von diesen her gedacht ist. 5.Mose 32,43 (in
zusammengezogener LXX-Fassung) dient dem Nachweis, daß der Sohn, als „Erst-
geborener“ nun wahrscheinlich nach seiner vorzeitlichen Erwählung hin abgehoben,
bei der „erneuten Einführung“ in die Welt durch alle Engel Verehrung empfängt.
Vom ersten „Hineingehen“ in die Welt handelt er, was aufschlußreich ist, auch
10,5. Unser Text hat das Erscheinen des Sohnes bei seiner nahen Wiederkunft im
Auge, die nach allgemeiner urchristlicher Überzeugung in der Herrlichkeit der
himmlischen Engelheere erfolgt (s. Mk.13,26; Mt.24,30; Lk.21,27; 2.Thess.1,7
u.a.; vgl. auch äth. Henoch 1,4). Wie weit sie durch die Erhöhung als bereits ein-
geleitet betrachtet wird, darf man fragen, weil die Formulierung einige Unklarheiten
bestehen läßt. Sie geschieht jedenfalls über den Erdkreis hin, in dem der Erhöhte,
der sein Erbe in Besitz nimmt, herrschen wird (s. hierzu Ps.98,7.9). Möglicherweise
ist die Bezeichnung „Erstgeborener“ durch den wegen seiner Davidaussagen wich-
tigen Psalm 89,28 mitveranlaßt. 5.Mose 32 beschreibt die letzte Offenbarung Gottes
zum Gericht, und hat sich von daher gesehen auch sachlich-gedanklich in besonderer
Weise als Schriftbeleg angeboten. Insgesamt ist deutlich, daß die Ausführungen,
stärker als es die Zitate erkennen lassen, eine Fülle von Schriftbezügen aufweisen,
die das gelehrte Wissen des Verfassers unter Beweis stellen. V.7 fährt fort in der 7
Beschreibung der untergeordneten himmlischen Funktionen der Engel, wobei
Ps.104,4 zitiert wird, das große Lob der Schöpfung, in dem eingangs die himm-
lische Majestät Gottes geschildert ist. Das einführende „Und“ des Verses mit dem
folgenden „Aber“ in V.8 will den Kontrast zwischen der Stellung des Sohnes und
der der Engel betonen, die nur dienstbare Geister der Schöpfung sind. Die bildhafte
Rede, die die Engel mit den „Winden“ und „Feuerflammen“ vergleicht, möchte sie
selbstverständlich nicht Naturkräften gleichsetzen, wovon der hebr. Urtext handelt,
sondern weist auf, daß ihre Aufgabe dienstfertige Geschäftigkeit ist und ihr Wesen
ganz vom Willensentscheid Gottes abhängt. Ganz anders ist die Stellung und die 8
Funktion des Sohnes (s. V.8: „aber“)! Sein Thron, also sein Herrscheramt, besteht
für alle Ewigkeit, wie Ps.45,7f. beweist, der vor allem deswegen so ausführlich
beigezogen ist, weil die Anrede „o Gott“ sich in besonderer Weise für eine Deutung
auf die einmalige Stellung des Christus eignete. Ps.45, der als Hochzeitslied für
einen israelitischen König entstand, ist später wahrscheinlich ebenfalls messianisch
verstanden worden, wozu V.8b Anlaß geben mochte. Die Verse konnten in der
Weise verstanden werden, als sei von dem durch Gott gesegneten Davidsthron die
Rede, der ewig bleiben wird, weil schließlich auf ihm der Messias thront. Dazu
paßte dann auch die Fortsetzung: „Der Herr, dein Gott, hat dich gesalbt“. Der
Hebr. denkt, ähnlich wie im Falle von Ps. 2,7 und Ps.110,1, an ein Zwiegespräch
zwischen Vater und Sohn, der hier von Gott auf eine Ebene mit ihm selbst gehoben

ist. Seiner Meinung nach gibt die Schrift an dieser Stelle Einblick in den Akt der Übergabe des Reiches. Gott selbst spricht Christus die ewige Herrschaft über das All zu, und er bezeichnet sein Reichsszepter als ein solches, das unbestechliche Gerechtigkeit verkörpert, also ein „*Stab* der Geradheit" ist (vgl. hierzu „*Stab* der Kraft" Ps. 110,2a). Seine richterliche Größe setzt eigene Bewährung voraus: er hat
9 die Gerechtigkeit geliebt und die Gesetzlosigkeit gehaßt. V.9 erläutert dies näher. Eben deswegen hat ihn Gott gesalbt mit dem „Öl des Heilsjubels". Christus hat sich im irdischen Wirken ausgezeichnet, so daß er erhöht werden konnte, um zugleich jubelnde Akklamation von den himmlischen „Genossen", nämlich den Engeln, entgegenzunehmen. Sie sind gewiß dienstbare Geister, aber darüberhinaus
10 ist ihre Aufgabe auch die ewige Verherrlichung Gottes. Als weiteres Zeugnis über den Sohn folgt bündig angeschlossen als wohl längstes Zitat der Sammlung Ps. 102,26f. Ebenfalls als Wort an Christus verstanden, wobei diesmal die Anrede „o Herr" vorliegt, besagt es nach dem Verständnis des Hebr. ein uranfängliches Schöpfertum des Sohnes (s. 1,2), der die Erde gegründet hat (s. 1.Mose 1,7) und
11f. dessen Werk die Himmel sind. Während aber alles Geschaffene vergeht, bleibt er, der Ewige, unberührt von der Flüchtigkeit und Vergänglichkeit der Zeit. Der Uranfängliche kann nur als der Ewig-Seiende verstanden werden. Was im Psalm ursprünglich vom Lobpreis der souveränen Majestät Gottes gilt, der die Welt gemacht hat, aber sie auch verbrauchen und wegwerfen kann wie ein altes, schäbiges Gewand, ist wiederum als göttliches Wort an den Sohn begriffen. Die leicht veränderte Fassung des LXX-Textes mag auf den Einfluß von Jes. 34,4 zurückgehen. Die Erwähnung der „Anfänge" (so LXX) bringt 1.Mose 1,1 in Erinnerung. Die Verwendung im Hebr. gibt zu erkennen, wie unmittelbar und direkt das frühchristliche Denken das universale Schöpfertum des vorzeitlichen Christus ableiten konnte. Dabei geschah die Benutzung der Schriftstellen offensichtlich nicht nach
13 zufälliger Auslese, sondern durchaus nach gewissen Grundsätzen. Die Auswahl der Schriftworte, soweit sie jeweils sehr markant mit einer Christusprädikation beginnen, schreitet über die Sohn-, Gott- und Herr-Anrede konsequent weiter zu Ps. 110,1, um eben dieses Schriftwort als Beweis einer schlechterdings einmaligen Würdeposition des Sohnes an den Schluß zu stellen. Die Erläuterung des Psalmes ist die eigentliche homiletische Aufgabe des Briefes. In aller Form kehren die Gedanken zur homiletischen Grundlage zurück. Es stimmt in der Tat, daß Christus, der Erbe und Sohn, eine einmalige Stellung bei Gott erlangt hat. Es steht noch ein gewaltiges Geschehen bevor, nämlich die abschließende Unterwerfung der Feinde Christi, in der Gott für den Sohn handelt (10,12ff.), so wie er ihn ja auch bei dieser Gelegenheit „einführt" (s. V.6). Unverkennbar schwingt in diesem Zitat bereits ein
14 warnender Ton mit. Ihm wird später ausführlicher Rechnung getragen. In Straffung des Gedankengangs folgt zunächst eine vorläufige Zusammenfassung: „Sind also nicht alle Engel dienstbare Geister?" (zu dieser Wendung vgl. Philo, De virt. 74). Eigentlich müßte nun fortgefahren werden: Und ist nicht der Sohn machtvoller als sie alle? Da dies aber bereits klargestellt ist, wird eine Ergänzung angehängt, die thematisch zu einem neuen Gedankenkreis hinüberleitet. Über das Stichwort „ererben" ist unversehens die Gemeinde in den Blick geraten; denn die himmlische Welt ist nicht um der Selbstverklärung Gottes willen da, sondern zum Dienst am

Menschen, der des Heiles bedarf und seiner gewürdigt werden darf. Gleichwie Christus ein eigenes leibhaftes Opfer gebracht hat, so sind auch die himmlischen Geister auf opfervollen Dienst und Einsatz ausgerichtet. Gleichwie der Vater dem Christus in seiner letzten Aufgabe zu Hilfe gekommen ist, so sind auch die Engel zum helfenden Dienst verordnet. Die das Heil ererben werden, sind zugleich die, die es ererben „sollen".

Die Größe des Geschehens gebietet äußerste Hingabe an das gehörte Wort 2,1-4

1 Deshalb ist es nötig, ganz besonders auf das Gehörte zu achten, damit wir nicht etwa vorbeitreiben. 2 Denn wenn (schon) das durch Engel gesprochene Wort unverbrüchlich galt und jegliche Übertretung und Widersetzlichkeit ihre gebührende Strafe (= Vergeltung) empfingen, 3 wie sollen gar wir davonkommen, wenn wir ein so hohes Heil mißachtet haben? Es nahm seinen Anfang in der Verkündigung durch den Herrn und wurde von denen, die es gehört hatten, bei uns befestigt, 4 wobei Gott zugleich durch Zeichen und Wunder und mancherlei Krafttaten und durch Zuteilungen des heiligen Geistes nach seinem (freien) Willen mit Zeugnis (sc. von seiner Wahrheit) ablegt.

Der Hebr. zieht mit Nachdruck die nötigen praktischen Folgerungen; denn für 1-4
ihn steht fest, daß der christliche Glaube die Lebensführung jeweils entscheidend bestimmt. Das Anliegen, das hinter den Überlegungen 1,5-14 steht, findet dabei erstmals seinen Ausdruck und es ist letzten Endes identisch mit dem Hauptzweck der Homilie (s. 10,19-12,29).

Formal ist einem einzigen Satz kräftiger Ermahnung (2,1) eine relativ umfangreiche Begründung angehängt (2,2-4). Inhaltlich und begrifflich klingt vorher Gesagtes in strenger Bündelung der Gedanken noch einmal an. Handelt 1,14 von den Engeln, die ausgeschickt werden um derer willen, die das „Heil" ererben sollen, so macht dieser Sinnabschnitt klar, daß alles Streben und alle Aufmerksamkeit darauf gerichtet sein müssen, das „Heil" nicht leichtfertig zu verscherzen (2,3a). Gedanklich wird so vorgegangen, daß Alter Bund und neutestamentliche Wahrheit miteinander verglichen werden (s. auch 12,18ff.). Thematisch fügt sich die Überlegung vor allem dadurch in den größeren Duktus ein, daß weiter die Engel erwähnt sind. Der Gebrauch des kommunikativen „Wir" bringt außerdem den Ton des nötigen gemeinsamen Vorgehens ein. Der Sprecher schließt sich aus feinem seelsorgerlichen Gespür mit der Gemeinde zusammen, weil ihm offenbar daran liegt, seine Person in der augenblicklichen Situation der Anfechtung nicht autoritativ zur Geltung zu bringen, sondern sich mit der ihm verbundenen Gemeinde solidarisch zu erklären. Wahrscheinlich hat der Verfasser eine größere gottesdienstliche Gemeinschaft im Blick, wofür auch die Aufforderung spricht, daß man um so mehr auf das „Gehörte" achten müsse. Sehen wir recht, dann bezieht sich die Aussage nicht auf früher vermitteltes katechetisches Wissen, sondern auf den eben vorgetragenen homiletischen Briefteil in Verbindung mit der dazugehörigen Schriftlesung.

1 Schickt Gott sogar himmlische Kräfte aus, um den Menschen zum ewigen Heil zu verhelfen, dann dürfen auch diese am wenigsten in passiver Haltung verharren. Ist der Himmel in Bewegung geraten, dann müssen auch alle jene davon erfaßt und bestimmt werden, die um Gottes Hoheit auf Grund der Größe seiner rettenden Tat wissen. Da nicht Durchschnittliches, sondern Einmaliges geschehen ist, sind die Christen in starkem Maße herausgefordert, auf die ihnen anvertraute Wahrheit zu achten. Man kann am Ziel „vorbeitreiben", so wie ein Schiff durch die Unachtsamkeit seiner Besatzung den rettenden und bergenden Hafen verfehlt. Wahrscheinlich klingt mit dem typischen Begriff des „Vorbeitreibens" ein in der gehobenen philosophischen Betrachtung (s. Philo zu 6,19) und auch später in der Predigt der Kirche gern gebrauchtes Bild an, das die Existenz des Menschen dem Leben auf dem sturmbewegten Meer, das Ziel aber einem schützenden Hafen vergleicht, wobei vielfach vom „Hafen der Ruhe" gesprochen wird (z.B. Epist. Clem. ad Iac. 13ff.; Const. Apost. 2,57,2ff.; Josephus, Über die Makk. 7; IV.Esra 12,42). Ähnlich kann sich Philo (De sac. A. et C. 89) äußern, der den „Hafen der Ruhe", der im Toben des Sturms angelaufen werden muß, jedoch gleichsetzt mit dem „festen Standpunkt" religiöser Erkenntnis und sittlicher Tugend. Im Hebr.
2 ist das Ziel identisch mit dem ewigen Heil, das als eine Sache naher Zukünftigkeit betrachtet wird. Wer es versäumt, verfällt einem Gericht, dessen Unerbittlichkeit in einem Schluß a minori ad maius betont wird. Die Offenbarung des am Sinai verkündigten „Wortes" wird nicht unmittelbar auf Gott, sondern auf die Engel zurückgeführt (vgl. schon 5.Mose 33,2; Targ. Onk. 5.Mose 33,2; Josephus, Ant. 15,5,3; Apg. 7,38.53; Gal. 3,19). Ebenso hat sich das rabbinische Denken in reichem Maße mit den Umständen der Sinaioffenbarung beschäftigt (2.Mose 19,90ff.; 20,18; vgl. hierzu Philo, De dec. 32ff.). Der Hebr. spricht anders als Paulus wertneutral von dem durch sie ergangenen Offenbarungswort, um seine absolute Gültigkeit hervorzukehren. Die Vorstellung der „Festigkeit" des göttlichen Wortes wird später noch mehrfach im Brief begegnen (s. 3,6.14; 6,19; 9,17; 13,9), wie sie überhaupt ein festes Thema der biblisch orientierten Überlieferung ist (Röm. 4,16; 2.Petr. 1,19; Philo, De vit. M. II,14). Festigkeit des Gotteswortes und absolute Heiligkeit des darin sich aussprechenden Willens bedingen einander engstens. Daher wird im folgenden der absolute Strafcharakter des Bundesschlusses betont, der sich darin erwies, daß jede „Übertretung" und „Widersetzlichkeit", nämlich des Gottesvolkes des Auszugs, ihre gebührende Strafe empfangen haben (s. im folg. 2.Mose 17,7; 4.Mose 20,2-5; dazu Hebr. 3,7ff.; 4,11; 12,25). „Übertretung" und „Ungehorsam" kennzeichnen das Verhalten des jüdischen Menschen, der das Gesetz
3 mißachtet. Noch schlimmer aber wird es denen ergehen, die das Angebot des ewigen Heils aus Gleichgültigkeit oder Unachtsamkeit mißachten! Mit größter Eindringlichkeit klingt hier ähnlich wie 1.Kor. 10,6ff. an, daß die Auszugsgeschichte „uns", den Christen, zum warnenden Vorbild geschrieben ist. Der Verfasser weiß sich zusammen mit seiner Gemeinde am Ende einer entscheidungsvollen Zeit, in der sich unerbittlich und abschließend die Alternative Gericht oder Heil stellt. Unfaßlich, daß Menschen angesichts solcher Wirklichkeit in Nachlässigkeit und Gleichgültigkeit gegenüber der Botschaft verfallen können! Die Botschaft der Rettung hat schließlich ihren Ausgangspunkt nicht bei den Engeln genommen, sondern bei dem

Herrn selbst, also bei dem irdischen Christus, der nun der erhöhte Sohn ist. Es
kommt hinzu, daß die angesprochene Gemeinde sich unmittelbar auf Hörer des
irdischen Herrn zurückführen darf. Der Absender selbst verdankt diesen Jüngern
und Zeugen die Zusage des eigenen „Heils". Mit der Gemeinde zusammen erinnert
er sich der unbedingten Glaubwürdigkeit des Gesagten. Wahrscheinlich ist er selber
kein Jünger des irdischen Jesu gewesen. Er kann sich auf kein eigenes Christus-
erlebnis berufen wie Paulus, er stand aber vermutlich apostolischen Verkündigungs-
trägern – Hörern des irdischen Jesus – durchaus nahe. Worin er über alle aposto- 4
lische Vertrauenswürdigkeit hinaus letztlich Gewißheit gefunden hat, beweist die
abschließende bekenntnishafte Hervorhebung der Erfahrung, daß Gott überdies
„mit Zeugnis ablegte" durch mannigfaches Eingreifen. Der Reichtum und die
Eindrücklichkeit des Erlebten finden in einer sich steigernden Aufzählung ihren
Ausdruck, so daß auch auf das mehrfache „und" geachtet werden mag. Weg von
der gesprochenen Rede richtet sich die Beweisführung auf das in vielfacher Weise
„tätige" Wort, das nie nur Eindruck hinterläßt, sondern – weil Gott dabei ist – immer
auch erstaunliche „Wirkungen" hervorbringt. In unserem Fall fällt auf, daß über
„Zeichen", „Wunder" und „Krafttaten" hinaus vor allem auch charismatische Er-
lebnisse und Gaben erwähnt sind, die ohne Zweifel in die urchristliche Zeit ver-
weisen. Die Hörer wissen um diesen eindrucksvollen Tatbestand, der mit Recht
die gelieferte Argumentation krönt. Wenn betont vermerkt ist, daß Gott die Geistes-
gaben nach „seinem Willen" austeilt, so erinnert dies an ähnliche paulinische Sätze
(vgl. 1.Kor. 12,11; 2.Kor. 10,13). Der heilige Geist stellt sich dabei nicht als ein
Vorzugsrecht erwählter Einzelner dar, sondern ist der Gemeinde von Gott nach
freiem Ermessen gegeben (s. auch 1.Kor. 12). Die erkennbare Mannigfaltigkeit des
zeichenhaften und des pneumatischen Geschehens spricht für ein glaubwürdiges
Handeln. Anders als im ausgehenden ersten Jahrhundert stößt die Vielheit erstaun-
licher Erscheinungen und Offenbarungen noch nicht auf Zweifel. Es ist vielmehr
gerade die Fülle des Erlebten, die als Wahrheitsbeweis der Sache selbst genommen
ist (s. Röm. 1,19; 2.Kor. 6,7; 12,12; Gal. 3,2 u.a.). Aus ihr wird mit Nachdruck
die Forderung abgeleitet, alle Aufmerksamkeit auf das durch Christus ermöglichte
Heil zu wenden.

Die universale Herrschaft und der hochpriesterliche Dienst Jesu beruhen auf seiner absoluten Erniedrigung 2,5-18

2,5 bezeichnet einen deutlichen Sinneinschnitt. Auf die kurze ermahnende Rede folgt eine erneute sachliche Erörterung des Tatbestandes der universalen Herrscherstellung Jesu. Offenbar wird das Verständnis des Zusammenhanges in keiner Weise erleichtert, wenn man – wie gelegentlich vorgeschlagen – die V. 5-8b mit der Warnung V. 1-4 verbindet. In diesem Fall geht die Argumentation dahin, daß der Verfasser in V. 3 noch vom „Heil" spreche und nun offenbar analog hierzu weiterhin von der „künftigen Welt" handle. Wer nach ihr strebe, könne sich nicht nach den Engeln richten, die zwar (nach allgemeiner spätjüdischer Überzeugung) über dieser Erde mit ihren Völkern und Nationen herrschen, nicht aber über die künftige Welt.

Tatsächlich weist unser Text, anders als es dieses Verständnis besagt, in seiner Logik nach vorne, und es ist offensichtlich, daß mit ihm wiederum das übergeordnete Thema aufgenommen ist, also das Zeugnis von der universalen Herrschaft des erhöhten Christus. Auch der nachklappende Beisatz („worüber wir sprechen") dürfte in diesem Sinne beweiskräftig sein. Hinzukommt die den eigentlichen Gedankengang weiterführende Aussage V. 8b, die überdies den Wortlaut des Zitatendes in der Weise aufgreift, daß vielsagenderweise Ps. 8,7a ausgelassen ist. Erst in der Folge wird dann das vom Zitat her eingebrachte Problem der zeitweiligen Erniedrigung Christi verhandelt (V. 10ff.). Zunächst wird vorweg in V. 8b dem kritischen Einwand stattgegeben, daß wir ihm „noch nicht" alles unterworfen sehen. Der beunruhigende Sachverhalt wird dahingehend erklärt, daß Christus in tiefste Erniedrigung geführt werden mußte, um den Menschen ganz im Tode verbunden zu sein und auf diese Weise der Urheber ihres Heils zu werden (V. 10). Schließlich sind wir von Gott als „Söhne" gerufen, wie auch Jesus der „Sohn" ist. In Jesu Verhalten dokumentiert sich somit die Verwirklichung eines „bruderschaftlichen" Dienstes (V. 11ff.). Letztlich sei es darum gegangen, den Tod zu entmächtigen, um damit die Befreiung der von dem Widersacher versklavten Menschen zu erreichen (V. 14ff.). V. 16 greift im Sinne von 2,5 noch einmal beiläufig die bisher leitende Vorstellung auf: nicht ihrer, der Engel, sondern des „Samens Abrahams", also der Menschen, mußte sich Christus annehmen, nämlich durch „Gleichwerden" und Leiden. Gedanklich steht der Verfasser damit endgültig bei einem neuen Gedankenkreis. Sein Themawort ist der zentrale Begriff des „Priestertums Jesu" (nach Ps. 110,3).

Der Gedankengang unseres Abschnittes, der außerordentlich konsequent verläuft, hinterläßt u. E. keine Fragen. Im Blick auf den Aufbau des homiletischen Vortrags möchte man festhalten, daß offenbar Ps. 110 einigermaßen systematisch der Reihe nach erörtert wird. Als abwegig erweist sich jene Erklärung, die davon ausgeht, daß gewisse falsche Vorstellungen der Leser über die Engel ausgeräumt werden sollten. Die Dinge liegen vielmehr so, daß der biblische Grundtext die Gedankenführung bestimmt. Zur weiteren Vertiefung des Themas „Erhöhung Christi" ist auf Ps. 8,6-7 zurückgegriffen, wobei sich das Zitat assoziativ nach den Regeln schriftgelehrter Betrachtung sowohl sachlich (Krönung des Menschensohnes) als auch wegen des Wortlauts (vgl. „unter seine Füße" mit 1,13) im besonderen angeboten hat. Für die Verfahrenstechnik ist darüberhinaus die erneute Zitatenkette V. 12ff. ebenso bemerkenswert wie V. 8 der Schluß aufs Gegenteil („nichts nicht") und die bündige Zusammenfassung des Abschnitts.

Um der Brüder willen wurde Jesus eine kurze Zeit erniedrigt 2,5-13

5 Denn er unterstellte nicht Engeln den künftigen Weltkreis, von dem wir sprechen (1,6). 6 Vielmehr hat jemand irgendwo bezeugt und gesagt: „Was ist der Mensch, daß du seiner gedenkst? Oder des Menschen Sohn, daß du ihn ansiehst? 7 Du erniedrigtest ihn für eine kurze Zeit gegenüber den Engeln; mit Herrlichkeit und Ehre kröntest du ihn, 8 alles unterwarfst du ihm unter seine Füße". Indem er ihm

nämlich „alles unterstellte", ließ er ihm nichts nicht unterworfen. Nun sehen wir aber noch nicht, daß ihm alles „unterworfen sei". 9 Vielmehr sehen wir den, „der für kurze Zeit gegenüber den Engeln erniedrigt wurde", nämlich Jesus, um des Todesleidens willen „mit Herrlichkeit und Ehre gekrönt", damit er nach Gottes Gnade für einen jeden den Tod schmeckte. 10 Denn es geziemte ihm, um dessen willen das All und durch den das All ist, den, der viele Söhne zur Herrlichkeit geführt hat und Urheber ihres Heils ist, durch Leiden zur Vollendung zu bringen. 11 Denn der, der heiligt, und die, die geheiligt werden, sind alle von Einem, weshalb er sich nicht schämt, sie Brüder zu heißen, 12 indem er spricht: „Ich will deinen Namen meinen Brüdern verkündigen; inmitten der Gemeinde will ich dir lobsingen". 13 Und wiederum: „Ich will auf ihn Vertrauen setzen". Und wiederum: „Siehe, ich und die Kinder, die mir Gott gab".

V. 6-8: *Ps. 8,5-7 (ausgelassen 8,7a)*; V. 8f.: *Ps. 8,6f.*; V. 12f.: *Ps. 22,23*; V. 13a: *Jes. 8,17 und 2. Sam. 22,3*; V. 13b: *Jes. 8,18*.

Wozu aller Ernst und aller Nachdruck der Ermahnung? Die Hörer möchten die 5
Einmaligkeit des Geschehens bedenken. Wie immer sich ihr Glaube zufolge irgend-
welcher Umstände in einer Krise befindet, er muß sich neu des Grundes vergewis-
sern, daß Gott nicht Engeln, sondern dem Sohn den künftigen Weltkreis unter-
stellt hat. Weder Zukünftiges noch Jenseitiges, worüber spekuliert werden könnte,
sollen Gegenstand der Überlegung sein. Es geht vielmehr um einen Sachverhalt,
der den Menschen betrifft. Wie der artikellose Gebrauch von „Engel" erkennen
läßt, steht Aspekt gegen Aspekt. Dem Sohn als Repräsentanten des Menschen-
geschlechts ist die höchste Gewalt gegeben. Nicht in einer unüberschaubaren Viel-
zahl von Engelkräften kommt alles zum Ziel, sondern in dem einen, der jetzt schon
seinen Platz neben Gott eingenommen hat, weshalb auch das Zukünftige eine Sache
gegenwärtiger Entscheidung und Ausdauer ist. Statt Christus sofort zu nennen,
begnügt sich der Hebr. zunächst mit der negativen Feststellung, wonach der künf-
tige Weltkreis nicht Engeln unterstellt sei. Damit bleibt sehr bewußt noch einmal
die Christusfrage im Spiel. Die Hörer sollen sich weiteren wichtigen Gedanken
öffnen. Was der Verfasser anstrebt, ist nicht deklamierende Rede, sondern argu-
mentierender Vortrag, der die Angesprochenen aus ihrer Distanz lockt. In gewisser
Hinsicht weiß er sich mit ihnen in einem dialogischen Gespräch, weshalb es auch
heißt: „worüber wir sprechen". Für Prediger und Gemeinde ist die endzeitliche
Erlösung, über die höheres Zeugnis vorliegt, die Lebensfrage. Mit dem spätjüdischen
Denken scheint sich die Erwartung unseres Verfassers darin zu berühren, daß er
auf einen erneuerten Weltkreis hofft, um in z. T. hellenistischer Diktion davon zu
handeln. Wörtlich spricht der Text von der „zukünftigen Oikumene", und der
Blick richtet sich damit offenbar auf eine verklärte Erde, die von den Feinden
Christi befreit ist (s. Ps. 110,1) und ihre Mitte in Zion hat (s. Ps. 110,2; vgl. Kap.
12,18ff.). Die Redeweise bekundet einen für das Denken des Verfassers aufschluß-
reichen Sachverhalt spätjüdischer Messianologie. Der Tatbestand der Herrschaft 6
Christi wird in der Folge durch ein weiteres Zitat aus Ps. 8 beleuchtet. Es besagt
ebenfalls, daß „alles seinen Füßen unterstellt ist" (s. 1,13). Die Schriftstelle wird
feierlich als „Zeugnis" ausgegeben. Demnach liegt keine Durchschnittsrede vor,
worin „einer" über irgend etwas spricht. Sie bezeichnet vielmehr eine direkte Äuße-
rung des Geistes Gottes, wobei völlig nebensächlich ist, wen Gott hiermit begabt

hat. Die Einführung des Zitats, die beim ersten Zusehen etwas merkwürdig anmutet, findet sich als formelhafte Wendung sehr häufig auch bei Philo (De ebr. 61; De agric. 51; De plant. 138; De conf. ling. 39; De somn. I 150 u. v. a.). Die auffallende Unbestimmtheit des Ausdrucks erklärt sich daraus, daß auf Grund einer überragenden Inspirationsvorstellung (s. „bezeugen") bewußt alle nebensächlichen Details beiseitegeschoben sind. Auch der Ort der Schriftstelle kann unerwähnt bleiben, weil die Begleitumstände hinter der Rede selbst zurücktreten. Sie ist nämlich ungewöhnlich genug. Vom „Menschen" und mehr noch vom „Menschensohn" zeugend, geht es nach der Meinung des gelehrten Verfassers und vielleicht auch der ältesten Kirche nicht etwa um irgendeinen Vertreter des Menschengeschlechts, sondern um den Inbegriff der Menschheit: ecce homo! Gibt es vielleicht einen so geringen und verachteten Menschen, daß Gott seiner vergessen hat? Gibt es den „Menschensohn", von dem Gott die Augen abwendet? Es gibt ihn mitnichten. Er mußte die Einsamkeit und Verlorenheit des Menschen tiefer durchleiden als alle
7 anderen. Daher hat Gott seiner in einmaliger Weise gedacht. Obwohl für kurze Zeit unter die Engel erniedrigt, krönte er ihn mit himmlischem Glanz und himmlischer Würde, so daß er jetzt alle an Vollmacht überragt (1,3). Was sich unseren Augen als tiefste Erniedrigung darstellt, ist in Wahrheit einmaliges Herrschertum am Ende der alten Zeit und am Anfang der erneuerten Welt. Wer kann die Logik
8 des göttlichen Handelns begreifen? Auf keinen Fall gibt es etwas, das diesem Menschensohn nicht unterstellt ist, denn der Höchste selbst verbürgt die Wahrheit. Nach der Überzeugung des Verfassers handelt Ps. 8,5-7 nicht in mehr oder weniger zeitloser Art skeptisch-verächtlich wie die Synagoge oder allzu hochgestimmt-optimistisch wie die LXX über die Stellung des Menschen in der Schöpfung und vor Gott, sondern es liegt ein Zeugnis vor über das geschichtliche Handeln Gottes an Christus, dem Inbegriff wahren Menschentums, weshalb an ihm ebensosehr die erschütternden Abgründe als auch die ewigen Zielsetzungen des Menschseins aufzuzeigen sind. Anders als es vor allem die ältere Auslegung wollte, dürfte das Schriftzitat — was die Feststellung V. 8b beweist — durchgehend christologisch verstanden sein, wozu vermutlich der vielsagende messianische Titel „Menschensohn" ersten Anlaß gegeben hat. Dabei wird nach Maßgabe der ältesten Gestalt der Menschensohn-Überlieferung (s. Dan. 7,13ff.) von der Erhöhung des Erniedrigten gehandelt. Ist er über „Alles" eingesetzt, dann sollte sich auch niemand seiner herrscherlichen Gewalt, die ja zuvörderst Dienen ist, entziehen; denn die Herrschaft des Erhöhten wird bereits ausgeübt, obschon wir noch auf den letzten sichtbaren Akt warten. Auf dieses schwerwiegende Problem, das dem Glauben Anfechtung bereiten kann, beziehen sich die folgenden Überlegungen, die mit einem „Jetzt aber" die brennende zeitliche Frage einbringen, wonach die Christuswahrheit, wie sie aus Ps. 8 spricht, „noch nicht" schaubar ist. Ist Christus das „Ende" dieser Welt als ihr Ziel und ihr Abschluß, wie kann sie dann noch weiterdauern? Die sog. eschatologische Frage ist offenbar nicht eine Sache der letzten Seiten der Dogmatik, sondern umgreift die Christologie in wesentlicher und unaufgebbarer Weise. Was das messianische Verständnis des Ps. 8 betrifft, so liegen für das rabbinische Judentum keine, für die spätjüdische Apokalyptik nur unklare Belege vor. Indessen hat die Tatsache größere Bedeutung, daß im

urchristlichen Schrifttum eine ähnliche Besinnung 1.Kor. 15,25 ff. angestellt ist, wobei ebenfalls Ps. 110,1 und Ps. 8,7 miteinander verknüpft sind. Das Urtümliche dieses Ringens um einen zentralen christologischen Satz auf Grund aussagefähiger Texte der Schrift unterliegt somit keinem Zweifel. Dies ergibt sich vor allem auch 9
daraus, daß die Wendung Ps. 8,6 („ein wenig unter die Engel" LXX), die in der hebräischen Urfassung besagt, daß der Mensch ein wenig niedriger gemacht sei als Gott, ganz auf den Menschensohn-Messias bezogen ist, um darüberhinaus im Hinblick auf das zentrale Problem des „Noch-nicht" des Erhofften, also der Parusieverzögerung, ausgelegt zu werden. Wie sehr man hier Fragen hatte, beweisen auch die Ausführungen 10,35 ff. Für theologisch überaus bedeutsam halten wir die Tatsache, daß der erkannte theologische Sinn des Leidens und Sterbens Jesu allem Anschein nach das Vakuum der noch nicht endgültig sichtbaren Christusherrschaft füllen soll.

Sehen wir auch nicht Christus in der Allmacht Gottes thronen, so erblicken unsere Augen doch um so mehr den Menschen Jesus, der erniedrigt worden ist „auf kurze Zeit", der auch den Tod hat leiden müssen. Der Verfasser spricht im Zusammenhang vielsagenderweise von „Jesus", gebraucht also den Namen des irdischen Christus, auf den er Ps. 8,5 ff. bezogen hat. Daraus geht hervor, daß auch die Rede vom „Menschensohn" weniger titular als vielmehr funktional gemeint ist. Jesus war demnach das Mensch-sein aufgetragen. Die Hilfe konnte nicht einfach von außen kommen, sondern die aussichtslose Lage des Menschen war von Grund auf und von innen her zu ändern. Dabei hat Gott paradoxerweise an dem aufs äußerste gedemütigten Menschen Jesus gehandelt. Wegen der „Leiden des Todes" wurde er mit Herrlichkeit und Ehre gekrönt. Der Tod ist demnach der vom Verfasser erkannte Grund der Erhöhung. Aber ist nicht der Grund, mit dem er sich des Geschehens vergewissert, ein Abgrund? Er muß es empfunden haben, ebenso wie auch der bekannte Hymnus im Philipperbrief (2,5 ff.). Der judenchristliche Verfasser steht noch unverbildet vor dem widersinnigen Faktum des Messiastodes. Die paradoxe Begründung der Herrlichkeit Christi wird vom Hebr. sofort mit einer zusätzlichen Erklärung versehen: „damit er durch die Gnade Gottes für einen jeden den Tod schmeckte". Der Zwecksatz scheint unlogisch nachzuklappen, die Wendung „durch die Gnade Gottes" sachlich im Gedankengang des Satzes zu stören. Soll man einen späteren Einschub annehmen? Muß das „durch die Gnade Gottes", wie schon ältere Korrektoren wollten, in ein „ohne Gott" verwandelt werden, weil ihnen die Aussage unlogisch vorkam? Darf man die Redeweise von der „Krönung mit Herrlichkeit und Ehre" gar nicht auf den erhöhten Christus beziehen, sondern nur auf den erniedrigten, dessen hochpriesterliche Würde damit gemeint sei (nach 2.Mose 28,2: Mose soll seinem Bruder Aaron ein heiliges Gewand machen „zur Ehre und Herrlichkeit") (vgl. später 5,4 ff.)? Die Entscheidung ist nicht ganz einfach. Sehen wir recht, dann stellt der Zitatenzusammenhang in 2,7 aber sicher, daß in der Rede vom Gekrönt-sein die Erhöhung mitgedacht ist. Mag der Hebr. auch schon den hohenpriesterlichen Dienst Jesu im Blick haben, so doch zugleich auch die Herrlichkeit und die Ehre des Erhöhten. Der unlogische Abschluß des Satzes ist zurückzuführen auf die vom Verfasser selbst empfundene Kühnheit der Aussage. Er hat sich genötigt gesehen, die kaum einsichtige Rede von der not-

wendigen Erniedrigung Jesu zu kommentieren, und er hat sie zunächst in der Weise verständlich gemacht, daß er von der Gnade Gottes spricht, die dahinter steht, sowie dadurch, daß er den Tod Jesu überdies in seiner allgemeinen und speziellen Bedeutung würdigt. Jesus mußte den Tod schmecken für einen jeden. Er, der vollmächtige Herrscher über alle, ist somit der, der für einen jeden Ohnmacht erfuhr. Die Hörer des Briefes werden indirekt sehr persönlich angesprochen. Existentielles und Existentiales sind gleicherweise eingebracht. Was mit Christus geschehen ist, geht einen jeden an, wie immer er sich dazu stellt. Die biblische Wendung „den Tod schmecken" berührt dabei eine entscheidende Kategorie menschlicher Erfahrung, insofern anklingt, daß Sterben bitter ist, gerade auch als naturnotwendiger Vorgang. Unser Verfasser, der von dem „Leiden des Todes" spricht, weiß um seine vielschichtige Schmerzhaftigkeit. Die tiefere existentiale Problematik, für die schließlich vor allem auch die antike Welt einen ausgeprägten Sinn besaß, ist offenbar aufgenommen. Wenn Christus den Tod „für einen jeden", ohne Einschränkung, erfuhr, dann ist dies im Blick auf ihn zweifellos furchtbar gewesen. Aber nicht hierüber wird gehandelt, sondern über den Sinn seines Todes, der – wie bei Paulus – als universales stellvertretendes Leiden und Sterben verstanden ist. Dahinter steht, was um der Hörer willen überaus betont wird, die „Gnade Gottes" – ein gleichfalls paulinischer Gesichtspunkt. Das „durch die Gnade Gottes" ist vom Men-
10 schen her formuliert, der sonst im Nihilismus versinken müßte. Ein weiterer Satz bietet ein zusätzliches Argument, den Tod Jesu verstehbar zu machen, wobei der Hintergrund des Handelns Gottes in ihm näher beleuchtet wird. Auch von Gott her gesehen war nur der Weg des Leidens möglich. Die Wendung „es geziemte sich für den, um deswillen alles ist und durch den alles ist" setzt als Subjekt Gott voraus. Dahinter steht theologische Reflexion, mag auch die Redeweise philosophisch klingen (vgl. Philo, Leg. all. I, 48; De aet. m. 41). Darf man aber im Blick auf das Sterben Jesu, des Sohnes, sagen, es sei Gott „angemessen"? Der Leser kann die Erschütterung des Verfassers, der solche Überlegung riskiert hat, nachempfinden, bedenkt er die offenbar bewußt gefällte, überaus kühne Aussage des Satzes. Ihr zufolge mußte Gott, der als Vollender und Urgrund der Schöpfung ausdrücklich hervorgehoben ist, den Urheber unseres Heils durch Leiden vollenden, um seiner Gottheit zu entsprechen. Damit ist eine Überlegung angestellt, die an eine logische Grenze heranführt, wobei man sie nicht als Spekulation abtun sollte. Alles Nachdenken drängt nämlich auf den Schluß, daß Gott nur als der Verhüllte der Geoffenbarte sein kann, weil er sonst nicht mehr Gott wäre. Auch die Vollendung kann somit nicht einfach „in Macht" oder „in Herrlichkeit" geschehen, sondern nur „in Ohnmacht" bzw. „in Leiden".

Der mehrfach gebrauchte Begriff der „Vollendung" ist komplexen Inhalts, wie er auch eine Art Lieblingsbegriff oder Motivwort darstellt (s. 5,9; 7,28; 9,9; 10,14; 11,40). Wörtlich meinend „zur Vollendung bringen" umschließt er eine kultisch-soteriologische und eine geschichtlich-apokalyptische Komponente (s. bes. 7,28). Der ethische Gesichtspunkt ist nur soweit wichtig, wie die Vollendung auch das Geheiligt-werden umgreift. Mensch und Welt, so klingt es an, werden allein durch das Opfer zum Ziel gebracht. Vollendung gibt es nur durch Gott und vor Gott, aber sie muß zugleich seiner Heiligkeit, die nichts Unheiliges zuläßt, entsprechen.

Somit gehören zum Begriff der „Vollendung" die Teilaspekte der totalen Hingabe und der radikalen Heiligung. Ein besonderes Problem ist damit aufgeworfen, ob der Satz „der viele Söhne zur Herrlichkeit geführt hat" auf Gott oder auf Christus zielt. Aus sprachlichen Gründen geben wir der letzteren Möglichkeit den Vorzug. Daß die Rede keineswegs auf Gott zu beziehen ist, beweist die Fortsetzung des Gedankengangs, wo sofort mit Nachdruck angemerkt wird, daß alle, der, der heiligt, und die, die geheiligt werden, von dem einen Gott stammen, nämlich als seine „Söhne". Weil sich Jesus bewährt hat im Dienst an den Menschen, die zur Herrlichkeit *geführt* werden sollen, ist er auch als ihr „Anführer" und „Urheber des Heils" vollendet (erhöht) worden. Gott hat sich somit nicht aus Willkür zu diesem Weg entschlossen, sondern weil dieser Weg seiner Gottheit im Blick auf den Menschen angemessen war. Unser Verfasser weiß, daß Gott jemanden nur über Gehorsam und Dienst „vollendet", denn sein Wort stellt sich als ethischer Anspruch dar, der das Leben erfaßt, und als sittlicher Ruf, der die Person fordert. Von solcher Überlegung her erscheint es auch zweifelhaft, mit V. 11 ein gnostisches Theologumenon behaupten zu wollen (sog. Syngeneia-Lehre).
Die Christen leiten sich nicht etwa auf Grund himmlischer Natur von Gott ab 11
(s. Apg. 17,28), sondern weil sie zu ihm in einem Verhältnis gläubiger Abhängigkeit
und geschöpflicher Unterordnung stehen. Sie können als „heilig" bezeichnet werden,
weil ihre Zugehörigkeit erwiesen ist. Als Menschen bedurften sie der Heiligung
durch den „Heiliger", dem ebenfalls die Tiefen des menschlichen Lebens nicht er-
spart blieben. Der Hebr. führt über die philanthropische hellenistische Vorstellung
der einen brüderlichen Menschheit hinaus, was im übrigen auch die folgenden
Schriftbelege zeigen. Christus, der die Heiligung ermöglicht hat, schämt sich nicht,
die Menschen „Brüder" zu heißen. Indirekt bleibt weiterhin der Gedanke der Sohn-
schaft aller leitend. Christus und die Menschen stehen somit in einem bruderschaft-
lichen Verhältnis. „Schämt sich jener nicht" (Präsens), so ist er allezeit bereit zum
rettenden Eintreten für sie vor Gott. Er beschritt sogar bewußt aus brüderlicher
Verantwortung den Weg der Tiefe und übte hierin Selbstverleugnung. Was aus 12
seinem Leben unschwer anschaulich gemacht werden könnte, wird – um die
Gegenwartsbedeutung sicherzustellen – durch Schriftworte erläutert, die den ganz
persönlichen Willen des Christus verdeutlichen. Weil Jesus sich von Gott her ver-
stand, hat er den Menschen in ihrer unheiligen Art gedient. Das erste Zitat aus
dem von der Leidensgeschichte her bekannten Ps. 22 (s. Mk. 15,34) handelt nach
dem Hebr. davon, daß Jesus Gott die Versicherung gab, seinen Namen (und damit
seinen Willen) den „Brüdern" kundzutun. Es wird im Lobpreis der neuen Gottes-
gemeinde geschehen, die für ihre Heiligung und Rettung dankt. Thematisch liegen
gewisse Berührungen vor mit jenen Osterüberlieferungen, in denen der Auferstan-
dene sehr betont Weisung erteilt für seine „Brüder" (Mt. 28,10; Joh. 20,17), was
auf eine ähnliche Schriftbetrachtung zurückweisen mag. Jedenfalls schärft das
Zeugnis ein, daß vor Gott die Verantwortung untereinander das Opfer der unbe-
dingten Selbsthingabe einschließt. Jesu Dienst der Brüderlichkeit macht dabei an-
schaulich, wie weit die Verantwortung für Leben und Heil unter uns Menschen
geht. Mitmenschlichkeit sollte sein unbedingtes Opfer als Maßstab anerkennen!
Die beiden nächsten Zitate, die in Jes. 8,17ff. unmittelbar aufeinander folgen, 13

jedoch vom Verfasser getrennt zitiert sind, wohl weil der eine Teil auch in 2.Sam. 22,3 vorkommt, handeln ausdrücklich von Gott als der Quelle des Vertrauens Jesu. Das zweite Zitat besagt offen, daß er sich im Blick auf die anvertrauten „Kinder" verantwortlich gewußt hat. Die Beweisführung mittels der Schrift widerspricht der Annahme, es sei eine gnostische Konzeption verarbeitet. Offensichtlich ist der Gedanke der Verwandtschaft zwischen Erlöser und Geheiligten nicht im Sinne einer physischen Göttlichkeit aufgeworfen, sondern nur im Sinne eines ethischen Bruderverhältnisses. Jes. 8,18 umschließt die Meinung des Propheten über sich und seine „Kinder" bzw. „Schüler": „Wir sind Zeichen und Vorbedeutung in Israel von dem Herrn". Der Kontext Jes. 8,16 handelt von der Offenbarung, die verwahrt und versiegelt ist, bis daß Gott das Dunkel über Jakob zerreißen wird. Von der Überzeugung der in Christus erfüllten Weissagung her bezieht der Hebr. die Rede auf die „Kinder Gottes", für die Gott dem Christus die Verantwortung übertragen hat. Dem Wortlaut zufolge nahm sie dieser voll und ohne Widerrede auf sich.

Die Todesverfallenheit des Menschen ist durch den Tod des Christus aufgehoben 2,14-18

14 Da nun die Kinder an Blut und Fleisch Anteil bekommen haben, nahm er auch selbst in gleicher Weise an ihnen teil, damit er durch den Tod den vernichtete, der Macht hat über den Tod, nämlich den Widersacher, 15 und damit er all die befreite, die in Todesfurcht die ganze Lebenszeit hindurch der Knechtschaft verfallen waren. 16 Denn es sind ja doch nicht Engel, deren er sich annimmt, sondern „des Samens Abrahams nimmt er sich an". 17 Deshalb schuldete er, in jeder Beziehung „den Brüdern" gleich zu werden, damit er sich barmherzig erzeige und ein getreuer Hoherpriester sei in Hinsicht auf das Verhältnis zu Gott, um die Sünden des Volkes zu sühnen. 18 Denn (nur) dadurch, daß er selbst versucht wurde und Leiden auf sich nahm, konnte er denen, die in Versuchung stehen, Hilfe verschaffen.

V. 14: *Jes. 8,18;* V. 16: *Jes. 41,8f.;* V. 17: *Ps. 22,23.*

14-18 Der Gedankenkreis V. 14-18 führt aus, wie der Tod Jesu, der ganz in der erschütternden Weise menschlichen Sterbens geschah, verstanden werden muß. Damit erfährt die Überlegung von V. 9 („wegen der Leiden des Todes") ihre nähere Erhellung. Stand vorübergehend das menschliche Bruderschaftsverhältnis zwischen Jesus und den Menschen in der Mitte der Besinnung, so nun ihre Schicksalsgemeinschaft im „Sein zum Tode", worin in Wahrheit Jesu brüderliche Verant-
14 wortung sich bewährt hat. Mit Hilfe eines einfachen Schlußverfahrens wird festgestellt, daß Jesus wie „die Kinder" an „Blut und Fleisch" Anteil erhalten mußte und zwar „in gleicher Weise", qualitativ und quantitativ. Die Überlegung ist aufschlußreich. Es wird nicht gesagt, daß er eine himmlische Seinsweise verlassen habe. Ohne Zweifel sieht der Hebr. den Zusammenhang viel unmythischer, wenngleich natürlich eine solche hohe Aussage hätte riskiert werden können. Was er hervorhebt, ist die Tatsache, daß Jesus die tödliche Verfallenheit der menschlichen Existenz nicht gescheut hat. Was lähmt, demütigt und sinn-

los vernichtet, ist ihm nicht fremd geblieben. Wird sonst durchweg im Denken der Zeit von „Fleisch und Blut“ gesprochen, so hier – nicht ohne Grund – in umgekehrter Reihenfolge von „Blut und Fleisch“. Damit klingt nicht nur an, daß es in dieser Welt Sterben und Tod gibt, sondern auch Blutvergießen und Kampf. Es ist eine Welt der feindlichen Brüder, die der Rettung und des Friedens bedarf. Christus hat sie gebracht. Er scheute die Brüderschaft mit den Kainsexistenzen nicht, wie er selbst ja durch Brudermord umkam (s. 11,4). Die Tatsache, daß V. 14 erneut Jes. 8,18 eingearbeitet ist („die Kinder“), weist ebenfalls auf übernommene, nichtgnostische, biblische Denkkategorien hin. Demnach konnte der Bringer der Erlösung in keiner anderen Existenz leben als die übrigen Menschen. In gleicher Geschöpflichkeit war er ihnen verbunden. Er führte nicht das Scheinleben eines Himmelswesens, das nach antikem Verständnis nie wirklich hätte sterben können, weil göttliches Sein und irdische Natur im griechisch-hellenistischen (auch gnostischen) Denken immer als unvereinbar galten. Anders hingegen die biblische Betrachtungsweise des Hebr., der die brüderliche Verbundenheit Jesu bis in die leibliche Hinfälligkeit hinein vertritt, um in dieser paradoxen Identität die Macht des Todes gebrochen zu sehen. Die tödlichen Herrschaftsverhältnisse, denen menschliches Leben unterworfen ist, werden durch kein himmlisches Mirakel geändert, sondern „durch den Tod“ wurde, „der, der die Macht des Todes hat“, vernichtet. Offensichtlich ist an keinen Scheinkampf gedacht, ebensowenig an eine irdisch-leibliche Scheinexistenz. Die Sprache legt es vielmehr nahe, daß der Verfasser die Mitte der Botschaft, worauf christlicher Glaube gründet, bewußt paradox formulieren wollte. Wie er sich die Überwindung des Widersachers im einzelnen vorstellt, erfahren wir nicht. Er betrachtet den „Widersacher“ als den, der „die Macht des Todes“ hat. Spätjüdische Vorstellungen, in denen der Satan als Urheber des Bösen sowie als Todestyrann (oder: Todesengel) geführt ist, können hinter der Aussage stehen. Ähnlich gibt Paulus die Sünde als Stachel des Todes aus (1.Kor. 15,56; Röm. 7,13 ff.). Um aber den Menschen nicht aus der ethischen Verantwortlichkeit zu entlassen, bleibt der Satan als Urheber der Macht der Sünde und des Todes bei ihm außer Betracht. Anders der Hebr., der den satanischen Widersacher, die metaphysische Verkörperung alles Bösen und aller Lebensfeindschaft, als bewußtes personales Gegenüber der Person des Heilsträgers entgegensetzt (s. Sap. Sal. 3,24)! Das Ja zum personalen Gott des Lebens und des Heils umschließt eben logischerweise
zugleich auch das Nein zu dem, der Nicht-Gott, Verderber und Lebensfeind ist.
Die Welt ist von außen und innen schicksalhaft bedroht. Das beweist die Fort- 15
setzung des Gedankengangs, wonach Christus gerade durch seinen Tod die Befreiung gebracht hat für alle, die ihr ganzes Leben über durch Todesfurcht zur Knechtschaft verdammt sind. Die Analyse menschlichen Lebens und irdischer Wirklichkeit könnte kaum ungeschminkter vorgenommen sein. Sie ist wahr; denn das, was wir Leben nennen, ist hier richtig als Sklaverei Todgeweihter krassestens verdeutlicht. Dabei geht es gleichermaßen um die Geworfenheit des menschlichen Lebens und um seine Schuldhaftigkeit. Man kann nicht sagen, daß in solcher Äußerung der Skeptiker vernehmbar sei. Hinter den Worten steht unverkennbar der elementare Protest eines sehr wachen Geistes, der jedoch auf Grund seines Christusglaubens in voller Gewißheit möglicher Freiheit seinen Weg geht. Offenbar

empfindet er nicht wie der gnostische Mensch, der in ähnlicher Weise von der Gefangenschaft der Seele weiß, aber im eigenen Erlösungsstreben die aussichtslose Verlorenheit verkennt. Die Möglichkeit irgendwelcher billiger Selbstbefreiung ist auch nicht im Ansatz erwogen. Die rettende Möglichkeit sieht er allein gesetzt durch die befreiende Tat des Christus, der im Vertrauen auf Gott gehandelt hat (2,13). Da Christus „durch den (eigenen) Tod" Befreiung gebracht hat, ergibt sich der überaus tiefe Gedanke, daß Gott seine Siege durch Ohnmacht erkämpft, und daß andererseits unsere Ohnmacht in Wahrheit den Weg freimacht für Gottes Wirken. Spätere altkirchliche Interpreten des Heilswerkes haben die Hilfsidee einer Täuschung des Teufels entwickelt oder gelehrt, daß Jesus dem Satan seine Seele als Lösegeld gegeben habe, der sie aber nicht zu halten vermochte. Damit liegt der unzureichende Versuch vor, das Unlogische des Gotteshandelns anschaulich zu machen. Die meist ontisch fixierte Paradoxie muß daher heute zur Wahrung des Entscheidungscharakters unserer Existenz auf die – logisch gesehen – widersinnige Praxis des Verhaltens der Liebe und des Opfers übertragen werden, wobei Christus die Rolle des Anfängers und des Vollenders des Glaubens zukommt. Diese Intention liegt im Sinne des christlichen Zeugnisses des Hebr., der keineswegs einseitig auf die Schilderung jenseitiger Vorgänge bedacht ist, sondern den Menschen in seiner Verlorenheit sieht. Daher heißt es folgerichtig, daß sich Christus doch nicht der
16 „Engel" annimmt, sondern des „Samens Abrahams". Die absurde Möglichkeit wird verworfen, er könnte sich die Aufgabe leicht gemacht haben oder er habe sich auf Abseitiges wie die Rettung der Engel verlegt. Aus Gehorsam gegenüber Gott brachte er die Hilfe dort, wo sie am nötigsten gewesen ist, nämlich bei den Menschen, die ihr Leben als „Krankheit zum Tode" führen. Die Redeweise vom „Samen Abrahams" (nach Jes. 41,8ff.) setzt voraus, daß allen, Juden und Heiden, geholfen wurde, wobei das letztere vor judenchristlichen Lesern freilich nicht weiter hervorgekehrt zu werden brauchte. In unserem Zusammenhang liegt der Ton darauf, daß die Menschen durch Gottes Zuwendung in der Wirklichkeit dieser Welt einen Beistand haben. Sie haben den Überwinder des Todes bei sich. Um der Retter zu sein, blieb
17 diesem nichts erspart. Ein erklärender Satz führt aus, daß dies nur in absoluter Solidarität, „in jeder Beziehung", mit den menschlichen Brüdern geschehen konnte, denen er „gleich", nicht etwa ähnlich wurde. Wichtige Schlüsselworte künftiger Ausführungen klingen an. Desgleichen wird die Aussage von 2,10 noch einmal erläutert. Nicht als Objekt eines himmlischen Prozesses, nicht weil Christus gleichsam für seine Erlöseraufgabe vorprogrammiert war, ist er zum Beistand der Menschen geworden. Gerade umgekehrt verhält es sich! Er wurde den Brüdern gleich, „damit er sich barmherzig erzeige und ein treuer (= standhafter) Hoherpriester sei in Hinsicht auf das Verhältnis zu Gott". Mit diesen Worten ist genau dem biblischen Denken entsprochen, das jedem Heilsautomatismus das Korrektiv des von Gott her geforderten Glaubens entgegensetzt. Die Solidarität Jesu mit den Menschen fand überzeugenden Ausdruck in der Bewährung des Glaubens, der Liebe und der Hoffnung. In V. 17 wird zum erstenmal ganz selbstverständlich, nämlich wiederum auf Grund der Schrift (Ps. 110), vom „Hohenpriester" gesprochen, der die Sünden des Volkes sühnt. Vermutlich ist bewußt im Blick auf spätere Überlegungen ein neuer Gesichtspunkt berührt (s. 4,14ff.). An dieser Stelle sei betont,

daß abgesehen von der Todesverfallenheit unserer Existenz nun erneut (s. zuletzt
1,3) offen von der Verderbtheit des Menschengeschlechts gehandelt wird. Damit 18
ist der logische Übergang zu dem überaus inhaltsreichen, ebenfalls nach vorne weisenden V. 18 hergestellt. Sofern nämlich diese Welt von der Sünde gekennzeichnet ist, ist sie auch eine Welt der Anfechtung. Deshalb gilt der Satz, daß dem leidenden Christus am wenigsten die Versuchung erspart blieb, weil nur so den versuchten Menschen wahre Hilfe zuteil wurde. Er „kann" den Versuchten helfen! Die Konfrontation mit dem angefochtenen Christus ist der erste Schritt zur Erfahrung des lebendigen Herrn; denn Christi Leiden ist als vor Gott verantwortetes immer Gewähr der Gegenwart des Gekreuzigten selbst.

Christus, der treue Sohn im Hause Gottes, will auch die Treue seiner Gemeinde 3,1-6

1 Daher, heilige Brüder, die ihr der himmlischen Berufung teilhaftig seid, blickt auf den Gesandten und Hohenpriester unseres Bekenntnisses, Jesus, 2 der seinem Schöpfer „treu" ist wie auch „Mose in seinem Hause". 3 Denn dieser ist einer um soviel größeren Herrlichkeit als Mose gewürdigt wie der Erbauer eines Hauses höhere Ehre empfängt als dieses selbst. 4 Denn jedes Haus wird von jemandem erbaut; der aber alles erbaute, ist Gott. 5 Und Moses war zwar „treu in seinem ganzen Hause" wie „ein Diener" zur Bezeugung dessen, was da sollte gesprochen werden. 6 Christus aber ist wie ein Sohn „über seinem Haus", wobei wir sein Haus darstellen, sofern wir den Freimut und den Ruhm der Hoffnung fest bewahren.

V. 2 und 5a: *4. Mose 12,7.*

Erstmals werden die Hörer (3,1) direkt angesprochen. Nach sehr tiefen Gedan-
ken (2,5-18) kommt es überdies zu einer erneuten Ermahnung (3,1ff.), die eben- 1-6
falls wie 2,1-4 mit einer Begründung versehen ist (3,3-6). Darin wird betont, daß Christus, der Sohn, höhere Ehren als Mose erlangt hat. Mit der Mahnung soll die praktische Konsequenz des vorher Gesagten eingeschärft werden. Der begründende Teil enthält Begriffe, die erneut nach vorne weisen. Die Rede von der „himmlischen Berufung" wird später inhaltlich gefüllt werden (9,15). Der thematische Hinweis auf den „Hohenpriester", soeben 2,17ff. eingeführt, prägt die rahmenartige Aussage V. 1. Sie gibt dem folgenden Aufruf Gewicht, das „Heute" der göttlichen Verheißung nicht zu verpassen (3,7-4,13). Mit 4,14-16 kommt es noch einmal zu einer ähnlichen Darlegung wie 2,17ff. Auch die Mahnung, auf den Hohenpriester des „Bekenntnisses" zu achten, wird 4,14 wiederholt, so daß sich für 3,7-4,11 (bzw. 4,13) der Tatbestand eines überaus geschlossenen Komplexes ergibt. Über ihn wird noch eigens zu handeln sein. Unser Abschnitt will jedenfalls zu diesem größeren Gedankengang überleiten, den wir nicht mit anderen Auslegern als eine „große Einschaltung" ausgeben möchten. Sehen wir recht, dann wird auf ihre Weise eine
weitere Steigerung des Vortrags erreicht. Der Hebr. bietet wenig Anreden. Um so 1
auffallender ist die gefüllte Wendung: „heilige Brüder". Es ist keine Floskel wie sie der Redner aus Verlegenheit einstreut, um eine Denkpause zu überbrücken (s. 3,12; 10,19 und 13,22). An dieser Stelle eignet ihr vielmehr sachliches Gewicht,

hat er doch soeben noch den einmaligen Grund der Gemeinschaft der Christen aufgezeigt, nämlich das *Bruder*sein des Hohenpriesters Jesus, durch den das Verhältnis des Menschen zu Gott in Ordnung gebracht und eine Sühne für die Sünden bewirkt ist. Ihm muß man alle Aufmerksamkeit zuwenden. Die Ermahnung will offenbar einen Entschluß bewirken. Sie sagt nicht, was selbstverständlich ist, sondern zielt auf besonderes Verhalten, sofern die Hörer an einer „himmlischen Berufung“ teilhaben. Es geht schwerlich um eine allgemeine Bestimmung zum Christ-sein, sondern um die spezielle Aufgabe, den „Ruf“ zu festigen und sich als Getaufter zu bewähren. Die Anrede weist die Angesprochenen als vorgestellte Teilnehmer einer festlichen gottesdienstlichen Handlung aus, vielleicht mit einem Taufgottesdienst verbunden (s. 10,22), so daß es von daher überdies nahelag, an frühere Unterweisung zu erinnern (s. 6,11ff.). Auch die Charakteristik „Teilhaber eines himmlischen Rufes“ will beachtet sein. Daneben hat logischerweise der typische Begriff des „Bekenntnisses“ seinen Platz, der wahrscheinlich in einem etwas weiteren Sinn das Wort- und Lebenszeugnis meint. Wir vernehmen, daß der Christ nicht seinshafte himmlische Natur aktualisieren kann, sondern daß er auf Grund ergangenen göttlichen Wortes beansprucht wird. Das Ziel ist in gewisser Hinsicht sehr fern, aber die Orientierungshilfe, die der „Gesandte“ und „Hohepriester unseres Bekenntnisses“ gibt, darf als absolut zuverlässig betrachtet werden. Hinter ihm steht Gott, der Sendende (1,2), und er hat sich im priesterlichen Dienst in einmaliger Weise bewährt. Die Sätze sind von Ps. 110 her verfaßt, worauf die Rede vom „Hohenpriester“ deutet (so auch schon 2,17). Ps. 110,2 enthält zudem die Aussage, daß Gott, der Herr, den Herrscher, der den Platz zu seiner Rechten einnimmt, „senden“ wird. Der Hebr. weiß, daß sich die Autorität und der Auftrag Gottes in „Jesus“ verkörpert haben. Ähnlich wie im Hymnus Phil. 2,5ff. wird deutlich ausgesprochen, daß es um einen irdischen Namensträger und sein Verhalten vor Gott geht. Er ist der Inhalt des „Bekenntnisses“. Bei diesem Begriff wird jedoch Akt und Inhalt gleicherweise gemeint sein. Wahrscheinlich zielt er im weitesten Sinn auf das Taufzeugnis der Gemeinde, das Treue verlangt (s. noch 4,14) und in dem sie auch umgekehrt der Treue Christi gewiß sein darf, weil er die Verheißung der ewigen Hoffnung gewährleistet (s. 10,22ff.). Es ist nicht an eine feste Bekenntnisformel zu denken, die vielleicht u.a. vom Hohenpriester sprach, sondern eher an einen förmlichen liturgischen Akt (s. auch 13,15). Er besaß vermutlich feierlichen Gelöbnis- und Versprechenscharakter, weshalb das Problem des möglichen Abfalles im besonderen aufgeworfen war. Der Verfasser stellt sich der Gefahr mit auffallendem Einsatz in 3,7-4,13. Bevor er in die tiefsten Wahrheiten des Christusglaubens einführt, macht er die Gemeinde mit großem seelsorgerlichen Nachdruck
2 auf den Ernst der gefällten Entscheidung aufmerksam. Er erwartet ihre Treue, die nichts anderes sein soll als die Antwort auf das gleiche Verhalten Jesu, der gegenüber seinem Schöpfer Treue beweist. Es fällt auf, daß damit nicht ein bestimmtes Verhalten bei einer bestimmten Gelegenheit beschrieben wird, sondern Jesu gegenwärtiges und allgemeines Treueverhältnis zu Gott. Nach 2,17 ist Jesus „treuer“ Hoherpriester im Leiden mit den Brüdern geworden. Hier steht, daß sich die Gemeinde jederzeit darauf stützen darf. Das Verhältnis des Sohnes zum Vater wird dabei als das Verhältnis des Geschöpfes zum Schöpfer bestimmt, was für den Ver-

fasser kein Widerspruch zu anderen hochgestimmten Aussagen über den Sohn als
Schöpfungsmittler ist. Offensichtlich ist ihm der Gedanke eines seinshaften meta-
physischen Verhältnisses Jesu zum „Schöpfer" absolut fremd. In biblischer Weise
bestimmt er die Stellung des Sohnes zum Vater als ein Gehorsams- und Treue-
verhältnis und er macht es anschaulich unter Verweis auf den „treuen" Dienst
des Mose „in seinem Hause", um damit bewußt ein Zeugnis aufzunehmen, das in
4.Mose 12,7 von Gott über Mose abgegeben ist (s. LXX). Wegen dieser Treue nahm
Mose einen Platz vor Gott ein, der ihn über die Engel stellte. In Steigerung der 3
früheren Überlegungen wird ferner auf Grund des Begriffes „Haus" dargelegt, daß
Jesus rangmäßig größerer Herrlichkeit als Mose gewürdigt ist. Mose war zwar mit
der leitenden Aufgabe in dem ihm anvertrauten „Hause" Israel betraut, aber er
kann nicht als der Erbauer dieses „Hauses" gelten. Im Grunde war er, an verant-
wortungsvoller erster Stelle der Gemeinschaft stehend, nur ein Teil des Hauses,
auf keinen Fall aber der „Erbauer" selbst, um damit „über" dem Haus zu stehen.
Folglich – so geht die Argumentation, die als Analogieschluß den Regeln rabbini-
scher Auslegung entspricht – ist die Ehrenstellung Jesu eine entsprechend höhere;
denn als „Sohn" steht er mit Gott, dem Erbauer des Hauses, auf einer Ebene.
Formal ist der Begriff des „Hauses", dem Mose gedient hat, aus 4.Mose 12,7 ge-
nommen, inhaltlich ist natürlich im weitesten Sinn an das „Haus Israel" gedacht
(vgl. hierzu Ps. 114,1; 118,1ff.). V. 4a lautet sehr allgemein. Er bringt einen Neben- 4
gedanken zur Sprache, wenn es heißt, daß jedes Haus von jemand gebaut werde.
Was allgemeiner Tatbestand ist, dient aber im Sinne des Schlußverfahrens der Fort-
führung des Gedankengangs, daß auch Gott, der alles geschaffen und errichtet
hat, der Baumeister eines „Hauses" ist, das die Welt umfaßt. Die Überlegung setzt
voraus, daß Jesus, der Sohn des Vaters, als der Herr dieses „Hauses Gottes" be-
trachtet werden kann. Nach 1,2 ist er es in der Tat als der „Erbe" des Alls. Die
leitende Vorstellung geht dahin, daß er mit dem Erbauer rang- und ehrenmäßig
als Sohn auf einer Ebene steht. Der Gedanke an das Treueverhältnis wird dabei
nicht vergessen. Der Beweisgang nähert sich nach den erwähnten Zwischengliedern 5
nun endgültig dem Schluß. Mose erwies sich (nach 4.Mose 12,7) als „Diener" in
seinem Haus treu (vgl. auch 2.Mose 4,10; 14,31; 4.Mose 11,11 u.a.). Es geschah
vor allem, daß er das, was „geredet wurde", also die Worte Gottes, unverkürzt
und unverfälscht bezeugte. Nach 4.Mose 12,8 (LXX) war er im Grunde der „Mund"
und das „Sprachrohr" Gottes; denn er gab das Zeugnis dem Volk nicht „unklar"
oder „verschlüsselt", sondern wörtlich weiter. Hinter dem Gedanken steht die Über-
zeugung sowohl der absoluten Heiligkeit als auch der ethischen Verbindlichkeit
der Thora. Während Mose Treue bewies „in seinem Hause", das ihm anvertraut 6
war von Gott, steht Christus als Sohn „über seinem Haus"; er ist vom Vater her
der Erbe und der Eigentümer. Seine Würde ist also eine höhere und einmalige.
Der nicht zufällig gesetzte Würdetitel „Christus" verstärkt das Anliegen; denn es
klingt an, daß wie das Diener-sein die Aufgabe des Mose war, so das Christusamt
die Aufgabe des Sohnes. 10,21 heißt es noch deutlicher, daß wir einen Hohenpriester
haben, „der über das Haus Gottes gesetzt ist". Das „Zwar-Aber" des Satzes präzi-
siert mit Nachdruck das christologische Beweisziel, wobei nun etwas überraschend,
doch im Ganzen der Darlegung durchaus passend, die Folgerungen für die Leser

im Sinne des „Wir“ von 3,1 gezogen sind (s. „*unser* Bekenntnis“). Wozu diese erneute Überlegung? Das „Haus Gottes“, worüber der „Sohn“ als Erbe gesetzt ist (s. Ps. 110), sind „wir“, die Christen. Genauer spricht V. 6 vom „Hause Christi“. Man hat nicht einfach daran teil. Die Zugehörigkeit ist vielmehr an gewisse Voraussetzungen geknüpft (s. 2,17). Das Israel des alten Bundes war durch Blutsbande zusammengekettet, das Christushaus bzw. die Christusgemeinde stellt sich hingegen dar als das „Volk“ derer, die die Vergebung empfangen haben. Der nationale Gesichtspunkt ist demnach außer Kraft gesetzt. Hatte das „Haus Israel“ nur auf Zeit Bestand, so reicht das nun endgültig verwirklichte „Haus Gottes“, dessen Eckstein Christus ist (Ps. 118,22), hinein in die ewige himmlische Welt. Für den Christen liegt alles daran, daß er „den Freimut und den Ruhm der Hoffnung“ bewahrt. Damit wird festgehalten, daß der Glaube eine Sache freien und sieghaften „Bekenntnisses“ ist (s. 3,1).

Wie Israel steht auch das neue Gottesvolk in der Gefahr, die Verheißung der Sabbatruhe zu mißachten 3,7-4,13

Der Form nach stellt sich dieser sehr geschlossene Abschnitt als „Homilie“ in der Homilie dar, wie er sich ja auch – nicht von ungefähr – als typische Ermahnung in einer Predigt findet, die „Wort der Ermahnung“ sein will. Daraus geht hervor, daß ihm im Ganzen des Aufbaus keine Nebenrolle, sondern sogar eine sehr wesentliche Aufgabe zukommt. Der Verfasser schweift nicht ab zu einem Exkurs, sondern gibt seiner Darstellung genau jene kritische Brisanz, die es über Menschenwort hinaus zu Gotteswort macht, insofern nur letzteres mit der nötigen Unerbittlichkeit vor die Entscheidung stellen kann, nie aber menschliche Besinnung. Der Hebr. geht davon aus, daß nur insoweit eine Vollmacht des Predigers beansprucht werden darf, wie es ein vollmächtiges Wort gibt. Daher gehört der eigentümlich anmutende Schlußabschnitt 4,12ff. unbedingt zu dieser durchaus harten „Ermahnung“ dazu. Wieder weist der Hebr. das Recht seiner Rede auf, wobei er nun über 3,3-6 hinaus noch grundsätzlicher denkt.

Als typischer Teil des homiletischen Ganzen verdienen die Ausführungen 3,7-4,13 besondere Beachtung. Ihre Grundlage ist ein längerer Abschnitt aus Ps. 95. Der Verfasser weiß sich wie das Israel der Wüste mit seiner Gemeinde in einer Zeit des Übergangs. Es ist eine „kurze Zeit“ (s. 10,37). Insgeheim mag daran gedacht sein, daß ähnlich wie in der Wüste eine Frist von ca. vierzig Jahren bis zur Erfüllung des Erhofften gesetzt bleibt (s. auch 10,37f.). Wie schon ausgeführt, dürfte der Hebr. zwischen 60 und 70 n. Chr. geschrieben sein. Eine gewisse empfundene Dringlichkeit der Erwartung spricht aus dem Gebot der „täglichen“ Ermahnung.

Das „Heute“ des Gottesrufes fordert eine letzte Entscheidung 3,7-11

7 Darum gilt, was der heilige Geist sagt: „Heute, wenn ihr seine Stimme hört,
8 verhärtet eure Herzen nicht wie in der Erbitterung am Tage der Versuchung in
der Wüste, 9 wo (mich) eure Väter in einer Probe versuchten 10 und meine Werke

vierzig Jahre lang schauten. Daher verabscheute ich dieses Geschlecht und sprach: „Immer befinden sie sich mit dem Herzen in Irrtum“. Sie aber erkannten meine Wege nicht, 11 weshalb ich in meinem Zorn schwur: „Sie sollen nicht in meine Ruhe hineingehen!“

V. 7-11: *Ps. 95,7-11.*

Kann die Gemeinde an Jesus ersehen, was Treue ist, so muß sie am Volk des 7
alten Bundes lernen, wie leicht es zur Untreue kommt. Ist auch der größere Gedankengang durchaus einsichtig, in sprachlicher und logischer Hinsicht wirft der Übergang einige Fragen auf. Soeben ist noch gesagt worden, daß sich die Zugehörigkeit zum Hause Christi letztlich daran entscheidet, ob die Christen zuversichtlich und und getrost an ihrer Hoffnung festhalten. Etwas abrupt kommt es im Anschluß daran zur Einführung des Schriftzitats Ps. 95,7-11 mit seinem harten, warnenden Ton: „Deshalb, wie der heilige Geist sagt“. Man wird die scheinbare Schwerfälligkeit nicht so erklären, daß insgeheim schon die Fortsetzung V. 12 ins Auge gefaßt ist: „... sehet zu Brüder, daß nicht ...“. Die etwas stereotyp gehaltene Einleitungsformel „wie der hl. Geist sagt“ macht es wahrscheinlicher, daß das „deshalb“ vom vorausgehenden Anliegen her bestimmt wird im Sinne: „Darum gilt, was der heilige Geist sagt“, um zu V. 8 hinzulenken und zu sagen: „Darum gilt ... verhärtet eure Herzen nicht!“. Es ist deutlich, daß das Schriftwort im Ganzen der homiletischen Darlegung zunächst nicht eigentlich als Belegstelle dient. Der Verfasser füllt sein eigenes warnendes Wort vielmehr mit einer massiven biblischen Warnung, deren kerygmatische Gegenwartsbedeutung ihm außer Zweifel steht. Erst die Länge des Zitats, das den ganzen Schlußteil des Psalms umfaßt und das wahrscheinlich auswendig reproduziert ist, hat es zum stärker formalen Argument gemacht, woraus wiederum die Notwendigkeit erwachsen ist, es auch näher ausführlich zu erklären. Das Vorgehen des Hebr. ist erstaunlich. Fast rücksichtslos stellt er die Leser unversehens einem Wort des Geistes gegenüber, das sie zutiefst fordern und treffen muß. Weil sie als (Tauf-)Gemeinde eine Entscheidung getroffen haben, die alles übliche Wollen hinter sich läßt, prägt er ihnen unüberhörbar ein, daß es auf dem begonnenen Weg weder ein Zurück noch einen Widerruf geben kann. Die Folgen wären sonst furchtbar (V. 12; 4,1). Hinter dem Verfahren steht die feste Überzeugung, das Schriftwort sei von gegenwärtiger Aktualität. Er versteht das „Heute“ als den augenblicklichen Ruf des Geistes Gottes, der besagt, daß die angesprochenen Christen, nach 3,1: „Teilhaber eines himmlischen Rufes“, auf Gottes Stimme hören sollen. Das „Heute“ umgreift den Zeitraum der Ausrufung der Christusbotschaft (ähnlich 2. Kor. 6,2), zielt aber offenbar auch auf die besondere gottesdienstliche
Situation, in der der „Ruf“ Gottes in klarer Zusage vernehmbar ist. Da den Christen 8
Freimütigkeit und Gewißheit des Erhofften kennzeichnen, darf es keine Verhärtung des Herzens geben. Gemeint ist die Verstockung, worin sich der Mensch der Stimme Gottes verschließt, nicht etwa das angefochtene und suchende Herz. Die Schrift tadelt jene Haltung, die sich gegen Gott in Trotz und Auflehnung empört. Damit wird die Gemeinde vor jener „Verbitterung“ gewarnt, die die Absage an Gott zum Inhalt hat, so wie sich Israel in Massa und Meriba dem Zweifel hingab: „Sollte der Herr unter uns sein? Doch wohl nicht!“ (s. 2. Mose 17,1 ff.). Eine so verstockte Haltung bestraft Gott, weil sie nicht plötzlich wie eine Anfechtung über Israel

gekommen ist, sondern lange mutwillig vorbereitet war. Obwohl Teil des Zitats,
9 deutet die Redeweise „eure Väter“ auf angesprochene jüdische (christliche) Men-
schen hin. In besonderen Zeiten der Geschichte sollte man sich niemals in leicht-
fertiger Weise gegen Gott stellen. Auch hiermit will der Hebr. die Gemeinde un-
mittelbar ansprechen. Kommt sie nicht ebenfalls von unerhörten Glaubenserfah-
10 rungen her (s. 2,1-4)? Vierzig Jahre lang sah Israel in der Wüste Gottes „Werke“.
Was ist damit gemeint? Das Schriftwort ist durch ein zusätzliches „darum“ (mit
der Fortsetzung: „verabscheute ich ...“) anders abgetrennt als in der Septuaginta,
wo die Rede lautet: „Und sie sahen meine Werke. Vierzig Jahre lang zürnte ich
jenem Geschlecht“. Während darin Werke des Zornes gemeint sind, denkt der
Verfasser somit wohl stärker an die „wunderbaren“ Machterweise als Zeichen
der gnädigen Führung Gottes. Von hier aus mußte der angesprochenen Ge-
meinde das Verhalten der Väter um so befremdlicher, die Reaktion Gottes aber
um so verständlicher erscheinen. Früheres Versagen darf auf keinen Fall jetzt noch
einmal geschehen. Dabei bleibt nach dem Vorbild des Psalms die genaue Örtlich-
keit, weil im Grunde bedeutungslos, ja für das Zeugnis hinderlich, offen. Während
der hebräische Text auf „Massa“ und „Meriba“ Bezug nimmt, was der Hebr.
sicher wußte, läßt er die lokalen Details wie die griechische Fassung völlig außer
Betracht. Das Verhalten Ganz-Israels kommt dadurch in den Blick; denn eben
dessen Unglauben soll und darf die Gemeinde des neuen Gottesvolkes nicht zu dem
ihren machen. Die Stationen der Wüstenwanderung gewinnen notwendigerweise
Aussagekraft für strafwürdige Verhaltensweisen (sich gegen Gott „empören“, ihn
„erproben“ und „versuchen“). Mit V. 10 wird der Spruch aus Ps. 95 zur direkten
Aussage, in der Gott selbst redet. Er äußert darin seine Abscheu und seinen Über-
druß an der Generation des Wüstenzugs, die immer im Herzen dem Irrtum zu-
11 neigte, obwohl sie die „Werke“ schauen durfte. Weil es an Glauben und Gehorsam
mangelte, schwur Gott in seinem Zorn, sie sollten nicht in seine Ruhe, d. i. in das
von ihm in Aussicht genommene „Land der Verheißung“ ziehen. Die wörtliche
Wiedergabe des Schwursatzes des griechischen Textes der LXX, der ohne Kenntnis
des hebräischen Wortlautes nicht verstanden werden kann, beweist die jüdische
Schriftgelehrsamkeit des Verfassers (vgl. 4. Mose 14,30). Der Hebr. hat ebenfalls
keine Veränderung vorgenommen, weil ihm die Inspiriertheit des Gotteswortes
oberstes Axiom gewesen ist. Das furchtbare Gottesgericht über die Generation
der Wüstenwanderung wird zum Zwecke der Abschreckung voll anerkannt. Es
ist dabei keineswegs antijüdisch gedacht, sondern durchaus in der Weise der Syna-
goge, die ebenso hart urteilen konnte. Die erwähnte eigenwillige Abtrennung des
Psalms V. 10a erweckt den Anschein, als habe Gott erst nach vierzig Jahren ein-
gegriffen, wogegen hierfür das Zeugnis des Alten Testaments vielmehr ausdrück-
lich den Anfang der Wanderung benennt, gelegentlich sehr genau sogar das zweite
Jahr (4. Mose 14,21-35; 32,10-13; 5. Mose 1,34-40), um damit die lange Dauer
des Wüstenzugs ursächlich zu verbinden. Tatsächlich ermöglicht die geringfügige,
aber sicher bewußte Abweichung von der Vorlage einen im Blick auf die Situation
der Leser passenderen Vergleich. Man weiß sich am Ende des Auszugs, nicht etwa
am Anfang. Die Möglichkeit ist nicht auszuschließen, daß die urchristliche Er-
wartung wie die jüdische mit zunächst 40jähriger Messiaszeit rechnete, was schon

für Rabbi Elieser (um 90 n.Chr.) überliefert ist: „Die Tage des Messias sind vierzig Jahre, wie gesagt ist Ps.95,10“ (Sanh. 99a). Dennoch wird seitens unseres Briefes keine Rechnung geliefert, sondern alle erkannte Dringlichkeit wird umgesetzt in ernstliche Mahnung zur Bereitschaft. Man kann daran erinnern, daß in ähnlicher Weise Paulus warnend auf das Beispiel Israels hinwies (1.Kor.10,7). Das Kreuz als Grund christlichen Verhaltens ist gottgesetztes Zeichen hin auf Liebe *und* Hoffnung. Christlicher Glaube bedarf der unbedingten Bereitschaft zum Handeln, kann aber auch nie der Ausdauer entbehren, die nötig ist, um eine letzte Zukunft anzugehen.

Nur tägliche Ermahnung untereinander wehrt der Gefahr des Abfalls 3,12-14

12 Brüder, seht zu, daß nicht in einem von euch ein böses Herz des Unglaubens sei, das vom lebendigen Gott abfallen könnte! 13 Ermahnt euch selbst vielmehr täglich, solange das „Heute“ ausgerufen wird, damit nicht jemand unter euch durch Betrug der Sünde verhärtet werde. 14 Wir sind nämlich Mitgenossen des Christus geworden, wenn wir die anfängliche Glaubensgrundlage bis zum Ende beständig festhalten.

V. 13: *Ps.95,7ff.*

Da die Gemeinde wie das Israel der Wüstenzeit zu einem ewigen Ziel unterwegs 12
ist, hat sie als Gemeinschaft der „Brüder“, so die Anrede, Sorge dafür zu tragen, daß niemand zum Apostaten werde. Alle tragen füreinander Verantwortung, und jeder verantwortet das Letzte. Wovor gewarnt wird, ist der Abfall vom Christusglauben, an dem der „Ruhm der Hoffnung“ hängt (3,6). Die Aussage ist kein Beweis für die Annahme, hier könnten heidenchristliche Adressaten gemeint sein, die vom Rückfall zum Heidentum ohne Gott bedroht waren. Von der Apostasie wird schließlich schon 4.Mose 14 im Blick auf Israel gehandelt. Apostasie ist erst recht die fürchterliche Gefahr der Christuszeit, die eine Zeit des „Heute“ ist und in der deshalb die Stimme Gottes nochmals in besonderer Weise ergeht (s. 12,25). Gott will den Glauben, der sich ihm bedingungs- und vorbehaltlos zuwendet und seiner Rede Vertrauen schenkt.

Was unser Prediger erteilt, nämlich ein „Wort der Ermahnung“, ist im Grunde 13
die Aufgabe aller Angesprochenen; denn „keiner unter ihnen“ soll in Verbitterung den Weg des Abfalls beschreiten. Niemand soll meinen, allein gelassen zu sein, was zur Verstockung führen kann. Solche Verhärtung des Herzens ist die große Versuchung der Gegenwart, zumal sie zurückgeht auf den „Betrug der Sünde“, die nicht nur menschliches Versagen bezeichnet, sondern eine widergöttliche Macht. Demnach stellt nicht allein der eigene Wille eine potentielle Gefahr dar, sofern er schwach sein kann, gefährlicher ist ein Fremdes und Unbekanntes, das uns beherrscht. Der Christusglaube ist nicht nur sittliche Aufgabe, sondern auch Be- 14
währung in einem Kampf, in dem Machtverhältnisse entschieden werden. Zum Trost und zur Stärkung wird hinzugefügt, daß die „Teilhaber“ eines himmlischen „Rufes“ (3,1) auch „Genossen Christi“ und somit Miterben sind. Er begleitet ihren Weg, nun da sie als Getaufte seinen Namen tragen, um Beistand zu sein bis zur

Erreichung des letzten Ziels. Noch einmal bringt der Verfasser eine einzige, aber wesentliche Bedingung ein: „sofern wir den Anfang der Glaubensgrundlage bis zum Ende beständig festhalten“ (vgl. Kap. 11). Gemeint ist nicht die „anfängliche Glaubenszuversicht“, sondern die „Glaubensgrundlage“ bzw. der „Grund“ der Zuversicht, mit der bei den Hörern längst ein Anfang gemacht ist.

Galt die Verheißung einer letzten Ruhe des Gottesvolkes etwa Israel? 3,15-19

15 Wenn das Wort sagt: „Heute, so ihr seine Stimme hört, verhärtet eure Herzen nicht wie in der Erbitterung“, wer waren denn dann die, welche, nachdem sie „zugehört hatten“, in „Bitterkeit (gegen Gott) verfielen?“ 16 (Aber) waren es denn nicht alle, die mit Moses Führung am Auszug aus Ägypten teilgenommen hatten? 17 Welchen „zürnte er denn vierzig Jahre lang?“ Geschah es nicht gegenüber denen, die gesündigt hatten, und „deren Leiber in der Wüste dahinfielen?“ 18 Welchen aber galt denn der Schwur, „sie nicht in seine Ruhe hineingehen zu lassen“, wenn nicht denen, die ungehorsam gewesen waren? 19 Und so sehen wir, daß sie auf Grund des Unglaubens nicht haben hineingehen können.

V. 15: *Ps. 95,7ff. (vgl. dazu 2.Mose 17,1ff. sowie bes. 4.Mose 14,20-45);* V. 17: *Ps. 95,10 und 4.Mose 14,29.32;* V. 18: *Ps. 95,11 (hierzu 4.Mose 14,22f.).*

15-19 Die V. 15-19 erläutern den Begriff der „Verhärtung“ auf Grund des nochmaligen
15 Zitats Ps. 95,7f. In sehr gewandter rhetorischer Manier wird über drei nacheinander
eingeworfene Fragen der Tatbestand bewiesen, daß „Empörung“, Versagen und
Ungehorsam als Formen hartnäckigen Unglaubens keine Aussicht haben, in die
verheißene Ruhe zu „gelangen“. Bei äußerem Zusehen wirkt die Argumentation
etwas künstlich und gewollt (s. das überflüssige „Aber“ V. 16). Tatsächlich will
sie aber den Gedankengang dermaßen steigern, daß die Hörer mit der folgenden
Mahnung 4,1 vollständig übereinstimmen, und umso entschiedener den Willen auf
16 jenes hohe Ziel richten, das mit 4,1-11 positiv entfaltet wird. Die erste Frage blickt
auf das Verhalten des Volkes bei Massa und Meriba (2.Mose 17,1ff.). Kein Hörer
17 kann leugnen, daß das Volk des Auszugs gegen Gott „erbittert“ war. Daraus leitet
sich zwangsläufig sein Ja zu dem Urteil ab, das auch bei seinem Versagen droht.
Die zweite Frage spielt auf die Begebenheit bei Kadesch an, als Israel nicht kämpfen
wollte, um das Land einzunehmen, so daß Gott daraufhin vierzig Jahre „zürnte“
(so nach 4.Mose 14,20-38). Als man schließlich doch den Versuch wagte, kam es
zu einer furchtbaren Niederlage durch die Amalekiter und Kanaaniter (4.Mose 14,
18 45). Die dritte Frage hat den Schwur Gottes bei gleicher Gelegenheit zum Inhalt,
der aber freilich als Ergebnis des damaligen Verhaltens hier an den Schluß gestellt
ist (4.Mose 14,28ff.). Im letzteren Fall sind die Hörer ebenso gezwungen zu bestätigen, daß Verfehlung und Ungehorsam prompt bestraft werden. Sie geben damit
zugleich kund, daß sie sehr wohl wissen, welches Geschick auch ihrer warten
19 könnte. V. 19 zieht das Fazit, lenkt aber zugleich hinüber zur neuen Darlegung,
die positiv erhärtet, daß es darum geht, in die „Ruhe“ Gottes zu gelangen. Was
der Verfasser anstrebt, ist auf Seiten der Gemeinde die Einsicht in die Bedeutung
der Stunde. Sie muß sich über die Konsequenzen ihrer Entscheidung völlig klar

sein. Was sich wie eine Drohung ausnimmt, ist in Wahrheit ein Plädoyer für den mündigen Christen, der über das bloße Ja des einstigen Taufentschlusses hinauskommen muß zu einem Leben der stündlichen Verantwortung.

Die Zusage des Wortes gilt der Christusgemeinde 4,1-3

**1 Da die Verheißung, in seine Ruhe einzugehen, ihrer Erfüllung nach noch aus-
steht, laßt uns in Furcht darauf bedacht sein, daß nicht jemand von euch als Zurück-
gebliebener erscheinen könnte. 2 Ganz wie jene haben auch wir die frohe Botschaft
empfangen, doch das Wort der Predigt war für sie ohne Nutzen, weil es sich nicht
im Glauben mit den Hörern verbunden hatte. 3 „Wir gehen" nämlich „in (eine)
Ruhe hinein", wenn wir zum Glauben gekommen sind, gleichwie er gesagt hat:
„So daß ich schwur in meinem Zorn: sie sollen nicht zu meiner Ruhe gelangen",
obwohl die Werke seit Grundlegung der Welt geschaffen waren.**

V. 3: *Ps.95,11;* V. 4: *2.Mose 2,2;* V. 5-7: *Ps.95,11 und Ps.95,7ff.*

Israels Geschick zwingt zum Nachdenken. Haben letztlich nicht alle versagt? 1-3
Hat das göttliche Gericht nicht einen jeden erreicht? Hat der Mensch, der zum
Aufstand gegen Gott neigt, überhaupt eine Möglichkeit des Bestehens? Der Ge-
dankengang 4,1ff. beweist, daß der Verfasser als jüdischer Christ derlei quälende
Fragen empfunden hat. Indessen verfällt er weder der Resignation noch der Skepsis.
Im Wissen darum, daß dem Glauben vor Gott die Verheißung gehört, zieht er
Folgerungen, die Verantwortung und Zuversicht bekunden. Er weiß außerdem um
die Gemeinschaft des neuen Gottesvolkes, die unter dem Worte Gottes steht und
auf ein letztes Ziel hin ausgerichtet ist, wobei sie sich wie Israel in der Wüste auf
eine feste Zusage stützen kann. Der Hebr. bezeichnet diese als „frohe Botschaft"
und er weist auf, daß ihr Inhalt unvergleichlich ist. Sorge, ja Furcht soll alle leiten, 1
daß nicht „einer von ihnen" (vgl. schon 3,13) sich als zurückgeblieben finde, näm-
lich derart, daß er schließlich den Eingang in die „Ruhe Gottes" versäumt. Der
ewige Sabbat bringt die Befreiung von beschwerlicher Wanderschaft, quälendem
Suchen und verzweifeltem Ringen. Es gibt aber ein Zu-spät. Wer vom Weg ab-
kommt, wer unentschlossen geht, ist nicht nur ein zeitweilig „Zurückgebliebener",
sondern verliert das Ziel aus den Augen. Die Furcht, die die Gemeinde bis zur un-
bedingten Verantwortung untereinander leiten soll, ist dabei keine Sache lähmender
Resignation, sondern ein Verhalten kluger Vorsicht und aktiver Hingabe. Solch 2
geistliche Wachsamkeit ist vor allem deswegen vonnöten, weil auch die Christen
„ganz wie jene" eine „frohe Botschaft" besitzen. „Wir" haben sie, sagt der Ver-
fasser. Man hört die Freude heraus, einen überragenden Besitz vorweisen zu kön-
nen. Die Ausdrucksweise V. 1 klingt an, daß die Verheißung eigentlicher Inhalt
dessen ist, was im „Wort der Predigt" zur Zeit als „frohe Botschaft" verkündigt
wird. Der Sprachgebrauch dürfte an Jes. 52,7 (LXX) ausgerichtet sein. Offenbar
ist das Evangelium als „frohe Botschaft" keineswegs nur das Zeugnis von Christus,
sondern mehr noch der Zuspruch der letzten Dinge, die uns sein Opfer erschlossen
hat. Die eigentliche Gefahr, vor der gewarnt wird, ist nicht ein falsches christo-
logisches Denken, sondern ein Erlahmen der eschatologischen Spannkraft des
Glaubens. Seine wesensmäßige Ausrichtung auf die Zukunft kann unterschätzt

werden. Darin sieht der Verfasser auch das eigentliche Versagen Israels in der Wüste; es blieb immer am Gegenwärtigen hängen, anstatt nach vorne zu blicken. Der Gott, der es aus Ägypten rief, hat schließlich die größten Wunder in der Zukunft vollbracht. Später folgt eine sehr klare Bestimmung des Glaubensbegriffes, die der angestellten Betrachtung voll entspricht (s. 11,1). Echter Glaube hat ausgesprochenen Zuversichtscharakter, wobei nicht etwa eigene Aktivität verschüttet, sondern diese umsomehr freigelegt werden soll. Dies darf geschehen, wenn die Sinnfrage einer Antwort zugeführt ist. Dem Versagen Israels stellt der Hebr. aus diesem Grunde nichts weiter als die Zuversicht des Glaubens entgegen, der Gott
3 alles zutraut. Ps. 95 aufgreifend, stellt er fest, daß „wir", die wir zum Glauben gekommen sind, „in Ruhe" eingehen, und zwar gerade in Anbetracht des Schwurs, der es Israel verwehrte. Gott habe ihn abgelegt, „obschon die Werke seit Grundlegung der Welt geschaffen waren". Da die sehr verkürzt vorgetragene Antwort zunächst nicht ganz einsichtig ist, folgt ein ausführlicher Beweis (4,4-10), dessen Grundlinien klar sind. Als Gott die Werke der Schöpfung zum Abschluß brachte, bereitete er sich und dem Menschen eine ewige „Ruhe". Da Israel seines Versagens wegen noch nicht in sie eingehen konnte, besteht das Angebot bis zur Stunde fort. Daher darf und soll das neue Volk Gottes davon Gebrauch machen. Im Hinblick auf die spezielle Erwartung des Hebr. wird man die präsentische Aussage beachten, daß „wir, die wir zum Glauben gelangten, in (die) Ruhe hineingehen". Den Hebr. leitet die Vorstellung, daß mit dem Christ-sein der Bezug zu einer neuen Wirklichkeit hergestellt ist, die dem Glaubenden (und nur ihm!) die Welt (= ewige Ruhe) Gottes erschließt. Er unterscheidet sich darin vom philonisch-hellenistischen Denken, das zwischen dem Menschen und der Gotteswelt im Grunde einen Gegensatz bestehen läßt, der nur durch Erkenntnis und religiöse Schau wenigstens teilweise überbrückbar ist. Die Ansicht geht darüberhinaus ohne Zweifel dahin, daß die Erwartung zeitlich gespannt nach vorn gerichtet sein soll, wo Gott die letzte Vollendung bereithält. Den Verfasser leitet die unaufgebbare Überzeugung, daß christlicher Glaube einen Gottesbezug eröffnet, dessen Dimension nicht nur ein neues Gegenwartsverständnis umgreift, sondern auch jene Zukunft erschließt, in der Gott einen unaufgebbaren Platz hat.

Auch das Zeugnis Davids bleibt Beweis für eine künftige „Ruhe Gottes" 4,4-9

4 Denn über den siebten Tag hat er irgendwo so gesagt: „Und Gott ruhte am siebten Tag von allen seinen Werken". 5 Doch an der erwähnten Stelle wiederum heißt es: „Sie sollen nicht in meine Ruhe hineingehen". 6 Da also noch aussteht, daß welche „in sie eingehen", und da jene, die früher die frohe Botschaft empfangen hatten, wegen ihres Unglaubens nicht hineingelangt sind, 7 bestimmt er erneut einen Tag „heute", um nach so langer Zeit durch David mit vorerwähnten Worten zu sprechen: „Heute, wenn ihr seine Stimme hört, verhärtet eure Herzen nicht". 8 Wenn sie nämlich schon Josua zur Ruhe gebracht hätte, dann hätte er nicht von einem anderen Tag danach gesprochen. 9 Somit ergibt sich, daß dem Volke Gottes noch eine Sabbatruhe verbleibt.

V. 5-7: *Ps. 95,11 und Ps. 95,7ff.*

Die mit 4,4-9 ergänzte Beweisführung, die die Tatsache einer noch vorhandenen 4-9
Ruhe erhärten soll, zergliedert die vorher zusammengezogenen Denkschritte ausführlich. In der vor allem für Philo bezeugten unbestimmten Weise (s. „irgendwo“
auch 2,6) wird ausdrücklich die klassische Stelle 1.Mose 2,2 zitiert, wo Gott die 4
Sabbatruhe am siebten Tag der Schöpfung gebietet. In der gesamten spätjüdischen und urchristlichen Literatur gilt sie als Hauptbeleg für den künftigen großen „Tag Gottes“, der tausend Jahre umfaßt. Die Betrachtungsweise des Hebr., die ganz ins Grundsätzliche geht, verzichtet auf Zahlenangaben. Um so stärker tritt das Wesentliche hervor: wie der Anfang der Schöpfung so auch das Ende! Daher weiß sich der Mensch des biblischen Zeugnisses zu einem Leben der ethischen Verantwortung
unter dem Anruf Gottes befreit. Die bleibende Gültigkeit von 1.Mose 2,2 wird 5
schließlich durch Einbeziehung von Ps. 95,11, dem Haupttext dieses Gedankengangs, unterstützt, in dem der zentrale Begriff der „Ruhe“ ebenfalls seinen bestimmten Platz hat. Aus der gegebenen Wortgleichheit ergibt sich für schriftgelehrtes Denken das Recht zu gewissen Schlüssen. Man wird sie zu verstehen suchen, wenn auch
freilich nicht mehr übernehmen können. Weiß das Psalmwort, daß das Israel der 6
Wüste nicht in die Ruhe einziehen durfte, dann bleibt die Aussage aber doch für andere gültig, die hineingehen können. Gott nimmt ein gegebenes Wort niemals zurück. Gelangten die, denen in früherer Zeit mit solchem Angebot „frohe Botschaft“ zuteil wurde, nicht hinein, dann lag es nahe, die früher gesprochene Ver-
heißung zu gegebener Zeit erneut in Kraft zu setzen. Dies geschah, als David das 7
Wort Gottes noch einmal zur Geltung brachte. Nach der Überzeugung des Hebr. gibt es eben kein zufälliges Reden Gottes. Es steht immer ein absoluter Sinn dahinter.
Deshalb wird als zusätzliches Argument angehängt, daß Josua Israel selbstverständ- 8
lich noch nicht zur „Ruhe“ gebracht hat. Er führte es zwar ins Heilige Land, aber dieses selbst ist nie und nimmer der eigentliche Inhalt der göttlichen Zusage gewesen. Indem nach dem letzten Aussagegehalt geforscht wird, berührt sich die schriftgelehrte Auslegungstechnik unseres Verfassers wiederum mit einem methodischen Prinzip der alexandrinisch-neuplatonischen Allegorese. Die interessante Tatsache, daß an dieser Stelle in vorbehaltloser Weise der gräzisierte Name Josuas gebraucht wird, nämlich (wie in der LXX) „Jesus“, stellt eine Bestätigung dafür dar, daß Kontakte zur hellenistischen Synagoge vorliegen, die auf die Bildung des Hebr. ein bezeichnendes Licht werfen. Grundsätzlich wird von der Überzeugung her geschrieben, daß das Wort der Schrift sowohl erkenntnismäßig als auch zeitlich offen ist. Es meint ein Absolutes, das eigentlicher Inhalt der künftigen Vollendung
ist. Im Blick auf die nachgetragene ausführliche Beweisführung kann endlich der 9
Schluß gezogen werden, daß dem „Volke Gottes“ — die Wendung kommt erstmals hier vor – in der Tat noch eine „Sabbatruhe“ verbleibt, die Inbegriff seiner Hoffnung sein sollte (s. 4,1). Auf Grund des Kap. 4 wurde die These entwickelt (E. Käsemann), das gesamte Zeugnis des Hebr. lasse sich mit Hilfe der Konzeption des „wandernden Gottesvolkes“ auf einen einheitlichen theologischen Nenner bringen, zumal ihr auch eine bestimmte (gnostische) Erlöservorstellung zugrunde liegen würde. Wird aber das „Volk Gottes“ (s. auch 11,25) als auf der Wanderung befindlich vorgestellt? Eine genauere Betrachtung führt zu Vorbehalten; denn offensichtlich weiß sich der Hebr. mit der angesprochenen Gemeinde nicht eigentlich

am Beginn der Wanderung, sondern vor ihrem nahen Abschluß. Das Eingehen in die Sabbatruhe ist in gewisser Hinsicht sogar bereits eine Sache der Gegenwart, des „Heute". Bündig wird festgehalten, was als Wahrheit gültig ist und somit ergriffen werden darf.

Jeder Christ sollte die Gefahr des Ungehorsams ernstnehmen 4,10f.

10 Wer nämlich „in seine Ruhe hineinging", gelangt auch selbst „von seinen Werken zur Ruhe" wie Gott von den seinigen. 11 So laßt uns also danach streben, daß wir „in jene Ruhe hineingehen", damit nicht jemand nach dem gleichen Beispiel des Ungehorsams zu Fall komme.

V. 10ff.: *Ps. 95,11 und 2. Mose 2,2.*

10 Zur Vertiefung des Resultats werden noch eine Erläuterung, die persönlich-indi-
viduell gehalten ist, und eine nachdrückliche Mahnung im Wir-Stil angehängt, die
der Aussage 4,1 gleicht. Dort ein Zuspruch, hier ein Aufruf. Wie Gott am siebten
Schöpfungstag von seinen Werken zur Ruhe kam, so ist auch der Mensch, der in
die Ruhe Gottes eingetreten ist, „von seinen Werken zur Ruhe gelangt". Was ist
gemeint? Im Blick auf Gott gewiß seine 1. Mose 1 berichteten Schöpfungstaten,
wobei vor allem daran gedacht sein mag, daß sie Mühe und Arbeit gemacht haben.
Wird außerdem davon gesprochen, daß der Mensch von „seinen Werken" zur
Ruhe gelangt ist, so kann damit nur Ausdruck finden, daß er Beschwerliches und
Hinderliches abgelegt hat. Möglicherweise ist nicht an die üblichen Lasten des
menschlichen Lebens gedacht, die zu tragen keinem erspart bleiben, sondern eher
schon an die Gesamtheit der Verfehlungen eines Lebens, die der Vergebung be-
dürfen. Der Gedanke wäre dann ein ganz ähnlicher wie in 1. Petr. 4, 1ff., daß „der,
der am Fleisch litt", Christus, „aufhören gemacht hat (= Ruhe gebracht hat) von
der Sünde". Hinter den Wendungen steht ein sehr reichhaltiges judenchristliches
Gedankengut. So schreibt Epiphanius über die Judenchristen, daß sie Christus
als großen „Sabbat" lehrten (Pan. haer. 30, 32, 6ff.). Offensichtlich besagt der er-
klärende Satz nicht etwa eine „Ruhe Gottes", die erst in der fernen Zukunft an-
bricht. Es ist vielmehr eine Wirklichkeit des angebotenen Heils, das sich in naher
11 Zukunft durch Gottes Eingreifen vollendet. Aus dieser Spannung erwächst die
Notwendigkeit der Ermahnung, alles Streben auf das Hineingehen in „jene Ruhe"
zu richten, „damit nicht jemand nach dem gleichen Beispiel des Ungehorsams (wie
Israel) zu Fall komme". Nicht die Gemeinschaft insgesamt ist in Frage gestellt,
sondern der Einzelne. Als „Haus Gottes" (3,6) ist die Gemeinde schließlich mehr
als Israel und sicherer gegründet. Die Gefahr des Abfalls sollte aber der einzelne
Christ ernstnehmen (s. 3,12; 4,1). Sein persönliches Versagen kann den Verlust
des Heils nach sich ziehen und ist somit noch eine Dimension abgründiger, als es
das Versagen Israels war.

Gottes Wort stellt eine richterliche Größe dar 4,12f.

12 Denn Gottes Wort ist lebendig, wirksam und schärfer als ein zweischneidiges Schwert, wobei es durchfährt bis zur Zertrennung von Seele und Geist, Gelenken und Mark, und die Anschläge und Gedanken des Herzens richtet. 13 Es gibt

auch kein Geschöpf, das nicht vor ihm offenbar ist. Alles ist vielmehr nackt und entblößt vor den Augen dessen, dem wir Rechenschaft abzulegen haben.

Auch das neue Gottesvolk trifft seine Entscheidungen in der Erkenntnis der unerbitt- 12 f.
lichen Schärfe des „Wortes Gottes". Eine theologische Besinnung begründet den mahnenden Satz 4,11, bringt aber zugleich die gesamte Warnung zu Ende (3,7-4,11). In ihrer strengen thematischen Ausrichtung wirken die Sätze wie ein Exkurs. Ihrer Form nach handelt es sich um eine kompakte allegorische Erörterung der gerichtlichen Merkmale des Wortes Gottes, das einem Schwert verglichen wird. Damit melden sich Grundgedanken an, die den Verfasser wiederum in die Nähe der philonisch-alexandrinischen Theologie rücken, wenn auch das Besondere seiner Darlegung zu sehen ist.

Philo beschreibt zwar mit ähnlichen Worten (in einer Auslegung von 1.Mose 15,10) die zerteilende Kraft des Wortes (Quis rer. 130-140, 225, 234-236), meint aber damit vom Hintergrund einer pantheistischen, philosophisch-stoischen Weltvernunftlehre her die kritische Fähigkeit des Verstandes, das Weltganze zu zergliedern sowie den gegensätzlichen Aufbau des Kosmos zu erkennen: „Denn der göttliche Logos hat alle Dinge in der Natur geteilt und zerlegt". Im deutlichen Unterschied dazu fehlt dem Wortbegriff des Hebr. sowohl die Komponente der allgemeinen Vernünftigkeit als auch die des rational-logischen Zergliederns. Hinzukommen ohne Zweifel streng biblische Vorstellungsgehalte, die nicht am Vernunftbegriff, auch nicht an einem philosophischen Weisheitsbegriff (s. Weish. Sal. 7,22), sondern am Zeugnis vom göttlichen Willen ausgerichtet sind. Das göttliche Wort ist demnach kein ontischer Bestandteil der Welt, sondern zielt auf sie, genauer auf den Menschen, um Gottes Anspruch darzulegen und durchzusetzen. Das „Wort" ist nicht die Weltvernunft, auf der alles Sein gründet, sondern das Unerhörte, das Gott im Sachverhalt des Hörens und Gehorchens gewiß und verbindlich erscheinen läßt. Die Grundlagen dieses Denkens liegen im Alten Testament, wo vor allem die Propheten die Macht des Wortes bezeugen und seinen Auftrag wahrnehmen (Jes. 40,8; 49,2; Jer. 23,29). In der Weish. Sal. 18,14 wird das „Wort Gottes", das Israel in der Passanacht befreit, einem „unwiderstehlichen Krieger" verglichen, der vom Himmel auf die Erde springt: „Als scharfes Schwert trug er deinen unwiderruflichen Befehl und dastehend erfüllte er alles mit dem Tode". Daß die Worte der Thora einem Schwert gleichen, ist ebenfalls verbreitete Überzeugung der Rabbinen. Der Hebr. steht diesem bildhaften Vergleich näher als dem philosophischen Logos-Begriff.

Wort Gottes ist bei ihm nicht das Wort, das Gott oder Göttliches, wie auch 12
immer, zum Inhalt hat, sondern das Wort, das Gott selbst spricht. Dessen Eigenschaften sind ihm gemäß. Es ist wie er lebendig und will folglich zum Leben bringen (5.Mose 32,47; 1.Petr. 1,23). Jedes Nichthören bedeutet den Tod. Wirkliches Leben kann eben angesichts der wahren Wirklichkeit dieser Welt (s. 2,15) nur ausgesagt werden im Blick auf Gott. Das Wort ist nichts Lebloses, ist kein Schall und Rauch, sondern bringt uns der Wirklichkeit seiner Person näher. Der Mensch lebt davon (Lk. 4,4). Als Wort über Gott ist es auch Wort von Gott.

Gottes Wort ist „wirksam"; es ruft die Wirkung hervor, von der es handelt. Gott wacht über seinem Wort, damit es auch „geschieht" (Jes. 1,12). Es kann Heil

schaffen oder Verderben bewirken, wofür es kein anschaulicheres Beispiel gibt als die Geschichte Israels. Wie sehr die doppelseitige Art des Wortes im Mittelpunkt der Überlegungen steht, veranschaulicht endlich die dritte Eigenschaft, wonach es „schärfer" ist als ein zweischneidiges Schwert. Damit wird deutlich, daß es notfalls nicht nur um Leben und Wirkungen geht, sondern auch um Trennung und Scheidung, also um die Schaffung klarer Verhältnisse von Gott her. Dies wird an drei Punkten ebenfalls bildhaft aufgezeigt. Wie ein Schwert trennt Gottes Wort, wenn es „durchfährt", das Innerste, das Engste und das Geheimste. Seele und Geist bezeichnen den seelisch-geistigen Bereich des Menschen, d. h. gleichsam das Innerste, das Gott verantwortlich ist. Das Bild der Zertrennung von Gelenken und Mark will wahrscheinlich nicht den Bereich des Körperlichen einbringen, sondern bezieht sich auf Eng-verfugtes. Endlich wird gesagt, daß das Wort ein Richter der „Anschläge und Gedanken des Herzens" ist, also auch Geheimstes freizulegen vermag. Offenbar ist Gottes Wort die schärfste Waffe, die den Menschen treffen kann. Andererseits gibt es kein Mittel, mit dem man sieghafter vorgehen könnte. Das Wort bezeichnet die Wirklichkeit von Gottes Gegenwart und somit das Mittel seiner Offenbarung im Leben des Menschen, der Geschöpf ist. Durch sein Wort hat Gott den Menschen geschaffen. Durch sein
13 Wort ruft er ihn auch immer wieder zum geschöpflichen Ursprung zurück, wobei
Rechenschaft abzulegen ist. So scharf das Wort ist, so unbestechlich auch Gottes Blick. Er urteilt eben nicht vordergründig, sondern im Wissen um die wahren Zusammenhänge, wobei alles „nackt" und „entblößt" vor ihm liegt. Die Wendungen deuten an, daß sich der Mensch wie ein Opfer zu verantworten hat, um jederzeit des tödlichen Hiebes gewärtig zu sein. In sehr pointierter Weise heißt es am Schluß des Abschnittes wörtlich: „dem wir Rede (= Wort) stehen müssen". Damit ist klar gesagt, daß Gottes Wort unsere Antwort verlangt.

Zusammenfassend betonen wir, daß der Abschnitt 4,12ff. ein Beweis für die leitende Erkenntnis ist, daß die Theologie des Kreuzes und die Theologie des Wortes unaufgebbar zusammengehören. Sie gibt dem gesamten Zeugnis des Hebr. das Gesicht. Vor allem die Fortsetzung trägt dieser Erkenntnis Rechnung. Läßt sich das paulinische Zeugnis auf den Satz bringen, daß das „Wort vom Kreuz" in Macht besteht, so das des Hebr., daß das „Wort vom Opfer" unsere Verantwortung fordert (s. noch 13,15f.).

Viele Ausleger lassen mit 4,14 einen zweiten größeren Abschnitt beginnen, der bis 10,18 reicht. Der Verfasser soll im Gefühl, bei der Erörterung von Ps. 95 abgeschweift zu sein, nun energisch auf früher Gesagtes zurückgegriffen haben. Die mehr oder weniger abrupte Hinwendung zum schließlichen Hauptgegenstand des Briefes sei von daher verständlich zu machen. Schon für 3,7-4,13 ließen sich Gründe gegen eine solche Betrachtung erarbeiten. Offensichtlich geht das Bemühen des Hebr. dahin, innerhalb der Homilie Gedankenkreise in der Weise zu bilden und aneinanderzureihen, daß jeweils auf bestimmte Worte und Sätze zurückgegriffen ist, die im wesentlichen die homiletische Grundlage Ps. 110 voraussetzen. Ein solcher neuerlicher Gedankenkreis, der ein weiteres Thema zu erfassen sucht, um daraus die nötigen Folgerungen zu ziehen, liegt mit 4,14-6,20 vor.

Zweiter Hauptteil: „Du bist Priester“ (Ps. 110,4) 4,14-6,20

Die Freudigkeit zum Bekenntnis erwächst aus dem hohenpriesterlichen Dienst Jesu, der bis in die tiefste Existenznot eine Hilfe gebracht hat 4,14-5,10

Unser Abschnitt behandelt zunächst den Tatbestand des Hohenpriestertums Jesu prinzipiell, wobei vor allem seine Wesensmerkmale beleuchtet werden, nämlich die unmittelbare Berufung durch Gott und die unbedingte Mitleidsfähigkeit. Dabei geht es um die detaillierte Ausführung früherer Gedanken in 2,9ff. und 2,17ff. Der ermahnende Aufruf 4,14, der die Intention der umfangreichen Erörterung 3,7-4,11 noch einmal im Sinne des eigentlich leitenden praktischen Anliegens aufgreift, richtet sich sachlich und begrifflich bewußt nach 3,1. Der größere Gedankengang selbst läßt sich in drei Abschnitte gliedern: a) 4,14-16 schlägt – wie erwähnt – die Brücke zu früheren Aussagen, was vor allem die verwendeten Begriffe zeigen; b) 5,1-4 benennt die erwähnten beiden grundsätzlichen Sachverhalte, die das hohepriesterliche Amt charakterisieren, nämlich menschliche Mitleidsfähigkeit und Berufung durch Gott; c) 5,5-10 endlich wendet die genannten Kriterien in umgekehrter Reihenfolge (sachlicher Chiasmus!) auf den Dienst Jesu an, dem ebenfalls, obwohl von Gott berufen, nicht erspart blieb, alle Tiefen menschlichen Leidens zu durchmessen. Die Schlußsätze 5,9 und 5,10 weisen auf den eigentlichen Zentralteil (7,1-10,18) voraus, in dem eingehend die Wendungen „nach der Ordnung Melchisedeks“ und „in Ewigkeit“ erörtert werden. Wie eng die logische Verbindung zum vorhergehenden Teil 3,7-4,11 ist, zeigt die Wiederaufnahme der gleichen, dem Verfasser wichtigen Themen. Ps. 110,4 besagt: „Der Herr *schwur* und es wird ihn *nicht gereuen:* ‚Du bist Priester in Ewigkeit nach der Ordnung Melchisedeks‘.“ Bevor dieses homiletische Hauptthema zur Sprache kam, wollte der Verfasser 3,7ff. offenbar zunächst von jenem damaligen Schwur handeln, der im Zorn und aus Reue gesprochen wurde, um nicht das Heil zu gewähren. Wie sehr ihn diese Aussage unseres Psalms in der Tat beschäftigt hat, entnehmen wir den Überlegungen in 7,18-22. Die Konsequenz, mit der die Wendungen aus Ps. 110 durchgehend offen oder auch unausgesprochen verdeutlicht werden, sind ein überzeugender Beweis für die besondere homiletische Struktur des Schreibens.

Um Jesu Bewährung willen laßt uns am Bekenntnis festhalten und vor Gott treten! 4,14-16

**14 Da wir nun einen großen Hohenpriester haben, der durch die Himmel hindurchgeschritten ist, Jesus, den Sohn Gottes, laßt uns am Bekenntnis festhalten!
15 Wir haben nämlich keinen Hohenpriester, der mit unseren Schwächen nicht mitleiden könnte, sondern vielmehr einen, der in jeder Hinsicht gleicherweise versucht
worden ist (doch) ohne Sünde. 16 So laßt uns mit Freudigkeit zum Thron der Gnade
hinzutreten, damit wir Barmherzigkeit erlangen und Gnade finden zu rechtzeitiger Hilfe!**

14 Der Eingang „da wir nun haben“ zieht weder die Folgerungen aus 3,7-4,13, noch greift er in ausschließlicher Weise auf früher Gesagtes zurück (s. bes. 2,17ff.); er faßt vielmehr Gültiges zusammen: wir besitzen in Jesus einen überragenden Hohenpriester, dessen Dienst uns den Himmel zugängig gemacht und uns damit Gottes ureigenstes Wesen erschlossen hat. Wenn der Satz so lautet, als habe der Verfasser bisher von nichts anderem geredet, dann ist dies darauf zurückzuführen, daß er im Grunde von Ps. 110 her denkt. Die Aussage von der richterlichen Hoheit und der hohenpriesterlichen Würde des Sohnes „nach der Ordnung Melchisedeks“ gibt dem Psalm das Gepräge. Das Schriftzeugnis schlägt durch, wenn es heißt: „Da wir nun einen großen Hohenpriester haben, der durch die Himmel hindurchgeschritten ist“. Weil es so im Grunde bereits in dem österlichen Psalm steht, kann unvermittelt darauf Bezug genommen werden. Freilich mit eigener Akzentsetzung! Christus, der den Himmel erschlossen hat, wird als „großer“ Hoherpriester ausgegeben, gewiß nur scheinbar ein Pleonasmus, insofern dieses hellenistische Herrscherprädikat vor allem die Kosmokratorwürde bekundet, die dem Erhöhten eignet (s. auch 1,4-13). Die Wendung kommt vielsagenderweise gleichfalls bei Philo vor, der mit ihrer Hilfe die kosmische Bedeutung des Hohepriester-Symbols unterstrichen hat (De somn. I, 215-219; II, 183). Der Hebr. aber will, anders als Philo, nicht die Hohepriester-Funktion eines himmlischen Logos anschaulich machen, sondern den Nachweis liefern, daß eben der irdische Jesus, der Christus der Passion und des Kreuzes, sowohl Hoherpriester als auch Sohn Gottes ist. Stellt sich bei Philo der himmlische Logos als das Wahrhaft-Seiende dar, von dem her Irdisches erklärbar wird und Sinn erhält, wie z.B. das jüdische Hohepriestertum, so denkt der Verfasser des Hebr. von einer anderen Warte aus; ihn weist die irdische Wirklichkeit Jesu auf jene himmlische Welt, die natürlich auch für ihn keine Frage gewesen ist. Man wird in diesem Zusammenhang sehr genau auf das Zeugnis des inhaltsreichen Rahmens V. 14 achten. Er fällt eine Aussage über den irdischen Jesus, der als „Sohn Gottes“ tituliert ist, womit zweifellos nicht einfach seinshafte Vorstellungen verknüpft sind; denn nach 1,4 hat er diesen Namen „ererbt“. Jesus wird noch viel weniger als „Sohn“ bezeichnet, damit er etwa, was manche Ausleger meinen, von Jesus = Josua (4,8) unterschieden werde. Das christologische Prädikat will vielmehr sagen, wer Jesus eigentlich ist, vor allem auch als Hauptinhalt des Bekenntnisses. Daher hören wir näher, worin seine Aufgabe besteht, nämlich im hohenpriesterlichen Dienst für die ganze Welt und für alle Menschen (s. schon 1,3 und 2,5ff.). Gegenstand des christlichen „Bekenntnisses“ ist demnach keineswegs einfach eine Wahrheit oder ein Lehrsatz, denen man noetisch zustimmt oder nicht, sondern ein existentiell Erkanntes und Bejahtes, worauf man seine Hoffnung setzt, und zwar im Wissen darum, daß sich sonst keine Hoffnung abzeichnet. Im „Bekenntnis“ spricht sich darüberhinaus das Lob des Menschen aus, den freudige Zuversicht erfüllt (s. 4,16; 10,19). Im Hebr. richten sich das theologische Zeugnis und der liturgische Lobpreis in einmaliger Weise auf Jesus, der den Namen „Sohn Gottes“ ererbt und in Erfüllung einer priesterlichen Aufgabe „die Himmel durchschritten hat“. Welchen Sinn hat diese Wendung? Wir halten es für ausgeschlossen, daß sie nach Weise der gnostischen Theorie, die die Vorstellung der „Himmelsreise der Seele“ kennt, auf einen Rückweg oder auf eine Auffahrt des

Erlösers durch die Himmelssphären zu beziehen ist (vgl. z.B. Test. Levi 3; Asc. Jes.
7ff.). Kontext und Sprache (s. „durchschreiten“) legen es überaus nahe, daß das
Geschehen in Analogie zum Gang des Hohenpriesters in das Allerheiligste des
jerusalemischen Tempels am großen Versöhnungstag beschrieben ist. Nach der
Schilderung des Josephus (Bell. Iud. V, 5, 3ff.) mußten dabei zwei Vorhänge durch-
schritten werden, nämlich einer zum Heiligsten und ein anderer zum Allerheiligsten.
Mit kosmischen Symbolen geschmückt, sollten sie ein Abbild des Himmels sein.
Die Überlegung, wonach es nicht um eine mythisch vorgestellte Auffahrt in die
himmlische Welt geht, sondern um eine Veranschaulichung des Dienstes Jesu mit
Hilfe des bekannten Tempelrituals, ergibt sich nicht zuletzt aus der folgenden Fest-
stellung, wonach nun auch die Christen Zugang haben zum „Thron der Gnade“.
Daß dem Verfasser an der Beschreibung der priesterlichen Aufgabe gelegen ist, 15
nicht an Erlösungsspekulationen, ergibt sich aus V. 15. Wie in 2, 17ff. konzentriert
sich das Augenmerk auf die irdische Seite des leidvollen und blutigen Dienstes
Jesu. Offenbar wird das Recht freudigen Bekenntnisses nicht mit dem Sohn-sein,
sondern mit dem Mensch-sein Jesu begründet. Was den Schauplatz des Dienstes
betrifft, so ist es ein doppelter, nämlich die Erde und der Himmel. Das dortige
Geschehen gewinnt dabei unmittelbare Bedeutung für das Verständnis der Be-
stätigung durch Gott. Zunächst gilt: Jesus hat mit unseren Schwachheiten mit-
leiden können. Er war ein Mensch aus „Blut und Fleisch“ (2, 14). Er fühlte und litt,
wie es ein jeder in dieser Welt schmerzlich erfahren muß. Ebensowenig sind ihm
die persönlichen inneren Kämpfe erspart geblieben. Er hat nicht nur in gleicher
Weise der Versuchung widerstehen müssen (s. 2, 18), sondern darüberhinaus „in
jeder Hinsicht“. Die Anfechtungen sind nicht etwa einzelne oder gelegentliche ge-
wesen, sondern eine Prüfung, in der sich die ganze Person bewähren mußte. Die
Notwendigkeit einer letzten Entscheidung gehörte dazu und sie betraf die furcht-
bare Möglichkeit des apostatischen Abfalls. Sehr betont folgt nach dieser Charak-
teristik der Menschlichkeit Jesu die Wendung „(doch) ohne Sünde“. Damit ist
kein Urteil über den Anlaß der Versuchungen abgegeben, sondern ein Urteil über
den Endeffekt. Die „Sünde“, der Jesus widerstanden hat, umschreibt in der schrift-
gelehrten Theologie des Verfassers die Verletzung der Gebote Gottes, ja letztlich
die Absage an Gott überhaupt (s. 4, 16ff.). Der fragliche Ausdruck ist demnach
nicht moralisch-ethisch zu verstehen, etwa im Blick auf die zahllosen Sünden des
Alltags, was ein modernes Mißverständnis eintragen könnte, sondern hat sein
Kriterium am geoffenbarten Gotteswillen, dem Jesus in radikaler Grenzsituation
entsprochen hat. Im Falle Jesu bestand also die Gefahr, nicht nur eine sog. Sünde
zu begehen, sondern apostatisch zu werden. Ihr hat er widerstanden. Das Recht
zu dieser Auslegung wird bestätigt durch 5, 7ff. In gewisser Hinsicht hält die ge-
samte Überlieferung des Neuen Testaments in dem beschriebenen Sinn an der
„Sündlosigkeit“ Jesu fest. Obwohl als Charakteristikum des leidenden Gottes-
knechts vorgeprägt (s. Jes. 53, 9), ja sogar auch von dem göttlichen Logos und Hohen-
priester bei Philo gelehrt (De fug. 108), bleibt das Kriterium rechten Verständnisses
doch immer das Faktum des am Kreuz erbrachten Gehorsams (Phil. 2, 5ff.; 2.Kor.
5, 21; 1.Petr. 1, 19; 2, 22; 3, 18; 1.Joh. 3, 5 u.a.). Der Grund christlichen Glaubens 16
ist somit wesensmäßig und ursprungshaft ein geschichtlicher, kein Produkt der

religiösen Phantasie. Die Formel „ohne Sünde“ hält als theologische Chiffre das Wesen der Sache fest, weil sich hieraus befreiende Konsequenzen ergeben. Gottes Thron ist letztlich kein Thron des Gerichtes, sondern ein Thron der Gnade. Die Herrschaftsverhältnisse sind mit der Inthronisation Christi andere geworden. Wer sich ihm in rechter Weise naht, wird nicht verworfen. Zum Schemel seiner Füße werden nur die Feinde (s. Ps. 110,1f. in 1,31 und 10,13). Wer kommt, geht noch viel weniger leer aus. Er „empfängt Barmherzigkeit“ und „findet Gnade“ – zwei biblische Wendungen, die klar besagen, daß es um die Annahme des Menschen vor Gott geht, nicht um die Erschließung göttlicher Mysterien. Im Elend bedarf der Mensch der Barmherzigkeit, in auswegloser Schuld bedarf er der Gnade. Ähnlich typisch heißt es Ps. 111,4, daß der Herr „gnädig und barmherzig ist“. Wenn außerdem hervorgekehrt wird, daß dies der Fall sei „zu rechtzeitiger Hilfe“, dann ist wahrscheinlich daran gedacht, daß Jesus allezeit aus Anfechtung und Versuchung befreit, nicht zuletzt natürlich zum gegenwärtigen Zeitpunkt. Die Aussage gewinnt ihr Recht vor allem auf dem Hintergrund des „Heute“, beschränkt sich aber, was das allgemeine „laßt uns herzugehen“ beweist, keineswegs auf die gottesdienstliche Stunde. Bei allen Problemen und Versuchungen darf sich die neutestamentliche Gemeinde um Jesu willen des göttlichen Wohlgefallens getrösten. Der etwas formelhafte Begriff der „Hilfe“ (s. auch schon 2,18) scheint gleichfalls dem Zeugnis der Schrift angepaßt zu sein (für die Gruppe der Hallelpsalmen vgl. Ps. 115,10ff.; Ps. 118,6 zit. 13,6!).

Die Wahrnehmung der priesterlichen Pflichten ist an bestimmte Voraussetzungen gebunden 5,1-4

1 Denn jeder aus Menschen genommene Hohepriester wird in Bezug auf das Gottesverhältnis für Menschen eingesetzt, damit er Gaben sowie Opfer um der Sünden willen darbringe, 2 wobei er mit den Unwissenden und Irrenden (normal) empfinden kann, da er ja auch selbst mit Schwachheit behaftet ist. 3 Und deswegen gehört es zu seiner Pflicht, wie für das Volk, so auch für sich selbst im Blick auf die Sünden (Opfer) darzubringen. 4 Auch nimmt niemand für sich selbst die Würde in Anspruch, sondern er wird von Gott berufen, gerade wie auch Aaron.

Der Gedankenkreis erläutert den Sinn und die Aufgabe des hohenpriesterlichen
1-4 Amtes. Die allgemeinen Merkmale werden erarbeitet, um sie im folgenden auf
Christus zu übertragen (s. 5,5-10). Wir haben es somit weniger mit einer Begründung von 4,14-16 zu tun als mit einem erklärenden Nachweis, in dessen Mitte die vornehmste und höchste Würde der jüdischen Staats- und Kultgemeinschaft
1 steht. Das Interesse richtet sich jedoch nicht auf die politische Stellung des Hohenpriesters, der auch Vorsitzender des Synhedriums, oberster Richter und Repräsentant des Staates war, sondern ausschließlich auf seine priesterlich-kultische Aufgabe „vor Gott“, wobei insbesondere der hohe Dienst am großen Versöhnungstag ins Auge gefaßt wird. Letzteres geschieht in der Weise, daß all jene Momente zur Sprache kommen, die für sein stellvertretendes Handeln an diesem Tag wesentlich sind. Vom Fest wird im einzelnen noch nicht gesprochen (s. später Kap. 9), wohl aber steht jener eigentliche Sachverhalt zur Diskussion, der dem Hohenpriester seine

unvergleichliche Würde gibt: „Aus Menschen genommen ist er eingesetzt in Bezug auf das Gottesverhältnis für Menschen". Damit tritt ins Bewußtsein, was im Alten Testament über ihn gesagt ist (s. 2.Mose 28ff.; 3.Mose 16; 4.Mose 18ff. u.a.), nicht was sich im Laufe der Geschichte Israels sonst noch an Aufgaben und Besonderheiten herausgebildet hat. Im Hohenpriester verkörpert sich die Überzeugung, daß ein Mensch für Menschen vor Gott einzutreten habe, „damit er Gaben sowie Opfer um der Sünden willen darbringt". Möglicherweise ist darin besonders an unblutige und blutige Darbringungen gedacht. Noch wahrscheinlicher ist es, daß die verschiedenen hohenpriesterlichen Opfergaben des Versöhnungsfestes gemeint sind, wobei die Blutopfer eigens hervorgehoben sein mögen (s. 8,3), weil sie von besonderer Bedeutung waren (s. 3.Mose 16,15). Hinzukommt, daß nur am großen Versöhnungstag der Hohepriester in solcher Weise für sich und sein Volk
tätig werden konnte. Die Bedeutung des Rituals kommt ziemlich offen 2f. in den 2f.
folgenden beiden Versen zur Sprache. Die Aussage, die den Hohenpriester mit „Unwissenden und Irrenden" auf eine Ebene stellt, um ihm „Schwachheit" zuzuschreiben, die ebenfalls gesühnt werden muß, erhellt sich sachgemäß nur vom Geschehen des Versöhnungstages her. Bekanntlich sprach dabei der Hohepriester jeweils ein Sündenbekenntnis für sich, für die Priesterschaft und für das ganze Volk (M. Joma III, 8; IV, 2; VI, 2), in dem Vergebung erbeten wurde für das, was man im vergangenen Jahr „gefehlt, gefrevelt und gesündigt" hatte. Offensichtlich sollten alle versehentlichen und unvorsätzlichen Verfehlungen, leichte und schwere, wissentliche und unwissentliche, vor Gott gebracht werden, ausgenommen natürlich jene, die eine radikale Absage bedeuteten (4.Mose 15,22-31). Die Wendung „Unwissende und Irrende" faßt diesen Sachverhalt ins Auge. Wenn außerdem vom Hohenpriester gesagt wird, daß er sehr wohl (normal) „leiden" bzw. „fühlen" kann, so meint der entsprechende Wortlaut des Urtextes (s. auch 4,15) die Fähigkeit des Mit-fehlens, Mit-frevelns und Mit-sündigens auf Grund der natürlichen menschlichen Konstitution, soweit sie die gesunde Mitte hält zwischen gottloser Leidenschaft und göttlicher Leidensunfähigkeit (Philo, De Abr. 257; Quod Deus 162ff.). Dieser Tatbestand einer grundsätzlichen „Schwäche", die die ganze Person betrifft, gilt auch vom Hohenpriester, der deshalb nach dem Gesetz „verpflichtet" war, „wie für das Volk so auch für sich selbst" ein Sündenbekenntnis zu sprechen und „für die Sünden (Opfer) darzubringen" (s. M. Joma I, 2). Von besonderer Feierlichkeit und Bedeutung war das Tamid am Morgen des Versöhnungstages sowie die übrigen Opferhandlungen. Im Sinne des Beweisanliegens verzichtet der Hebr. an dieser
Stelle auf die ihm geläufigen Details. Ein anderer wichtiger Gesichtspunkt ist die 4
Tatsache, daß sich niemand die „Würde" oder „Ehre" des Hohenpriesters selbst nehmen kann, sondern von Gott dazu ermächtigt sein muß, was schon 2.Mose 28,1ff. im Blick auf Aaron bezeugt ist. Hinter einem solchen Amt steht demnach göttliche Berufung, nicht eigenes Wollen und Trachten. Aaron als Ahnherr des levitischen Priestertums wurde ausdrücklich erwählt, „daß er mein (sc. Gottes) Priester sei". Wo man priesterliche Rechte unberechtigterweise an sich reißt, wie es der Aufruhr der Rotte Korahs bezweckte (4.Mose 16), tritt Gottes Gericht in Kraft, denn: „Welchen er erwählt hat, (nur) der soll zu ihm nahen" (4.Mose 16,5).

Welchen theologischen Sinn verbindet der Verfasser mit dem jüdischen Hohenpriestertum? Er denkt von den biblischen Grundlinien her, spricht aber allem Anschein nach doch über eine noch bestehende Institution, was in die Jahre vor der Zerstörung des Tempels (70 n. Chr.) weist. Ohne von einzelnen Persönlichkeiten zu handeln, die –wie wir wissen – in spätjüdischer Zeit oft sehr umstritten waren, richtet er seine Gedanken am hohenpriesterlichen Amt als einem Ideal aus. Seine einzigartige Bedeutung leitet sich ab aus der Einsetzung und aus der Aufgabe. Es ist Gott, der für sein Volk den priesterlichen Dienst gewollt hat, weshalb Aaron und das levitische Priestertum für Israel erwählt sind. Menschen sollen offenbar für Menschen priesterlich-stellvertretend tätig sein, damit das Volk Gottes heilig und rein vor Gott stehe. Um rechten Dienst verrichten zu können, bedarf es hierfür der Solidarität mit den sündigen und schwachen Menschen. Wo immer Versagen und Verfehlung Platz greifen, ist solcher Dienst nötig. Was im Alten Bund als Sache besonderer und ausschließlicher Erwählung erscheint, ist im Neuen Testament Aufgabe aller.

Von Gott berufen wurde Jesus um seines absoluten Gehorsams willen der Urheber des Heils 5,5-10

**5 So verherrlichte auch Christus nicht sich selbst, um Hoherpriester zu werden,
sondern der (tat es), der zu ihm sprach: „Mein Sohn bist du, ich habe dich heute
gezeugt". 6 Und desgleichen sagt er an der anderen Stelle: „Du bist Priester in
Ewigkeit nach der Ordnung Melchisedeks". 7 Welcher in den Tagen seines Fleisches
Bitten sowie Flehen mit lautem Geschrei und Tränen zu dem darbrachte, der ihn
aus dem Tode retten konnte, und aus seiner Angst erhört wurde; 8 obwohl er
der Sohn war, lernte er an dem, was er litt, den Gehorsam, 9 und wurde dadurch,
daß er Vollendung erfuhr, für alle, die gehorsam sind, ein Urheber „des ewigen
Heils", 10 benannt von Gott ein Hoherpriester „nach der Ordnung Melchisedeks".**

V. 5: *Ps. 2,7;* V. 6: *Ps. 110,4.*
V. 7: *Ps. 116,1 ff.;* V. 9: *Jes. 45,17;* V. 10: *Ps. 110,4.*

Das Ergebnis der Ausführungen 5,1-4 wird in einem eigenen gedanklichen Abschnitt auf Christus übertragen, um nachzuweisen, daß der letzte Sinn des alttestamentlichen Priestertums in ihm seine Verkörperung, Erfüllung und Überhöhung
5 f. gefunden hat. Ein typisches „So auch" stellt den Vergleich zwischen Aaron und Christus her, wobei zunächst erhärtet wird, daß sich auch dieser selbst die „Ehre" bzw. die „Herrlichkeit" des hohenpriesterlichen Amtes nicht angemaßt hat. Wenn er Hoherpriester „wurde" – ein Hinweis auf sein Leiden –, dann geschah es nach dem Willen und nach der Rede Gottes. Die beiden Schriftworte Ps. 2,7 und Ps. 110,4 (s. 1,13) enthalten die Zusage an Christus, Sohn und Hoherpriester zu sein, bekräftigen also das Vorrecht Jesu, vor Gott, den Vater und Herrn, treten zu dürfen. Blickt Ps. 2,7 stärker auf die Beauftragung des Sohnes, so Ps. 110,4 auf seine ewige Würde als Hoherpriester. Immer findet Gottes erwählende Zusage klaren Ausdruck. Die Kombination beider Schriftstellen hat ohne Zweifel Sachgründe, mag sie auch gewisse auslegungstechnische Regeln voraussetzen (s. Ps. 2,7 und Ps. 110,3). Ist das richtig, dann geht es in diesem Zusammenhang weniger um die Herausarbei-

tung eines sog. Weissagungsbeweises über die Einsetzung Jesu zum Hohenpriester als vielmehr um die unmißverständliche Klarstellung seiner einmaligen Berufung. Die Worte geben nämlich zu erkennen, daß Gott mit Christus Größeres anstrebte als mit Aaron und dem levitischen Priestertum. Seine priesterliche Aufgabe bestand im Leiden, wodurch er „Hoherpriester wurde". Möglicherweise zielt die Verwendung von Ps. 2,7 (also speziell das: „Ich habe dich heute gezeugt") auf den Tatbestand der Einsetzung Jesu in die erworbene hohepriesterliche Würde (s. 5,10). Für Ps. 110,4 steht diese Ausrichtung außer Zweifel, woraus folgt, daß das „Heute" genau wie Ps. 95,7 einen besonderen kerygmatischen Bedeutungsgehalt hat, demzufolge sich Jesu Tod und Erhöhung als endzeitliche Wende von kritischer Relevanz darstellen. Sie bezeichnen das Fundament eines ewigen Dienstes. Daher kann mit dem Zitat unbekümmert nur vom „Priestertum" gesprochen werden, zumal der Wortlaut die einmalige Art „nach der Ordnung Melchisedeks" deutlich festhält. Was es damit letztlich auf sich hat, wird noch ausführlich zur Sprache kommen (Kap. 7). An dieser Stelle hören wir indessen bereits heraus, daß damit das Hohepriestertum Aarons nicht nur eine letzte Verkörperung erfahren hat, sondern auch überhöht und abgelöst ist (s. 7,12). Den Grund dieser neuen „Einrichtung" beschreiben die folgenden Sätze (5,7-10), die etwas unlogisch an Ps. 110,4 anschließen, doch sinnvoll sind, sieht man sie von V. 5a abhängig.

Ein Hymnus in 5,7ff.? Sprache und hebraisierender Stil der V. 7-10 waren in neuerer Zeit wiederholt Anlaß, ein darin verarbeitetes hymnisches Fragment (E. Käsemann) oder Bekenntnis (G. Schille) zu suchen. Sogar seine Rekonstruktion wurde angestrebt (G. Friedrich, H. Zimmermann). Allgemein geht man von der wohl sicheren Voraussetzung aus, daß in diesen Versen ein vorgeformter Text durchschlägt (M. Rissi, J. Jeremias). Eine näherliegende Erklärung der sprachlichen und sachlichen Eigentümlichkeiten bietet sich an, zieht man die von der homiletischen Arbeitsweise her sehr plausible Möglichkeit in Betracht, die Schilderung der Verzweiflung und Drangsal Jesu könnte ebenfalls vom Schriftbeweis her vorgenommen sein. Man wird vor allem an eine Reihe einschlägiger Psalmtexte denken, wobei wir neben Ps. 22,3.25, Ps. 31,23, Ps. 39,13 und Ps. 69,2ff. eindeutig dem Ps. 116 (= Ps. 114 und 115 LXX) den Vorzug geben möchten (vgl. E. Gräßer und Fr. Schröger). Die Kritik vermag den Tatbestand zahlreicher Abhängigkeiten und Berührungen nicht zu bestreiten, ganz zu schweigen davon, daß der grundsätzliche Einblick in die homiletische Arbeitsweise des Hebr. einer solchen Erklärung vorteilhaft zustatten kommt. Demnach hat der Verfasser einen von der Urgemeinde auf Christus bezogenen Text verarbeitet und zwar wiederum aus der Gruppe der Hallelpsalmen. Er konnte wie kaum ein anderer dazu dienen, das Ringen des Christus, dem „Schwachheit" anhaftet (5,2), anschaulich zu machen, wobei zugleich die Überlieferung von einem Gebetskampf Jesu (s. die Gethsemanegeschichte) einwirken mag (vgl. bes. Lk. 22,44; Mk. 14,32ff.; Joh. 12,27ff.). Die Annahme erscheint einleuchtender, daß der geschichtliche Tatbestand, worüber es früh eine Überlieferung gegeben haben dürfte, zwar bedeutsam gewesen ist, aber noch wichtiger auf Grund des Weissagungsbeweises die christologische Reflexion hierüber.

7 Der bei äußerem Zusehen unlogische Übergang von V. 6 zu V. 7 („welcher"), mit dem das biblische Zeugnis über den leidenden Christus eingeführt wird, beruht auf der Tatsache, daß der Hebr. an Bekanntes erinnert, um dabei wahrscheinlich auf typische Wendungen des Schrifttextes anzuspielen. Die Beschreibung der Gestalt des biblischen Christus der Passion bedingt eine längere (partizipialreiche) Satzkonstruktion 5,7-10, die von der Niedrigkeit Jesu zum erhöhten Christus führt, weil sein Hohepriestertum in der Dialektik des ihm zugemuteten Geschickes begründet ist (5,5). Wir erfahren, daß ihm nichts erspart blieb „in den Tagen seines Fleisches", d. h. während seiner irdischen Existenz, die Versklavung unter Todesfurcht (2,14ff.) und Verbundenheit mit „Schwachheit" umgreift (5,2). Auch der Beter des Psalms ruft „in seinen Tagen", d. h. in seinem Leben zu Gott (Ps. 116,2). Christus hat angesichts des Todes „Bitten" sowohl als „Flehen" dargebracht, eine gebräuchliche Doppelwendung, die sein Gebet den Gaben des Hohenpriesters parallelisiert, worauf die Verwendung des kultischen Begriffes („Opfer) darbringen" deutet (vgl. Philo, De cher. 42). Desgleichen bringt der Beter von Ps. 116,1 in Todesnot seine „Bitte" vor. Vielleicht hat der Hebr. in typischer Diktion den Sachverhalt für seinen Zweck auf „Bitte und Fürbitte" hin veranschaulicht. Das ungewöhnliche Gebetsringen Christi wird durch einige Nebenzüge erhellt, die von „lautem Geschrei und Tränen" wissen, wahrscheinlich zum Teil nach Ps. 116,8 (vgl. auch Ps. 22, 25). Man möchte vermuten, daß die Passionsüberlieferung über einen „Kampf in Gethsemane" (s. bes. Lk.,22,41) im biblischen Sinne verarbeitet ist, um die Verzweiflung des Christus und zugleich seinen fürbittenden Einsatz vor Gott einzuschärfen. In älterer Zeit ermöglichten ohne Zweifel in erster Linie die Psalmen den erwünschten messianologischen Vergleich. Ein leidender Christus dieser Art war der jüdischen Erwartung der neutestamentlichen Zeit fremd und aufs höchste anstößig. Nirgends erschien somit die Erarbeitung des göttlichen Sinnes dringlicher als gerade hier. Wenn es eine sehr späte Überlieferung über das „Schreien" und „Weinen" des Messias gibt (s. Midr. Pesiq. R 36 (162a)), dann stellt dies eine durch die christliche Botschaft veranlaßte Ausnahme dar. Eine bessere Verstehenshilfe gewährt die jüdische Sentenz: „Es gibt drei Arten des Gebets, jede ist stärker als die vorhergehende, Gebet, Geschrei und Tränen. Das Gebet geschieht in Schweigen, das Geschrei mit erhobener Stimme, aber die Tränen überragen alles" (Syn. Sohar). Offenbar spricht in ähnlicher Weise der Hebr. von einem Gebet, das in seiner Inbrunst und Verzagtheit beispiellos ist (vgl. auch Hos. 12,5 über Jakob; anders 1. Mose 32,26). Er kann nur das Ringen Jesu mit Gott in den Tagen der Passion meinen, das nach dem Zeugnis der Evangelien zum Inhalt hatte: „Vater, wenn du willst, so nimm diesen Kelch von mir" (Lk. 22,42), worauf als weitere Äußerung des Willens Jesu Ps. 116,13 bezogen werden konnte: „Ich will den Kelch des Heils nehmen" (s. hierzu 5,9: „Ursache des Heils"). Das Zeugnis der Septuaginta wird als erbetene „Errettung" des Christus aus dem Tode verstanden, nicht etwa als „Bewahrung" vor dem Tode, was ja im Falle Jesu nie gestimmt hätte. Ps. 116,3.8 spricht bei solcher Konzeption davon, daß die Seele aus dem Tode gerissen ist und der Betroffene „im Lande der Lebenden" wandelt. Lehnt man die gelegentlich konjizierte Fassung ab, wonach der betende Christus „*nicht* aus seiner Angst" erhört wurde, dann ist das Gebet, dessen Inhalt die Rettung aus dem Tode gewesen ist, in der Tat erhört

worden. Ein anderer Vorschlag lautet dahin, daß Christus „wegen seiner Frömmig-
keit“ erhört wurde. Er hat sowohl das sprachliche Argument (s. auch 12,28) als
auch den Zusammenhang gegen sich. Die Ansicht des Hebr. geht offenbar dahin,
daß Christus jene furchtbare Angst gerade zufolge der Gewißheit seiner Errettung
aus dem Tode überwunden habe. Eben dies deutet im Grunde auch Ps. 116 an,
worin der Beter ausdrücklich von seiner „Angst“ spricht und bemerkt, daß Gott
der „Tod seiner Heiligen“ kostbar sei (s. Ps. 116,15; vgl. hierzu Str. B. I S. 847).
Die äußerst kühne Vorstellung besagt, daß Christus den Gehorsam des Sohnes in 8
der Situation größter Versuchung, nämlich im Widerfahrnis des Todes selbst,
erbracht hat. Das Wortspiel „er lernte – er litt“ hat seine nächsten Parallelen bei
Philo, der es häufig gebraucht (z.B. De fug. 138). Nicht Jesu fromme, tugendhafte
Gesinnung will bedacht sein, sondern seine einmalige Bewährung in den Tiefen
der Angst und in der Nacht der Anfechtung, worin er in Wahrheit mit uns Men-
schen einsgeworden ist. Genau deswegen ist dem Sohne von Gott her nichts er-
spart geblieben. Aber von Eigenmächtigkeit kann keine Rede sein; denn er nahm,
wenn auch widerstrebend, das Leiden (mit dem Tod) auf sich, das „Vollendung“
bewirkt hat. Er war noch nicht, was er werden sollte, nämlich Hoherpriester, ob-
schon als Sohn erwählt. Wenn es heißt, daß er „den“ Gehorsam lernen mußte, so
ist ohne Zweifel an ein absolutes Opfermaß gedacht, welches das Übliche weit über-
troffen hat. Was der Hebr. andeutet, hat seine nächste paulinische Parallele in
Phil. 2,7ff. Wahres Sohn-sein gibt es nur durch Gehorsam – ein verarbeiteter funda-
mentaler Erkenntnissatz biblischer Theologie, der es als abwegig erscheinen läßt,
nach einem gnostischen Erlösungsmythos zu fragen, der die Darstellung geprägt
haben könnte. Nicht vermeintliche göttliche Natur und schon gar nicht „Wissen“
oder „Erkenntnis“ (griech. gnosis) eröffnen dem Menschen das Heil, sondern
einzig und allein Glauben und Gehorsam (s. auch 4,2). Kann es eigentlich un-
mythischer und unphilosophischer gesagt werden? Vor Gott gibt es keine Auto- 9
matik des Erlösungsprozesses. Der Hebr. arbeitet ein Doppeltes heraus: *daß*
Jesus als der „Vollendete“ Grund der Rettung für die Menschen ist, und darüber-
hinaus, daß an ihm beispielhaft sichtbar wird, *wie* solche Errettung möglich ist.
„Vollendung“ geschieht durch ein absolutes Lebensopfer vor dem Altar Gottes
(s. 4,16), d.h. durch Hingabe an Gott und durch Bewährung in der Gottlosigkeit.
Im Hinblick auf die Voraussetzungen dieses Begriffs (vgl. 2.Mose 29,9.33; 3.Mose
8,33; 16,32; 21,10; 4.Mose 3,3) möchte man sagen, daß der Mensch nicht leer
vor Gott treten kann, sondern zumindest sich selbst darzubringen hat. Aus dem
Opfer Jesu ergibt sich für den Menschen die Notwendigkeit der totalen Bindung
an ihn. Wäre er nur Vorbild, könnte man darauf verzichten. Wenn er aber zugleich
der Grund der neuen Wirklichkeit ist, die „ewiges Heil“ genannt wird (vielleicht
nach Jes. 45,17; eher nach der Wendung „Priester in Ewigkeit“; vgl. bes. auch
Philo, De agric. 96), dann gibt es keine Vollendung abseits des gelegten Fundaments.
Mit dem Christus der Passion ist demnach der Zugang zu einem Leben der Hingabe
und der Annahme durch Gott ermöglicht, sofern er die Norm und den Gegenstand
des Glaubens bezeichnet. Der Hebr. stellt an den Schluß der Überlegung die Gottes- 10
rede aus Ps. 110,4. Er besagt ein „öffentliches Ausrufen“ und somit eine „festliche

Proklamation", wobei über den Wortlaut des Psalms hinaus nun ausdrücklich vom „Hohenpriestertum" Jesu gesprochen wird. Der Ausklang der Überlegungen 4,14-5, 10 gibt zu erkennen, daß noch Tieferes zu erörtern ist. Vor allem die Wendung „nach der Ordnung Melchisedeks" ist rätselhaft genug, um nach einer eigenen Erklärung zu verlangen (s. 7,1ff.).

Entgegen aller Trägheit, die dem unwiderruflichen Abfall nahebringt, soll die Gemeinde nach Reife streben, zumal ihr Gott eine ewige Hoffnung fest zugeschworen hat 5,11-6,20

Mit der hochgestimmten Aussage, daß Gott Christus feierlich als „Hohenpriester nach der Ordnung Melchisedeks" (Ps. 110,4) ausgerufen hat, steht der Verfasser erneut bei der thematischen Mitte seiner Predigt. Indessen sieht er davon ab, sofort darauf einzugehen. Überfiel ihn etwa plötzlich die Empfindung, seine Leser würden den Ausführungen zu wenig Verständnis entgegenbringen? Wahrscheinlicher ist es, daß aus bewußter Überlegung im Sinne des Charakters der Predigt, die sich als „Wort der Ermahnung" versteht, noch einmal eine aufrüttelnde Passage eingeschoben wurde. Was als plötzlicher Einfall erscheinen könnte, ist bewußtes Vorgehen gewesen. Damit stimmt überein, daß der erneute paränetische Abschnitt ebenfalls wieder mit Ps. 110,4 ausklingt. Diese zurechtweisenden Abschnitte entsprechen im Blick auf eine spezifische Gemeindesituation ganz und gar der Form des angestrebten Predigtvortrages. Die Darlegungen 5,11-6,20 bestehen aus zwei verschiedenen Teilen, die sich im Ton deutlich unterscheiden. Bis 6,8 herrschen Warnung und Strafandrohung vor, danach bis 6,20 wird Ermunterung gegeben und Zuversicht ausgestrahlt. Der Verfasser hatte offenbar über den wenig erfreulichen Zustand der ihm näher bekannten Gemeinde Nachricht erhalten. Vielleicht auch um ein „Wort der Ermahnung" gebeten, wie es Brauch war, geht er nach sorgfältiger Vorbereitung und nicht ohne ständige Bindung an seine biblische Grundlage nun auf die dortigen Verhältnisse ein. Daher ist es kein Zufall, daß eben dieser Abschnitt am stärksten den aktuellen Predigtcharakter des Schreibens aufdeckt. Hat er 3,7-4,11 im wesentlichen die Verantwortung der Christen für den Einzelnen eingeschärft, so faßt er nun endgültig die gemeindliche Gesamtheit ins Auge, wobei der harte Vorwurf der geistlichen Unreife und der Hinweis auf eine unmögliche zweite Buße zwar ernstgemeint, aber doch auch in gewisser Hinsicht eine homiletische Pflicht ist. Es würde sonst kaum zur Begründung in 6,12 heißen: „... damit ihr nicht träge werdet". Die Tatsache dieses Vorgehens zwingt dazu, über den generellen Sinn solcher Schwarz-Weiß-Zeichnung nachzudenken. Wie wenig die Angesprochenen in definitiver Weise als Unmündige und Unreife bewertet sind, ergibt sich vollauf aus der Tatsache, daß ihnen die ganze Tiefe der christologischen Erkenntnis im folgenden am wenigsten vorenthalten wird (s. Kap. 7ff.).

Der Vorwurf gegenüber den Hörern, sie seien eigentlich für die anzustellenden Gedanken nicht „vollkommen" genug, weckt zweifellos nach der Absicht antiker Redekunst bewußt ihr Interesse. Der Sachverhalt einer im Grunde vorschwebenden liturgisch-festlichen Ansprache ist an dieser Stelle besonders offenkundig. Zumindest ein Teil der Hörer wird auf die Anfänge ihres Christ-seins hingewiesen, womit wahrscheinlich zugleich eine Erneuerung und Vertiefung des abgelegten Taufbekenntnisses erreicht werden soll. Insgesamt läßt sich aber nicht bestreiten, daß allem Anschein Neugetaufte kein eigenes Thema unseres Briefes sind. Das mag damit zusammenhängen, daß wir es mit einer judenchristlichen Gemeinde zu tun haben (s. 6,6), die selbst kaum noch größere missionarische Kräfte entfaltet, sondern eher bereits sich selbst zum Problem geworden war.

Im einzelnen bewegen sich die Gedanken dieser stark rhetorisch gehaltenen 11-14
Grundsatzerörterung folgendermaßen vorwärts: 5,11-14 begründet die Notwendigkeit der Homilie mit der geistlichen Trägheit der Gemeinde, deren Glieder eigentlich selbst fähig sein sollten, zu lehren. Der Begriff „träge, stumpf" umschreibt das Leitthema bis 6,12. Die Predigt selbst soll ein entscheidender Schritt sein zum Aufweis der tieferen Wahrheiten, mit denen sich gereifter Glaube befaßt. Die Gedanken kreisen dabei um den traditionellen Bildkreis: Kind-Erwachsener, Milch-feste Speise, unkundig-vollkommen. Die Tatsache, daß alle in dieser Weise angesprochen sind, nicht ein exklusiver Kreis der Gemeinde, beweist, daß ein katechetisches Anliegen in philosophischer Sprache Ausdruck gefunden hat (vgl. z.B. auch Philo, De agric. 9; De migr. Abr. 29), und daß nicht etwa eine gnostische Vollkommenheitslehre vorliegt. Von daher sehen wir außerdem einen deutlichen Unterschied zu 1.Kor. 3,1-3.

6,1-6 fordert auf, über die Elementarkenntnisse endlich hinauszustreben, wie 1-6
es „einmal Erleuchteten" angemessen ist. Warnend schließt sich außerdem der Gedanke an, daß eine zweite Buße für Abgefallene nicht in Frage komme, weil die
Absage an Christus identisch wäre mit einer erneuten persönlich vollzogenen
Kreuzigung des Sohnes Gottes. Die Verse 6,7f. enthalten eine kurze gleichnis- 7f.
hafte Ausführung über die Fruchtbarkeit der Erde, die den Regen zum Segen oder
zum Fluch empfangen kann. Die Art und Weise der Darstellung hat ihr Analogon
in 4,12ff., wo ebenfalls in ähnlicher Weise gerichtliche Töne eingebracht sind.
Mit 6,9-12 kommt es zu einem deutlichen gedanklichen Umschwung, insofern 9-12
in weiser seelsorgerlicher Erwägung an die guten Kräfte appelliert wird, die in der
Gemeinde am Werk sind. Die Leser und Hörer werden nun sogar als „Geliebte"
angesprochen. 6,13-18 verweist zur Stärkung des Entschlusses auf das Vorbild 13-18
Abrahams, der durch Ausdauer jene Verheißung erlangt hat, die eben auch jetzt
noch Grund der Hoffnung der Christen ist. Damit ist der Verfasser sachlich und
gedanklich wiederum beim größeren Thema angelangt, was auch die verwendeten
Begriffe zeigen (s. z.B. 6,17.18). Der größere Zusammenhang ist außerdem dadurch
beachtet, daß erneut an einen Schwur Gottes erinnert wird (s. vorher 4,11, später
7,21), der das Recht der christlichen Hoffnung garantiert. Die beiden Schlußverse 19f.
6,19f. bezeichnen deutlich eine Überleitung zum homiletischen Hauptgedanken,
wobei sowohl zurück als auch nach vorn geblickt wird (s. 2,17ff.; 4,14ff.; 7,1ff.;
9,1ff.). 6,20 enthält eine gegenüber 5,10 vollständigere Verwendung von Ps. 110,4.
Insgesamt kann von einer nun endgültig vollzogenen energischen Hinwendung
zum Hauptthema der Homilie gesprochen werden.

Der geistliche Zustand der Gemeinde befriedigt nicht 5,11-14

11 Darüber haben wir eine umfangreiche und in ihrer Erklärung schwierige Predigt zu halten, weil ihr schwerhörig geworden seid. 12 Und die ihr der Zeit nach eigentlich Lehrer sein müßtet, habt wiederum nötig, daß man euch gewisse Anfangsgründe der Worte Gottes lehrt, zumal ihr solche geworden seid, die der Milch bedürfen, nicht der festen Speise. 13 Denn jeder, der Milch bekommt, weil in rechter Rede unerfahren, ist unmündig. 14 Die feste Speise dagegen ist eine Sache der Gereiften (= Herangewachsenen), also derer, die durch Schulung geübte Sinne besitzen zur Unterscheidung von Gut und Schlecht.

11 Es ist die sachliche Überlegung des Predigers und Theologen, die den Verfasser bestimmt, nicht sofort das letzte Zeugnis zu entfalten, nicht gleich „darüber" zu sprechen, nämlich über den Kernsatz, der Ps. 110 das Gepräge gibt. Er bedarf der umfangreichen Erörterung und einer nicht einfach zu verdeutlichenden Erklärung vor allem deswegen, weil die angesprochenen Christen „schwerhörig", wörtlich: „stumpf im Gehör", geworden sind. Rein formal betrachtet entschuldigt der Prediger die spätere Ausführlichkeit der Darlegungen (s. 7,1-10,18) mit der Schwierigkeit des Vorhabens. Andererseits geht er soweit, Umfang und Schwierigkeit eben damit zu erklären, daß die Gemeinde ihrer bedarf. Mit anderen Worten: über das nun Folgende reden zu müssen, ist nicht einfach. Was aber noch wichtiger ist: davon hören zu dürfen, ist am wenigsten eine Selbstverständlichkeit. Das Geheimnis der Person Christi erschließt sich nicht leicht und billig. Und schon gar nicht kann man ihm träge oder gleichgültig nahetreten. Die übliche Schwerhörigkeit, die jede Durchschnittsgemeinde charakterisiert, muß abgelegt werden. Der Verfasser ist nicht gewillt, das Geheimnis Christi nach Ps. 110 abseits einer kritischen Analyse der Gemeindesituation darzulegen. Der Vorwurf der Schwerhörigkeit ist hart. Dem Zusammenhang nach zielt er zugleich auf die erlahmende Hoffnung der Angesprochenen (s. 6,12). Fehlte es auch schon vorher nicht an Mahnungen, so doch an direkten Äußerungen, die uns die angeschriebene Gemeinde näher erfassen ließen. Anders nun an dieser Stelle! Der Prediger hat offenbar empfunden, daß menschliche Wahrheit, die überaus unbequem sein kann, letztlich nur angesichts der tieferen Wahrheit Christi aussagbar wird. Wo es dann geschieht, hat das, was wir Kritik nennen, nicht das letzte Wort. Es muß sowohl die Berechtigung hierzu aufgewiesen (s. 6,7 ff.) als auch Mut und Zuversicht geweckt werden, um den anderen, besseren Weg gehen zu können (so 6,9 ff.). Über den Rhetoriker und
12 Theologen hinaus ahnen wir den Seelsorger. Im Grunde sollten sie, die sie in ihm den Lehrer sehen und wohl auch gesucht haben, selbst schon längst „Lehrer" sein. Die Formulierung läßt daran denken, daß der Verfasser in der Tat ziemlich genau über die Entstehung der Gemeinde, vor einigen Jahren, informiert ist. Möglicherweise verdankte man ihm sogar den christlichen Glauben oder jedenfalls eine entscheidende Unterweisung. Was man von ihm erwartet, müßte im Grunde selbst geleistet werden. Selbstverständlich können nicht alle „Lehrer" sein (ein herausragendes Amt z. B. 1. Kor. 12,28), sehr wohl aber gibt es ein geistliches Wachstum, das einem jeden zugemutet werden muß. Die Aussage hat kaum eine längere, im Grunde fruchtlose Katechumenatszeit im Auge, sondern einen seit geschehener

Taufe nicht wahrgenommenen Reifeprozeß, der zum Christ-sein hinzugehört. Er betrifft keine innere Vervollkommnung im Sinne einer „Vergöttlichung“ wie bei den Gnostikern, sondern die Lehrfähigkeit, die auch das selbständige Eindringen in die Christuswahrheit umgreift. Der Hebr. verleiht damit einer grundsätzlichen Meinung des frühen Christentums Ausdruck, derzufolge im Grunde jeder Christ unmittelbar „von Gott“ gelehrt ist (s. 1.Thess. 4,9) und worum er, der er doch Geistträger ist, in der Tat wissen darf (s. 6,4ff.). Um so bedauerlicher erscheint es, daß die Angesprochenen offenbar untätig, d.h. geistig „stumpf“ geblieben sind und daher erneut „*gewisse* Anfangsgründe der Worte Gottes“ vermittelt bekommen müssen. Eine andere Übersetzung ist an dieser Stelle nicht auszuschließen, nämlich: „Ihr ... habt wiederum *jemand* nötig, der euch die Anfangsgründe der Worte Gottes lehrt“. Im letzteren Falle würde stärker der Kontrast betont sein, daß sie, die sie selbst lehrfähig sein sollten, noch einen Lehrer brauchen. Gibt man unserer Übersetzung den Vorzug, so ist hervorgehoben, daß es eigentlich um bestimmte Elementarkenntnisse geht, wie sie dann auch 6,1 in der Tat aufgezählt sind. Die philosophisch gebräuchliche Redensart von den „Anfangsgrundlagen“ meint wahrscheinlich Elementarlehren des Katechumenenunterrichts. Was die „Worte Gottes“ betrifft, die als ihr Inhalt ausgegeben sind, so verraten die gewählten Begriffe vielleicht, daß die Gemeinde nicht versteht, sie als „Gottessprüche“ auf Christus auszulegen. Es geht eben um mehr, nämlich um die Tiefe der Erkenntnis Christi, womit bewußt ein noetisches, wenn auch nicht gnostisches Kriterium des Christ-seins eingebracht ist (s. 6,1: „Anfangslehre über Christus“!). Der in keiner Weise befriedigende Stand der Lehrbefähigung findet schließlich noch V.12b seine Untermalung. Der Hebr. greift sowohl ein in der Philosophie (s. Philo, Quod omn. prob. 160; Epictet. II, 17) als auch im Urchristentum geläufiges Bild auf (1.Petr. 2,2), das hier eine gewisse kritische Schärfe besitzt. Bedenken sie nicht, daß sie noch den Status des Kindes, ja des unmündigen Säuglings einnehmen, wogegen man doch längst erwachsen und selbständig sein sollte (vgl. auch Philo, De migr. Abr. 46)? In folgerichtiger Logik bezieht der Hebr. das Bild auf den „sprechunfähigen“ Menschen, der unselbständig ist und bedient werden will, anstatt selbst zu handeln und eigene Gedanken in klare Worte zu fassen. Der Säugling, der Milch bekommt, nicht „feste Speise“, lebt in Abhängigkeit und Passivität (vgl. Philo, De agric. 9).
Ein erläuternder allgemeiner Satz unterstreicht die Notwendigkeit „rechter (= 13
richtiger) Rede“. In gehobener, zugleich hebraisierender Sprache handelt der Urtext vom „Gerechtigkeitswort“, um dem Sinn nach die „rechte Rede“ zu meinen. Vielleicht ist andeutungsweise schon auf die eigentliche Aufgabe des erwachsenen Christen hingewiesen, der das „gerechte Wort“ zu entfalten hat. Wie auch anderwärts, streut der Verfasser allgemeines Wissen ein (so z.B. 3,4), wodurch die Selbstverständlichkeit des Gesagten betont wird. Der natürliche Regelfall kann eben auf unbedingte Zustimmung aller hoffen. Was aber für den Alltag gilt, zwingt auch
zu Schlußfolgerungen für das geistliche Leben. Nicht mystische Erkenntnis – so 14
in der Gnosis –, sondern der Gebrauch erworbener Fähigkeit, das Rechte zu sehen und zu tun, ist demnach der Beweis der vollen Reife des Christen. Während der Säugling über die Nahrung nicht zu befinden vermag, kann der erwachsene Mensch z.B. über gute und schlechte Speise sehr wohl entscheiden. Aber vielleicht ist der

Satz weniger eindeutig gemeint. Mit der absolut gehaltenen Wendung „zur Unterscheidung von Gutem und Schlechtem“ kann ebensogut daran gedacht sein, daß die angesprochenen Christen doch eigentlich wissen müßten, was ihnen in ihrem christlichen Alter „frommt“. Mag auch nicht zur Debatte stehen, ob sie Christen bleiben wollen oder nicht, so geht es doch darum, einen „guten oder schlechten Kampf“ zu führen. Dafür sollte sich der Christ „geübte Sinne“ aneignen, eine Überlegung, die unterstreicht, daß dem Menschen sehr wohl ein Auffassungsvermögen für die geistlichen Dinge eigen ist (s. auch Philo, Leg. all. III, 183: „Sinneswerkzeuge“), das der Bildungsfähigkeit untersteht, ja sogar unterworfen werden muß. Das Ziel ist also – mit einem Satz formuliert – der „mündige Christ“, der sich um die ganze Tiefe des Zeugnisses bemüht und es auch weiterzugeben in der Lage sein soll.

Da jeder Abfall unwiderruflich wäre, bedarf das Christ-sein des geistlichen Wachstums 6,1-6

1 Darum wollen wir auf das Erwachsen-sein (= Reife) bedacht sein, indem wir die Anfangslehre über Christus aufgeben, so daß wir nicht erneut den Grund legen, der die Buße von den toten Werken und das gläubige Vertrauen auf Gott zum Inhalt hat, 2 die Lehre über Taufbäder sowie Auflegung der Hände, über Totenauferstehung und ewiges Gericht. 3 Und wir werden dies tun, falls Gott es zuläßt. 4 Denn es ist unmöglich, daß die, die einmal erleuchtet wurden, ja die himmlische Gabe schmeckten und am heiligen Geist als Empfänger Anteil bekamen, 5 dazu das gute Wort Gottes und die Kräfte der künftigen Weltzeit kosteten, 6 wieder in Buße erneuert werden, sollten sie abgefallen sein, da sie für sich selbst den Sohn Gottes erneut kreuzigen und der Schmach preisgeben.

1 Mit einem energischen Einsatz „darum“ zieht der Verfasser Folgerungen für sich und die Gemeinde. Er will sie zu dem anleiten, was ihr in Wahrheit gemäß ist. Er gibt keine bloße Ermahnung, wie es nach den bisherigen Ausführungen erwartet werden konnte, sondern will dem erkannten Mangel unverzüglich abhelfen. Da die Angesprochenen der Zeit nach erwachsene Christen sind, müssen sie es nun endlich auch der Sache nach werden. Der Verfasser setzt in diesem Sinne ja auch Hoffnungen auf sie (6,9). Er wäre ein schlechter Lehrer seiner Gemeinde, wollte er nur belehren und nicht selbst sofort als Helfer tätig werden. Dazu gehört, daß man die „Anfangslehre über Christus“ aufgibt und sich der Lehre für Gereifte zuwendet. Was er „Reife“ nennt, versteht sich aus dem Gegenüber zum Unmündigsein, ist also nicht einfach identisch (was auch übersetzt werden könnte) mit „Vollkommenheit“. Schließlich meint er keinen physisch-sittlichen Zustand, sondern die durch Übung erworbene Fähigkeit, sich tieferen Überlegungen zu stellen, die nicht nur einen Teil, sondern das Ganze der Christuswahrheit umfassen, woraus praktische Konsequenzen entstehen. Die Christuswahrheit gleicht einem Gebäude, dessen Grund gelegt ist. Seine Mauern müssen aufgezogen werden, weil der Grund allein eine unvollkommene, ja in sich sogar unmögliche Sache darstellen würde (ähnlich 1.Kor. 3,10ff.). Christ-sein ist keine naturhafte Vollkommenheit, sondern ein ständiges Ergreifen und Weitergeben jener Wahrheiten, die das Leben gestalten

und auf ein Ziel ausrichten. Was der Hebr. als Fundament bzw. als Elementar-
unterweisung versteht, wird im einzelnen näher aufgezählt. Er erwähnt zunächst
in einer doppelgliedrigen Wendung „die Buße von den toten Werken und das gläu-
bige Vertrauen auf Gott“, um damit schon das Verhältnis der genannten Größen
zueinander anzuzeigen. In der messianischen Zeit kann nicht mehr auf die „Werke“
gebaut werden, sondern nur noch auf den vertrauenden Glauben. Eine Berührung
mit paulinischem Denken zeichnet sich ab, wenn sowohl in zusammenfassender
Weise von „toten“ Werken als auch vom „Vertrauen auf Gott“ gesprochen wird
(s. Röm. 4,5). Das Neue, das „lebendiges“ Handeln ermöglicht, ist allein der Glaube
der Christuszeit. Daher stehen beide Themenkreise in einem ausschließlichen Ver-
hältnis zueinander. Es ist deutlich, daß diese Charakteristik geschehener früherer 2
Unterweisung jüdische Christen voraussetzt, was auch die Fortsetzung sicherstellt,
die nun ausdrücklich die ehedem vermittelte „Lehre“ nennt, identisch mit dem
„gelegten Grund“, um den katechetischen Stoff in zwei weitere große Sachkreise
aufzugliedern: „Lehre über Taufbäder sowie Auflegung der Hände, über Toten-
auferstehung und ewiges Gericht“. Trotz der knappen Sprache wird man zunächst
daran denken, daß – worauf der Plural verweist – rituelle Reinigungsbäder im
frommen Judentum allezeit eine große Rolle gespielt haben (s. z.B. bei den Essenern)
Offen bleibt bei solcher Möglichkeit, ob die christliche Unterweisung sich hierüber
negativ geäußert oder ihre Ausübung in gewissen Grenzen erlaubt hat (so wohl
9,10). Es ist aber ebenso denkbar, daß über das Besondere der Jesustaufe im Ver-
gleich zur Johannestaufe und zu sonstigen kultischen Tauchbädern gehandelt wor-
den ist (s. Apg. 18,24ff. 19,1ff.), wobei man dann deren Einmaligkeit als Geist-
taufe herausarbeiten mußte. Diese Überlegung hat im Blick auf die folgenden
Sätze 6,4ff. einiges für sich, scheint doch eine Erläuterung dessen vorzuliegen,
was das Christ-sein in bestimmter Weise auszeichnet. Auch die „Handauflegung“
ist ein spezifisch christlicher Akt, der zur Unterweisung gehört. Bekanntlich hat
schon die Urkirche die Handlung zum Zwecke der Geistmitteilung vorgenommen
(Apg. 8,17.19; 9,12.17; 13,3 u.a.). Dabei sei nicht übersehen, daß sie ihr unmittelbar
jüdisches Vorbild in der Ordination der Gelehrtenschüler zum Lehramt besitzt, bei
der die Hände „aufgestemmt“ wurden, wie es technisch heißt (vgl. hierzu 4.Mose
20,18ff.; 5.Mose 34,9). Der Verfasser mag daran denken, daß die dadurch ver-
mittelte Gabe des Geistes auch zugleich den einzelnen Christen zum Lehrer des
Wortes macht, was bei den angesprochenen Christen tadelnswerterweise ungenutzt
geblieben ist. Wenn schließlich noch an die Belehrung über „Totenauferstehung
und ewiges Gericht“ erinnert wird, dann handelt es sich auch hierbei um traditionelle
jüdische Themen. Der Hebr. kann freilich nur voraussetzen, ihre Bedeutung sei
im Licht der Christuswahrheit in besonderer Weise zur Geltung gebracht worden.
Inhalt der Auferstehungsbotschaft mußte auch für das Judenchristentum zuerst
der Auferstandene selbst sein. Er aber verbürgt zugleich den gnadenweisen Frei-.
spruch im letzten Gericht. Die erwähnten sechs Themen der katechetischen Unter-
weisung deuten ohne Zweifel auf einen judenchristlichen Empfänger des Briefes,
wenngleich die Aufzählung eine gewisse neutrale Sachlichkeit zum Ausdruck
bringt, die bis ins Äußerliche unterstreicht, daß das Streben nach tieferer Erfassung
der Wahrheit gehen sollte. In diesem Fall werden dann ganz andere Horizonte

aufgerissen. Immerhin aber deutet die Hervorhebung der sechs Themen hinreichend an, was als unerläßliche Fundamentallehre des Katechumenenunterrichts angesehen wird: die Abkehr vom Vergangenen, die Einfügung in das Neue und schließlich die Herausstellung des Ernstes der gefällten Entscheidung in Anbetracht der künftigen Dinge. Das ist gewiß nicht wenig. Wenn es dennoch dabei nicht bleiben soll, dann deswegen, weil die vielerlei in Christus zusammenlaufenden Linien, die das Einmalige und Wunderbare des Geschehens unterstreichen, zu kurz kommen. Das Daß des Gekommen-seins als Anlaß und Grund des Glaubens genügt, aber es bringt nicht weiter in Hinsicht auf den „Eifer zu ganzer Überzeugung der Hoffnung bis ans Ende" (6,11). Was aufgezählt ist, mag gerade für durchgehaltene christliche Gegenwart reichen, nicht für nach vorne gerichtete hoffnungsvolle Ausdauer, die aus der unerschöpflichen Wahrheit Christi erwächst, ein Leben in
3 Spannung versetzt und die Gemeinde in missionarische Bewegung bringt. Weil es im Grunde um Wichtigeres geht, wird der gefaßte Entschluß, nach dem „Erwachsen-sein" zu streben, überdies davon abhängig gemacht, daß Gott das gemeinsame Bemühen doch gelingen lassen möge. Der Verfasser äußert sich in der Weise des frommen jüdischen Menschen (s. auch 1.Kor. 16,0), der sich Gottes vergewissert, weil es um mehr als um den eigenen guten Willen geht. Hinter dem Satz steht überdies nicht eigentlich der Zweifel, ob es denn Gott zulasse, sondern die Gewißheit, daß es mit seiner Hilfe unter allen Umständen so sein werde. Dem Hebr. liegt daran, die Gemeinde in die persönliche Gewißheit mit hineinzuziehen,
4 denn als träge bedarf sie ihrer. Sie bedarf dieses Schrittes als gefährdete. Sollte man nämlich soweit gehen, auch auf das Unerläßliche zu verzichten, dann gäbe es keine Hilfe mehr. Ein relativ langer Satz weist die Möglichkeit der zweiten Buße ab und hält damit zugleich die Einmaligkeit der Bekehrung zu Christus fest. Der Sachverhalt wird nur festgestellt und nicht eigens auf die Hörer bezogen. Aber sie mußten heraushören, daß es Zeit war, umzudenken, umzulernen und weiterzukommen, hin zu den ewigen Wahrheiten. Es ist die Schuld ihrer Trägheit, wenn es beim Stillstand bleibt, und damit die Gefahr des Abfalls droht. Auf keinen Fall gibt es den Schritt hinter die Taufe zurück. Auf letztere ist angespielt, wenn von „einmal Erleuchteten" gesprochen wird (s. auch 2.Kor. 4,6; dazu Justin, Apol. I,61). Nur formal liegt ein Begriff der hellenistischen Mystik vor. Auch christliches Denken kann sagen, daß Christus dem Täufling „aufgestrahlt" ist (Eph. 1,18; 5,13), nämlich als Licht zum Leben, weil er herausreißt aus der Macht der Finsternis (Kol. 1,13). Mit der „Erleuchtung" ist überdies unmittelbar der Empfang des Geistes verbunden, eine „himmlische Gabe" zur Vermittlung himmlischen Lebens und überirdischer Kräfte. Man besitzt ihn nicht, sondern hat daran Anteil, bezeichnet der Geist doch in umfassender Weise die gegenwärtige Wirklichkeit des erhöhten Christus, die niemand allein für sich beanspruchen kann. Wenn es überdies heißt, daß ihn die Christen „geschmeckt" haben, dann will dies sagen, daß ihnen für Seele und Leib gleichsam aufbauende Nahrung zuteil wurde. Ob die Redeweise auch durch bestimmte symbolhafte Handlungen beim Taufakt beeinflußt ist, muß offen bleiben (zur Wendung vgl. auch 1.Petr. 2,3). Möglicherweise wurden ähnlich wie in den heidnischen Mysterienhandlungen dem Täufling zum Zwecke anschaulicher Symbolik gewisse Gaben gereicht, die ihm als Vorgeschmack himm-

lischer Speise erscheinen konnten (z.B. Milch, Honig u.a.). Wenn es noch heißt: 5
"dazu das gute Wort Gottes und die Kräfte der künftigen Zeit", so soll ebenfalls
zumindest an persönlich Zugesprochenes erinnert werden. Es kommt hinzu, daß
mit der Feier der Taufe häufig auch die erste Feier der Eucharistie verbunden war.
Immer handelte es sich dabei um eine Vorwegnahme der Güter der künftigen Welt,
die ja keineswegs nur als rein geistige gedacht waren. Spricht der Hebr. auch weit-
hin in hellenistischer Begrifflichkeit, so bleibt doch insgesamt der Tatbestand
jüdisch-rabbinischer Vorstellungen unbestritten. Letztlich zielt die Beschreibung
des „einmal erleuchteten“ Christen auf die Hervorhebung der Größe und des Reich-
tums der mit der Taufe empfangenen Gaben. Sie können, fällt der Beschenkte ab, 6
nicht noch einmal gewährt werden, was sich die Gemeinde vorhalten möge. Schließ-
lich sind es samt und sonders zeichenhafte Vergegenwärtigungen der Gnade Gottes.
Mit ihnen kann man nicht nach Belieben verfahren. Man hat sie einmal empfangen
oder hat ganz darauf verzichtet. Um das Furchtbare des Abfalls anschaulich zu
machen, spricht der Hebr. in abschreckender Weise davon, daß der abtrünnige
Getaufte „für sich selbst wiederum den Sohn Gottes kreuzigt und der (erniedrigen-
den) Schmach (öffentlicher Hinrichtung) preisgibt“. Zieht man in Erwägung, daß
der Brief an judenchristliche Leser gerichtet ist, dann allein ermißt man die ganze
anklagende Schärfe, die hinter diesem Satz steht. Schließlich mußten vor allem
jüdische Christen den Tod des Messias als eine schwere Schuld ihres Volkes emp-
finden, wobei andererseits für sie das Geschenk des Glaubens und der damit ver-
bundenen Vergebung um so kostbarer war. War überhaupt ein härteres Argument
denkbar?

Das Problem der zweiten Buße. Das Problem der zweiten Buße ist im Grunde identisch mit dem Problem der zweiten Taufe, insofern der Begriff der „Buße“ ausschließlich theologisch, nicht etwa ekklesiologisch normiert ist. Genauer: nicht ein Fallen in einzelne Sünden (welche auch immer!) steht zur Debatte, sondern der Abfall überhaupt. Der Hebr. verhandelt, was den Evangelien zufolge Jesus die Sünde gegen den hl. Geist genannt hat (Mk. 3,29). Auch sonst weiß das Zeugnis des Neuen Testaments um diese Möglichkeit eines dem Glauben gesetzten klaren Entweder-Oder (1.Tim. 1,19; Mt.25,1ff. u.a.). Das theologische Problem von 6,4ff. ist dabei nun nicht eigentlich die Tatsache möglichen Abfalls, noch viel weniger seine Erörterung, sondern wer darüber befindet und welche Kriterien über den „Abfall“ entscheiden. Das harte Urteil Luthers über unsere Stelle und damit letztlich über den ganzen Brief, ist bekannt. Seine Vorausssetzung ist eine bestimmte ausgeprägte Sündenlehre, vor allem: Todsündenlehre der späteren Kirche, die zur Zeit des Hebr. noch nicht vorlag. Bei geschichtlicher Betrachtungsweise ist Luthers Einstellung deshalb heute nicht mehr annehmbar. Es geht schließlich keineswegs darum, daß etwa die Kirche oder ein Amtsträger den eingetretenen Fall der Apostasie zum Zwecke kirchenamtlicher Sanktionen feststellt, sondern daß die Verkündigung die Möglichkeit desselben aufzeigt und so die Gefährdeten zur Neuorientierung zwingt. Das Recht hierzu besteht, wenn der Christusglaube nicht nur der Grund der Gnade, sondern auch der Prüfstein im Gericht ist, was für den Hebr. unbestreitbar ist. Wer 6,4ff. zu einem Leitsatz der kirchlichen Bußdisziplin erhebt, wie die Novatianer im 3. und 4. Jahrhundert, verkennt den Sinn der uns in Christus eröffneten Möglichkeiten und macht die Kirche zur pharisäisch-sektiererischen Gemeinschaft. Es gibt Urteile, die sich Gott vorbehält, damit alle sie in heiliger Scheu um so ernster nehmen.

Das fruchtlose Gewächs verfällt der Vernichtung 6,7f.

7 Denn die Erde, die den oftmals auf sie fallenden Regen trinkt und nützliches „Gewächs "für die hervorbringt, um deren willen sie auch bearbeitet wird, nimmt teil am Segen von Gott. 8 „Bringt sie" aber „Dornen und Disteln" hervor, so ist sie unnütz und dem Fluch nahe, der am Ende zur Verbrennung führt.

V. 7f.: *1.Mose 3,17.*

Eine kurze bildhafte Rede 6,7f. unterbricht die harten, auf Neubesinnung drängenden Sätze. Äußerlich fast wie die Beschreibung eines Naturidylls wirkend, dienen sie der Veranschaulichung des Gerichtsernstes, über den die Hörer Klarheit gewinnen müssen. Da jede Deutung fehlt, rücken die Aussagen in die Nähe gleichnishafter Rede. Ihre Bedeutung unterliegt jedoch keinem Zweifel: wo empfangener Segen nicht rechte Frucht bringt, kommt es zur Verwerfung des Unfruchtbaren oder Unnützen. Der im Anklang an die biblische Urgeschichte geschilderte Tatbestand soll ohne viel mahnende Worte die Hörer zur willigen Einsicht bringen.
7 Der Hebr. will aufzeigen, was der zu erwarten hat, der abfällt und für sich erneut Christus kreuzigt: anstatt Segen bereitet er sich Fluch. Ausgegangen wird zunächst vom Gegenteil, indem die Erde geschildert wird, die den häufigen Regen trinkt (s. auch 5.Mose 11,10f.) und nützliche Gewächse hervorbringt. Insgeheim steht hinter der Aussage die auch philosophisch verbreitete Überzeugung, daß alles natürliche Geschehen seiner Bestimmung (= Entelechie) nach im Grunde auf Nutzen ziele wie auch alles irdische Gewächs zum Besten des Menschen da sei (vgl. hierzu Philo, De agric. 8ff.). Wertvoll sind somit ausschließlich die Kulturpflanzen (s. auch 1.Mose 1,11ff.; 3,17). Andererseits wird allein die „Erde", die als ausgedörrte durstig die himmlische Gabe des Regens aufnimmt, um „nützliches Gewächs" hervorzubringen, ihrer Bestimmung gerecht. Letztere beruht überdies darin, daß sie es für die tut, „um deren willen sie bebaut wird". Die gleichsam mütterliche Erde ist für den Menschen da (s. auch Philo, De op. m. 133). Damit ist sie ein Gegenstand des göttlichen Segens und sie wird auch fernerhin mit Eifer bebaut werden. Vielleicht ist der Begriff des „Segens" im Blick auf das biblische Zeugnis 1.Mose 3,17 gewählt.
8 Bringt die Erde aber „Dornen und Disteln" hervor, ein biblisch gewählter Ausdruck für das wertlose Gewächs, dann ist sie „unnütz" und dem „Fluch" nahe, wie dem dortigen Gotteswort entnommen werden kann. Sie hat die in sie gesetzte Erwartung nicht erfüllt und sie hat damit ihre Bestimmung verfehlt. Das Ende ist das Feuer des göttlichen Gerichtes. Da mit dieser Aussage dem kerygmatischen Anliegen entsprochen ist, darf die – bei gewisser Betrachtung – sogar mit Recht leichte Unlogik, wonach die Erde verurteilt wird, nicht das wertlose Gestrüpp, kaum stören. Der Ernst des eingeschalteten Bildes ist unüberhörbar. Es bedarf keiner weiteren Worte. Wieder leitet den Verfasser die Rücksicht auf seine Leser, die er zwar zur Einsicht bringen möchte, die er aber niemals aufgeben kann.

Die gleichnishafte Rede ist ohne Zweifel meisterhaft formuliert. Die Darbietung verrät das erzählerische Können und die klare Logik des Redners. Obwohl biblische Sprache aufnehmend, paßt er sie zugleich dem Denken der Zeit an. Man könnte auch fragen, ob nicht eine gewisse Bindung an Gleichnisgut Jesu vorliegt (s. Mt. 7,16ff.; Mk. 4,14ff.), wobei freilich keine Sicherheit zu gewinnen ist. Endlich wäre zu überlegen, ob nicht das charakteristische Element des „häufig fallenden Regens" ein für die Passazeit wichtiges messianisches Symbol einbringt, wobei dann auch Stellen wie Jak. 5,7, besonders Joel 2,23 und Hosea 6,3 in die Überlegungen einbezogen werden müßten (vgl. b. Taanit 4a-5a). Wie immer man im einzelnen Schlüsse ziehen wird, es bleibt festzuhalten, daß sich die Verse in die streng biblischen Strukturen des größeren Gedankengangs weitaus mehr einfügen, als es bei äußerem Zusehen den Anschein hat (vgl. auch Philo, Quod deus 155ff.).

Es besteht Hoffnung, daß die Gemeinde ihre Trägheit überwindet 6,9-12

9 Wir sind aber von euch, Geliebte, des Besseren überzeugt und dessen, was (euch) zum Heil gereicht, auch wenn wir so sprechen. 10 Denn Gott ist nicht ungerecht, so daß er eures Werkes und der Liebe vergäße, die ihr in seinem Namen erzeigtet, da ihr den Heiligen Unterstützung zuteil werden ließet und sie noch unterstützt. 11 Wir wünschen aber, daß ein jeder von euch denselben Eifer zu ganzer Überzeugung der Hoffnung bis ans Ende beweisen möge, 12 damit ihr nicht träge werdet, sondern vielmehr Nachahmer derer, die durch Glauben und Ausdauer die Verheißungen ererben.

6,9ff. bezeichnet eine entscheidende Wendung nicht nur im Ton, sondern auch im Gedankengang. Klang bisher nur zwischen den Zeilen an, daß der Verfasser seine Hörer nicht aufzugeben gewillt ist, so wird es nun ausdrücklich gesagt. Herrschte bis jetzt der gerichtliche Ernst der Mahnpredigt vor, so strahlen die folgenden Ausführungen mitreißende Zuversicht und kräftige Ermunterung aus. Dem Hebr. liegt offenbar am wenigsten daran, die Hörer kleinmütig und verzagt zu machen. Seine harten Sätze wollen nicht die Frustation der träge gewordenen Christen, sondern ihre Aktivierung auf einer Ebene der willigen Einsicht und der bußfertigen Selbstbesinnung. Dazu gehört aber freilich auch ein Wort des Ansporns.
In unmißverständlicher Formulierung faßt er seine Zuneigung und Verbundenheit 9
in Worte. Der schriftstellerische Plural gibt dem Satz Gewicht, wobei wir den auf seine Autorität pochenden Lehrer heraushören. Er vertraut auf das „Gute" im Blick auf sie, und er tut es als Christ, nicht einfach als Mensch. Zwar ist er sich bewußt, ernste und unbequeme Worte gesagt zu haben, denn er konnte und durfte sie nicht verschweigen, aber sie sollen sich bei alledem nicht als Aufgegebene oder Verstoßene wissen. Im Gegenteil! Er nennt sie, übrigens nur hier, „Geliebte", weiß sich ihnen also, was an dieser Stelle größtes Gewicht hat, zutiefst verbunden. Nicht Verbitterung oder Unverständnis haben ihn getrieben, sondern Sorge und Zuneigung. Dabei liegt es dem Verfasser gänzlich fern, Gesagtes zu schmälern oder zurückzunehmen. Er drückt sich behutsam aus, wenn er formuliert, „des Besseren" überzeugt zu sein, nämlich verglichen zu dem 6,8 Angezeigten. Die Hörer werden im
Blick auf das Heil nicht versagen. Die Gründe dafür sind nicht bei ihnen zu suchen, 10

sondern in der Gerechtigkeit (= Treue) Gottes, der die von ihnen in seinem Namen getane Liebesarbeit gewiß nicht vergißt. Die Wendung „euer Werk und die Liebe" fällt auf. Es kann nur an einen besonderen, die Kräfte der Gemeinde beanspruchenden Einsatz gedacht sein. Es ist wohl kaum Wohltätigkeitsarbeit im Raum der eigenen Gemeinde angesprochen. Ebenso ist es unwahrscheinlich, es seien vielleicht besondere „Dienste" während einer Verfolgungszeit gemeint (10,32 ff.). Der Satz deutet vielmehr auf eine außerordentliche Unterstützung hin, die die Gemeinde geleistet hat, um einer auswärtigen Gruppe, „den Heiligen", zu helfen. Geschah das Liebeswerk so betont im Namen Gottes und ist es inzwischen eine feste Einrichtung geworden, dann sollte doch wohl erwogen werden, ob hier nicht ein Bezug auf die große urchristliche Kollektenarbeit vorliegt, von der wir im paulinischen Schrifttum (der 3. Missionsreise) mehrfach hören (s. 2.Kor. 8,5). Die ohne Zweifel typische Wendung „den Heiligen dienen" meinte demnach ebenfalls die finanzielle Unterstützung der armen Gemeinden des palästinischen Mutterlandes (s. Röm. 15,25.31; 1.Kor. 16,1; 2.Kor. 8,4; 9,1.12; Apg. 11,29). Wir wissen, daß diese Arbeit ein Anliegen sowohl der judenchristlichen als auch der heidenchristlichen Mission war (Gal.2,10) und daß sie sich über Jahre hinzog. Wenn technisch von den „Heiligen" gesprochen wird, so ist wahrscheinlich eine Bezeichnung der jerusalemischen Gemeinde aufgenommen. Gehört das Schreiben des Hebr. tatsächlich in die Zeit vor 70 n. Chr., so gewinnt diese Erklärung, die in der Auslegung nicht allein steht, sogar erheblich an Wahrscheinlichkeit. Wie immer die Einzelheiten näher zu bestimmen sind, der Verfasser steht unter dem Eindruck entfalteter und vorhandener vorbildlicher Kräfte der Liebe. Ihm kann er sich nicht entziehen; denn Gott läßt solche Opfer- und Dienstbereitschaft am wenigsten ungesegnet. Er will Barmherzigkeit unter den Menschen, nicht zuletzt unter denen, die sie um Christi willen vor dem
11 Thron der Gnade selbst erlangt haben (4,16). Womöglich ist Eifer in der Liebestätigkeit, wir würden heute sagen: soziales Engagement, aber in gewisser Hinsicht leichter anzuregen und dementsprechend leichter durchzuhalten, als „Eifer zu ganzer Überzeugung der Hoffnung bis ans Ende". Die Nächstenliebe hat wohl immer, wenn sie echte und natürliche Empfindung ist, ein unmittelbares Objekt, woran sie die Notwendigkeit und den Sinn ihres Auftrages erkennt. Schwieriger liegen die Dinge im Falle der christlichen Hoffnung, die als lebendige wahrscheinlich nur dann den Christen bestimmt, wenn sie ihm ständig zugesprochen wird. Eine Gemeinschaft kann in tätiger und hilfsbereiter Zusammenarbeit Unerhörtes leisten, sofern einer den anderen überbieten möchte (s. 2.Kor. 9,2). Damit Hoffnung lebendig sei, bedarf es indessen gerade des Eifers der einzelnen Christen, wie auch von der Sache her alles daran liegt, daß ein jeder diese Haltung bei sich durchhält. Offenbar will der Hebr. gerade die Erwartung des Einzelnen in der Gemeinde anfachen und stärken; daher das intensiv-sehnsüchtige: „wir wünschen (innig)". Wo Kräfte der tätigen Nächstenliebe aufgebracht werden, sollte die „ganze Überzeugung" ihren festen Platz haben. Wird der Christ auch nicht um Lohn dienen, so ist er doch nicht zuletzt um deswillen tätig, in „dessen Namen" er Liebe übt, und eben mit diesem Namen verbindet sich Hoffnung (s. 6,13 ff.). Möglicherweise ist daran gedacht, daß im Endeffekt Liebe und Hoffnung miteinander gewonnen oder verspielt
12 werden. Von hier aus gesehen fährt V. 12 im Grunde folgerichtig fort. Der Begriff

der Trägheit greift auf 5,11 zurück. Während dort aber der eingerissene Zustand der „Trägheit im Hören“ festgestellt wird, geht es hier um eine allgemeine Trägheit, die das ganze Christenleben bestimmt. Neben dem Wort des Zuspruchs gewinnen die Vorbilder des Glaubens und der Ausdauer größte Bedeutung. Sie sind nachzuahmen, nicht in imitierender Weise, was ja nur Karikaturen hervorbrächte, sondern in der Weise des Nachvollzugs ihrer spannungsvoll gelebten Existenz. Die Wendung „derer, die ... die Verheißungen ererben“ hat keine bestimmte Gruppe der Vergangenheit Israels oder der Gegenwart der Kirche im Auge (so dann später 11,1ff. und 12,1ff.), sondern die, die in bescheidener Namenlosigkeit allen Anfechtungen und Widerwärtigkeiten zum Trotz den Weg der Hoffnung „bis zum Ende“ gehen, das auch für sie „Ziel“ und „Sinn“, ja „Erfüllung“ umschließt (s. Ps. Sal. 12,8). Der Plural „Verheißungen“ trägt dem vielfachen Zeugnis der Schrift Rechnung. Aus der unbegrenzten Zahl derer, die als Vorbilder des Glaubens und der Ausdauer zu nennen wären, wird im folgenden jedoch nur eine Gestalt herausgehoben.

Die von Gott dem Abraham zugeschworene Verheißung besitzt auf jeden Fall unwandelbare Gültigkeit 6,13-20

13 Als nämlich Gott dem Abraham die Verheißung gab, „schwur er bei sich selbst“, nachdem er keinen Größeren besaß, bei dem er hätte schwören können.
14 Und er sagte: „Wahrlich, segnend will ich dich (überaus) segnen und mehrend will ich dich (überaus) mehren“. 15 Und nachdem er so Ausdauer bewahrt hatte,
erlangte er die Verheißung. 16 Menschen nämlich schwören bei dem Größeren,
und der Eid dient ihnen als Ausschluß jeder widersprechenden Aussage zur Bekräftigung. 17 Dabei trat Gott, der das Unverrückbare seiner Absicht den Erben der Verheißung um so nachdrücklicher aufzeigen wollte, mit einem Eide (in die
Mitte) ein, 18 auf daß wir durch zwei unwandelbare Tatsachen, worin Gott unmöglich unwahr sein konnte, eine starke Ermunterung hätten; wir, die wir unsere Zuflucht dazu genommen haben, die vorliegende Hoffnung zu ergreifen, 19 welche
wir wie einen sicheren und dazu festen Anker der Seele haben, „der auch hineinreicht in das Innere des Vorhangs“, 2 wohin als Vorläufer für uns Jesus eingegangen ist, indem er „nach der Ordnung Melchisedeks“ ein Hoherpriester wurde „in Ewigkeit“.

V. 13f.: *1.Mose 22,16ff.;* V. 19: *3.Mose 16,2.12;* V. 20: *Ps.110,4.*

Israel hat als Volk viele Verheißungen empfangen. Die Botschaft der Propheten spricht in diesem Sinne eine deutliche Sprache. Will man einzelne Menschen des 13-20
alten Bundes herausgreifen, die persönlicher Verheißungen gewürdigt worden sind, so kann eigentlich nur David, der Begründer des Königtums (s. 2.Sam.7,14ff.) genannt werden. Will man endlich eine Persönlichkeit bestimmen, die mehr umgreift als Israel, so ragt Abraham in einsamer Größe heraus. Das Zeugnis über ihn nimmt in der Schrift einen ungewöhnlich breiten Raum ein. Wichtig ist, daß er mehrfach als Empfänger göttlicher Verheißung erscheint, ja, daß er im Grunde die ihrem Inhalt nach größten Zusagen Gottes empfangen hat. Abraham wird immer als das herausragende Beispiel dafür gelten, daß dem Glauben die Welt und die

Zusage Gottes gehören, wobei er sich eben nicht auf Israel beschränkt, mag Israel auch das Volk des Messias sein (s. 1.Mose 12,2). Solches Denken dürfte den Verfasser des Briefes zutiefst bewegt haben. Mit den Denkregeln des jüdischen Schriftgelehrten jener Zeit geht er dem Geheimnis, und das will sagen: der christologischen Bedeutung der Gestalt Abrahams nach. Der Abschnitt 6,13-20 leitet dabei unversehens, doch gewiß wohlüberlegt zu 7,1ff.4ff. über. Bemerkenswert ist der Unterschied zu Paulus. Zwar stellt auch der Verfasser des Hebr. in Abraham den Empfänger der Verheißung heraus (s. Röm.4,14ff.; Gal.3,8.16), aber er schlägt in der Entfaltung des Sachverhalts doch einen völlig anderen Weg ein, insofern weder der rechtfertigende Glaube noch die einzigartige Bedeutung der Vätergestalt für die Heiden die geringste Beachtung finden. Da somit ein ausgesprochen heidenchristlich-theologisches Interesse fehlt, darf man auch von hierher auf einen judenchristlichen Theologen rückschließen. Um die Ausdauer seiner Gemeinde zu stärken, schärft er weniger das inhaltliche Wie der Verheißung als vielmehr das formale Daß ein, wobei in erster Linie die ungewöhnliche Form des Schwurs interessiert, leitet sich von daher doch zugleich die Unbedingtheit seiner Geltung ab. Bezeichnet Gott nicht nur einen Begriff, sondern die Wirklichkeit des Glaubens, dann ist sein verheißendes Wort mehr als nur „Rede", nämlich absolute Zusage, biblisch gesprochen: ein unverbrüchlicher „Schwur".

13 Der Hebr. spricht von der an Abraham ergangenen Verheißung Gottes so, als
handle es sich nur um eine. Das stimmt sachlich-inhaltlich gewiß, doch berichten
die Abrahamserzählungen davon, daß die Verheißung mehrfach erging (s. 1.Mose
12,2ff.; 13,16; 15,5ff.; 17,5ff.). Um darzulegen, was es mit dieser Verheißung in
ihrer unverbrüchlichen Art auf sich hat, wird auf den als letzten berichteten Gottes-
spruch zurückgegriffen (1.Mose 22,16ff.). Dort steht, daß Gott im Blick auf
Abraham „bei sich selbst schwur" — eine für schriftgelehrtes Denken überaus selt-
same Formulierung, worauf der Verfasser sofort einleitend zu sprechen kommt.
Da Gott keinen Größeren besaß, bei dem er hätte schwören können, legte er den
Schwur „bei sich selbst" ab. An sich darf hinter der bildhaft-anthropomorphen
Wendung nicht das Geringste gesucht werden. Anders – wie gesagt – vom dama-
ligen Standpunkt aus. Daß es sich um ein verarbeitetes größeres Denksystem handelt,
beweisen vor allem zwei Texte bei Philo, dessen methodisch-hermeneutische Schule
der Verfasser einmal durchlaufen zu haben scheint. Philos Ausführungen enthalten
einen dem Hebr. parallelen Gedankengang. An der einen Stelle (De sacr. A. et C.93)
legt er ausführlich dar, daß Gott selbstverständlich schon auf sein bloßes Wort hin
glaubwürdig sei. Seine Worte bedürfen nicht des Eides, sondern sind stets selbst
damit identisch. Werde in der Schrift aber Gott mehrfach als der Schwörende be-
schrieben, dann deswegen, um dem Menschen, der in menschlichen Vorstellungen
denkt, eine notwendige Verstehenshilfe zu geben. An der anderen Stelle (Leg. all.
III, 203ff.), die ausdrücklich auf 1.Mose 22,16ff. Bezug nimmt, wird bei über-
raschend gleicher Erörterung des Problems festgehalten, daß Gott allein der stärkste
Bürge sei, zunächst für sich selbst und dann auch für seine Werke; folglich könne
14 er deshalb nur bei sich selbst schwören und sich selbst als Sicherheit bieten. Über
Philo hinaus werden vom Hebr. Konsequenzen gezogen für den Glauben der
Christusgemeinde, die um Gott und sein Wort in neuer Weise weiß. Dieser Tat-

bestand hat sogar auf den Wortlaut des Gottesspruches abgefärbt, der an einer
bezeichnenden Stelle vom Wortlaut der Septuaginta abweicht. Statt von der Ver-
mehrung des „Samens“ Abrahams zu sprechen, ist die Formulierung gewählt:
„, . . und ich will dich (überaus) mehren“. Damit ist der Blick fortgelenkt von der
Vielzahl der Nachkommen, also Juden und Heiden, in der die Erfüllung der Ver-
heißung auch bei Paulus gesehen wird. Das theologische Interesse zielt vielmehr
auf den Erzvater selbst, dem die erfüllte Verheißung in Gestalt von „großer Ver-
mehrung“ zuteil geworden ist. Aus 11,8ff. geht noch deutlicher hervor, daß sie
nach der Meinung des Hebr. das erhaltene „Erbe“ des „fremden Landes“ umschließt
und natürlich primär auch den Verheißungsträger Isaak, dessen gewollte Opferung
wiederum prototypisch ist für das Opfer Christi (11,17ff.). Bei solcher inhaltlichen 15
Bestimmung des Verheißungsinhalts wird die Feststellung V.15 durchaus einsichtig.
Abraham bewies Ausdauer und Zuversicht vor Gott sowohl hinsichtlich der Land-
als auch hinsichtlich der Sohneszusage, wodurch er „die Verheißung erlangte“.
Der Hebr. setzt selbstverständlich voraus, daß Abraham die Erfüllung des erstmals
1.Mose 12,2ff. Zugesagten noch erleben durfte (s. 1.Mose 23). Er kann dies ohne
Schwierigkeiten festhalten, da er von der theologischen Überzeugung ausgeht, daß
beide Gaben, das erhaltene Land und der empfangene Sohn, bereits das künftige
Heilsgut in sich schlossen (11,10). Hatte sich die „Verheißung“ auch noch nicht
erfüllt, so konnten sie die Väter doch durchaus schon „von ferne“ schauen und
grüßen (11,13). Daraus geht hervor, daß die Fassung der Gottesverheißung 1.Mose
22,16ff. christologisch-typologisch akzentuiert ist, nicht etwa im paulinischen Sinne
messianisch-ekklesiologisch. Was man an Abraham in erster Linie lernen kann,
ist seine Ausdauer im Glauben an das künftige Heil. Das Gewicht der Ausführun- 16
gen, deren Anliegen vorläufig nur zwischen den Zeilen herauszuhören ist, wird
mit V.16 dadurch gestärkt, daß zunächst das bei den Menschen Gültige in Er-
innerung gebracht wird, um in einem Schlußverfahren vom Kleinen zum Großen
darzutun, daß es bei Gott erst recht, ja verstärkt so geschehe. Menschen schwören
beim Größeren und der Eid dient der Ausschaltung dessen, was widersprechen
könnte. Da der Verfasser methodisch bei Philo gelernt hat, wundert es nicht, bei
diesem wörtlich den gleichen allgemeingültigen Satz zu finden (De sacr. A. et C. 93;
vgl. auch De somn. I,12). Und ganz ähnlich schließt sich sofort die Folgerung an,
daß es doch bei Gott in noch höherem Maße so sein müsse. Der Hebr. arbeitet in- 17
dessen mit Nachdruck heraus, daß Gott die Festigkeit seiner Zusage eben durch
einen Eid derart verbürgen wollte, „auf daß wir durch zwei unwandelbare Tat-
sachen, worin Gott unmöglich unwahr sein konnte, eine starke Ermunterung
hätten“ (V. 18), nämlich durch sein verheißendes, glaubwürdiges Wort und über-
dies durch den Eid bei sich. Inhalt des letzteren ist nach dem Zusammenhang die
Zusage 1.Mose 22,16ff. und zwar im Sinne der gegebenen Interpretation auf das
in Christus verwirklichte und zugängliche „Erbe“. Man wird nicht übersehen, daß
insgeheim dem größeren Thema Rechnung getragen ist, wonach Gott sein Heil
durch Schwur garantiert, was grundsätzlich durch Ps.110,4 angeregt gewesen sein
mag (s. zu 3,7ff. und 7,20ff.). Wenn es an unserer Stelle in wörtlicher Übersetzung
heißt, daß Gott „mit einem Eid in die Mitte trat“, so treffen darin zwei Vorstellungen
zusammen. Gott ist sowohl der Schwörende als auch der Bürge seines Schwurs,

also gleichsam die „Mittelperson", „auf die der Eine sich beruft, der Andere sich
18 verläßt" (Fr. Bleek). Diese zwei Fakten, die die Wahrhaftigkeit Gottes unterstreichen (s. 4.Mose 23,19; Röm. 3,4; Tit. 1,3), können und sollen demnach der Gemeinde als „kräftige Ermunterung" dienen. Die „Wahrhaftigkeit" Gottes erweist sich vor allem als Treue zu der ausgesprochenen Verheißung. Daran dürfen die Christen, die um menschliche Wankelmütigkeit nur zu gut wissen, einen unbedingten Halt haben. Man wird ihn nicht auf seiten derer aufgeben, die eben hier ihre „Zuflucht" suchen. In einer feindlichen Welt, die den Menschen verfolgt und jagt, besteht die Möglichkeit des Überlebens auf Grund der Christushoffnung. Sie vermag aus einem tödlichen Sog zu reißen. Gewißheit erhalten wir zufolge der im Wort der Verheißung sich aussprechenden unbedingten Treue Gottes. Lehrt die Religionsgeschichte, daß das Wort von Gott allezeit den Menschen bewegt hat, so bezeugt die Geschichte Israels, an deren Beginn die Gestalt Abrahams steht, daß das Wort Gottes in seiner Bewegung ein Ziel hat, woran sich der Mensch halten kann, will er im Sturm des
19 Lebens nicht zum gestrandeten, ausgeschlagenen Wrack werden. Die existentiale Daseinsnot des Menschen der antiken Welt schlägt für einen Augenblick hindurch, wenn der Hebr. von der „ergriffenen Hoffnung" in bildhafter Sprache sagt, daß wir sie „wie einen sicheren und dazu festen Anker der Seele haben". Ähnlich wie in 2,1 mischt sich in die sonst durch und durch biblische Denk- und Sprachwelt ein fremdes, stärker populär-philosophisches Bild ein, das die Verlorenheit und die Gefährdung des Menschen in einem Meer der Irrungen und Stürme beschreibt. Wieder meldet sich eine gewisse Bekanntschaft mit Philo zu Wort, der von den Menschen, die des wahren Gottglaubens ermangeln, sagen kann (De dec. 67), daß sie wie schwankende Fahrzeuge ewig unruhig umhertreiben und „niemals in den Hafen einlaufen und ihren sicheren Anker in der Wahrheit finden". Sieht aber der Alexandriner die „edelste Stütze des Seelenlebens" in dem „nötigen Glauben an den ewig lebenden Gott", so geht der Hebr. für die Christusgemeinde noch einen entscheidenden Schritt weiter, wenn er die durch Gott verbürgte Hoffnung als „Anker" ausgibt. Der Glaube trägt gewiß in einem Leben, das Stürmen ausgesetzt ist, aber die Hoffnung gibt allein die Orientierung. Notwendigerweise bricht die Frage auf, worin die Hoffnung begründet ist. In abrupter Durchbrechung des Bildes wird festgestellt, daß der Anker „hineinreicht in das Innere des Vorhangs", wobei 3.Mose 16,2.12 im Wortlaut anklingt. Demnach ist das Allerheiligste, das das „Innere des Vorhangs" bezeichnet und die Stätte des jährlichen Sühneopfers am Tag der Versöhnung umschließt, das feste Fundament der Hoffnung. Der Anker ist verborgen, so wie das Geschehen im Allerheiligsten nicht letztlich schaubar sein konnte. Er ist zugleich absolut zuverlässig, weil er an der Stätte Gottes selbst Grund gefaßt hat. Aus 4,14 ergibt sich, daß der Hebr. natürlich den Himmel, genauer:
20 das himmlische Heiligtum, im Blick hat. Um zum Hauptthema zurückzukommen, greift er, den größeren Komplex abschließend, wiederum den Gedanken auf, daß Jesus in das Allerheiligste einging (s. 4,14), wobei es genauer heißt, daß er es für uns als „Vorläufer" getan hat. Außerdem wird erneut Ps. 110,4 wörtlich berücksichtigt. Worauf schon in 5,10 thematisch Bezug genommen ist, kann nun endgültig in der Predigt entfaltet werden. Verschiedenen wichtigen Gesichtspunkten hat der Hebr. bereits Rechnung getragen. Jesus ist Hohepriester „in Ewigkeit" geworden, und

es geschah dadurch, daß er „für uns" in das Allerheiligste einging, genauer: daß ihm durch seinen Tod Vollendung, d.h. Einsetzung in die neue Würde zuteil geworden ist. Das „für uns" zeigt den Zweck seines stellvertretenden Dienstes an, der der persönlichen Aneignung bedarf. Wenn es zudem heißt, daß Jesus als „Vorläufer" das Allerheiligste betrat, dann ist in Durchbrechung und Überbietung des jüdischen Rituals, das nur ein Betreten des Raumes durch den Hohenpriester kennt, das Hoffnungsziel der Christusgemeinde schärfstens ins Auge gefaßt.

Dritter Hauptteil: „Ewiglich nach der Ordnung Melchisedeks" (Ps. 110,4) 7,1-10,18

In zweifachem homiletischen Anstieg hat sich der Hebr. dem Kernvers Ps. 110,4 genähert, der dem Psalm neben V. 1 das Gesicht verleiht (s. 4,14-5,10 und 5,11-6,20). Das Vorgehen läßt wohl zwingende Schlüsse über die Textgrundlage der Predigt zu, die den Gedanken Inhalt und Richtung gibt. Unverkennbar erweisen sich die folgenden Ausführungen verstärkt als Interpretation des biblischen Zeugnisses, wobei neben dem Namen und der Gestalt Melchisedeks vor allem die Bedeutung des göttlichen Schwurs (Ps. 110,4a) verhandelt wird. Der Hörer der Predigt steht mit 7,1-10,18 vor dem eigentlichen lehrhaften Hauptteil, in dem jedes Zeugnis der Herausstellung der Größe des Christus dient.

Das ewige Amt des Hohenpriestertums Jesu nach der Ordnung Melchisedeks bedeutet die Ablösung des levitischen Priestertums sowie des mosaischen Gesetzes 7,1-28

In 7,1-28 geht es zunächst stärker um den Nachweis des Geheimnisses der Person und des Amtes Christi. Die Überzeugung einer besonderen (typologischen) Vorbildlichkeit Melchisedeks mischt sich darin mit dem Glauben an eine Präexistenz des Sohnes, die in gewisser Hinsicht auch urzeitliche figurative Wirklichkeit gewesen sein mag. Offensichtlich wird in Ps. 110,4 mehr hineingetragen, als die Stelle selbst zunächst hergibt; denn die Wendung „nach der Ordnung Melchisedeks" meint im Urtext nur „nach der Weise des Priestertums Melchisedeks". Wenn der Verfasser nun dazu übergeht, sie von der für zeitgenössisches schriftgelehrtes Verständnis überaus dunklen Schilderung 1. Mose 14 aus in bestimmter Ausprägung zu füllen, dann bricht zwangsläufig die Frage nach seinen hermeneutischen und religionsgeschichtlichen Voraussetzungen auf. Dabei steht der neuzeitliche Bibelleser verstärkt unter dem Eindruck der Fremdartigkeit dieser Auslegungskunst. Wir stellen dazu vorweg fest: Was der Hebr. bietet, ist ein sich weithin methodisch und inhaltlich von Philo her zu verstehender Versuch, die Vorzeitigkeit Christi nach Ps. 110 zu bezeugen. Können wir ihm darin auch nicht mehr folgen, so bleibt doch erst recht heute weiterhin die Aufgabe, die ewige Bedeutung Jesu theologisch aussagbar zu machen. Gliederung und Form des homiletischen Vortrags, der sich an dieser Stelle thematisch in besonderer Weise steigert, sind kurz zu bedenken.

1-3 7,1-3 bricht das seit 5,1ff. zurückgehaltene Wissen des Hebr. über Melchisedek in einer längeren Satzperiode, die Aufzählung und Auslegung zugleich ist, endlich frei hervor. Die Merkmale, die das Geheimnis seiner Gestalt umschreiben, werden in bündiger Weise, doch im üblichen gehobenen Stil referiert. 7,1-3 ist sachlich wie auch methodisch-hermeneutisch das Fundament des gesamten folgenden Gedankengangs, der dem Nachweis des ewigen Priestertums Christi nach der Ordnung Melchisedeks im Sinne von Ps. 110,4 dient. Stil, Inhalt und homiletischer Ort des Satzes verbieten die Annahme eines etwa verarbeiteten Hymnus.

4-12 Mit V. 4-12 wird das Augenmerk der Hörer auf den besonderen Tatbestand gerichtet, daß Abraham dem Melchisedek den Zehnten gab, woraus sich die Unterordnung des levitischen Priestertums unter das Priestertum von Melchisedek-Christus folgern läßt. Das gedankliche Vorgehen entspricht den üblichen, im Brief erkennbaren hermeneutischen Regeln: a) Feststellung eines merkwürdigen Sachverhalts der Schrift V. 4; b) Rückfrage nach dem tieferen Sinn vom allgemeinen Wissen her V. 5; c) Betonung des paradoxen Tatbestandes, worin ein Hinweis auf den tieferen geistlichen Sinn liegt V. 6; d) Schluß vom Kleineren zum Größeren V. 7; e) Beschreibung des Fazits V. 8ff.: Melchisedek-Christus steht höher als Levi. V. 11f. wird in typischer Weise hypothetisch vom Gegenteil her argumentiert.

13-17 Mit V. 13-17 kommt es endlich zur ausdrücklichen Identifikation des Melchisedek mit Christus, dessen Herkunft aus dem Stamme Juda für die Richtigkeit der Aussage Ps. 110,4 Zeugnis sein soll. Christus sei Hoherpriester nicht nach dem „Gesetz einer fleischlichen Satzung" geworden, sondern nach der „Kraft unzerstörbaren Lebens".

18-25 Die folgenden V. 18-25 wenden sich wiederum von der Person Christi zu der von ihm inaugurierten neuen Ordnung, wobei erstmals die Vorstellung des größeren „Testamentes" eingeführt wird. Die Aussage wird gestützt durch den Hinweis auf den abgegebenen Schwur Gottes. Der größeren Zusage entspricht zugleich eine „größere Hoffnung". Auch diese Verse weisen sich unschwer als Teil des größeren Gesamtbeweises aus. Für sie ist der Schluß vom Kleineren zum Größeren charakteristisch. V. 25 berührt sich mit Röm. 8,34.

26-28 Die V. 26-28 wirken wie eine Zusammenfassung des Gedankengangs. In ihnen wird noch einmal das unvergängliche und ewige Priestertum Christi herausgestellt. Die beiden Verse 27 und 28 weisen in Weiterführung von 4,14ff. auf thematisch Neues (s. den Begriff „ein für allemal"). An die Stelle des Priestertums der „Schwachheit" ist mit Christus ein ewiges Priestertum des „vollendeten Sohnes" getreten (s. 1,2 und Ps. 2,7).

Für das auslegungstechnische Vorgehen des Hebr. fällt ins Gewicht, wie sehr die Beweisführung in den unterschiedenen Abschnitten immer wieder zu Ps. 110,4 zurückführt (s. V. 3. 11ff. 17. 21ff. 28). Etwas schematisierend läßt sich darin ein besonderes Bemühen um die folgenden Wendungen erkennen: 7,1-3 „Melchisedek",

4-12 „nach der Ordnung Melchisedeks", 13-17 „Priester in Ewigkeit", 18-25 „der Herr schwur", 26-28 „Sohn in Ewigkeit" (Ps. 2,7 und 110,4).

Man hat in neuerer Zeit Kap. 7 als „Midrasch-Pescher" über Ps. 110,4 und Gen. 14,17-20 ausgegeben. Die beiden im Alten Testament von Melchisedek handelnden Stellen aus dem 1.Mose- und aus dem Psalmbuch seien nach Art der rabbinischen Auslegungsmethodik zusammengestellt, wobei man an die 2. Regel Hillels erinnert werde, nach der zwei sich entsprechende Stellen einander ergänzen und auffüllen. Tatsächlich ist die Verarbeitung der Texte so vorgenommen, daß die Zeugnisse in ihrer Verbindung miteinander eine einmalige christologische Aussage ergeben. Vielleicht ist aber der Begriff des „Midrasch" nicht ganz zutreffend. Sehen wir recht, dann liegt eine gewisse philonisch-allegorische Auslegungstechnik vor, die der Hebr. in vollendeter Weise beherrscht. Das Priestertum Jesu wird nun endgültig einer ausführlichen Darstellung unterzogen, wobei dem Hebr. daran liegt, die Tiefe des heilsgeschichtlichen Zusammenhangs aufzudecken. Ihn leitet die Überzeugung, daß das Bekenntnis zu dem „Priester nach der Ordnung Melchisedeks in Ewigkeit" keine bloße Deklamation sein kann, sondern der Argumentation bedarf. Er liefert sie mit Recht, wenn freilich auf seine Weise.

Die ewige Gestalt Melchisedeks enthüllt sich als die Verkörperung des Sohnes Gottes 7,1-3

1 Dieser „Melchisedek" nämlich, „König von Salem, Priester des höchsten Gottes, der dem von der Schlacht der Könige zurückkehrenden Abraham (zur Einholung) entgegenging" und „ihn segnete", 2 dem auch Abraham „den Zehnten von allem (Beutegut)" entrichtete, der wenn man (den Namen) auslegt, zuerst zwar ein „König der Gerechtigkeit" ist, dann aber auch „König von Salem", was meint: ein „König des Friedens", 3 ohne Vater, ohne Mutter, ohne Stammbaum, der weder einen Anfang der Tage noch ein Lebensende hat, vielmehr aber dem Sohne Gottes gleichgestaltet ist, eben er bleibt „Priester" für immer.

V. 1ff.: *1.Mose 14,17-20.*

Mehr skizzenhaft beschreibt V. 1 auf Grund von 1.Mose 14,17ff. die Begegnung 1
Melchisedeks mit Abraham, wobei alle für die Beweisführung wichtigen Faktoren in einem Satz stehen: „Dieser Melchisedek nämlich ... bleibt Priester für immer". Zunächst wird das Ereignis in Erinnerung gebracht. Melchisedek ist in der Schrift als „König von Salem", d. h. Jerusalem, so jedenfalls der Literalsinn, ausgegeben (s. Ps. 76,3). Er war ein „Priester des höchsten Gottes", ein Ausdruck, der zur Zeit des Hebr. ausschließlich im Sinne des jüdischen Monotheismus verstanden werden konnte. Die Wendung umgreift die Gewißheit, daß Gott der höchste und der einzige ist (Philo, Leg. all. III, 82). Die geringste Form von polytheistischen Anklängen war nicht mehr denkbar oder statthaft. In Verkürzung von 1.Mose 14 heißt es außerdem, daß Melchisedek dem Abraham „entgegenging", nicht etwa – wie dort – der König von Sodom, dem es Melchisedek als König von Salem gleichtat, was nur indirekt erschlossen werden kann (s. 1.Mose 14,18). Dadurch wurde unmittelbar die Vorstellung einer feierlichen „Einholung" des Siegers und Triumphators eingebracht (s. auch Philo, De Abr. 235), denn das griechische „Entgegengehen"

ist in diesem Sinne ein technischer Begriff. Die weiteren Einzelheiten treten dadurch noch markanter hervor. Da ist erstens die Tatsache, daß Melchisedek Abraham gesegnet hat, worin sich dessen höhere Stellung dokumentiert, und zweitens das
2 Faktum, daß diesem sogar Abraham den Zehnten „von allem" — gemeint ist: der Beute, s. V. 4 – entrichtet hat. Bedenken wir, daß der fromme Jude in Abraham den Erzvater schlechthin verehrte, auch daß es üblich war, im Gedenken an ihn eine Benediktion zu sprechen, so ermessen wir, wie sehr ein Schriftausleger von den erwähnten Fakten hat fasziniert sein müssen. In solchem Falle richtete sich zwangsläufig alles Interesse auf die Person dessen, der den Erzvater in so eindeutiger Weise überragt. Dem Geheimnis Melchisedeks kommt der Verfasser zunächst näher über eine etymologische Deutung des Namens. Wie auch bei Philo (Leg. all. III, 79) erschließt solche Interpretation eine ethisch-psychologische Eigenart des Namensträgers. Er ist – zerlegt man den hebr. Namen in seine beiden Bestandteile (*melchi – sedek*) – „ein König der Gerechtigkeit". Selbst die Angabe des Regierungssitzes läßt in entsprechender Weise einen Schluß auf die Weise seiner Herrschaft zu. Das fast titular klingende „König von Salem" meint einen „König des Friedens" (s. hebr. *schalom*). Beide Wesensmerkmale gehören nach dem Verfasser unabdingbar zum idealen Herrschertypus des Melchisedek-Christus. Philo kann ähnlich sagen: „So mag der Tyrann der Herrscher des Krieges heißen, der König aber der Fürst des Friedens, Salem ..." Der Hebr. wendet dazu wie Philo den uns fremden exegetischen Grundsatz an: Quod non in Thora, non in mundo, freilich in charakteristischer Akzentverschiebung. Nach Philo bezeichnet Gott den Melchisedek als König des Friedens und als seinen Priester, „ohne eine Tat von ihm vorher angegeben zu haben; vielmehr hatte er ihn von vornherein (!) solchermaßen königlich, friedfertig und seines Priestertums würdig geschaffen", denn sein Name be-
3 deutet „gerechter König". Philo schließt von da auf die Präexistenz des „Wortes". Anders, doch in ähnlicher Weise, unser Ausleger, der weniger die Herrscherfunktion als die Einmaligkeit der Person zur Geltung bringt. Auf Grund des Schweigens der Schrift leitet er die Fakten ab: „ohne Vater, ohne Mutter, usw.", um daraus die Präexistenz und die Ewigkeit der Person zu folgern. Das *argumentum e silentio* gründet in der für heutige Begriffe rein zufälligen Tatsache, daß das Alte Testament über Geburt und Tod des Melchisedek nichts vermeldet. Um so gewichtiger mußte dem Hebr. die in der Schrift angedeutete Singularität dieser königlichen Priestergestalt erscheinen, die ihm schließlich zum Beweis ihrer Ewigkeit geworden ist. Die Ausführungen, die den fehlenden Stammbaum festhalten, setzen natürlich das jüdische Priesterrecht voraus, das in ausschließlicher Weise das Amt von der levitischen blutsmäßigen Abstammung abhängig sieht (2. Mose 28, 1 ff.; 4. Mose 3, 10 u. a.). So stellt sich für den Schriftausleger unweigerlich die Frage, ob dieser geheimnisvolle Melchisedek illegitimer oder legitimer Herkunft gewesen ist. Wenn letzteres zutrifft, wofür Argumente gesammelt werden, dann zwingt dies zu der Annahme einer einmaligen Gestalt. Und eben dieser Schluß wird gezogen, wobei der Verfasser in der Radikalität seiner Beweisführung sogar Philo zu übertreffen gewillt ist. In sich steigernder Rede fällt schließlich die gewichtige Wendung: „Er ist vielmehr gleichgestaltet dem Sohne Gottes". Dann wird der Satz endgültig in gedanklicher Bindung an Ps. 110, 4 zu Ende geführt: „[Er] bleibt Priester für immer".

Die Kühnheit der Aussage, die darin beruht, daß ohne Zweifel Melchisedek mit Christus in einer Art realtypologischer (philosophisch-spekulativer) Betrachtung identifiziert ist, darf in keiner Weise beschnitten werden, wozu die neuere Auslegung neigt. Es gilt nicht nur zu bedenken, daß der Hebr. über ganze Abschnitte seine Hörer darauf vorbereitet hat. Wir müssen auch sehen, daß alle folgenden Abschnitte über das priesterliche Werk Christi auf der Gleichheit von Christus und Melchisedek weiterbauen. Daher verbietet es sich, an dieser Stelle moderne Verstehenshilfen in der Weise zu geben, daß man sagt, Melchisedek sei als Abbild und Typus Christi verstanden oder er sei als ihm „ähnlich" gewesen. Nicht minder zweifelhaft stellt sich die Meinung dar, es gehe um eine sinnbildliche Gestalt, wie man auch nicht mit altkirchlichen Auslegern sagen wird, Melchisedek sei als Engel vorgestellt. Was nach Philo ein letztes Ziel der menschlichen Seele ist (De op. m. 144), nämlich die sog. „Gleichartigkeit mit Gott", hat zufolge dem Hebr. im Sohn längst prototypische Erfüllung gefunden.

Gnostisches Gut in 7,3? Man wird vor allem jene religionsgeschichtliche Erklärung in Zweifel ziehen, die besagt, daß hinter 7,3 die Vorstellung der „Inkarnation eines Urmenschen" stehe (s. E. Käsemann). Soweit man sie nicht unmittelbar dem Hebr. zuschreibt, sondern einer verarbeiteten hymnisch-liturgischen Tradition bzw. Quelle, wird der Nachweis nicht wahrscheinlicher. Die Dinge liegen vielmehr so, daß der Hebr. von der Überzeugung aus denkt, daß Christus als Hoherpriester „nach der Ordnung Melchisedeks" eine uranfängliche ewige Gestalt ist, insofern er die Verleiblichung des alexandrinischen Logos bezeichnet (Philo, De fug. 108ff.) Daß er die priesterliche Aufgabe bis in die abgründige Tiefe menschlicher Schwachheit und Todeswirklichkeit wahrnehmen mußte, zeichnet ihn vor dem philonischen Gebilde der hypostasierten Weltvernunft aus. Völlig abwegig ist der Gedanke, der postulierte gnostische Urmensch-Mythos habe bereits in 1,1-6,20 dazu verholfen, die „Analogie" von Erlöser und Erlösungsbedürftigen herauszuarbeiten (E. Gräßer). Für Philo läßt sich nämlich die Identität Logos und Urmensch nicht belegen (U. Früchtel). Gäbe es überhaupt noch einen Zweifel, woher der Hebr. in seinem Denken bestimmt ist, so beseitigte ihn das an dieser Stelle überaus bedeutungsvolle Prädikat des „Sohnes Gottes", mit dem dann später in 7,28 der Gedankengang ebenfalls feierlich ausklingt. Als „Sohn Gottes" ist auch bei Philo der Logos geführt, von dem er annimmt, daß er als Geschöpf Gottes wiederum den Menschen geschaffen habe. Wenn der Hebr. an dieser Stelle des Beweises den vorzeitlichen Christus-Melchisedek als „Sohn Gottes" tituliert, dann geschieht es offenbar von der Grundlage der philonischen Kosmologie her, die der Wahrheit des christologischen Zeugnisses dienstbar gemacht ist (1,2). Die Hörer sollen erkenntnismäßig in die Nähe dieses „Sohnes" gebracht werden, der Logos-Mittler ist zu Gott. Von der Stufe des Hörens möchten sie zur Stufe der Schau gelangen (s. daher 7,4 folgerichtig: „*Schaut!*"). Mit anderen Worten: 7,1-3 verrät sachlich und methodisch deutlich die Voraussetzungen eines gewissen philonisch-alexandrinischen Schuldenkens. Es ist dem christologischen Zeugnis vom ewigen Hohenpriestertum Christi nach Ps. 110 unmittelbar dienstbar gemacht. Dabei herrscht zunächst der Gedanke des „dauernden" Priestertums vor (s. „für immer"). Indem über eine griechische Begrifflichkeit stärker der „ununterbrochene Bestand“ betont wird, gewinnt die durch die Gleichsetzung von Melchisedek und Christus eingebrachte offenbarungsgeschichtliche Dimension größte Anschaulichkeit.

Die unverkennbar philonische Färbung des in 7,1-3 gegebenen Gedankenguts weist nicht auf einen verarbeiteten gnostischen Urmensch-Erlösermythos hin. Dabei sei aber nicht bestritten, daß die biblische Melchisedeküberlieferung relativ früh das religiöse Denken des Judentums und der Kirche beeinflußt hat. Der geistige Hintergrund solcher Spekulationen war offenbar schon im 1. Jh. n. Chr. vorbereitet (s. 11 Q Melchisedek; 1.Clem. 36). Für die spätere Zeit ragt die gnostische Gruppe der Melchisedekianer heraus, eine Gründung Theodots des Wechslers um 200 n. Chr. (Hippolyt, Ref. omn. haer. VII,36; X,24; Ps.-Tertullian, Haer. 24; Epiphanius, Haer. 55). Überaus reichhaltig ist weiter das Zeugnis der späteren jüdischen haggadischen Schriftgelehrsamkeit, die natürlich an Ps. 110,4 und 1.Mose 14 ebensowenig vorbeigehen konnte. Wir vermissen aber in diesem Fall Antworten, die inhaltlich in die Nähe von Hebr. 7 führen, obschon notiert werden muß, daß man das Psalmwort ebenfalls auf den Messias als den besonderen Erwählten Gottes beziehen konnte (s. Aboth R. N. 34 (9a)). Hinzukommt die offenbar verbreitete Deutung des Melchisedek auf einen Hohenpriester der messianischen Endzeit (Str. B. IV,1 S. 464).

Für alle sog. gnostischen Systeme ist typisch und somit für eine Bewertung maßgeblich, daß der Erlöser durchweg in irgendeiner Weise mit Christus identifiziert und seine Leidensfähigkeit als himmlische Gestalt bestritten wird. Der Hebr. ist vom gnostischen Denken dadurch streng geschieden, daß er bei aller (philonisch-neuplatonischen) Spekulation über die (präexistente) Herkunft und die mysteriöse Urgeschichte Christi gerade sein Leiden und seinen Tod zur Grundlage des Zeugnisses gemacht hat. Können wir seine Gedanken auch nicht mehr nachvollziehen, so zwingen sie uns doch dazu, die Wahrheit des Todes Jesu ebenfalls im Blick auf seine Uranfänglichkeit und Herkunft zu durchdenken. Wo nämlich die Gotteswahrheit des Kreuzes Jesu festgehalten wird, muß der theologische Satz seines göttlichen Ursprungs denknotwendigerweise ebenfalls gefolgert werden.

Aus der Überlegenheit des Melchisedek-Christus über das levitische Priestertum folgt die Ablösung der mosaischen Ordnung 7,4-12

4 Betrachtet aber, wie groß dieser ist, dem „Abraham den Zehnten gab“ aus den besten Beutestücken, er, der Patriarch! 5 Während die, welche von den Söhnen Levis das Priestertum empfangen, eine Vorschrift besitzen, das Volk nach dem Gesetz zu zehnten, und zwar ihre Brüder, obwohl diese aus Abrahams Lende hervorgegangen sind, 6 „hat er“, der seinen Stammbaum nicht auf sie zurückführt, den Abraham gezehntet, und den, der die Verheißungen hat, „gesegnet“. 7 Ohne allen Widerspruch aber wird dabei das Geringere von dem Herausragenderen gesegnet. 8 Und während hier Menschen, die sterblich sind, die Zehntabgaben entgegennehmen, so dort einer, von dem das Zeugnis vorliegt, daß er lebt. 9 Und durch Abraham ist sozusagen auch Levi, der die Zehntabgaben empfängt, gezehntet worden. 10 Er war nämlich noch in der Lende des Vaters, „als Melchisedek diesem entgegenging“. 11 Wäre nun freilich durch das levitische Priestertum, worüber

das Volk ja Gesetze erhalten hat, Vollendung möglich, was ist es dann noch not, daß „nach der Ordnung Melchisedeks" ein anderer „Priester" aufgestellt wird und nicht „nach der Ordnung" Aarons genannt ist? 12 Wenn nämlich das Priestertum verändert wird, tritt unvermeidlich auch eine Wandlung des Gesetzes ein.

V. 4: *1.Mose 14,20b;* V. 6: *1.Mose 14,19;* V. 10: *1.Mose 14,17;* V. 11: *Ps.110,4.*

In einem weiteren gedanklichen Abschnitt V.4-12 kommt es zur Auswertung 4
der zuletzt gesammelten Merkmale, die die Größe des Melchisedeks und seines
Priestertums belegen. Die Leser sollen mit dem geistigen Auge die tieferen Zusam-
menhänge wahrnehmen, so wie es „gereiften Christen" ziemt (6,1). Schon Abraham
beugte sich der Größe des Melchisedek in selbstverständlicher Weise, als er ihm
den Zehnten von den besten Beutestücken gab. Und der Hebr. hebt es hervor:
„er, der Patriarch". Er stand bereits, so will er sagen, unter dem Eindruck der über-
irdisch-priesterlichen Gestalt. Daher hat er ihm auch den Zehnten, bestehend aus
den „besten Beutestücken" gegeben, also die Auslese der Beute, was eine Präzi-
sierung der Sache über V.2 hinaus bedeutet. Handelte der Erzvater nicht aus Zwang,
sondern in natürlicher Freiwilligkeit, weil er um die himmlische Größe seines
Gegenüber gewußt hat, so geschah dies selbstverständlich ebenfalls ganz in Erfüllung
eines göttlichen Entschlusses, den die folgenden Überlegungen aufzeigen. V.5 wird 5
zunächst auf die innere Paradoxie des Geschehens hingewiesen, die darin liegt, daß
offenbar mit dem Erzvater zugleich die Söhne Levis – damals freilich noch in der
„Lende Abrahams" (also: noch ungeboren) – gezehntet worden sind. Und dies,
obwohl sie selbst nach dem Gesetz Gottes das Recht haben, das Volk, ihre Brüder,
zu zehnten (s. 4.Mose 18,20-32). Wer sich – so geht das Anliegen – in diese Tat-
sache hineindenkt, muß die spannungsvolle Widersprüchlichkeit des Sachverhaltes
empfinden. Dabei bleibt außer Betracht, daß der Stamm Levi erst viel später auf-
getreten ist. Da dem Verf. die Geschichte der Menschen, vor allem seit Abraham,
als eine kontinuierliche Geschichte des göttlichen Handelns erscheint, dem un-
mittelbare Bedeutung für die Gegenwart eignet, treten andere Perspektiven not-
wendigerweise zurück. Er hängt dagegen um so mehr an dem Wunderbaren, daß
die an sich durch göttliches Gesetz bevorrechtigten „Söhne Levis" in einem frei-
willigen Akt einem Höheren unterstellt sind. Der Gedanke, daß damals Abraham
gedemütigt worden sein könnte, liegt fern. Wir ersehen es daraus, daß neben der 6
Zehntung Abrahams nun noch einmal davon gesprochen wird, daß Melchisedek
ihn, den Verheißungsträger, auch „gesegnet habe". Im griechischen Urtext fällt
das sog. Perfekt der Allegorie auf, das anzeigt, daß der damals erteilte Segen noch
von unmittelbarer Bedeutung für die Gegenwart ist. Somit besteht kein Zweifel,
daß es mit dem Priestertum dieses Melchisedek-Christus eine eigene, sogar aktuelle
Bewandtnis hat. Mehr noch! Der Leser hört heraus, daß man an diesem Segen heute
in der Christuszeit unmittelbar teilhaben kann (s. 6,7). Er kommt von dem her,
der „seinen Stammbaum nicht auf sie", die Kinder Levi, zurückführt, weil er näm-
lich größer ist als diese und sein Recht das ihre in unbestreitbarer Weise überhöht,
ja bricht. Dagegen hat der Erzvater nicht den geringsten Einwand vorgebracht.
Um den grundsätzlichen Tatbestand schärfstens anzuvisieren, folgt eine Aussage 7
sehr genereller und lehrhafter Fassung. Wiederum sollen die Leser die Verschieden-

heit der beiden Personen ermessen, von denen jede für sich zugleich eine eigene
8 Ordnung repräsentiert. Worin sie letztlich besteht, weist der zusätzliche V. 8 auf. An der Formulierung interessiert das vergleichende „Hier –Dort", insofern darin der vom heutigen Leser empfundene zeitliche Abstand bedeutungslos gemacht, ja sogar durch eine fast gegenwärtige lokale Gleichzeitigkeit ersetzt ist. Wenn nun aber überdies das „Hier" im Blick auf das levitische Priestertum gewählt wurde und dagegen das „Dort" in Hinsicht auf Melchisedek, dann klingt zumindest an, daß jenes eine noch bestehende Größe darstellt, wohingegen das Priestertum des letzteren in dieser Weise nicht unmittelbar präsent ist. Auf daß es so sei, bedarf es eben auf seiten der Hörer der tieferen Einsicht in das Zeugnis, das da lautet, „daß er lebt", womit zunächst primär die Gestalt des Melchisedek gemeint ist, die aber freilich zugleich in Wahrheit identisch ist mit dem Sohn Gottes, dessen Tage kein Ende haben (V. 3). Das Wesen der Dinge liegt für den Hebr. nicht vor Augen, sondern erschließt sich nur dem eindringenden Erkenntnisbemühen. Die Gegenüberstellung von „sterblichen Menschen" und „lebendem" Melchisedek bringt erneut andeutungsweise die Existenzproblematik ein (ähnlich 7,23). Wo diese sich anmeldet, wird der fragende Mensch immer versuchen, über das Vordergründige zum Kern der Dinge, zum Offenbarungsursprung, vorzustoßen. Nicht daß er dabei Gott schauen würde! Wohl aber dringt er zumindest in jenen Bereich vor, in dem Gott seinen Willen zu erkennen geben kann. Der Verfasser sieht in Christus den bis in die Existenznot hinein mit dem Menschen verbundenen Offenbarungs- und
9 Lebensträger schlechthin. Im Wissen darum, daß alle herkömmliche Betrachtung nicht mehr genügt, faßt er deshalb die Summe seiner Überzeugung noch einmal in V. 9ff. zusammen. Durch die etwas zurückhaltende sprachliche Formulierung (s. „sozusagen") deutet er an, daß seine Meinung, die nun in solcher Kürze niedergelegt wird (vgl. auch Philo, De cher. 112 u. v. a.), wohl von nicht allen ohne weiteres geteilt werden wird. Er selber kann davon jedoch in keiner Weise abgehen. Durch Abraham sei sozusagen auch Levi, der die Zehntabgaben empfängt, der Ahnherr und Inbegriff des gesamten jüdischen Priestertums, gezehntet worden (Perfekt der
10 Allegorie). Er sei nämlich noch in der Lende des Vaters Abraham (= des Stammvaters) gewesen, ‚als Melchisedek diesem entgegenging'. Was vorher in V. 5 im Grunde nur indirekt zur Sprache kam, weil es zunächst einfach darum ging, das Paradox des Sachverhalts herauszuarbeiten, wird nun mit einem gewissen Vorbehalt endgültig präzise festgestellt. Die Tatsache soll unbedingt in ihrer Gegen-
11 wartsbedeutung bedacht werden. Um jeden Zweifel an der gewonnenen Erkenntnis auszuschließen, wird sofort in einem irrealen Bedingungssatz nachgewiesen, daß es auch gar nicht anders sein könne. Die Zehntung des selbst zehntberechtigten levitischen Priestergeschlechtes – ein Akt von rechtlicher Bedeutung – hat den Charakter einer unumstößlichen Realität. Die Beweisführung entfernt sich hier von der allegorisch gedeuteten Grundlage 1. Mose 14, um nur noch von Ps. 110,4 aus zu denken. Gäbe es durch das levitische Priestertum „Vollendung", d. h. die Neuordnung des Gottesverhältnisses in endgültiger, auch das Hoffnungsgut umschließender Weise, so brauchte kein anderes Priestertum errichtet zu sein, wie es mit Melchisedek-Christus geschehen ist. Damit wird das levitische Priestertum, das offenbar als noch gegenwärtig amtierende Institution vorgestellt ist (s. bes.

7,8), zur rechtlich abgelösten Größe erklärt. Es hat seinem gesetzlich niedergelegten Auftrag nicht zu entsprechen vermocht. Die eingeschobene Bemerkung „worüber das Volk ja Gesetze erhalten hat" bezieht sich kaum auf die Aufgabe der „Vollendung", sondern auf das levitische Priestertum, worüber das israelitische Volk sehr genaue Weisungen besaß. Der volle Sinn dieser Andeutung erschließt sich erst auf Grund der folgenden Abschnitte, in denen die ganze Größe des einmaligen Erlösungswerkes Christi zu erarbeiten gesucht wird. Nach der Meinung des Hebr. 12
ist nämlich nichts Geringeres geschehen als die Einführung einer neuen „Ordnung", was schließlich V. 12 in aller Form und unter Zuhilfenahme philonischer Denkvorstellungen (s. Einleitung 4.) Ausdruck findet: jede Umstellung des Priestertums bringe unvermeidlich (wörtl.: ‚aus Notwendigkeit') eine Wandlung des Gesetzes mit sich. Offensichtlich denkt der Hebr. Gesetzes- und Priesterordnung eng zusammen. Die Tragweite des Geschehens, so steht es bereits andeutungsweise hinter diesem Satz, ist eine ungeheure; denn es geht keineswegs etwa nur um irgendeine Sache des Volkes, sondern um seine Grundordnung, die für abgelöst erklärt ist. In gewisser Hinsicht scheint der Hebr. sehr nahe bei Paulus zu stehen, der Christus als das „Ende des Gesetzes" (Röm. 10,4) ausgibt. Während Paulus aber von der Tatsache des im Gesetz geäußerten Willens Gottes her denkt, dem der Mensch letztlich nicht zu entsprechen vermag, weshalb er Christus braucht, nimmt der Hebr. seinen Ausgangspunkt beim Ungenügen der alten Kultordnung. Paulus will die Augen des verlorenen Menschen für das Christusgeschehen öffnen, der Hebr. weckt die Einsicht des jüdischen Menschen in das Versagen der kultischen Gesetzlichkeit.

Christus ist nicht levitischer, sondern göttlicher Abstammung 7,13-17

13 Der nämlich, worauf sich diese Worte beziehen, ist Angehöriger eines anderen Stammes, von dem sich keiner mit dem Altardienst befaßt hat. 14 Es ist ja wohlbekannt, daß unser Herr „aus Juda hervorgegangen" ist, über welchen Stamm Moses in Hinsicht auf Priester nichts sagte. 15 Und dies ist noch viel offensichtlicher, wenn in der Gleichheit mit Melchisedek ein anderer „Priester" aufgestellt wird, 16 der es nicht nach dem Gesetz einer fleischlichen Satzung geworden ist, sondern auf Grund der Kraft unzerstörbaren Lebens. 17 Das Zeugnis über ihn lautet schließlich dahin: „Du bist in Ewigkeit Priester nach der Ordnung Melchisedeks".

V. 14: *1.Mose 49,10; dazu Ps. 112,4;* V. 15: *Ps. 110,4;* V. 17: *Ps. 110,4.*

Mit V. 13-17 wird ein zusätzlicher Beweis dafür erbracht, daß das dem Stamme Levi aufgetragene Priesteramt in seiner Gültigkeit abgelöst ist. Der Verfasser wen- 13
det sich dem bekannten historischen Sachverhalt zu, daß Christus, worauf sich der Ausspruch Ps. 110,4 bezieht, ja in der Tat einem anderen Stamm angehört. Wird für unsere Begriffe an dieser Stelle auch zum Argument erhoben, was eigentlich erst zu beweisen ist, so liegen die Verhältnisse für den Hebr. doch etwas anders. Er bemüht sich um ein weiteres Detail und will es über den allgemeinen Kenntnisstand der Gemeinde als zusätzliches Glied einer größeren Beweiskette zu bedenken geben. Geht man davon aus, daß Ps. 110 von Melchisedek-Christus handelt, der nach 1.Mose 14 ohne Stammbaum ist, so mutet der Gedankengang in der Tat

etwas unlogisch an. Wenn man andererseits der Tatsache Rechnung trägt, daß – wie schon V. 11f. – nun erneut stärker Ps. 110 im Blickpunkt der Betrachtung steht, dann wird die Darlegung verständlich. Ps. 110,4 läßt für die schriftgelehrte Betrachtung keinen Zweifel darüber, daß der darin erwähnte Priester nie ein Angehöriger des Levi-Stammes sein kann. Die Folgerung erscheint daher gerechtfertigt, daß er Glied eines Stammes ist, „von dem sich keiner (je) mit dem Altardienst befaßt hat". Schließlich ist diese Aufgabe einzig und allein den Nachkommen Levis übertragen. Wörtlich lautet V. 13: „Er hat Anteil an einem anderen Stamm" (Perfekt der Allegorie), worin sich die Gewißheit der gegenwärtigen Erfüllung von
14 Ps. 110,4 ausspricht. V. 14 präzisiert die Überlegung durch den Hinweis auf die Herkunft Jesu aus Juda. Dabei ist im Sinne einer gemein-urchristlichen Überzeugung der Davidssohnschaft Jesu Ausdruck verliehen (s. bes. Röm. 1,3; Mt. 1,1ff.; Lk. 1,27; 2. Tim. 2,8 u. a.). Ist das richtig, dann treffen in der Feststellung zwei Komponenten zusammen, nämlich einmal der Glaube des Judentums der Zeit, daß der im Alten Testament verheißene Messias aus Davids Stamm (= Juda) kommt (s. bes. 1. Makk. 2,47; Ps. Sal. 17 und 18; IV. Esra 7,28; 11,1ff.; b. Sanh. 97a u. a.), und zum andern tatsächlich geschichtliches Wissen über einen derartigen genealogischen Anspruch der Familie Jesu. Die Formulierung von V. 14 ist dabei weniger in der Art eines exakt-historischen Referats gehalten, als vielmehr in der Weise einer liturgisch-kerygmatischen Aussage: „Unser Herr ist aus Juda hervorgegangen", wörtlich: „aufgegangen". Sie dürfte, worauf das Bild vom „Aufgang aus Juda", etwa in der Art eines Sternes, weist, dem Wortlaut biblischer Weissagungen (vgl. Sach. 3,8; 6,12; Jer. 23,5; Mal. 3,20) angepaßt sein. Vor allem kann eine besondere Nähe zu 4. Mose 24,17 vorliegen (vgl. dazu Ps. 112,4!). Der Bekenntnisstil der hellenistischen Christusgemeinden klingt an, wenn es heißt: „unser Herr". Daraus spricht die sieghafte Überzeugung, daß Christus einen weltweiten Anspruch erhebt und ihm die gebührende Verehrung in der Tat nicht verweigert werden kann (s. zu 1,10ff.). Ob sich nicht vielleicht überdies eine frühe Auseinandersetzung über die Herkunft des Messias abzeichnet, möchte man fragen. Sicherlich war es allgemeine Überzeugung des jüdischen Volkes, daß ein davidischer Messias am Ende der Zeit kommen werde. Es ergaben sich aber ohne Zweifel gewisse Probleme, wenn nun für Jesus aus dem Stamme Juda überdies noch die hohepriesterliche Würde beansprucht wurde. Dies um so mehr, weil es fromme Kreise des Volkes gab (s. die Essenergemeinde vom Toten Meer), die offensichtlich zwei Messiasse, den königlichen aus Israel und den priesterlichen aus Levi-Aaron, erwartet hatten (s. 1 QS IX,9ff.; 1 QSa 28a; auch bes. Test. XII Rub. 6,7ff.; Test. Sim. 7,1ff.; Test. Juda 21,2). Waren die Vorstellungen, wie es nicht anders sein konnte, auch uneinheitlich, so kann doch der Hebr. mittelbar von der allgemeinen Auseinandersetzung bestimmt sein. Schließlich betont er auf seine Weise sehr wohl, daß in Jesus ein doppeltes Messiastum vereinigt ist, wobei er der priesterlichen Komponente offensichtlich den Vorrang gibt. Geschieht es auch nicht im Sinne einer levitisch-aaronitischen Priestermessias-Erwartung, so doch auf Grund einer eigentümlichen Melchisedek-Spekulation, die ebenfalls in dieser oder jener Form in Qumran zu Hause gewesen sein kann, wie das Fragment 11 Q Melch. beweist, das freilich manche Fragen offen läßt. Die Tendenz des Hebr. geht jedenfalls ziemlich offen

auf ein hohepriesterliches Messiastum, das in der übrigen urchristlichen Literatur
nicht so stark betont wird, mögen vielleicht auch hin und wieder Ansätze vorliegen
(so z.B. in dem vorpaulinischen Traditionsstück Röm. 3,24ff.). Wenn es heißt, daß
Mose in Hinsicht auf den Stamm Juda „über Priester" nichts habe verlauten lassen,
so wird zusätzlich eingeschärft, daß Jesus sehr wohl der nichtlevitische Messias
und Hohepriester nach Maßgabe von Ps. 110,4 sei. Eben diesem Nachweis dient 15
auch ein zweiter verstärkender Satz V. 15, eingeleitet durch das sachlich sich auf
V. 13 beziehende: „Und dies ist noch viel offensichtlicher". Das Priestertum Christi
ist demnach in der Tat eine eigene Größe, die mit dem Stamme Levi nicht das Ge-
ringste zu tun hat, weil der Wortlaut des Psalms die „Gleichheit" mit Melchisedek
besagt. Man muß außerdem sehen, daß Gott, der mit himmlischer Lebenskraft am
Werk gewesen ist, niemals eine irdisch-vergängliche Anordnung gewollt hat. Indem
die Wendung „nach der Ordnung Melchisedeks" als „nach der Gleichheit Melchi-
sedeks" verstanden wird, gibt der Verfasser der Überzeugung Ausdruck, daß Christi
Priestertum nicht nur ein besonderes ist, sondern sogar eine eigene neue Wirklich-
keit repräsentiert. Ihr Wesensmerkmal stellt im Gegenüber zu dem „Gesetz einer 16
fleischlichen Satzung" die „Kraft unzerstörbaren Lebens" dar, die in Melchisedek
erkennbar wird, kann doch von ihm gesagt sein: „ohne ein Ende des Lebens"
(so wörtlich 7,3), „er lebt" (7,8), und: „er bleibt Priester für immer" (7,3b). Ähn-
lich wie Philo liebt offenbar der Hebr. die Vorstellung der in dieser Welt wirksamen
„Kräfte" Gottes, wodurch der Mensch imstande ist, den ewigen Wahrheiten näher-
zukommen. Aber er geht sicherlich noch ein entschiedenes Stück weiter, wenn er
die „Kraft unzerstörbaren Lebens" in Christus-Melchisedek in besonderer Weise
verleiblicht sieht. Das „Gesetz der fleischlichen Satzung" enthält nicht den Ge-
danken der Sünde, sondern den des Vergänglichen und Ablösbaren, wie ja auch
die levitischen Priester, die man nach den Kriterien der leiblichen Abstammung
und der körperlichen Beschaffenheit berufen hat, sterblich sind (s. 7,8.23). Wenn 17
erneut Ps. 110,4 zur Begründung zitiert wird, dann liegt unverkennbar der Ton
auf der Wendung: „Du bist Priester in Ewigkeit". Darin wird Christus auf Grund
eines Gottesspruches als die ewige priesterliche Gestalt bezeugt, an der sich nun
endgültig alles Leben entscheidet. Den Gedankengang V. 13ff. zusammenfassend,
bewegt sich der Hebr. wiederum auf die Schriftunterlage zu, deren Kernsatz in
ganzer Ausführlichkeit genannt wird. Der Gedanke schwingt wahrscheinlich mit,
daß im Zuspruch Gottes selbst die „Kraft unzerstörbaren Lebens" ihren letzten
Ursprung hat. Schließlich denkt der Verfasser nicht mehr wie Philo die Welt als
einen freien Raum der ewigen Kräfte Gottes. Als neue Offenbarungs- und Erkennt-
nismitte gilt ihm vielmehr die rettende Gestalt des ewigen Hohenpriesters Christus,
„der das All durch das Wort seiner Kraft" trägt (1,3).

Christus ist der Urheber einer unvergänglichen und vollkommenen Ordnung 7,18-25

18 Denn einerseits erfolgt Aufhebung eines vorher ergangenen Gebots wegen seiner Schwäche und Nutzlosigkeit, 19 denn das Gesetz vollendete nichts, andererseits kommt es zur Einführung einer besseren Hoffnung, durch die wir Gott

nahen. 20 Und wiefern das nicht ohne Eidschwur geschah, – denn jene sind zwar ohne Eidschwur Priester geworden 21 er aber mit einem Eidschwur durch den, der zu ihm sagte: „Geschworen hat der Herr und es wird ihn nicht gereuen: ‚Du bist Priester in Ewigkeit,“ –, 22 um soviel ist auch Jesus der Bürge eines hervorragenderen Testamentes geworden. 23 Und die einen sind in großer Zahl Priester geworden, 24 er aber hat das Priestertum als ein unveränderliches, weil er „in Ewigkeit“ bleibt. 25 Daher kann er auch in vollendeter Weise jene retten, die durch ihn zu Gott hinzutreten, weil er allezeit lebt, um für sie einzustehen.

V. 21: *Ps. 110,4a;* V. 24: *Ps. 110,4.*

18-25 Die Auslegung neigt allgemein dazu, die V. 18-25 als eigene gedankliche Einheit abzugrenzen, finden sich doch darin drei gleichartige Sätze nach dem Schema: „zwar – aber“. Im einzelnen enthalten sie die folgenden formalen Elemente: V. 18 ff. These, V. 20-22 Schriftbeweis, V. 23 ff. Tatsachenbeweis, V. 25 Wiederholung der These in konkreterer Fassung. Mehr nach inhaltlichen Gesichtspunkten lassen sich unterscheiden: V. 15-19, V. 20-22 und V. 23-25. In Anbetracht des besonderen homiletischen Vorgehens des Hebr. sollte man in der Tat die V. 18-25 für sich nehmen. Es geht darin um die Herausstellung der rechtlichen Konsequenzen des Hohenpriestertums Christi. Offenbar münden Kap. 7 die Ausführungen jeweils typisch in eine Wendung des Schriftwortes ein, wonach die Aufteilung des Stoffes vorgenommen werden kann.

18 Lautet in V. 13 die fast lehrsatzähnliche Erkenntnis, daß die „Veränderung“ des Priestertums notwendigerweise auch eine solche des Gesetzes nach sich zieht, so wird hier noch schärfer von der „Aufhebung“ des „vorher ergangenen Gebots“ gesprochen. Und zwar zunächst wieder in der Weise, daß die allgemeine Praxis zum Ausgangspunkt der Betrachtung gemacht wird. „Aufhebung“ bezeichnet den Tatbestand einer rechtskräftigen Annullierung; der Begriff ist inschriftlich als juristischer Terminus vielfach belegt. In unserem Fall wird davon ausgegangen, daß der rechtliche Akt der Ungültigmachung dann geschieht, wenn ein Gebot oder eine Verordnung sich als „schwach und nutzlos“ erweisen. In der Tat gibt es Rechtssätze, die eine ihnen zugemutete Aufgabe nicht leisten, sei es, daß das Gebot entschiedener formuliert sein müßte, sei es, daß der gewünschte Ordnungseffekt um
19 anderer Ursachen willen nicht erzielt wird. Wie der eingeschobene Satz V. 19a zu erkennen gibt, blickt der Verfasser bereits unmittelbar auf das Gesetz des Mose. Ist vorher schon V. 16 vom „Gesetz der fleischlichen Satzung“ die Rede gewesen, um seine natürliche Ablösbarkeit anzuzeigen, so wird nun seine „Schwäche und Nutzlosigkeit“ festgehalten. Paulus kann bekanntlich sagen, daß das Gesetz, obwohl heilig und gut, zum Tode führt (Röm. 7,9-12). Der Hebr. hält sein Unvermögen fest, zu „vollenden“. Die Beurteilung stellt sich weniger radikal dar, läuft aber im Endeffekt auf das gleiche Resultat hinaus. Wer sich auf das „Gesetz“ verläßt, hat keine „Hoffnung“. Jenes Priestertum der Söhne Levis verwaltet eine vergängliche Sache, das „unzerstörbare Leben“ V. 16 hat es nicht vermitteln können. An die Schranken des natürlich-leiblichen Lebens gekettet, hat es zwar seine Aufgabe im Blick auf das Gottesverhältnis (5,1), es vermag aber bei alledem den Zugang zu Gott nicht zu erschließen. Nur durch seine Aufhebung ist es zur „Einführung einer besseren Hoffnung“ gekommen. Das eine hat das andere zur Voraus-

setzung; denn Gottes Verfügungen haben gesetzlichen Rang, weshalb sie nicht nebeneinander bestehen können. Die „bessere Hoffnung“ ermöglicht es dem jüdischen Menschen, Gott „näher zu kommen“ (vgl. das „wir“). Die Redeweise ist vielsagend. Bleibt nicht das Verhältnis des jüdischen Menschen, der dem Gesetz und dem Kult verpflichtet ist, davon entscheidend geprägt, daß er vom Zugang zu Gott, dessen Wohnstätte das Allerheiligste darstellt, ausgeschlossen ist? Wenn das formelhafte „Sich-Gott-nähern“ in der Septuaginta fast ausschließlich vom Dienst der Priester gebraucht wird, dann versteht man, daß die Sache früher oder später zum erkenntniskritischen und somit zum grundsätzlich theologischen Problem werden mußte. Philo steht als Repräsentant jener gebildeten Juden, die von der Offenbarungs- und Erkenntnisfrage zutiefst angerührt waren, weshalb sich bei ihm sogar in starkem Maße existentiale Töne einmischen: „Denn auch als Abraham sich Gott nahte, erkannte er sogleich sich selbst als Erde und Asche“ (1.Mose 18,27) (Quod deus 160ff.). Man hört heraus, daß das „Sich-Gott-nähern“ im Alten Bund die Möglichkeit einiger weniger Erwählter gewesen ist. Der Hebr. dagegen schreibt aus der befreienden Gewißheit einer „besseren Hoffnung“, „wodurch wir (und er hat nun die gesamte Gemeinde im Blick) Gott nahen“. Daß die Begegnung mehr ist als empfangene Offenbarung und erkenntnismäßiges Ergreifen der göttlichen Zusammenhänge, nämlich Zugang zum Allerheiligsten auf Grund des Opfers Jesu, ersehen wir aus 6,20. Wenn aus einem Sonderrecht weniger Menschen ein Grundrecht aller Glieder der Gemeinde geworden ist, so dokumentiert dies die
völlig veränderte neue Lage. Wie das Ergebnis so sind natürlich auch die Voraus- 20f.
setzungen radikal andere, was nicht zuletzt daran erkennbar ist, daß Gott die neue Ordnung durch einen feierlichen Eidschwur bekräftigt hat. Er steht somit ohne Vorbehalt zu seiner erneuten, nun endgültigen Zusage. Wenn es etwas umständlich heißt „nicht ohne Eidschwur“, dann klingt vielleicht an, daß Gott auf einen solchen einmaligen Akt eben doch nicht hat verzichten wollen, weil es durch die intendierte Sache mit Nachdruck geboten war. Für alle Ewigkeit ist die Erlangung des ewigen Hoffnungsgutes gewährleistet. Nichts kann und wird mehr zurückgenommen werden. Dabei ist der Gegensatz zu dem, was bisher an Ordnung gewesen ist, ein erheblicher. Um der Überlegung „und wiefern das nicht ohne Eidschwur geschah“ Nachdruck zu verleihen, wird der Satz zunächst nicht abgeschlossen, sondern parenthetisch unterbrochen, wobei eine Erläuterung eingeschoben ist: „denn jene sind zwar ohne Eidschwur Priester geworden, er aber mit einem Eidschwur durch den, der zu ihm sagte: Ps. 110,4a“. Damit wird der Schriftbeweis für die vorausgehende Satzhälfte („und wiefern das nicht ohne Eidschwur geschah“) sofort nachgeholt – ein Tatbestand, der deutlich zu erkennen gibt, daß der Hebr. nicht auf Ps. 110 hin argumentiert, sondern vielmehr homiletisch davon ausgeht. Die vergleichende Entgegensetzung „denn jene – er aber“ blickt auf das levitische Priestertum sowie auf Christus. Wenn jene nicht durch einen Eidschwur zu ihrem Amt gelangt sind, dann deswegen, weil Gott zunächst nur eine vorläufige Anordnung
gewollt hat. Ähnlich und doch anders als in 6,17 wird der noch gewichtigere Be- 22
griff des „Eidschwurs“ aufgegriffen, wobei ohne Zweifel der Überzeugung Ausdruck verliehen ist, daß ihn Gott selbst gegenüber Jesus geleistet hat (s. 5,9ff.). Eben dieser hat deshalb, so schärft es der Nachsatz V. 22 ein, die Rolle des „Bürgen

eines hervorragenderen Testamentes (bzw. Bundes)“ übernommen. Indem wir die
Übersetzung „Bund“ zugunsten von „Testament“ vermeiden, halten wir fest, daß
für den Hebr. die Vorstellung leitend ist, es liege keine zweiseitige Abmachung
(im Sinne eines Bundesverhältnisses) vor, sondern eine freie Verfügung Gottes
allein. Sie besitzt den Charakter einer eidlich abgesicherten Stiftung, wobei Gott
Jesus für ihre unbedingte Geltung und Wahrheit als „Bürgen“ eingesetzt hat (zum
Begriff s. Philo, De cher. 45). Damit verbindet sich zugleich die Überzeugung, daß
Jesus (man achte auf den Namen des irdischen Herrn!) als Garant der unbedingten
Wahrheit der Zusage Gottes geführt werden darf. Jesus ist Bürge, weil er einen ein-
maligen Gehorsam am Kreuz erzeigt hat, auf Grund dessen er erhöht ist. Wir sind
auf den Satz zurückgeworfen, daß Jesus als der Zeuge des Glaubens für den fragen-
den und suchenden Menschen immer auch der Garant der Wahrheit sein wird.
23 Diese Erkenntnis vertieft der zusätzliche Vergleich V. 23 ff., in dem die große Menge
der levitischen Priester dem Priestertum des einen Christus konfrontiert wird. Der
Gedanke der Vielzahl erscheint darin auf Grund der Tatsache abgewertet, daß sie
durch den Tod der sterblichen Priester notwendig gewesen ist. Der Tod verhindert,
daß sie ihres Amtes in Dauerhaftigkeit walten. Damit bringt der Verfasser wieder-
um einen Gedanken ein, der nicht unterschätzt werden darf, mag er auch rein
äußerlich gesehen etwas künstlich erscheinen. Diese Welt, so empfindet er in ehr-
licher, kritischer Analyse, zwingt das Priestertum Israels wegen ihrer Todesver-
fallenheit zu einem beispiellosen religiös-kultischen Aufwand. Aber ist es nicht in
Wahrheit ein vergebliches Bemühen, das nur in noch tiefere Resignation führt?
Wie die Dinge liegen, setzt er seine Hoffnung (s. V. 19) daher ausschließlich auf
24 jenen Priester, der das Zeugnis hat, „für immer zu bleiben“ (s. V. 3). Was dort
wandelbar an einzelne Personen gegeben ist, die als Sterbliche kommen und gehen,
hat Gott bei Jesus zum unveränderlichen und nicht übertragbaren Amt erhoben.
Alles daran ist absolut, abgeschlossen und endgültig, weil es durch Zeitlichkeit
und Tod nicht mehr relativiert wird. Der Begriff des „Bleibens“ ist in besonderer
Weise theologisch-philosophisch gefüllt und hat die Bedeutung des ewigen Be-
stehens (Philo, De somn. II, 221). Weil durch den Tod des Priesters „geworden“,
hat das Priestertum eine Gültigkeit erlangt, die jenseits unserer Sterblichkeit ge-
gründet ist. Anders gesagt: Eine aus dem Kreuz geborene Hoffnung ist ein Hoffen
25 wider Hoffen (Röm. 4,18). Ist das Priestertum ausschließlich und unwandelbar
Jesus übertragen, dann ist damit endgültig der Weg erschlossen, auf dem man zu
Gott gelangen kann (s. V. 25 „daher“). Jedes verzweifelte Suchen oder tastende Be-
mühen erübrigt sich. In „vollendeter Weise“ (wörtlich: „ganz und gar“; auch bei
Philo) kann der Priester nach der Ordnung Melchisedeks all jene retten, die „durch
ihn“, d.h. durch seinen Dienst, „zu Gott hinzutreten“. Über V. 19 hinaus ist hier
nicht nur von einem „Näher-kommen“, sondern sogar von einem „Hinzutreten“
die Rede (vgl. 2. Mose 16,9; 3. Mose 9,5), wie ja auch ein Zugang zum „Gnaden-
thron“ (4,16) und zur allerheiligsten Stätte Gottes selbst besteht (6,20). Demnach
ist Gott durch den priesterlichen Dienst Christi aus seiner Unerreichbarkeit hervor-
getreten. Er hat sich nicht nur der Erkenntnis erschlossen, sondern so, daß wir
„Barmherzigkeit erlangen“ und „Gnade finden können“ (4,16). Obwohl sein Wesen
nun freiliegt, ist doch seine Heiligkeit dabei nicht im mindesten verletzt. Als der

bisher Verborgene ist Gott „durch ihn“, „der allezeit lebt, um für sie (fürbittend) einzustehen“, zugänglich geworden. Hinter dem Satz steht die tief-ehrfürchtige Scheu des gläubigen jüdischen Menschen, der darum weiß, daß das Problem Mensch – Gott niemals eine billige Lösung hat finden können. Die vorläufig noch offene Situation deutet die Wendung „er kann retten“ an. Demnach ist die Rettung des Menschen nicht einfach eine abgeschlossene generelle Sache, die jedem zugute kommt, sondern sie hat ihren Ermöglichungsgrund ausschließlich in ihm, sofern er den Zugang zu Gott für die vermittelt, die „herzutreten“.

Wenn es weiter heißt, daß er als allzeit lebendiger Hoherpriester „für sie (fürbittend) einsteht“, so erinnert die Aussage an Überlegungen Philos, der dem Logos in ähnlicher Weise eine vermittelnde und fürbittende Tätigkeit zuschreibt (Quis rer. 205). Dieser wird als Hoherpriester im Tempel der Welt geführt (s. zu 4,14), worin er u.a. die Funktion des fürbittenden Mittlers zwischen Gott und Welt bzw. Mensch ausübt. Vom Hebr. scheint der Gedanke nicht nur übernommen, sondern in neuer, eigentümlicher Weise auf Christus bezogen zu sein. Das Wort Gottes gewann in ihm einmalige Gestalt. Seine Funktion übt er in der Weise aus, daß er für die verlorenen und sterblichen Menschen priesterlich „eintritt“ (sc. vor Gott). “Dies ‚Eintreten‘ ist der Dienst eines Fürsprechers, ist also in diesem Fall nicht entlastende Aussage, sondern Fürbitte“ (O. Michel). Dadurch bleibt unmißverständlich klar, daß wir Menschen immer die „Geretteten“ sind, er aber der Retter. Andererseits ist dies das unfaßliche Wunder, daß dank seines mittlerischen Dienstes die Unheiligen dem heiligen Gott nahen dürfen.

Das einzigartige Hohepriestertum Jesu gründet auf seinem einmaligen Selbstopfer 7,26-28

26 Denn solch ein Hoherpriester war uns auch angemessen, der heilig, ohne Falsch, ohne Flecken, und geschieden von den Sündern ist, und hochgestellter als die Himmel wurde, 27 der nicht jeden Tag wie die (übrigen) Hohenpriester nötig hat, zuerst für die eigenen Sünden Opfer darzubringen, sodann für die des Volkes. Denn dies tat er ein für allemal, indem er sich selbst darbrachte. 28 Denn das Gesetz setzt Menschen zu Hohenpriestern ein, denen Schwachheit eignet, das Wort des Eidschwurs aber, das nach dem Gesetz erging, einen „Sohn“, der „in Ewigkeit“ vollendet ist.

V. 28: *Ps. 110,4.*

Wieder ganz auf die Person des Hohenpriesters blickend, wird im hymnisierenden 26
Stil der Gedankengang geschlossen. 7,1 begann mit einem hinweisenden „dieser“, 7,26 rundet die Überlegungen ab mit: „ein solcher war uns auch angemessen“. Die Aussage greift zurück auf V. 25, schließt aber im Grunde alle Ausführungen ein, die das ständige priesterliche Walten des Christus vor Gott in irgendeiner Weise unterstreichen. Ist 2,10 gesagt worden, was Gott „geziemte“, um durch Leiden Vollendung zu bewirken, so hier, welcher Hoherpriester *uns* „angemessen“ bleibt. Dahinter steht die z.T. philosophisch abgesicherte Vorstellung, daß Gott in freier Entscheidung ganz bestimmte Wege geht, um das Heil zu wirken. Sein Handeln zielt auf eine letzte absolute Verwirklichung dessen, was nötig ist. Er weiß auch,

was dem Menschen in Wahrheit hilft. Nur ein einmaliges Priestertum konnte den ewigen Gottesbezug, der das Heil umgreift, erschließen. In aufzählender Redeweise wird die Beschaffenheit dieses Priestertums Christi nach einer doppelten Seite hin charakterisiert. Staunen und Lob schwingen mit, wenn die kultisch-ethische Einzigartigkeit und die himmlische Seinsweise nach verschiedenen Seiten hin formuliert werden. Er ist „heilig“, nicht etwa seinshaft oder auf Grund seiner Herkunft, sondern in der Gottesbindung, die sein Denken und Handeln bestimmt hat, allezeit geleitet von der Rücksicht auf den Willen des Vaters. Er ist außerdem „ohne Falsch (Bosheit)“ und „ohne Flecken (bzw. Befleckung)“, weil nämlich in doppelter Frontrichtung versucht *und* bewährt. Er hat rein bleiben können in den Anfechtungen, die dem Menschen von Natur anhaften, aber auch in jenen Versuchungen, die von außen herantreten, um den Charakter der Unschuld und Reinheit zu verderben. In offenbar „priesterlich-kultischen“ Begriffen wird eine Charakteristik der absoluten Vollkommenheit Christi gegeben, die die sittlich-ethische Einmaligkeit der Person mit zu erfassen versucht (vgl. auch Philo, De spec. leg. I, 260). Zwei weitere Glieder beschreiben die Art und die besondere Stellung des Bewährten: „geschieden von den Sündern“ und „hochgestellter als die Himmel“. Ähnlich wie in 4,15ff. wird noch einmal die „Sündlosigkeit“ des Hohenpriesters festgehalten. Es kann nach den vorausgehenden Ausführungen kaum ein Zweifel darüber bestehen, daß sie nicht als eine angestammte oder angeborene zu bewerten ist, sondern als eine in der Solidarität mit den „Sündern“ ausgewiesene. Nun blickt V. 26 sicherlich ganz auf das Ergebnis, nämlich auf den Ort des erhöhten Christus bei Gott, die Aussage darf aber nicht reflektiert werden, ohne ihre Voraussetzungen zu bedenken. Einer ist aus der Masse der „Sünder“, denen Gott fern und sein „Thron der Barmherzigkeit“ verschlossen ist, herausgenommen. Einer konnte so den unendlichen Gegensatz zwischen Erde und Himmel durchbrechen und zwar nicht um seiner selbst, sondern um der Sünder willen, die wir sind. Er amtiert nun im himmlischen
27 Heiligtum, wo er bei Gott für die Seinen eintritt (7,25). Die Bedeutung seiner Stellung ergibt sich daraus, daß er nicht mehr tagtäglich opfernd amtieren muß. Die Aussage scheint ungenau zu sein, insofern der Hohepriester nur in den Tagen des großen Versöhnungsfestes täglich geopfert hat, nicht aber das ganze Jahr. Kein Zweifel, daß der Verfasser dies wußte (s. 9,1,25; 10,1.3)! Ob er aber nun speziell an die Tage jenes Festes denkt, worauf weist, daß wiederum wie in 5,1 das Opfer für die Schuldhaftigkeit des Hohenpriesters und des Volkes hervorgekehrt wird (aufschlußreich auch: „zuerst – dann“ s. 3.Mose 16,6.9), oder ob er einfach davon ausgeht, daß das Hohepriestertum für das tägliche Opfer verantwortlich zeichnet, was weniger wahrscheinlich ist, er stellt jedenfalls die Einmaligkeit des Opfers Christi drastisch dem täglichen und vielfachen Dienst am Tempel gegenüber. Gerade weil sich Christi Aufgabe vor Gott als ein ständiges fürbittendes Eintreten erweist (s. 7,25), ist der Kultus Israels überflüssig geworden und abgelöst: „denn dies tat er ein für allemal, indem er sich selbst darbrachte“. Triumphierend bricht das Argument hervor, fast abrupt bringt es den übergeordneten Gedankengang zumindest vorläufig zum Schluß. Zwischen den Zeilen klingt an, daß Christus um seiner Sündlosigkeit willen auf das Opfer „für sich selbst“ verzichtet hat. Dagegen brachte er, der Sündlose und Reine, sehr wohl seine eigene Person als ein

untadeliges und makelloses Opfer vor Gott dar, um dessen Verhältnis zu den Men-
schen von Grund auf zu ändern. Zum erstenmal tritt schärfstens hervor, daß
Christus Hoherpriester *und* Opfer zugleich ist. Eine kühne Vorstellung, die später
entfaltet wird! Um aber wenigstens den bisherigen Gedankengang abzurunden, 28
wird noch einmal an die eingetretene Ablösung des Gesetzes (7,18-7,25) erinnert.
Es ist eine Ablösung, bei der ein ewiger und unvergänglicher Hoherpriester, ja
mehr noch der Sohn (s. 3,1-6), durch den Eidschwur des Wortes Gottes die Stelle
einer Ordnung eingenommen hat, die bisher von schwächlichen, sündigen Men-
schen besetzt gewesen ist. Die Zielstrebigkeit der Gedankenführung, die von
Ps. 110,4 ausgeht und immer wieder darauf hinlenkt, fällt an dieser Stelle besonders
auf. Betont nämlich beispielsweise Paulus, daß das Gesetz zwischen Verheißung
und Messiaszeit gleichsam nur als Interimsordnung Gottes vorliegt, weil die Ver-
heißung zuerst ergangen ist und somit den Vorrang der eigentlichen Zusage Gottes
hat, so schärft der Hebr. ein, daß der Eidschwur, von dem die Rede Davids handelt,
zeitlich nach dem Gesetz ergangen ist und somit als die eigentliche Meinungs-
kundgabe Gottes gelten kann. Frühere Anordnung hat deshalb weichen müssen.
Durch Gott ist eine ewige Vollendung bewirkt, und die Gewißheit, die davon ausgeht,
beruht nicht auf der Tatsache des „Gesetzes", sondern auf seinem „Wort", das im
Leben und im Tod des Sohnes gleicherweise anschaulich und glaubhaft geworden
ist.

Die Größe des priesterlichen Dienstes Christi besteht darin, daß er ihn zur Rechten Gottes versieht 8,1-13

In 8,1 wendet sich der Hebr. ausdrücklich dem Wesentlichen zu. Er hat im gleichen Satz mit der charakteristischen Wendung „Sitzen zur Rechten" Ps. 110,1 wörtlich verarbeitet. Schon in der Einleitung 1,3 bezeichnet sie das formulierte Leitthema (s. auch 1,13). Hier in 8,1 wird es erneut eingeschärft und somit die textliche Grundlage der Homilie offen benannt. Stand aber vorher im wesentlichen zunächst das göttliche Geheimnis der Person Christi im Mittelpunkt der Betrachtung, so richten sich nun die Gedanken auf den himmlischen Ort seines Priestertums. Eben damit kommt es zu Darlegungen, die die Wahrheit seines Handelns vor Gott erstmals gedankenreich ausschöpfen. Ihre Ergänzung finden sie später noch in 9,11-10,18. In mancher Hinsicht ist für 8,1ff. erneut eine gewisse argumentative Nüchternheit kennzeichnend. Der feierliche, z.T. sogar hymnisierende Prosastil von 7,26ff. wird verlassen, um einer spürbaren Sachlichkeit Raum zu geben, die in der bündigen Feststellung gipfelt: Hauptsache aber ist Christi Sitzen zur Rechten Gottes. Es kommt somit letztlich nicht auf die vielfältige Möglichkeit tiefsinniger Beweisführung an.

Der auf Grund von 4.Mose 24,6 (LXX) eingeführte Begriff des „wahrhaftigen 1-5
Stiftszeltes" läßt zwar sofort erkennen, daß tiefere Zusammenhänge zu erörtern
sind, die Ausführungen bewegen sich aber zunächst im Rahmen durchaus sach-
licher Feststellungen. V.3 zieht die Schlußfolgerung aus einem allgemeinen Tat-
bestand. V. 4 folgt eine für den Stil typische irreale Erwägung (vgl. 7,11 u.a.).
V. 5 bezieht sich auf einen vielsagenden biblischen Sachverhalt, dem entnommen

werden kann, daß zwischen dem Ort irdischen und himmlischen priesterlichen Handelns tiefe und letzte Zusammenhänge vorliegen, die es zu erkennen gilt. Alles in allem ist für den Abschnitt 8,1-5 deutlich, daß darin zunächst neues Gedankengut vorbereitet wird, das noch der Auswertung bedarf. Das eigentliche Zeugnis wird aber wiederum markant in Bindung an Ps. 110 formuliert, um die Zielstrebigkeit des Predigtvortrags sicherzustellen. Als thematischer Leitbegriff ist allem Anschein nach der Begriff des „Dieners“ bzw. der des „Dienstes“ gewählt.

6-13 Der folgende Abschnitt V. 6-13 wird eingeleitet durch einen typischen Schluß *a minori ad maius*. Christi „Dienst“ ist um so überragender, wie er eines besseren Testamentes Zeuge ist. Mit Hilfe von Jer. 31,31 ff., übrigens das längste geschlossene Zitat im Brief, wird die Wahrheit des gültigen neuen „Testamentes“ (= Bundes) Gottes bekräftigt. Der Hebr. ist damit bei einer entscheidenden Stelle seiner Beweisführung angelangt. In geradezu idealer Weise gelingt es ihm, die Aussagen der Thora und der Propheten zu vereinigen, um die Wahrheit des erhöhten Christus, worauf die Gemeinde ihre Hoffnung setzen darf, zu bekräftigen. Den grundlegenden Überlegungen in 8,1-12, die auf 7,18 ff. weiterbauen, wird später der zusammenfassende Abschnitt 10,11-18 korrespondieren, worin ebenfalls noch einmal mit Nachdruck Ps. 110,1 und Jer. 31,31 ff. vereinigt sind. Der Durchblick in das „Wort“ des Alten Testamentes wird mit Hilfe der Weltanschauung eines philosophisch-theologischen Alexandrinismus zum Einblick in die in Christus gesetzte Brücke von Idee und Erscheinung, Ewigem und Endlichem, Himmlischem und Irdischem.

Christus dient nicht im irdischen Abbild, sondern im himmlischen Heiligtum selbst 8,1-5

1 Hauptsache aber bei dem, was in Rede steht, ist dies, daß wir einen solchen Hohenpriester haben, der sich „zur Rechten“ des Thrones der Majestät in den Himmeln „setzte“, 2 als Diener des Heiligtums und des wahrhaftigen Stiftszeltes, das der Herr, nicht ein Mensch, aufschlug. 3 Jeder Hohepriester nämlich wird eingesetzt, um Gaben und auch Opfer darzubringen, weshalb es nötig ist, daß auch dieser etwas hatte, was er opferte. 4 Wenn er nun auf Erden wäre, so würde er nicht einmal Priester sein, da es solche gibt, die nach dem Gesetz die Gaben darbringen. 5 Sie dienen einem Abbild und Schatten der himmlischen Dinge, wie ja auch Mose, da er das Stiftszelt anfertigen wollte, eine (göttliche) Weisung empfing: „Siehe zu“, sagte er nämlich, „du sollst alles nach dem Urbild dessen machen, was dir auf dem Berge gezeigt wurde“.

V. 1: *Ps. 110,4;* V. 2: *4. Mose 24,6 (LXX);* V. 5: *2. Mose 25,40.*

1 Nun, da der Verfasser die wesentlichen Aussagen des Textes Ps. 110,1-4 eingehend erklärt hat und die Hörer vor einer fast verwirrenden Materialfülle stehen, wird – weil offenbar stark empfunden – die Frage nach dem eigentlichen und wesentlichen Zeugnis in rhetorisch-pädagogisch sehr glücklicher Weise aufgeworfen und an den Anfang eines neuen Abschnittes gesetzt. Die Hauptsache, der Grundgedanke des biblischen Zeugnisses Ps. 110, das „in Rede steht“, ist die Erhöhung Christi „zur Rechten des Thrones der Majestät in den Himmeln“. Damit werden die hymnischen Sätze des Psalms auf einen Nenner gebracht, der auch zugleich das wesentliche

Kerygma für den Hörer der Homilie umschließt. Er darf auf Grund des göttlichen
Wortes wissen, daß wir einen „solchen Hohenpriester" haben, der vor Gott in
himmlischer Herrlichkeit amtiert. Somit kann er absehen von seiner eigenen
irdischen Sündhaftigkeit, die bindet (s. 7,26), um sich eines besseren Ausblicks zu
getrösten. In feierlicher Rede wird Gott nach seinem richterlichen Ort umschrieben
(s. „Thron der Majestät in den Höhen"). Was normalerweise den suchenden Men-
schen hemmt und resignieren läßt, nämlich die heilige Unnahbarkeit Gottes, ist
durch den erhöhten Christus zur einmaligen befreienden Botschaft vom „Thron der
Gnade" geworden (s. 4,16). Hat Christus seinen Platz „zur Rechten des Thrones der
Majestät", dann heißt dies, daß ihm alle Gewalt übertragen ist. Diese Tatsache wird 2
vor allem anschaulich gemacht, indem er im folgenden als der „Diener des Heilig-
tums und des wahrhaftigen Stiftszeltes" erscheint. Demnach ist Christus nicht nur
eine himmlische Person, sondern die handelnde und vollmächtige Mitte des Him-
mels, der keineswegs als ein beliebiges Heiligtum gedacht ist, das alle Vorstellungen
sprengt, sondern mehr noch als der Inbegriff der Stiftshütte der Frühzeit Israels.
Vorstellung und Sprache scheinen wiederum stark von Philo her geprägt zu sein
(s. Leg. all. III,135: „Diener und Gehilfe des Heiligtums"; De fug. 93). Dieser
spricht nicht nur in ähnlicher Weise vom wahren Hohenpriester, der „frei von
Sünden" ist (De spec. leg. I,230), sondern stellt ebenso das irdische Heiligtum des
Volkes abbildlich dem himmlischen Gebäude zur Seite. Was ihn vom Hebr. klar
unterscheidet, sind die pantheistischen Aspekte (De spec. leg. I,66). Daß es ein
himmlisches Zelt gibt, das nicht von Menschenhand gemacht ist, sondern auf Gott
zurückgeht, wird vom Hebr. im Anklang an das biblische Wort 4.Mose 24,6 gesagt
(s. auch Jes. 42,5). Philo kann ebenfalls anderwärts das „von Gott befohlene Zelt"
mit der „(göttlichen) Weisheit" in Verbindung bringen (Leg. all. III,46), ent-
wickelt dabei aber offensichtlich eine abweichende Konzeption, wenn er ausführt,
daß sich Gott nur gegenüber wenigen Menschen offenbare. Kein Zweifel, daß bei
dem Hebr. die Offenbarungsfrage eine eigene Antwort findet, so daß der Abstand
zu Philo grundsätzlich ist und bleibt. Daher schlägt mit V.3-5 die Argumentation 3
eine andere Richtung ein. Obwohl der Rückschluß auf das himmlische Heiligtum
vom Stiftszelt der Mosezeit aus geschieht, wird doch zunächst wieder ähnlich wie
5,1ff. daran gedacht, was Jahr für Jahr am Versöhnungstag im Tempelheiligtum
geschieht (s. die Gegenwartsaussagen). In diesem Sinne steht V.3 als allgemeiner
Erfahrungssatz. So wie der Hohepriester des Volkes „Gaben und Opfer" darbringt,
so ist dies auch die in der Natur der Sache begründete Pflicht des Christus gewesen,
der sich „geopfert" hat (Aor.). Überraschenderweise handelt der Hebr. hier nicht
vom himmlischen Ort der Opferung des Leibes Christi, sondern davon, daß auch
dieser „etwas" haben mußte, um vor Gott mit einem Opfer zu dienen. Was erst
9,11ff. ausführlich vorgetragen wird, ist hier, weil als wichtig erkannt, bereits vor-
weggenommen. Mit V.4 ist er indessen sofort wieder bei der Stätte der Darbringung, 4
wenn auch freilich in negativer Abwandlung des Gedankens: wenn er „auf Erden"
seinen Priesterdienst verrichtete, wäre es anders. Da hier „nach dem Gesetz" Priester
fungieren, bliebe für ihn und das ihm aufgetragene Amt kein Raum. Die Absicht der
Formulierung richtet sich deshalb darauf zu beweisen, daß Jesu Dienst letztlich nur

an himmlischer Stätte zur Erfüllung gelangt ist. Er bedurfte wie des eigenen Opfers so auch der eigenen Opferstätte. Die Aussage „es gibt solche, die nach dem Gesetz die Gaben darbringen" ist ein Beweis für die Annahme, daß das homiletische Schreiben vor der Zerstörung des Tempels im Jahre 70 n. Chr. abgefaßt wurde. Viele Ausleger meinen, daß der Satz V. 4 auch im andern Falle in dieser Weise vom Hebr. hätte formuliert werden können, wird doch im Zusammenhang von der Stiftshütte gehandelt. Aber inhaltlich ist eindeutig vom jüdischen Priestertum überhaupt die
5 Rede, und die Fortsetzung des Gedankens in V. 5 schließt klar die Gegenwart des Verfassers ein. Das erschütternde Geschehen der Katastrophe der Hl. Stadt und seines Heiligtums wäre andernfalls ohne Zweifel gedanklich aufgegriffen und aufgearbeitet worden. Da es weder möglich war noch zu denken gewagt wurde, vertritt der Verfasser einzig und allein die theologische Überzeugung, es liege mit dem jerusalemischen Kult ein „Abbild und Schatten" des himmlischen Urbildes vor. Die Wendung „himmlische Dinge" meint das Heiligtum mit seinen Einrichtungen im weitesten Sinne, also den Bau und die Geräte. Während die Rabbinen 2. Mose 25, 40 so ausgelegt haben, als ob Mose damals die ewige Beständigkeit der Dinge zugesprochen worden sei, wertet der Hebr. als vermutlich einstiger Philo-Verehrer und nunmehriger Christ das biblische Zeugnis mit Nachdruck für die bestehende Institution im gegenteiligen Sinne aus, nämlich zum Beweis ihrer nur vorläufigen und mangelhaften Gültigkeit. Hat in der LXX der Begriff „Urbild" (griech. *typos*) wohl stärker die Bedeutung „Vorlage, Muster", so wird nun mit Hilfe der alexandrinischen Hermeneutik der Ton auf die minderwertige Abbildlichkeit des irdischen Heiligtums und seiner Einrichtungen gelegt. Als „Nachbildung" und „Schatten" stellen sie nur einen schwachen Abglanz der Sache dar, sind aber nicht selbst mit ihr identisch. Während der hebräische Text 2. Mose 25, 40 besagt, daß Mose gleichsam ein genaues „Modell" der Stiftshütte gezeigt worden ist, nach dem er gebaut hat, nimmt der Hebr. an, indem er wie Philo von der platonischen Ideenlehre ausgeht, daß den irdischen Dingen eine unvergängliche ewige Wesenheit im Himmel zugrundeliege, auf die Mose zurückgegriffen hat. Die exegetisch-methodische Abhängigkeit von Philo bekundet sich bis hinein in das zusätzliche „alles" des Schriftzitats (Philo, Leg. all. III, 102). Von Philo (vgl. bes. De vita M. II, 74 (3)) unterscheidet sich der Hebr. bei aller Gleichartigkeit des Denkens dadurch, daß ihm die himmlische Welt Ort des erhöhten Christus ist, wodurch ihre ewige Wirklichkeit überhaupt erst Sinn und Gewicht erhält. Sie ist es nicht schon allein als solche. Wie er in 8, 1 andeutet, lassen sich mannigfache gedankliche Überlegungen anstellen, ihre Bedeutung aber erhalten sie durch den hohepriesterlichen Dienst Christi. Er bezeichnet als geschichtlich gewordenes „Wort Gottes" in Wahrheit die Brücke zwischen ewiger und vergänglicher Welt.

Christus ist der Zeuge eines neuen Testaments, mit dem sich festere Verheißungen verbinden 8, 6-13

6 Nun aber hat er einen überragenderen Priesterdienst in dem Maß erlangt, als er auch eines besseren Testamentes Mittler (= Zeuge) ist, das auf festere Verheißungen hin rechtlich verfügt worden ist. 7 Wenn nämlich jenes erste (Testament)

frei von Tadel wäre, dann würde nicht Platz für ein zweites gesucht. 8 Denn tadelnd sagt er zu ihnen: „Siehe, es kommen Tage, spricht der Herr, da will ich mit dem Hause Israel und mit dem Hause Juda einen neuen Bund (= Testament) schließen, 9 nicht einen Bund (= Testament), wie ich ihn mit ihren Vätern schloß an dem Tage, da ich sie an der Hand nahm, um sie aus Ägyptenland hinauszuführen. Denn sie selbst verblieben nicht in diesem Bunde (= Testament) mit mir, und ich kümmerte mich nicht um sie, spricht der Herr. 10 Denn dies ist der Bund, den ich mit dem Hause Israel nach jenen Tagen schließen werde, spricht der Herr: ich werde meine Gesetze in ihren Sinn geben und sie in ihre Herzen einschreiben. Und ich werde ihnen zum Gott sein, und sie werden mir zum Volk sein, spricht der Herr. 11 Und keiner soll mehr seinen Mitbürger lehren und zu seinem Bruder sagen: Erkenne den Herrn!, weil alle, vom Kleinsten bis zum Größten, mich kennen werden. 12 Denn ich werde gnädig sein in Anbetracht ihrer Ungerechtigkeit, und ich will ihrer Sünden überhaupt nicht mehr gedenken". 13 Indem er sagt „einen neuen" (Bund), hat er den ersten für veraltet erklärt. Was aber die Fähigkeit hat, zu veralten und zu altern, ist der Beseitigung nahe.

V. 8-12: *Jer. 31, 31-34.*

Die zeitliche Wende gerät noch einmal schärfstens mit dem Abschnitt V. 6-13 6
in den Blick („nun aber"). Wird in 7, 20 ff. von der Größe des Christusgeschehens auf das gestiftete „hervorragendere Testament" geschlossen, so an dieser Stelle umgekehrt von dem Testament, dessen Bürge Christus ist, auf den überragenderen Priesterdienst, den „er erlangt hat". Liegt dort als biblischer Text Ps. 110, 4 zugrunde, so hier Jer. 31, 31 ff., das Wort Gottes von dem künftigen „neuen Bund" bzw. „neuen Testament". Inhaltlich werden damit die Ausführungen in 7, 18 ff. weitergeführt, logisch empfangen sie ihre wünschenswerte Ergänzung. In aller Breite wird der Tatbestand der neuen Ordnung, der durch festere Verheißungen erhärtet werden kann, zum Erweis der Größe des Priesterdienstes Christi beigezogen. Das Schlußverfahren ist im besonderen für den Hebr. typisch. Schon im Alten Testament war das Verhältnis zwischen Volk und Gott durch einen testamentarischen Akt festgelegt (griech. *diatheke* = „Bund, Testament") und Moses hatte die Aufgabe des „Mittlers" oder „Bürgen" (s. Gal. 3, 19). Nun aber sind mit Christus die „festeren Verheißungen" wahr geworden und sein Dienst ist entsprechend überragender. Worauf die Wendung zielt, ist beim ersten Zusehen nicht ganz deutlich. Wahrscheinlich ist der Inhalt von Jer. 31 gemeint, der mannigfache Zusagen im Blick auf die verwirklichte Gottesgemeinschaft enthält. Vor allem bekundet darin Gott den festen Willen, seinem Volk eine letzte innige Gemeinschaft zu schaffen, die durch keine Trennung mehr aufgehoben wird und alle Glieder des Volkes umfaßt. Gerade in dieser Hinsicht war die alte Ordnung nicht tadelsfrei. Da Gott sie nur durch viel menschliches Versagen aufrecht erhalten hatte, wobei seine Geduld bis zum äußersten strapaziert
wurde, konnte sie nicht für immer in Geltung bleiben. War nicht schon das Ringen 7
der Propheten ein Kampf Gottes um das uneinige und treulose Volk? Immer wieder ging diesem das Wissen um die Gottesgemeinschaft ab. Gott sah sich schließlich gezwungen, das „erste Testament" durch ein „zweites" zu ersetzen. Die Vorstellung der einseitigen testamentarischen Verfügung ist doch wohl beherrschend. Um so stärker erscheint das Verhalten des Volkes als Revolte und Ungehorsam, weshalb

Gott, um das „Schwache“ und „Nutzlose“ zu beseitigen (s. 7,18), strafend eingreifen
8 mußte. Im umfangreichen Jeremia-Zitat ist Gott der Sprechende. Sein Urteil ist vernichtend und sein Wille, die Dinge zu ändern, unerschütterlich. In feierlicher Rede kündigt er für die spätere messianische Zeit ein neues Rechtsverhältnis an, einen „neuen Bund“. Er wird dadurch am Hause Israel und am Hause Juda in abschließender und endgültiger Weise handeln. Weil das neue Gemeinschaftsverhältnis vollkommen und dauerhaft sein wird, kann das alte vom Berge Sinai abgelöst werden.
9f. Das Volk, das Gott seine Rettung aus der Knechtschaft verdankt, lohnte es ihm schlecht durch Abfall und Ungehorsam. Im Gegensatz hierzu wird der „neue Bund“ ein Verhältnis ungestörter Gemeinschaft und freien Gehorsams sein. Herzen und Sinne beugen sich willig den Geboten, die somit das Innerste der Menschen ausfüllen und nicht mehr Forderung von außen her sind. Werden die Vorbehalte ausgeräumt sein, können Gott und Volk einander frei annehmen und bedingungslos
11 bejahen. Gab es im alten Bund weithin keine persönliche Gotteserkenntnis, sondern nur eine vermittelte, so wird auch dies künftig geändert sein. Ein jedes Glied des Gottesvolkes wird zu Gott in ein Verhältnis unmittelbarer Erkenntnis treten. Die religiösen, die sozialen und die natürlichen Unterschiede werden dahinfallen. Was früher Gebot war („Erkenne den Herrn“), stellt sich dann als persönliche Erfahrung
12 aller dar. Der Schluß des Zitates ist so gewählt, daß der Grund hervortritt, auf dem die Ordnung des „neuen Bundes“ ruhen wird. Die früheren Ungerechtigkeiten (= Übertretungen des Gebots) wird Gott vergeben. Die Sünden können das Verhältnis nicht mehr stören, weil Gott ihrer nicht mehr gedenkt. Demzufolge charakterisiert das Gotteswort den „neuen Bund“ in dreifacher Weise: als Zeit des verinnerlichten Gehorsams, als einen Zustand persönlicher ungehinderter Gotteserkenntnis und schließlich als ein Verhältnis, das umfassend durch Sündenvergebung geordnet ist. Die Vorbehalte des trotzigen Willens, des gebrochenen Erkennens und des mangelnden Glaubens werden ausgeräumt sein, weil Gott die erforderlichen Voraussetzungen hierfür von Grund auf geschaffen hat. Indem der Verfasser das Zitat mit der Zusage der Sündenvergebung abschließt, steht er wiederum beim größeren Thema, das vom hohenpriesterlichen Dienst des Christus handelt, der eine Reinigung von den Sünden bewirkt hat (1,2). Der Gedanke wird freilich vorläufig
13 nicht ausgesprochen. In der Einleitung des Zitats hören wir vielmehr noch einmal, daß die Gottesrede ausdrücklich den alten Bund für veraltet erklärt. Zur weiteren allgemeinen Begründung wird darauf verwiesen, daß Veraltetes und Alterndes der Vernichtung nahe sind. Ihnen eignet somit nur Vorläufigkeit. Entsprechend ist der alte Bund in seiner Lebensdauer befristet. Hinter den Worten steht die Überzeugung des nahen Endes der Dinge (s. auch 6,8) und wohl überdies die Ansicht, der jüdische Kult werde in absehbarer Zeit in der Tat von einer schaubaren reineren Form des Gottesverhältnisses abgelöst. Kein Zweifel, daß der Hebr. das prophetische Wort nach seiner gegenwärtigen Relevanz hin versteht! Unter dem Eindruck seiner Erfüllung bricht sich die Gewißheit der nahen gewaltsamen Beseitigung der überflüssig gewordenen kultischen Institution Bahn (s. auch 10,26ff.). Anders als Philo weiß er Gott nicht als den in himmlischer Welt ewig ruhenden Herrn, sondern als den schaffenden Erlöser, der auf eine neue Welt hin tätig ist.

Die kultischen Einrichtungen des alten Bundes tragen den Stempel der Unvollkommenheit an sich, weshalb sie ein göttlicher Hinweis auf die Überlegenheit der neuen Ordnung sind 9,1-10

1 Es besaß nun zwar auch das erste (Testament) Rechtsbestimmungen über den (kultischen) Gottesdienst wie auch das irdisch-weltliche Heiligtum. 2 Denn es wurde ein Zelt angefertigt, das erste (vordere), in dem sowohl der Leuchter als auch der Tisch und die Schaubrote waren, welches das Heilige genannt wird. 3 Hinter dem zweiten Vorhang aber wurde ein Zelt errichtet, welches das Allerheiligste heißt, 4 und das goldene Räuchergerät und die allseits mit Gold verkleidete Bundeslade enthielt, worin sich ein goldener Krug mit dem Manna und der Stab Aarons, der Knospen getrieben hatte, befand, sowie die Bundestafeln, 5 über ihr aber die Cherubim der Herrlichkeit, die den Sühndeckel beschatteten. Im einzelnen brauchen wir darüber nicht zu handeln. 6 Da dies aber so verfertigt ist, nehmen die Priester allezeit ihren Weg in das vordere (erste) Zelt, um die kultischen Dienste zu verrichten, 7 das zweite aber betritt einmal im Jahr allein, nicht ohne Blut, der Hohepriester, welches er für sich und für die unerkannten Verfehlungen des Volkes darbringt. 8 Damit gibt der heilige Geist kund, daß der Weg zum Heiligtum noch nicht offenbar gemacht ist, solange das erste Zelt Bestand hat, 9 das ein sinnbildlicher Hinweis auf die gegenwärtige Zeit ist, wobei ihm entsprechend sowohl Gaben als auch Opfer dargebracht werden, die den, der den kultischen Dienst verrichtet, nach dem Gewissen nicht vollenden können, 10 stellen sie doch fleischliche Rechtssatzungen in Hinsicht auf Essen und Trinken und allerlei Waschungen dar, die nur bis zur Zeit der Richtigstellung auferlegt sind.

Um die Überlegenheit des Dienstes Christi anschaulich zu machen, lenkt der 1-10
Hebr. das Auge sogar auf die Details der kultischen Geräte und des wesentlichen gottesdienstlichen Geschehens. Offensichtlich liegt es ihm fern, die herkömmlichen Institutionen einfach abzuwerten. Das Bestreben richtet sich durchaus darauf, ihrer Besonderheit und Größe, also ihrem relativen Wert, einigermaßen gerecht zu werden. Erst im Verlaufe der Schilderung findet dann doch der Gedanke unvermeidlicherweise Ausdruck, daß alle kultische Gesetzlichkeit des alten Bundes auf eine letzte vollkommene Einrichtung hinweist, für die das Christusgeschehen bürgt. Unter dieser Zielsetzung beschreiben die V. 1-5 die Stiftshütte mit ihren Geräten, die V. 6-11 aber den Gottesdienst, dessen Höhepunkt mit dem großen Versöhnungstag gesetzt war. Die Darstellung hat in streng biblischer Fundierung (2.Mose 25-30) die Stiftshütte zum Inhalt, nicht den zeitgenössischen Tempel und das dortige Kultgeschehen. Da es sich um einen theologischen Gedankengang von einiger Bedeutung handelt, leuchtet diese fast einseitige Orientierung ein. Stillschweigend ist vorausgesetzt, daß das, was am Tempel zu Jerusalem geschieht, jene frühe Anordnung mehr oder weniger sachgemäß weiterführt, um aber freilich ebenfalls seit der Kundgabe einer „besseren Verheißung" relativiert und abgelöst zu sein. Rechte Schriftdeutung gelangt sogar zur Erkenntnis, daß Gott die kultische Ordnung des alten Bundes von Anfang an nur auf Vorläufigkeit hin eingeführt hat. In gewisser Hinsicht dient dieser Abschnitt der Veranschaulichung des bereits in 5,1 ff. erwähnten hohenpriesterlichen Dienstes am großen Versöhnungstag. Der Reiz dieses Abschnittes besteht darin, daß über die Beschreibung der Vielfalt eindrucksvoller

Fakten, in denen man sich leicht verlieren konnte (s. die Bemerkung V. 5 b), zur absoluten, theologisch allein bedeutsamen Geschehenseinheit der hohenpriesterlichen Christustat (9,11-15) hingeführt wird. Zwei typische Begriffe, die die Aufzählung inhaltlich prägen, sind die Attribute „irdisch-weltlich" V. 1 und „fleischlich" V. 10. Sie besagen die Vergänglichkeit und die Brüchigkeit der mosaischen Ordnung.

1 Nach der harten Feststellung 8,13 wird in einer neuen Gedankenreihe zugestanden
(s. „nun zwar auch"), daß das erste Testament rechtliche Bestimmungen über den
Kultus enthalten hat „wie auch das Heiligtum als irdisch-weltliches" (oder: „und
ein Heiligtum, das irdisch-weltliche"). In der verkürzten Formulierung schwingt mit,
daß der Tatbestand gesehen werden will und Beachtung verdient, obschon anderer-
seits der welthafte Charakter der Einrichtung feststeht. Das Israel des alten Bundes
hat sich gewiß keine Anmaßung zuschulden kommen lassen, wenn es ein Priestertum
und ein heiliges Zelt besessen hat, um der Vergebung teilhaftig zu werden (s. 8,12).
Es entsprach damals schon einer göttlichen Verfügung. Mit einer gewissen Liebe zur
2 Sache und zum Detail werden V. 2-5 die Einrichtungen aufgezählt. Dabei beschränkt
sich der Verfasser auf die beiden Räumlichkeiten, das Heilige und Allerheiligste, und
auf die darin aufbewahrten wesentlichen heiligen Geräte. Grundlage der Beschrei-
bung ist der biblische Bericht in der Fassung der Septuaginta, insofern er nach der
Meinung des Verfassers als authentische Darstellung dessen gelten darf, was dem
himmlischen Urbild gemäß ist (s. 2. Mose 25,40). Der Hebr. geht mit vielen inter-
essierten Zeitgenossen davon aus, daß der herodianische Tempel – wie übrigens
auch schon der salomonische – wiederum nur der Versuch einer Nachbildung der
Stiftshütte ist. Bekanntlich gab es damals längst keine Bundeslade mehr (s. V. 5).
Die idealisierte Schau, wie sie der Hebr. entgegen dem Gang der historischen
Entwicklung pflegt, kommt deutlich darin zum Ausdruck, daß er die Geräte des
Allerheiligsten fast ausschließlich als goldene Pretiosen beschreibt, spiegelt sich doch
eben darin der Glanz himmlischer Herrlichkeit wider (vgl. auch Offb. 21). Das Vor-
handensein gottesdienstlicher rechtlicher Bestimmungen wird zunächst erläutert
unter Hinweis auf den Bau der Stiftshütte, die aus einem vorderen und aus einem
hinteren Zelt bestand. Da den einzelnen Räumen je eine besondere Dignität zu-
kommt, wird von zwei Zelten gesprochen, mag es sich faktisch auch nur um eine
Anlage mit einem Zugang gehandelt haben (s. 2. Mose 26,31 ff.). In der Geschieden-
heit der Räume liegt ein tieferer Sinn verborgen (s. V. 6 f.). Durch die Nennung des
Namens und durch die Schilderung der wesentlichen Ausstattung wird die Einsicht
hierfür vorbereitet. Im sog. „Heiligen" befanden sich „der Leuchter" (s. 2. Mose 25,
30-39; 37,17-24) und „der Tisch" (s. 2. Mose 25,23-30; 37,10-16), wobei erläuternd
hinzugefügt wird: „und die Lage der Brote" (= Schaubrote) (s. 2. Mose 25,29;
3. Mose 24,5-9). Aus der Redeweise (mit Artikel) geht hervor, daß es sich um sehr
bekannte Einrichtungen handelt. Der goldene Leuchter mit sieben Armen ist am
Schaft und an den Seitenarmen mit „Blumenkelchen" verziert gewesen. Den Leuch-
ter des herodianischen Tempels, den wir von der Darstellung auf dem Titusbogen
kennen, würdigt auch Josephus einer gründlichen Beschreibung (Ant. 3,6,7). Seine
sieben Lampen gelten als eine Nachahmung der (sieben) Planeten. Die gleiche
Deutung gibt Philo (De vit. M. II (III) 102 f.). Nach 2. Mose 26,35 und 40,24 hatte

er seinen Platz an der Südseite. Seine Wartung geschah zweimal am Tag. Man hat an die gewissenhafte Bedienung den Empfang besonderer Segnungen geknüpft. Ihm gegenüber stand auf der Nordseite der ebenfalls goldene Tisch (2.Mose 25,23), auf dem entsprechend der Zahl der Stämme Israels an jedem Sabbat die sog. Schaubrote in zwei Stapel nebeneinander gelegt wurden. Auf besondere Weise zubereitet und vor dem „Angesichte Gottes" zusammen mit Salz deponiert, symbolisierten sie seine Bundes- und Schöpfungstreue (Philo, De vit. M. II (III) 104). Die Brote waren jeweils eine Woche lang ausgelegt und wurden danach, ein Privileg der Priester, im Heiligtum verzehrt (s. 3.Mose 24,5-9). Seltsamerweise bleibt im Hebr. der Räucheraltar unerwähnt, was die Auslegung immer schon in einige Schwierigkeiten gebracht
hat. Auf den Sachverhalt wird im folgenden näher einzugehen sein. Die Schilderung 3
bewegt sich zunächst so vorwärts, daß mit V. 3 das Allerheiligste „hinter dem zweiten Vorhang" beschrieben wird. Der Hebr., der den „ersten Vorhang" an dieser Stelle unberücksichtigt läßt, orientiert sich damit an einem weiteren bedeutsamen Gegenstand (s. 2.Mose 26,31 ff.). Dieser hat den Offenbarungsplatz Gottes verhüllt, der „im Dunkel wohnen wollte" (1.Kg. 8,12; 2.Chr. 3,14). Beiläufig erwähnt ist er schon oben in 6,19. Philo (De vit. M. II (III) 101) unterscheidet den „Vorhang" zum Allerheiligsten von der „Hülle", d.h. den Vorhang zum Heiligen (vgl. Jos., Bell. Iud.
5,5,4). Mit leichtem Wechsel des sprachlichen Ausdrucks werden die Geräte auf- 4
gezählt, die zu diesem allerheiligsten Raum (= „Zelt"), der die Form eines Würfels hatte, „gehörten". Die Beschreibung nennt nun bewußt die herausragenden Goldarbeiten. Fasziniert von der Bedeutung des Raumes kommt der Hebr. auf die einmalige Einrichtung des irdisch-weltlichen Heiligtums zu sprechen. An erster Stelle wird das „goldene Räuchergerät" hervorgehoben, womit wahrscheinlich der Räucheraltar mit seinem Zubehör gemeint ist. Der gewählte Begriff (griech. *thymiaterion*) ist etwas weiter gehalten als „Räucheraltar" (2.Mose 27,1: *thysiasterion*, vgl. auch 2.Mose 30,1.27, 3.Mose 4,7.18 u.a.). Manche Ausleger meinen, es sei – wofür einige sprachliche Argumente beigebracht werden können (s. bes. Jos., Ant. 4,2,2.4; 8,3,8 u.a.) – speziell das goldene Rauchfaß bzw. die Rauchpfanne des Hohenpriesters gemeint, doch will man damit die Schwierigkeit ausgleichen, daß der Rauchaltar eigentlich nicht als Gegenstand des Allerheiligsten geführt werden darf. Soll man aber den Hebr. eines Irrtums zeihen? Sehen wir recht, dann ist es ohne Zweifel so, daß unser Schreiben den „Räucheraltar" meint, wie auch Philo den strittigen Begriff in diesem Sinne führt (s. De vit. M. II (III), 94.101.105; De spec. leg. I,231.290; Quis rer. 226f.). Als Frage bleibt, ob der Verfasser den „Räucheraltar" (mit seinem Gerät) aus Unkenntnis falsch eingeordnet hat, oder ob ihn eine besondere Absicht leitete? Wir möchten letzteres annehmen. Der Hebr., der die Urform des Heiligtums beschreibt, zählt den Räucheraltar zur Einrichtung des Allerheiligsten, was funktional gesehen gerechtfertigt ist. Nach dem Zeugnis der Schrift hatte er seinen Platz zwar vor dem Vorhang, aber eben auch „vor der Lade" (2.Mose 30,6, 40,5; 1.Kg. 6,22) bzw. „vor dem Herrn" (3.Mose 16,18). Entsprechend kann Hes. 41,22 vom Tisch gesagt werden, er habe seinen Platz „vor dem Angesicht Gottes". Von daher wird auch verständlich, daß ihn 2.Mose 26,35 (LXX) nicht als Gerät des „Heiligen" aufzählt (vgl. dazu 2.Mose 35,13 u.a.). Der Duft des

Räucheraltars war schließlich dazu bestimmt, in das Allerheiligste einzudringen. Hinzu kommt die Tatsache, daß der Altar am Versöhnungstag ebenfalls eine besondere Rolle gespielt hat, wurde er doch wie das Allerheiligste mit Blut besprengt (3.Mose 16,18f.). 2.Mose 30,10 (LXX) heißt es überdies in Schilderung dieser seiner Funktion ausdrücklich: „Er ist dem Herrn ein allerheiligstes (Gerät)". Bedenkt man, daß dem Hebr. doch wohl am wenigsten daran liegt, Unkundige mit dem Heiligen bekannt zu machen, sondern daß er die Divinität und den relativen Offenbarungscharakter der heiligen Stätte des alten Bundes herausstellen will, dann wird die vorgenommene Zuordnung in hohem Maße einsichtig und die Möglichkeit eines Versehens verliert erheblich an Wahrscheinlichkeit. Freilich ist bei alledem der Tatbestand einer gewissen Eigenwilligkeit nicht bestreitbar (vgl. auch Philo, Quis rer. 226). Als zweiter Gegenstand des Allerheiligsten wird V. 4 „die allseits mit Gold verkleidete Bundeslade" aufgeführt (2.Mose 25,10-16; 37,1-6; Philo, De vit. M. II (III) 95) sowie deren dreifacher Inhalt: der Mannakrug (2.Mose 16,33), der Stab des Aaron (4.Mose 17,16-26) und die Gesetzestafeln (2.Mose 25,16; 5.Mose 10,1f.). Damit stützt sich der Verfasser offenbar auf eine teilweise vorhandene Meinung der zeitgenössischen Auslegung (s. auch b. Joma 52b), die sich hierfür auf 2.Mose 16,32f. und 4.Mose 17,19.22 berufen hat, wogegen aber wiederum 1.Kg. 8,9 ins Feld geführt werden kann, derzufolge in der Lade nichts weiter als die Tafeln abgelegt waren. Im allgemeinen dachte man nur, Krug und Stab seien im Allerheiligsten selbst aufbewahrt worden. Sie verkörpern neben den Tafeln die wohl bedeutsamsten Zeichen der Führung Gottes beim Auszug, Erinnerungen und Vergewisserungen seiner leiblichen und geistlichen Fürsorge. Das wunderbar geschickte „Brot vom Himmel" hat vor dem Verschmachten in der Wüste bewahrt, worum auch die Nachkommen immer wissen sollen (s. 2.Mose 16,32). Der Stab Aarons aber, vor dem Herrn in der Stiftshütte niedergelegt, wo er wunderbar über Nacht zu sprossen und zu blühen begonnen hatte, ist zum Wahrzeichen dafür geworden, daß Gott ein Priestertum für sein Volk erwählt hat, damit es auch geistlich keinen Mangel leide oder umkomme (4.Mose 17,25; Philo, De vit. M. II (III), 178ff. 186). Die beiden „Tafeln des Bundes" endlich, zwar aus Stein gefertigt, aber beschrieben mit den Geboten (2.Mose 31,18), bezeichnen die wohl kostbarste Gabe, die Israel von Gott erhalten hat. Es ist dadurch vor allen Völkern ausgezeichnet, daß es seinen Willen bis ins Wort hinein kennt. Die zehn Gebote, Inbegriff der Thora, gelten nicht zuletzt als die entscheidende Garantie des geschlossenen Bundes, worauf Israel allezeit seinen Bestand und seine Zukunft gegründet hat (vgl. auch Philo, Quis rer. 167ff.). Ist auch die Bundeslade nach dem Hebr. Aufbewahrungsort so bedeutender Gegenstände gewesen, greifbare Erinnerungszeichen der Heilsgeschichte des Volkes, ihre
5 Bedeutung erschöpft sich darin am wenigsten. Im Sinne dieser Überzeugung wird als letztes erwähnt, daß sich über ihr die Cherubim der Herrlichkeit befanden, die den Sühndeckel „überschatteten". Damit tritt zum Schluß der Aufzählung das heiligste und wertvollste Stück in den Blick. Herausgehoben sind zwei engelgleiche Figuren, die an den Enden der Schmalseiten angebracht, ihre Flügel über die Deckplatte ausstreckten (s. 2.Mose 25,17ff.). Sie verstehen sich als himmlische Bewacher der heiligsten Sühn- und Offenbarungsstätte, von der Philo (De vit. M. II (III), 96) sagt: „ein Sinnbild der Gnade Gottes". Die Bundeslade ging mit der Zerstörung des

ersten Tempels verloren. Zahlreiche sekundäre Überlieferungen knüpfen sich verständlicherweise an ihr Aussehen, ihre Rolle und ihre Aufbewahrung, worüber der Hebr., der sich rigoros auf die bündige Zusammenfassung der Angaben der Septuaginta beschränkt, jedoch nicht die geringste Andeutung macht. Er hat ebenso darauf verzichtet, die Einzelheiten zu benennen. Seine Überlegungen genügen zur Begründung des Satzes, daß der alte Bund sowohl seine kultischen Verordnungen als auch sein Heiligtum gehabt hat. Es ist wahrlich kein unbedeutendes Heiligtum gewesen, aber freilich nur ein Werk aus irdischem Stoff und von Menschenhand verfertigt! Mehr Worte über die Einzelheiten oder gar über die Symbolik zu verlieren (so auch Philo, Quis rer. 221), hieße wohl, vom letzten Sinn der Dinge abzulenken. Er liegt darin, daß die Unvollkommenheit des Heiligtums Zeichen einer größeren Vollkommenheit ist, was sich unschwer erkennen läßt, betrachtet man den im Heiligtum nach seiner Fertigstellung geübten Gottesdienst. Ganz ähnlich dachte Philo (De vit. M. II (III), 75), der betont, daß man die heiligen Handlungen des Priesteramtes „in höchster Übereinstimmung und im Einklang mit dem Bau" vollzogen hat. V.6a nimmt den Sprachgebrauch von V.2a auf. Der Sinn des Heilig- 6
tums liegt nicht in ihm selbst, sondern in seiner gottesdienstlichen Aufgabe, die sich auf Grund der durch göttliche Weisung gebauten Anlage in zweifacher Weise dargestellt hat, nämlich als streng voneinander geschiedener priesterlicher und hohepriesterlicher Aktionsraum, wobei das Volk ganz ausgeschlossen war. Jener ist „allezeit" für Priester zugänglich gewesen, dieser nur „einmal" im Jahr allein dem Hohenpriester. Mit dem „Verrichten des Gottesdienstes" durch die Priester meint der Hebr. die wöchentliche Besorgung des Schaubrottisches, das tägliche Anzünden des Leuchters und das täglich am Morgen und Abend dargebrachte Räucheropfer (s. 2.Mose 30,7ff.; 3.Mose 24,3). Die Arbeiten wurden nach späterer Ordnung dienstklassenweise unter den amtierenden Tempelpriestern verlost (s. M. Joma II).
Schlechterdings einzigartig aber war der Dienst des Hohenpriesters, der nur einmal 7
im Jahr, d.h. an einem Tag, dem 10.Tischri, vor Gott in das Allerheiligste treten konnte. Die Einzelheiten (3.Mose 16,11ff.15ff.20ff. nennt ein zweimaliges Betreten des Allerheiligsten) dürften dabei durch das „Einmal" des Hebr. nicht erfaßt sein (s. M. Joma V.1ff. VII,4; Philo, Leg. ad G.306; auch De spec. leg. I,72; ähnlich Jos., Bell. Iud. 5,5.7). Der Hebr. spricht in V.6f. weiterhin in präsentischer Rede, geht also davon aus, daß die aus dem Bau der Stiftshütte sich ergebenden besonderen Kulthandlungen noch von gültiger Aussagekraft sind, was gewiß auch bedeutet, daß sie in seiner Zeit noch stattfanden. Im andern Fall hätte der Verfasser auf die Darstellung der Einzelheiten wahrscheinlich größere Sorgfalt verwendet. Vielleicht ist aber außerdem aufschlußreich, daß in der Beschreibung des Dienstes des Hohenpriesters am großen Versöhnungstag die Bundeslade, gegen die das sühnende Blut gesprengt wurde, unerwähnt bleibt (charakteristisch anders 9,21!). Der Dienst wird nur dahingehend erläutert, daß er für sich und für die unabsichtlich begangenen Sünden des Volkes mittels Opferblut (s.o. zu 7,27) jeweils ein Sühnopfer darzubringen hat. Im Sinne des Gesetzes (s. 3.Mose 4,13; 4.Mose 15,22ff.) ist dabei zwischen absichtlichen und unabsichtlichen Verfehlungen unterschieden (s. auch 5,2; 10,26) und ganz auf den kultischen Hauptakt geblickt. Die „unerkannten Verfehlungen" meinen somit die weder aus frechem Frevel noch wider besseres Wissen

begangenen Sünden sowie jene, über die man Scham und Reue im Nachhinein empfunden hat. Hinter der skizzenhaften Notiz V. 7 steht das Wissen des jüdischen Menschen sowohl um die unerhörte Gnade als auch um die absolute Heiligkeit Gottes, der an diesem Tage umfassende Sühnung geschehen läßt (s. auch Philo, De spec. leg. I, 187). Jedoch kann sich der Hebr. mit solcher Erkenntnis nicht zu-
frieden geben. Die kultische Ordnung, deren Einzigartigkeit er sehr wohl zu würdi-
8 gen weiß, ist ihm zugleich auch der klarste Beweis für ihre Unvollkommenheit. Aus
der bemerkenswerten Argumentation V. 8 spricht die Überzeugung, daß Anlage und Einrichtung des alttestamentlichen Gottesdienstes, welche durch göttliche Weisung geschehen sind, auch zugleich das Zeugnis des Geistes Gottes über eine bewußt gewollte vorläufige Unvollkommenheit und Beschränkung umgreifen. Schließlich dürfen in das vordere Zelt nur die Priester eintreten. Es ist gleichsam als Barriere dem Allerheiligsten vorgesetzt, das ein Sinnbild des himmlischen Heiligtums darstellt (s. 8, 2; 10, 19). Man ersieht daraus, daß dessen Zugang nicht geöffnet gewesen ist und daher der Offenbarung noch bedurft hat. Der Hebr. versteht den heiligen Geist allem Anschein nach nicht als die Gabe, mit der jeder Christ beschenkt wird, auch nicht als ausdrückliches biblisches Wort (wie in 3, 7), sondern als das Zeugnis
Gottes in seinen Werken, die von einer göttlichen Symbolik erfüllt sind. Die Über-
9 legung ist fast lehrsatzähnlich formuliert (s. die Partizipia). V. 9 bezeichnet eine
Erläuterung, die die gemachte Erkenntnis aktualisiert. Ausgehend von der Tatsache, daß das levitische Priestertum am Tempel zu Jerusalem Dienst tut, wird gesagt, daß das erste Zelt, das als verpflichtende kultische Einrichtung in solcher Gestalt andauert, ein Sinnbild ist zum gegenwärtigen Zeitpunkt. Priester amtieren zwar noch, können aber offensichtlich keine letzte Reinigung bewirken. Die Rede vom „gegenwärtigen Zeitpunkt" ist nicht identisch mit dem apokalyptischen Ausdruck „gegenwärtiger Äon". Sie geht vielmehr aus von der vor Augen liegenden Tatsache, daß die augenblicklich noch bestehende Ordnung nicht in der Lage ist, den, der dient, d. h. den, der Gott naht, „nach dem Gewissen" zu vollenden. Man verharrt noch im Äußerlichen und ermangelt der Sühne, die den Menschen im Innersten reinigt, so daß er für den Zugang zu Gott befähigt wäre. Damit werden insbesondere judenchristliche Leser ermahnt, sich nicht auf eine Stufe der Gottesverehrung zu begeben, die einen Rückfall in Vorläufiges oder Ungenügendes bezeichnen könnte. Wenn gesagt wird, daß Gaben und Opfer außerstande sind, die nötige „Reinheit des Gewissens" (zum Ausdruck s. Philo, De spec. leg. I, 203) zu bewirken, gibt es doch selbst beim Hohenpriester jährlich unerkannte Sünde, so wird unausgesprochen bereits auf die Notwendigkeit eines größeren Opfers hingewiesen. So unvollkommen das erste Zelt ist, so ungenügend sind auch die in Verbindung damit dargebrachten Gaben, die keine „Vollendung" gestatten. Der Hebr. rührt damit an die entscheidende Frage, ob und wieweit dem Handeln des alten Bundes ein beständiger Wert beizumessen ist. Die Antwort, die gegeben wird, bringt das Kriterium des „reinen Gewissens" ein, d. h. das Kriterium der vollständigen Reinheit des Menschen, wodurch dieser vor Gott bestehen kann. Es ist die Frage nach dem Menschen in der totalen Gemeinschaft mit Gott. Das „Gewissen" wird nicht als eine Sache von himmlischer Natur und Herkunft verstanden, sehr wohl aber als der innerste, gottverantwortliche Teil des Menschen. Das alttestamentliche Priestertum gilt dem

Hebr. als Beweis für die Unmöglichkeit, durch „fleischliche Satzungen“ ans Ziel
zu gelangen. Sie sind für ihn identisch mit äußerlichen, sinnfälligen Praktiken wie
Speisen, Getränken und Waschungen. Er spielt an auf das mannigfache Zeremoniell,
in das der priesterliche Dienst eingebunden ist, um im Äußerlichen zu verbleiben.
Alles Trachten richtete sich auf die Gewinnung und Erhaltung einer formalen
rituellen Reinheit, nicht aber auf die Reinheit, die den neuen Menschen nach Herz
und Gesinnung mit umfaßt (s. Jer. 31, 31 ff.). Die Beachtung gewisser Speise- 10
vorschriften (s. 3. Mose 11, 2 ff.), aber auch das rechte Umgehen mit den Weihegaben
(s. 3. Mose 22; 4. Mose 18, 8 ff.), dazu die vielfachen Lustrationen (s. 3. Mose 16, 23 ff.),
mögen für die formale Intaktheit des Priesters unerläßlich sein, für seine eigene
Gottesbeziehung abseits von der Kultordnung besagen sie im Grunde nichts. Das
Gewissen war wohl institutionalisiert, es war aber gleicherweise auch entpersonali-
siert. Insofern ist nach der Meinung des Hebr., der als Christ in eine neue Glaubens-
und Erkenntnisdimension versetzt ist, eine „Richtigstellung“, die der eigentlichen
Gotteswahrheit Rechnung trägt, unbedingt erforderlich. Solche Satzungen sind nur
bis zum „Zeitpunkt der Neuordnung“ auferlegt, sie sind es niemals darüber hinaus.
Wahrscheinlich meint die betreffende Wendung nicht die Christuszeit insgesamt,
sondern den messianischen Zeitpunkt des Christusgeschehens, der die Wende zum
Eigentlichen und Letzten ist, zur absoluten und vollkommenen Wahrheit, die das
Gottesverhältnis des Menschen sowohl umfassend als auch von Grund auf bessert.

Christus ist der wahre Hohepriester auf Grund seines Selbstopfers und als solcher der Bürge eines neuen Testamentes am Ende der Weltzeit 9,11-10,18

Die Ausführungen enthalten das hohe Zeugnis über die einmalige Bedeutung des Todes Jesu, der als Selbsthingabe des wahren Hohenpriesters begriffen ist. Stehen vorher in Kap. 7 die Person des Melchisedek-Christus und Kap. 8, 1-9, 10 vor allem der Ort des Dienstes im Mittelpunkt der Besinnung, so nun ausschließlich die neue kultische und die einmalige rechtliche Dimension seines Opferganges. Damit ist es gelungen, in einem sich steigernden gedanklichen Bemühen den letzten Sinn des Messiastums Jesu zu entfalten. Die kompendiarische Darstellung und die bündige Argumentation erweisen sich als meisterhaft. Jede Behauptung wird schlüssig unterbaut. Was vorher schon in Sätzen über die Größe des Hohenpriestertums (4, 14), über den Opferdienst im „Inneren des Vorhangs“ (6, 19 f.) und über den einmaligen Akt des Selbstopfers (7, 27) an himmlischer Stätte (8, 2) angeklungen ist, empfängt nun in aller Form seine Darstellung.

Die Überlegungen 9, 11-14 haben die Einzigartigkeit des Selbstopfers zum Inhalt 11-14
und die Tatsache der dadurch bewirkten umfassenden „ewigen Erlösung“. Sie ist
verwirklicht in einer letzten Überbietung des alljährlichen Geschehens am großen
Versöhnungstag. In V. 14 mischt sich fast unwillkürlich das seelsorgerliche Zeugnis
ein, daß dadurch „unser Gewissen“ von den „toten Werken“ gereinigt worden ist,
„um dem lebendigen Gott zu dienen“. Wahrscheinlich besaß es für die Leser eine
gewisse liturgische Aktualität. Insgesamt liegt ein sprachliches und thematisches

Kompendium verschiedener Zentralaussagen des weiteren und des engeren Zusammenhangs vor (vgl. V. 11 mit 4, 14 und 9, 1; V. 12 mit 2, 17; 5, 1; 7, 27; 8, 2 und 9, 7; V. 13 f. mit 4, 16; 7, 25; 9, 9; 10, 22; 9, 15 mit 3, 1; 6, 17; 7, 22; 8, 6 ff.). Unbestreitbar umfassen diese Verse zusätzliche bedeutsame Gedanken des Briefes. Die Vorstellung des „ewigen Priestertums" (Ps. 110, 4) erweitert sich zum Nachweis einer „ewigen Erlösung".

15-17 Die Sätze 9, 15-17 entfalten zusammen mit 9, 18-22 erneut (s. 7, 18-25 und 8, 6-13)
18-22 die rechtlichen Auswirkungen des Opfers im Hinblick auf ein errichtetes „neues Testament". Die Eindringlichkeit des wiederholt aufgegriffenen Gedankens ist erstaunlich. Keine Erörterung war wahrscheinlich für eine judenchristliche Gemeinde überzeugender. Es kommt hinzu, daß darüber hinaus ausführlich die klare Gottesaussage beigebracht werden konnte (s. Jer. 31). Die besondere theologische Denkkraft des Hebr. erweist sich außerdem darin, daß er das Zeugnis vom Neuen Testament überaus einleuchtend mit dem erkenntnismäßigen Postulat des Todes des Erblassers kombiniert. Hinzu tritt die vergleichende Überlegung, daß wie der erste, so auch der zweite Bund durch sühnendes Blut eingeweiht werden mußte. Damit ist sowohl die Rede von Christi „Bürgschaft" (7, 22) als auch das Gotteszeugnis von einer abschließenden Vergebung (8, 12) zu einer einsichtigen logischen Einheit gebracht. Thematisch stehen wir vor der christologisch-messianischen Verbindung der beiden traditionsreichen Sachkreise vom Versöhnungstag und Bundesschluß. Schon in Qumran liegt ein ähnliches Bemühen vor (s. 1 QS I, 18-II, 18; CDC XX, 28-30; Jubil. 5, 17 f.). Die Tiefe des judenchristlichen Zeugnisses des Hebr. ist aber bei aller Vergeistigung der kultischen Momente dort niemals erreicht worden. In diesem Zusammenhang verdient eine gewisse Nähe zu Paulus Beachtung. Dieser kann in Röm. 7, 1 ff. ähnlich wie der Hebr. in 9, 16 ff. die Freiheit vom Gesetz mit Hilfe des Gedankens von einem notwendigen Tod begründen.

23-28 Der Eintritt in das himmlische Heiligtum ist 9, 23-28 als das entscheidende Geschehen „am Ende der Weltzeiten" (Äonen) genannt (s. 1, 2; 4, 9). Später, mit 10, 19 ff., prägt die endzeitliche Grundhaltung des Hebr. endgültig den Schlußteil des Briefes. Wir vermuten, daß er damit dem restlichen Zeugnis des Ps. 110 entspricht (s. V. 5-7), kommt er doch 10, 11-18 mit V. 13 ausdrücklich auf die Herrschaft des Christus im Sinne von Ps. 110, 1 b zurück. Der Ausblick auf die zweite Wiederkunft Christi V. 28 stellt die entschiedene Erwartung des Verfassers sicher, der ohne Zweifel die platonisierenden, präsentisch-eschatologischen Aussagen in jeder Weise untergeordnet sind. Offenbar wird mit ihrer Hilfe einzig und allein die Wahrheit der himmlischen Welt und des künftigen Heils eingeschärft, worauf man in lebendiger Erwartung hoffen soll, am wenigsten jedoch eine flache spiritualistische Ewigkeitslehre. Die vielfältigen spätjüdischen Vorstellungen über das himmlische Heiligtum sind aufgenommen, wenn auch nicht schrankenlos. Man hat mit Recht darauf hingewiesen, daß es der Hebr. fast ganz dem Leser überläßt, das Bild der alttestamentlichen Stiftshütte in die himmlische Wirklichkeit zu übersetzen. Einige Wendungen des Abschnitts verdienen in überlieferungsgeschichtlicher Hinsicht Beachtung. Ein gewisser Bekenntnisstil spricht aus dem „für uns" V. 24 (s. Röm. 8, 34; vgl. 7, 25). Die gleiche endzeitliche Überzeugung steht hinter V. 26 („Ende der Weltzeiten") und 1. Kor. 10, 11. Nach der klaren Aussage V. 24 meint die Rede vom

Band 10, "Katholische" Briefe

zu Jak.

2,26	Glaube und Werke bei Paulus und Jakobus
5,16	Krankenheilung

zu 1. Petr.

1,16	"Heilig" im Alten und Neuen Testament
2,9-10	"Auserwähltes Geschlecht"
3,13-17	Die Christen und das Leid
3,20a	Die Höllenfahrt Jesu Christi

zu 2. Petr.

3,13	Parusieverzögerung

zu 1. Joh.

1,5	Licht und Finsternis
1,7-12	Das sog. "Comma (=Satz) Johanneum"

Band 11, Offenbarung des Johannes

zu Offb.

1,2	Zeuge und Märtyrer
1,9-20	Apokalyptische Zahlen in der Offb. Joh.
3,14-22	Die Botschaft der sieben Sendschreiben
5,1-14	Das Lamm
5,1-14	Christologische Hoheitstitel in der Offb. Joh.
7,9-17	Liturgische Stücke in der Offb. Joh.
11,1-14	Die zwei Zeugen
12,6	Die Geburt des Kindes
13,11-18	Der römische Kaiserkult
13,11-18	Die Zahl 666
14,6-20	Das Geschichtsverständnis der Offb. Joh.
20,6	Die Erwartung des Tausendjährigen Reiches
22,6-21	Die Botschaft der Offb. Joh.

Stand: Mai 1976

3,13	Die Deutung des deuterojesanischen Gottesknechtes auf Jesus
3,15	Die Ehrentitel "der Heilige", "der Gerechte", "der Fürst des Lebens"
4,32	Die urchristliche Gütergemeinschaft
5,11	Die Geschichte von "Ananias und Sapphira"
5,31	Der Titel "Retter"
5,42	Das Problem der Doppelberichte in 2,1-5,42
6,5	Das Amt der Sieben
7,53	Die Rede des Stephanus
7,59f.	Der Bericht vom Prozeß des Stephanus
8,1b-13	Die vier Parallelberichte in Kap. 8-12 und der Anfang der Heidenmission
8,15-17	Die Hellenistenmission und die Urgemeinde
9,30	Die Berichte vom ersten Jerusalembesuch des Paulus
10,1	Die Bekehrungsgeschichte des Cornelius
10,2	Die "Gottesverehrer"
10,15	Das Gesicht des Petrus
10,43	Die Rede des Petrus in Cäsarea
11,19-30	Antiochien
11,29	Die Kollekte für Jerusalem
14,15	Die Bedeutung der Paulusrede von Lystra
14,1-35	Die Bedeutung der Apostelversammlung
15,20	Die Bestimmungen des sog. Aposteldekrets
15,35	Die Probleme der Apostelversammlung
16,10	Die Wir-Stücke der Apostelgeschichte
16,12	Philippi
16,24	Der Bericht von dem Erdbeben und der Bekehrung des Kerkermeisters
17,19f.	Die Rede auf dem Areopag
17,23	Die Altarinschrift von Athen
17,34	Der religionsgeschichtliche Ort der Areopagrede
18,1	Korinth
18,12	Gallio
19,1	Ephesus
19,24	Die Artemis von Ephesus
25,23ff.	Der Bericht von der letzten Verhandlung
26,18	Die Berichte von der Bekehrung des Paulus
27,1ff.	Der Bericht von Seefahrt und Schiffbruch

<u>Band 6, Römerbrief</u>

zu Röm.

1,4-5	Christus als Sohn Gottes
1,17	Gerechtigkeit Gottes bei Paulus
1,24-32	Die Anklage des Heidentums
1,24-32	Ur-Offenbarung und Ur-Schuld
2,1-11	Das Gericht nach den Werken
3,21-31	Die "Rechtfertigung" bei Paulus

3, 21-31	Rechtfertigung bei Paulus und in Qumran
3, 21-31	Tod und Auferstehung Jesu Christi als Heilstatsac[h]e
4, 22-25	Das Alte Testament bei Paulus
4, 22-25	Abraham
4, 22-25	Der Glaube
5, 1-11	Rechtfertigung und Versöhnung
5, 19-21	Adam und Christus. Die Geschichte bei Paulus
5, 19-21	Die Gnade
6, 11-14	Die Taufe bei Paulus und die Mysterien
6, 11-14	Das neue Leben als Wirklichkeit und Aufgabe
7, 7-13	Das "Ich" in 7, 7ff.
7, 14-25	Das "Ich" in 7, 14ff.
7, 14-25	Gesetz und Evangelium bei Paulus
8, 1-11	Fleisch und Geist bei Paulus
8, 18-22	Welt und Mensch
8, 18-30	Ewige Erwählung, Prädestination
11, 11-16	Zur "Dialektik" des Paulus
11, 36	Rückblick auf Kap. 9-11
11, 36	Wiederbringung aller?
11, 36	Israels Schicksal und die Christenheit
13, 5-7	Die Christenheit und der Staat

<u>Band 7, Korintherbriefe</u>

zu 1. Kor.

6, 12-20	Die Anschauung des Paulus vom Leibe
7, 39-40	Die Ehe in der Auffassung des Paulus
10, 23-11, 1	Zur Ethik des Paulus
10, 23-11, 1	Die anthropologischen Voraussetzungen der paulinischen Ethik
11, 7-17	Die Stellung der Frau nach Paulus und in den paulinischen Gemeinden
11, 27-34	Das Abendmahl bei Paulus
12, 1-14, 40	Bekenntnisformeln
12, 27-31a	Die Kirche bei Paulus
13, 8-13	Die Liebe bei Paulus
14, 37-40	Geisteswirkung und Zungenrede
14, 37-40	Der Gottesdienst der paulinischen Gemeinden in der Beurteilung des Paulus
15, 1-11	Die paulinische Osterüberlieferung und die Auferstehungsberichte der Evangelien
15, 50-58	Die paulinische Auferstehungshoffnung
15, 50-58	Die Gnosis in Korinth

zu 2. Kor.

5, 1-10	Der Wandel in der Zukunftshoffnung des Paulus
5, 14-6, 2	Paulus und der geschichtliche Jesus
12, 1-10	Die "Himmelsreise der Seele"
12, 1-10	Die Krankheit des Paulus

13, 11-13	Die Gegner des Paulus in Korinth
13, 11-13	Dreigliedrige (triadische) Formeln bei Paulus

Band 8, Die Briefe an die Galater, Epheser, Philipper, Kolosser, Thessalonicher und Philemon

zu Gal.	
1, 9	Anáthema
3, 18	Paulus und das Alte Testament
4, 3	Weltelemente
5, 12	Zur Theologie der Judaisten
zu Eph.	
4, 12. 13	Die Kirche als der Leib Christi
zu Phil.	
4, 7	In Christus Jesus
zu Kol.	
1, 15-20	Der Aufbau des Liedes
2, 20	Die Irrlehrer von Kolossä
3, 18-4, 1	Die Haustafeln
zu 1. Thess.	
1, 10	Die Missionspredigt des Apostels Paulus
2, 15f.	Paulus und die Juden
zu 2. Thess.	
2, 12	Der Antichrist

Band 9, Pastoralbriefe und Hebräerbrief

zu 1. Tim.	
1, 10	Die "gesunde Lehre"
3, 2	"Eines Weibes Mann"
3, 16	Der Christus-Hymnus
4, 16	Die urchristliche Ordination
5, 10	Das Liebeswerk
zu 2. Tim.	
1, 10	Jesus Christus, Unser Heiland
3, 15-17	Das Urteil des Apostels über das Alte Testament
zu Titus	
3, 5	Palingenesia
zu Hebr.	
5, 7ff.	Ein Hymnus in 5, 7ff.?
6, 6	Das Problem der zweiten Buße
7, 3	Gnostisches Gut in 7, 3
Einl. zu Kap. 11	Zum Verständnis von Kap. 11
11, 2	Der Glaubensbegriff des Hebr.

2,1-20	Die Engel
2,22-38	Die Zeit der Erwartung
3,15-17	Die Bedeutung der Taufe Jesu
3,23-38	Die beiden Stammbäume Jesu
4,14-30	Die Synagoge
5,17-26	Jesus als Wundertäter
6,17-49	Die Feldrede
10,25-37	Jesu Verständnis des "Nächsten"
14,1-6	Die Sabbatheiligungen Jesu
16,19-31	Jesu Stellung zu Arm und Reich
17,20-37	Die Eschatologie des Lukas-Evangeliums
22,14-23	Die lukanische Abendmahlsüberlieferung
22,39-46	Jesus als Beter
23,1-7	Pilatus und seine Rolle in der Passionsgeschichte Jesu
23,13-25	Der Bericht des Lukas über die Verurteilung Jesu
24,36-49	Der Auferstehungsleib Jesu

<u>Band 4, Johannes</u>

zu Joh.

1,1-18	Die ursprüngliche Gestalt des Wort-Hymnus
1,1-18	Der religionsgeschichtliche Hintergrund des Logos-Begriffs
3,1-21	Der Menschensohn
3,31-36	Der johanneische Dualismus
6,22-59	Die Sakramente
5,19-30	Die "Wahrlich, wahrlich, ich sage euch"-Sprüche und der vorjohanneische Geistenthusiasmus
8,12-20	Die Ich-bin-Bildworte und -Bildreden
13,31-35	Jüngerschaft und Gemeinde
14,15-17	Der Paraklet
15,9-17	Wort und Glaube
16,25-33	Der Offenbarer und Gesandte. Die Herrlichkeit Jesu
17,24-26	Die Zukunftserwartung (Eschatologie)
19,16b-30	Der Tod Jesu

<u>Band 5, Apostelgeschichte</u>

zu Apg.

1,3	Der Parallelismus von Apg. und drittem Evangelium
1,15	Die Reden in der Apostelgeschichte
1,26	Der Begriff "Apostel" bei Lukas
1,26	Die Nachwahl des 12. Apostels
2,1	Das jüdische Pfingstfest
2,13	Die Probleme des Pfingstberichtes
2,30f.	Die Problematik des Schriftbeweises
2,36	Zur Christologie der Pfingstpredigt
2,38	Die Taufe auf den Namen Jesu

DIE THEMATISCHEN AUSFÜHRUNGEN IM NTD

Band 1, Markus

zu Mk.	
1,1	Evangelium
1,15	Das Reich Gottes
1,21-28	Schriftgelehrte, Pharisäer, Sadduzäer, Älteste, Synedrium
1,34	Messiasgeheimnis
3,1-6	Jesu Stellung zur pharisäischen Sabbatheiligung
4,1-9	Die Gleichnisse
4,35-41	Wundergeschichten
5,43	Totenauferweckung
6,7-13	Der Zwölferkreis
8,27-33	Der Menschensohn
14,1f.	Die Passionsgeschichte
14,12-16	Das Passa
14,22-25	Die Einsetzungsworte zum Herrenmahl
14,36	Abba
14,53-72	Die historischen Fragen des Prozesses Jesu
15,39	Der Gottessohn
16,1-8	Die Osterberichte
16,1-8	Die Entdeckung des leeren Grabes
16,1-8	Der Markusschluß

Band 2, Matthäus

zu Mt.	
1,18-25	Reflexionszitate
1,18-25	Die Geburt Jesu von der Jungfrau
3,13-17	Gerechtigkeit Gottes
4,1-11	Zum Problem des Bösen
5,3-12	Seligpreisungen
5,3-12	Söhne Gottes
7,13-23	Propheten, Weise, Schriftgelehrte und Gerechte in der Gemeinde des Matthäus
7,28f.	Die Bergpredigt
18,15-18	Das Problem der Sünde
23,1-39	Jesus als Weisheit Gottes
25,31-46	Wiederkunft Christi
28,16-20	Vater, Sohn und Heiliger Geist

Band 3, Lukas

zu Lk.	
1,5-2,52	Die Kindheitsgeschichte Johannes des Täufers als Teil des Evangeliums
1,26-38	Die Jungfrauengeburt. Die Herkunft der Lieder 1,46ff. 1,68ff.
2,1-20	Der Census des Quirinius

„nicht mit Händen gemachten Heiligtum" den Himmel, woraus folgt, daß auch 9,11 nicht der Leib Christi gemeint sein kann (so aber Vanhoye).

Der Abschnitt 10,1-10 beleuchtet auf Grund des ziemlich frei behandelten 10,1-10
Ps. 40,7-9 a den gehorsamen Willen Jesu und somit seine uneingeschränkte Opferbereitschaft. Aus dem Zitat wird überdies die Verwerfung der gesetzlichen Opfer abgeleitet, die bisher Gegenstand eines erfolglosen kultischen Apparates gewesen sind.

Kap. 10, 11-18 rundet den größeren Gedankengang seit 8,1ff. ab, wobei der Ton 11-18
noch einmal auf der erlangten ewigen Herrschaft des Hohenpriesters Christus ruht. Bekannte Aussagen wiederholen sich (für Ps. 110,1a vgl. V. 12f. mit 8,1f.; für Jer. 31,31.34 vgl. V. 16f. mit 8,8ff.). Die erneut hervorgehobene Stelle Ps. 110,1b (vgl. hierzu 1,13) ermöglicht einen passenden Übergang zu dem folgenden großen Hauptabschnitt 10,19-12,29. Noch einmal wird der Gedanke begründet, daß es seit dem Opfer Christi keiner weiteren Opfer mehr bedarf. Ob der Hebr. die Methode des „Midrasch-Pescher" angewendet hat (so F. Schröger), erscheint zweifelhaft. Wer kann sagen, daß er in unerlaubter Weise einen Gedanken oder eine Spekulation in die Schrift hineingetragen habe? Im Grunde weiß er sich keiner freien Auslegung verpflichtet, sondern einer streng messianisch-christonomen Typologese, wobei er am meisten von der platonischen Allegorese und der ihr verwandten philonischen Symboldeutung gelernt haben dürfte. Aller theologisch-hermeneutischer Aufwand dient dem Nachweis der Heilsbedeutung und des Opfercharakters des Todes des Christus. Seine Notwendigkeit und noch mehr sein Sinn werden von der Mitte des jüdischen Kultes her aufgewiesen, was zur Folge hat, daß das Schreiben im christlich-jüdischen Dialog der Urgemeinde eine einmalige Stellung besitzt.

Eine ideale Gliederung des größeren Zusammenhangs läßt sich nicht geben. Mit der vorgenommenen Aufteilung versuchen wir, dem inhaltlichen und dem darstellerischen Bemühen des Hebr. Rechnung zu tragen, insofern deutlich von der Person (Kap. 7) zum Ort (Kap. 8) und schließlich zum Dienst des Hohenpriesters hingeführt wird, zunächst negativ (9, 11ff.), dann ausführlich positiv (9,15-10,18).

Die Erlösung gründet nicht auf dem Blut von Tieren, sondern auf dem Selbstopfer Jesu vor Gott 9,11-14

11 Christus aber, der als Hoherpriester der Wirklichkeit gewordenen Güter auftrat, ging durch das größere und vollkommenere Zelt, das nicht mit Händen gemacht ist, d.h. nicht dieser Schöpfung angehört, 12 auch nicht auf Grund des Blutes von Böcken und Kälbern, sondern auf Grund seines eigenen Blutes ein für allemal in das Heiligtum, und erfand eine ewige „Erlösung". 13 Wenn nämlich das Blut von Böcken und Stieren und die Asche einer Kuh beim Besprengen der Verunreinigten zur fleischlichen Reinigung heiligt, 14 wieviel mehr wird dann das Blut des Christus, der durch den ewigen Geist als ein Untadeliger sich selbst opferte, unser Gewissen von toten Werken reinigen, damit wir dem lebendigen Gott dienen.

V. 12: *Ps. 111,9a.*

Mit einem kompromißlosen „Aber" stellt der Hebr. die Vollkommenheit des hohen- 11
priesterlichen Dienstes Jesu der Unvollkommenheit des levitischen Dienstes im

irdisch-weltlichen Heiligtum gegenüber. Indem er betont von Christus spricht (s. ähnlich 5,5), klingt indirekt an, daß der Messias Jesus nicht im Sinne landläufiger Erwartung begriffen werden kann. Wie seine Gestalt (s. 7,3: „Sohn Gottes"), so war auch seine Aufgabe eine besondere. V. 11 scheint dabei zunächst die geschichtliche Erscheinung im Auge zu haben: er trat auf (vgl. Lk. 12,51) als Hoherpriester der „gewordenen Güter" der himmlischen Welt. In einer anderen, u. E. nicht ursprünglichen Lesart ist die etwas merkwürdige Formulierung verändert in die verständlichere Aussage „Hoherpriester der zukünftigen Güter", die deshalb von fast allen Auslegern übernommen wird. Tatsächlich liegt damit aber eine Vereinfachung des Satzes vor, wie auch die philonische Wendung „gewordene Güter" nicht die nötige Beachtung findet (s. Leg. all. III, 86 f.). Es scheint, daß darin zwischen den geweissagten, noch nicht vorhandenen und den Wirklichkeit „gewordenen" Gütern einer zur Erfüllung gelangten Gottesrede genau unterschieden ist. V. 11a besagt, daß mit dem Auftreten Christi, des Heilsmittlers, auch schon die künftigen Güter, die sein hoherpriesterlicher Dienst umgreift, präsent geworden sind. Die „fleischlichen Satzungen" sind abgeschafft und die „Zeit der Neuordnung" datiert seit seinem Kommen. Die Güter selbst sind „himmlischer" Art. Was mit ihnen gemeint ist, läßt sich auf Grund anderer Aussagen unschwer erschließen, nämlich die „himmlische Berufung" (3,1) und die „himmlische Gabe" (6,4), welche der erleuchtete Christ schmecken kann bzw. als Geistgeschenk erfährt. Gemeint dürfte vor allem auch die empfangene Vergebung sein, die eine vollkommene Reinheit zur Folge hat, so daß der Mensch vor Gott treten kann (s. 8, 8 ff.). Der Begriff „Güter" meint demnach die himmlischen Dinge, die in der Messiaszeit wahr werden (s. auch 10, 1 f.; bes. Jes. 52,7 zit. Röm. 10,15), wenn freilich im hellenistischen Sprachgebrauch eigentlich alle Gegenstände höherer Ordnung so heißen können. In der abstrakten Begrifflichkeit theologischer Rede beschreibt der Hebr. den historischen Christus, um sein Wirken in dieser Welt als ein von vornherein priesterliches auszugeben (s. auch 5, 1-10). Es ist voll ausgerichtet gewesen auf die eigentliche und letzte Aufgabe, die in der Hingabe der Person als Opfer vor Gott bestanden hat. Diese entscheidende Station seines Lebens und Wirkens ist Gegenstand des Hauptsatzes V. 11 b und 12, in dem die Größe des hohenpriesterlichen Dienstes in zweifacher Weise abgehoben wird: erstens durch die Feststellung, daß Christus durch „das größere und vollkommenere Zelt, das nicht mit Händen gemacht ist", in das Heiligtum Gottes eintrat, zweitens durch die Hervorhebung seines einmaligen Opfers „auf Grund seines eigenen Blutes". Beide Aussagen werden vom Ritual des großen Versöhnungstages her anschaulich, wie es Gottes Anordnung 3. Mose 16 dem Volke Israel zur Verpflichtung gemacht hat. Die Stätte des bedeutungsvollen Aktes war für das levitische Priestertum der Mosezeit das Stiftszelt, bei Christus ist es die himmlische Wohnstätte Gottes. Der Hebr. charakterisiert sie dreifach als das „größere", „vollkommenere" und „nicht mit Händen gemachte" Heiligtum. Das will sagen: die Begrenzung der Stiftshütte ist aufgehoben. Als wesentliches Urbild eignet der Wohnstätte Gottes letzte Perfektion und höchste Idealgestalt (s. 8,5). Da sie nicht Werk von Menschenhand ist, darf als ihr Baumeister der ewige Gott selbst gelten (8,2). Hin und wieder wird die Meinung vertreten, mit dem „größeren und vollkommeneren Zelt" sei Christi Leib gemeint, ist doch Joh. 2, 21 f.

in diesem Sinne von einem Wort Jesu die Rede. Indessen weist die bestimmte Redeweise sowie die nähere Erläuterung „nicht dieser Schöpfung angehörig" mit Sicherheit auf die ewige Wohnstätte Gottes hin (s. auch 9,24). Man unterschied sie von dem mit Augen sichtbaren Himmel, um sie als jenseitigen Ort der ewigen Anbetung, d.h. als tempelähnliches Heiligtum zu beschreiben (s. Jes. 6,1ff.; Dan. 7,9ff.; Ps. 103,19ff.; bes. Offb. 3,12; 8,3f. u.a.). Nichts Herrlicheres und Überwältigenderes läßt sich denken, und der Weg hierzu war verständlicherweise den sterblichen Menschen verschlossen (s. 9,8). Die vom Hebr. genannten Merkmale erinnern an die Beschreibung des himmlischen Heiligtums bei Philo (s.o. zu 8,2), obgleich dieser dazu neigt, den göttlichen „Tempelraum" als „heiligsten Bestandteil der Welt" neben dem „ganzen Weltall", der als „wahrhaftes Heiligtum der Gottheit" geführt wird, bestehen zu lassen. Der philosophische Pantheismus bleibt indessen beim Hebr. ausgeschlossen, begreift dieser doch das himmlische Heiligtum Gottes als den absolut transzendenten Ort. Nicht von Philo übernommen ist auch die Vorstellung eines „heiligen" weltumfassenden Raumes. Stillschweigend geht die Darstellung davon aus, daß man die Wohnstätte Gottes nur dem Allerheiligsten des Stiftszeltes vergleichen kann. Die räumliche Komponente bleibt jedoch kaum ganz außer Betracht, wenn vom Gehen „durch" das Heiligtum die Rede ist. Christus tat es in Entsprechung zum Hohenpriester des alten Bundes, der ebenfalls das Heiligtum „durchschreiten" mußte. Was an anderer Stelle stärker hervorgehoben ist (s. 4,14; 6,19), wird hier zugunsten des entscheidenden einmaligen Opfergeschehens vernachlässigt. Wieweit speziell an einen „Himmel der Engel" gedacht ist, wird man offenlassen. Der Ort der Darbringung ist nur im Hinblick auf seinen himmlischen
Ausnahmecharakter von Interesse. V. 12 fügt hinzu, daß Christus „auch nicht durch 12
(so wörtl.) das Blut von Böcken und Kälbern" eingetreten sei, sondern „durch (so wörtl.) sein eigenes Blut" und zwar ein für allemal. Ist vorher das „durch" räumlich gemeint, so nun kausal, weshalb wir es übersetzen: „auf Grund von". Dieses Verständnis beruht auf 3. Mose 16,2f., wo es ausdrücklich heißt, daß Aaron nur unter der Bedingung hat eintreten dürfen, daß er einen jungen Stier als Sündopfer und einen Widder als Brandopfer darbrachte. Das „durch" bezeichnet somit den Ermöglichungsgrund. Nach 3. Mose 16,14ff. hat man das Blut des Stieres zur Sühnung der Sünde des Volkes vergossen. Das Blut der Opfer ist das ausschließliche Mittel gewesen, das den Eintritt ermöglicht hat (s. V. 7). Auch Christus selbst hat nach diesem Denken das Heiligtum Gottes einzig und allein auf Grund eines Blutopfers betreten können. Von der levitischen Ordnung unterscheidet er sich radikal dadurch, daß er sein eigenes Leben eingesetzt hat. Der ungenauen pluralen Ausdrucksweise „Blut der Böcke und Kälber" eignet ein leicht abwertender Sinn, weil darin etwas anklingt von dem alljährlichen vielfachen, aber im Endeffekt doch nutzlosen Einsatz. Hinter der Aussage von dem dargebrachten Blut Christi steht andererseits die Überzeugung, daß Christus das Wertvollste zu geben bereit gewesen ist. Mit anderen Worten: er brachte vor Gott das Totalopfer der eigenen Person dar, wobei er den Tod nicht gescheut hat. Die absolute Selbstverleugnung zum Zweck der Verherrlichung Gottes erscheint darin für alles Glauben und Erkennen eindrucksvoll erwiesen. Was mit Christus seine paradoxe, aber zugleich unübertreffliche Ausprägung erfahren hat, ist demnach die Verbindung von Hohepriestertum

und Opfergabe, wobei zum besseren Verständnis des Zeugnisses daran erinnert werden muß, daß der Hebr., wie 5,7ff. beweist, die Vorstellung der bestandenen furchtbaren Anfechtung mit einbringt. Anders hätte Jesus keine „ewige Erlösung" „erfinden" können. Die Wendung meint mehr als nur die persönliche Erlösung, nämlich den Tatbestand einer für immer erworbenen, universal gültigen Befreiung, welche allen Menschen zugute kommt. Unwiederholbarkeit und Unablösbarkeit sind damit ebenfalls festgehalten. Die im Griechischen mediale Aussage „er erfand" hebt die persönliche Leistung hervor, zugleich aber auch die Tatsache, daß hier Christus etwas gewonnen oder zustandegebracht hat, was in keiner Weise selbstverständlich ist. Offenbar liegt die Vorstellung zugrunde, daß Gott auf Grund des außerordentlichen Opfers ungewöhnlicherweise eine solche Erlösung für die Men-
13 schen hat geschehen lassen. Die folgende Überlegung V. 13f. verleiht der ausgesprochenen Wahrheit zusätzlichen Nachdruck. Nicht daß dem im alten Bund geopferten Tierblut kein Wert zukäme! Es hat in der Tat zur „fleischlichen Reinigung" heilig gemacht. Aber muß dem geopferten Blut Christi dann nicht noch größere heiligmachende Kraft eignen? Diese ergänzende Überlegung spricht vom Tierblut des alttestamentlichen Kultus im weitesten Sinne. Anstatt von Böcken und Kälbern wird von „Böcken" und „Stieren" (s. Jes. 1,11), sowie von der Asche der rötlich-farbenen Kuh (s. 4. Mose 19) gehandelt. Über den großen Versöhnungstag hinaus tritt womöglich der Tatbestand einer allseits geforderten Reinheit in den Mittelpunkt der Betrachtung. Während jene Tieropfer von der Unreinheit befreiten, die durch Verfehlungen bewirkt war, entband die mit Wasser vermischte Asche sogar von jener, die etwa die Berührung mit einem Toten im Gefolge hatte. In jedem Fall wurde die Asche bei Befleckungen gebraucht, die vom Besuch des Heiligtums ausschlossen. Vermutlich geht der Hebr. wie Philo (De spec. leg. I,268) von der Tatsache aus, daß die Besprengung mit der Asche ebenfalls eine Aufgabe des Hohenpriesters gewesen ist (b. Joma 42b). Die Kuh wurde außerhalb der Stadt geschlachtet (M. Para III,6: auf dem Ölberg) und das aufgefangene Blut wurde siebenmal in Richtung gegen den Tempel verspritzt. Der Hebr. hält fest, daß die Verunreinigten auf diese Weise zur „fleischlichen Reinheit" gelangt sind. Und in der Tat hat man dadurch die kultisch-rituelle Reinheit wiederhergestellt, also letzten Endes die gottesdienstliche Gemeinschaft. Dies ist gewiß nicht wenig, aber verbleibt man damit nicht in einem äußerlichen Verhältnis zu Gott? Offenbar hat auch bereits Philo diese Frage umgetrieben. Bei ihm ist jedoch frommer Wunsch, was sich dem Hebr. als befreiende Gewißheit darstellt.

14 In logischer Folgerung vom Geringeren zum Größeren wird V. 14 betont, daß das „Blut des Christus" noch viel mehr das Gewissen von toten Werken reinigt. In höherem Maße darf der Hörer Gewißheit haben, daß das Blut des Heilsmittlers eine stärkere sühnende Kraft besitzt und daß es somit auch das Innerste des Menschen zu reinigen vermag. Schließlich ist nicht die Verunreinigung durch Tote das eigentliche Problem – dagegen gibt es ein Ritual –, sondern die Unreinheit, die uns aus der Tiefe des Herzens den Tod und das Nichtige wirken läßt, so daß wir nicht nur in der Entfremdung von Gott leben, sondern sie offenbar durch unser Verhalten noch ständig vergrößern. 6,1 ist der „Buße von den toten Werken" positiv das „gläubige Vertrauen auf Gott" zur Seite gestellt, hier in ähnlicher Weise der Reinigung von den

„toten Werken“ der Dienst des lebendigen Gottes. Damit ist angezeigt, daß sie auf der Basis menschlicher Möglichkeit getan werden, und gerade darauf beruhen ihre Fraglichkeit und Nutzlosigkeit. Es eröffnet sich andererseits eine fast paulinische Perspektive, wenn dem eigenen Bemühen die durch Christus geschehene Befreiung des im Innersten gebundenen Menschen zum lebendigen Gottesdienst des gereinigten Herzens entgegengestellt wird (vgl. Röm. 3,27f.; 12,1f. u.a.). Formalistische Religion ist nach dem Verständnis des Hebr. menschlicher Selbstzweck und damit eine nichtige, ja, eine im Grunde tödliche Sache. Der Mensch muß und darf davon frei werden, um dem „lebendigen Gott“ zu dienen. Nur so gewinnt er das Leben für sich. Der Hebr. sieht im „Blut Christi“ keine apotropäische Macht, sondern beschreibt damit eine Verhaltensweise, die er anderwärts unmißverständlich erläutert (5,7). Das Opfer stellt sich als „untadelig“ dar wegen der Größe des geleisteten Gehorsams. Die Rede vom lebendigen Gott soll darauf hinweisen, daß dieser Gott keine „toten Werke“, sondern einen „lebendigen Dienst“ erwartet (s. 1.Thess. 1,9). Geopferte Tiere mögen diese theologische Grundwahrheit zwar vielleicht schattenhaft in Erinnerung bringen, können aber nie die Wahrheit selbst sein. Eben diese zielt auf den Menschen, auf die Person, auf das Herz, weil der Mensch zum Ursprung seiner Geschöpflichkeit zurückgeführt werden soll, nämlich zu Gott. Auch Christus hat sich nicht nur „vor Gott“, sondern Gott selbst geopfert, und er tat es „durch den ewigen Geist“, was bedeutet, daß Christus dem Willen des Vaters gemäß gehandelt hat. Ohne Zweifel versteht der Hebr. Jesu Selbsthingabe als seine persönliche Tat. Was sie annehmbar gemacht hat, war die Übereinstimmung des Hohenpriesters und Opfers mit dem Geiste, d.h. mit dem Willen und dem Rufe Gottes.

Jesu Tod garantiert die Gültigkeit einer neuen testamentarischen Ordnung 9,15-17

15 Und deshalb ist er der Bürge (Mittler) eines neuen Testamentes, damit die zum ewigen Erbe Berufenen die Verheißung empfingen, da [sein] Tod zur Erlösung von den unter dem ersten Testament geschehenen Übertretungen erfolgte. 16 Wo nämlich ein Testament vorliegt, da muß der Tod des Errichters beigebracht werden. 17 Denn ein Testament wird nur bei Verstorbenen (=im Todesfall) rechtswirksam (wörtlich: „fest“), zumal es niemals in Kraft tritt, solange der Testator am Leben ist.

Der Abschnitt 9,11-14 dient dem Nachweis, daß der Tod Christi ein Selbstopfer gewesen ist. Die Verse gehen somit von der persönlichen Aktivität des Erlösers aus, um den angesprochenen Christen zu zeigen, daß sie ihm ihre neue Existenz verdanken. Der neue Gedankenkreis 9,15-17, dem 9,18-22 sachlich zugehört, bringt zusätzlich die höhere Notwendigkeit dieses Opfers ins Gespräch; denn aller denkerischer Aufwand muß dem Nachweis der Bedeutung dieses letzten und eigentlichen Geschehens dienen. Im Anschluß an frühere Aussagen (s. bes. 8,8ff. und 7,18ff.) wird außerdem der Gesichtspunkt der neuen testamentarischen Wirklichkeit wiederholt. Die Verse 9,18-22 blicken auf das Beispiel der Einweihung des alten Bundes, die einst ebenfalls durch „Blutvergießen“ geschehen ist, so daß sich im Schlußverfahren a minori ad maius wiederum die Erkenntnis der unbedingten Notwendigkeit des Opfers Jesu ableitet.

15 Der Schlußfolgerung V. 14 tritt eine weitere zur Seite (s. „und deshalb"), die Bekanntes aufgreift, um es logisch zu vertiefen (s. 8,6). Christus ist in der Tat der Bürge (Mittler) eines neuen Testamentes (vgl. auch Philo, De vit. M. II (III) 166, über Mose), denn sein Tod läßt sich von daher durchaus als sinnvoll begreifen. Das nach vorn weisende „Deshalb" wird näher erklärt. Jesu Tod wird von seinem Standort an einem heilsgeschichtlichen Wendepunkt im besonderen einsichtig. Die Verheißung eines neuen Testamentes hat nicht wahr werden können, ohne daß zugleich radikale Befreiung von der alten Ordnung geschehen ist. Die zum ewigen Erbe Berufenen, wozu sich die angesprochenen Christen zählen dürfen, hätten dies weder aus eigener Kraft noch überhaupt auf Grund der alten Ordnung geschafft. Tod als Tod Jesu mußte geschehen, weil anders eine Befreiung von den in der Zeit des „ersten Testamentes" geschehenen Übertretungen nicht möglich war. Alte und neue testamentarische Verfügung sind im Sinne einer zeitlichen Abfolge gedacht, wobei sich die Leser des Briefes – sicherlich Judenchristen – in gewisser Hinsicht „zwischen den Zeiten" wissen dürfen. Dabei ist für kritisches Denken vorläufig zunächst die Frage offengeblieben, ob denn der Tod des Messias – für jüdisches Denken ohne Zweifel ein unerhörtes „Ärgernis" – einen Sinn habe. Man kann gewiß überlegen, ob Befreiung von den früheren „Verfehlungen", in erster Linie schwere Verstöße gegen Gottes Willen, nicht auch anders möglich sei. Der Verfasser, der ähnlich wie Paulus (s. bes. Röm. 3,24-26; auch Apg. 13,38f.) die Vorstellung eines notwendigen abschließenden großen Versöhnungstages hätte konzipieren können, weil Gottes Heiligkeit die Sühne jeder Form des Ungehorsams verlangt, stellt an dieser Stelle
16 eine eigene Überlegung an, derzufolge „Tod" hat sein müssen. V. 16 besagt, daß der Begriff der testamentarischen Verfügung notwendigerweise das Faktum des Todes des Testators umgreift, soll sie in Kraft treten und sollen die niedergelegten Bestimmungen wirksam werden. Das Argument ist dem juristischen Alltag entnommen. Hier gilt, daß im Erbfall immer erst der Tod des Testators „beigebracht" werden muß, nämlich in Gestalt einer rechtlichen bzw. notariellen Beurkundung. Wie sehr
17 dem Hebr. an dem Beispiel gelegen ist, geht V. 17 aus der zusätzlichen Erläuterung des Charakters eines Testamentes hervor. Sprache und Definition weisen gewisse Berührungen mit jüdischen Bestimmungen auf, die die Formel kennen: „Dies soll bestehen und gelten" (s. bes. Tos. BB VIII, 10). Das Wesen des Testaments liegt im Unterschied von der Schenkungsurkunde darin, daß der Testator das Verfügungsrecht über seine Güter bis zum Tode behält. Seine eigentliche Verbindlichkeit (= „Beständigkeit") gewinnt es erst mit dem Tod des Erblassers, der es bis dahin aufheben, umändern, ergänzen, ja überhaupt durch ein anderes ersetzen kann. Paradoxerweise, so klingt es an, ist das Testament eine Verfügung, die bei Lebenszeit ohne Rechtswirksamkeit bzw. Rechtsbeständigkeit ist, sie aber sofort „bei Verstorbenen", also im Todesfall des Erblassers, gewinnt. Streng durchdacht führen die Sätze des Hebr. freilich in einige Schwierigkeiten, insofern die Anwendung des Bildes doch wohl besagen müßte, daß die testamentarische Verfügung, deren Urheber Gott ist, auch eigentlich nur mit seinem Tode hat rechtswirksam werden können. Eine solche Möglichkeit in Betracht zu ziehen oder gar in Worte zu fassen, können wir ihm nicht zumuten, wenn freilich erstaunlicherweise diese und andere Überlegungen seinerseits einer so schockierenden Wahrheit durchaus nahekommen.

Schließt der Tod des „Sohnes“ im Grunde nicht ein Sterben des Vaters mit ein? Anderes kommt hinzu. Absurdität ist wahrscheinlich – rein verstandesgemäß gesehen – immer das eigentliche Merkmal einer „Theologie des Opfers“. Für eine rein vernünftige Betrachtung ist jedes Sich-verschenken ohne Sinn. Wer aber abseits vom nüchternen Kalkül zu denken bereit ist, weiß sehr wohl um den tiefen Sinn des Dienens und der Hingabe. Er erkennt, daß anders Welt und Mensch überhaupt nicht bestehen können. Das Unerhörte beruht darin, daß Gott selbst nach biblischem Erkennen das Geheimnis des Opfers gewollt und geheiligt hat, um damit ein Angebot der Freiheit im Raum unerbittlicher Zwänge zu setzen. Eine weitere logische Schwierigkeit ist damit gegeben, daß Christus im Zusammenhang als Testator und Garant (= Bürge) des Testamentes geführt wird (s. 7,55). Indessen darf diese Sicht der Dinge ebensowenig stören wie die Überzeugung, die lautet, er sei Hoherpriester und Opfer zugleich. Alle Versuche, das Geschehen gleichnishaft zu verdeutlichen, kommen selbstverständlich dem eigentlichen Geschehensparadox nur nahe, sind ihm aber nie ganz gemäß. Der Verf. bemüht sich offenbar, gewisse wesentliche Aspekte herauszuheben. Sie zu einem vollkommen einheitlichen Bild zu vereinigen, liegt weder in seiner Absicht, noch in seinem Vermögen.

Auch das erste Testament bedurfte des sühnenden Blutes 9,18-22

18 Daher ist auch der erste Bund nicht ohne Blut eingeweiht worden. 19 Nachdem nämlich jegliches Gebot dem Gesetz entsprechend von Mose dem ganzen Volk gesagt war, nahm er das Blut der Kälber und Böcke zusammen mit Wasser, Scharlachwolle und Ysop und besprengte sowohl das Buch selbst als auch das ganze Volk, 20 wobei er sagte: „Dies ist das Blut des Testamentes, welches Gott euch verordnete“. 21 Gleicherweise besprengte er aber auch das Zelt und alle Kultgeräte mit dem Blut. 22 Dazu wird beinahe alles durch Blut reingemacht, und ohne Blutvergießen geschieht keine Vergebung.

V. 20: *2.Mose 24,8.*

V. 18 versteht sich von der allgemeinen Aussage V. 16 her. Auch die Verfügung des 18
alten Bundes hat des Todes bzw. des Opferblutes bedurft, woraus sich Folgerungen für die Einsicht in die innere Notwendigkeit des Todes Jesu ergeben. Obwohl derselbe Begriff (griech. *diatheke*) zugrunde liegt, steht nun bedeutungsmäßig weniger das Bild des Testaments als die Tatsache des „Bundes“ im Zentrum der Überlegung. V. 18 erinnert an die Einweihung des alten Bundes nach 2.Mose 24,3ff., die man ebenfalls nicht ohne Blut vorgenommen hat. Kam die Gemeinde des Hebr. aus der Wirklichkeit dieser ersten Verfügung Gottes, so mußte sie fast zwangsläufig der unerhörten Tatsache eines anderen Opfers am Anfang des zweiten, des „neuen Bundes“ Verstehen entgegenbringen. Ein gewisser gedanklicher Bruch ist insofern gesetzt, als der Tod des Testators selbst in der Folge außer Betracht bleibt. Die Basis, worauf die Argumentation sich stützt, ist einzig und allein die allgemeinere Wahrheit, daß testamentarischer Rechtsakt und Tod eine unaufgebbare Verbindung bezeichnen. Aber freilich bewegt sich der Gedankengang gerade an dieser Stelle aus dem Vergleichenden und Bildlichen hinüber zum Faktischen. Die Gleichheit des

Geschehens bei Einführung der Testamente steigert die Stringenz der Beweisführung nicht unerheblich. Auch der Begriff der „Einweihung", der später zur Beschreibung der Christuswahrheit noch einmal betont aufgegriffen wird (10,20), umschließt ein gewisses rechtliches Moment, insofern dadurch der gesetzliche Bund Gültigkeit erlangt hat und verpflichtend geworden ist. Das Perfekt („ist worden") drückt die sinnbildliche Bedeutung des Aktes aus, kann aber auch besagen, daß der alte Bund bis zur Gegenwart für das jüdische Volk Geltung besitzt. Die erste Möglichkeit ver-
19 dient wahrscheinlich den Vorzug, nicht zuletzt vom Inhaltlichen her. V. 19 blendet in der Weise auf jenes Ereignis der alttestamentlichen Bundesstiftung zurück, daß im ersten Teil dem Zeugnis der Schrift, im übrigen aber stärker der Tradition Gehör geschenkt wird. Nach 2.Mose 24,3 ff. trug Mose dem Volk alle Worte und Satzungen Gottes zunächst mündlich vor. Danach kam es zu ihrer Niederschrift. Am anderen Morgen brachte man auf einem am Fuße des Berges errichteten Altar Brandopfer dar und schlachtete junge Stiere als Heilsopfer. Die eine Hälfte des Blutes wurde in ein Gefäß gegossen, die andere gegen den Altar verspritzt. Nach der Verlesung des Bundesbuches nahm Mose schließlich das aufbewahrte Blut, um das Volk damit zu besprengen. Dabei sprach er erklärend vom „Blut des Bundes". Vom Hebr. wurde das Zeugnis des Alten Testamentes (nach der LXX) aufgenommen, eigens akzentuiert und ergänzt. Es fällt zunächst auf, daß Mose als Redender (= Prophet) und Handelnder (= Priester) dargestellt ist und zwar im Gegenüber zum „ganzen" Volk und als der, der „jegliches" Gebot gesprochen und „alles" mit Blut besprengt hat (s. V. 19.21.22). Man hört heraus, daß Mose ganz ähnlich wie Jesus als „Mittler" und „Versöhner" (so Philo, De vit. M. II,166) amtiert hat, und daß sein Auftrag als einmaliger und umfassender in Hinsicht auf die Einweihung des alten Bundes herausgehoben werden soll, um den vollzogenen Analogieschluß mit Nachdruck zu rechtfertigen. Damit ist zugleich erreicht, daß das Reden und Handeln der Kirche in der Zeit des Hebr. als die Erfüllung und Vollendung eines höheren Planes Gottes erscheint, insofern das mosaische Handeln bereits „schattenhaft" die Umrisse des Künftigen besessen hat, wenn freilich vorerst „im Sinne des Gesetzes" (s. V. 22). Diese Einsicht wird später ausdrücklich in Worte gefaßt (s. 9,23; bes. 10,1). Offenbar liegt in V. 19 zunächst einfach die Absicht vor, die Bedeutung des damaligen Aktes einzuschärfen. In strenger Befolgung dessen, was dem Gesetz gemäß gewesen ist, hat Mose dem „ganzen Volk" „jegliches" Gebot bekanntgegeben. Gottes Wille ist stets total und absolut, so steht es hinter der Formulierung. Das Gesetz (s. den Dekalog) ist als übergeordnete Größe geführt. Stärker als der Begriff des Gebotes läßt das Gesetz das Wesen der Sache erkennen. V. 19 b spricht über das Alte Testament hinaus nicht nur von Stieren (bzw. Rindern), sondern auch von dargebrachten „Böcken" (genauer: Ziegenböcken). Konnten nach 3.Mose 1 und 3 beide Tierarten als Brand- und Heils- (bzw. Schlacht-)opfer dargebracht werden (s. 2.Mose 24,5 LXX), so geht die Doppelung doch wohl auf die Absicht zurück, die Einweihung des alten Bundes, die aus Dank gegenüber Gott und zur Entsühnung der beteiligten Menschen geschah, in die äußerste Nähe zum Ritus des großen Versöhnungstages zu rücken. Philo (Qu. in Exod. 24,5) hat gleichfalls nach 2.Mose 24,5 LXX die beiden Opferarten betont (vgl. auch De vit. M. II,147: „ein Kalb und zwei Widder"). Wenn es über das alttestamentliche Zeugnis hinaus heißt, daß man das

Stier- und Böckeblut zusammen mit „Wasser, Scharlachwolle und Ysop“ verspritzt hat, so ist damit wahrscheinlich den gesetzlichen Vorschriften über Reinigungen entsprochen (s. 3.Mose 14,4.6.49.51f.; 4.Mose 19,6.17f.), worauf der Hebr. doch wohl ausdrücklich Bezug nehmen will (s. V.22). Die Einzelheiten beleuchten insoweit das Verfahren, als der Stengel der aromatischen Ysoppflanze, mit roter Wolle zum reichlichen Ansaugen des Blutwassers umwickelt, vor allem als Sprengwedel gedacht sein mag. Ursprünglich mögen die angegebenen Ingredienzen in erster Linie der Intensität der Reinigung gedient haben. Nicht nur die ausdrückliche Erwähnung der Besprengung des Gesetzbuches, vor allem auch der Hinweis auf die gleichzeitige Besprengung des Zeltes und aller Geräte stellt sicher, daß sich der Hebr. einer bestimmten traditionellen Auslegung verpflichtet weiß. Wir sehen sie sowohl bei Josephus (Ant. III,8,6) als auch bei Philo vertreten, die beide neben der Weihesalbung mit Öl (so 2.Mose 40,9) eine zusätzliche Besprengung mit Blut (nach 3.Mose 8) kennen (so De vit. M. II,147ff.). Der letzte bietet überdies die gleiche Fassung des Zitats 2.Mose 24,8 (LXX). Indem der Hebr. einseitig darauf Wert legt, verstärkt er natürlich den Eindruck der bildhaften Analogie in Richtung auf den mit Christi Opfer begründeten neuen Bund. Es stört ihn in keiner Weise, daß die Schrift die Weihe des Stiftszeltes und seiner Geräte (s. 2.Mose 40) später geschehen läßt als die Bundesweihe selbst (2.Mose 24). Die vom Hebr. verarbeitete Überlieferung ging selbstverständlich von der Einheit des Geschehens aus, weil einer theologischen Betrachtung des Bundesschlusses die Beachtung der historischen Abfolge immer
fernliegen mußte. Unverkennbar tragen darüber hinaus die in V.20 gebotenen 20
Worte des Mose größtes Gewicht, bezeugen sie doch klar den alten Bund als göttliche Stiftung, der ebenfalls ein Blutopfer zugrunde liegt. Die Tatsache, daß der bedeutungsvolle Satz in Verbindung mit der Besprengung des Volkes und des „Buches“ gesprochen worden sein soll, wirft ein vielsagendes Licht auf das jüdische Denken des Hebr. Ganz im Sinne der spätjüdischen Frömmigkeit erscheint die Thora als die vorzügliche Gabe Gottes an Israel, das unter allen Umständen sein Eigentum bleibt, auch wenn es sündigt. Ob das Schriftwort um einiger Abweichungen willen als Gedächtnisleistung des Verfassers betrachtet werden muß, bleibt fraglich. Zumindest die Wendung „dies ist das Blut des Bundes“ kann eine Anspielung auf die Worte Jesu bei der Einsetzung des Abendmahls enthalten (s. Mk. 14,24; Mt.26,28); denn der Verfasser greift in der Folge den Begriff des „Blutes des Bundes“ noch zweimal auf (10,29; 13,20), um ihn unmittelbar auf Christi Werk zu beziehen. Man wird außerdem bedenken, daß ein festlicher Gottesdienst, der als „Sitz im Leben“ der Homilie angenommen werden darf, die Assoziation mit den Einsetzungsworten jederzeit begünstigen konnte. Die Vermutung ist am wenigsten abwegig, wenn sich die Gemeinde des Hebr. zu einem Gottesdienst versammelt hatte, in dem auch Taufe und Abendmahl gefeiert wurden. Der Vergleich des neuen Bundes mit dem Sinai-Bundesschluß stieß dann schwerlich auf taube Ohren, zumal er längst in jeder Hinsicht vorbereitet war. Worum es ging, war im Grunde nur die Vertiefung des Bekannten zum Zwecke der Stärkung des Glaubens. Die Gemeinde sollte nicht nur bedenken, was geschieht, sondern auch, warum es so ist, um durch das Wissen der tieferen Wahrheiten in ihrem Christusglauben gehalten zu sein. Es ist nicht auszuschließen, daß die Form des Zitats 2.Mose 24,8 (LXX) ein Argument

für den zeitlichen Standort des Hebr. bei Paulus (1.Kor. 11,25) und Mk. (14,24) ist. Wichtiger ist es, das theologische Zeugnis des V. 20 zu sehen, nämlich die nachdrückliche Hervorhebung des auf Grund von Opferblut geschlossenen Bundes.
21 Schon damals geschah die Weihe in Form einer allumfassenden Reinigung. V. 21 dehnt den Akt auf das Zelt und die heiligen Geräte aus (zum Ausdruck s. 4.Mose 4,12). Dabei lassen das „gleicherweise“ und das Tempus des Satzes keinen Zweifel darüber, daß an eine gewisse Gleichzeitigkeit der Besprengungsakte gedacht ist. Im Sinne des biblischen Zeugnisses wird dieses Geschehen (s. 2.Mose 40) im Handlungsablauf nach der Bundesschließung (2.Mose 24) eingeordnet, wenn auch freilich zeitlich mit ihr zusammengenommen. Damit ist es gelungen, das Wesen des alttestamentlichen Opferkultes von seiner Entstehung und seinem Ursprung her an dem herausragenden Beispiel des Bundesschlusses zu verdeutlichen. Die gesetzten eigen-
22 tümlichen Akzente dienen der Unterstreichung des Anliegens. Mit gutem Recht kann daher schließlich ein allgemeines Fazit der gewonnenen Einsichten gezogen werden. Das Wesen des alttestamentlichen Kultus ist damit in knappste Worte gefaßt. Was als Ausnahme zugestanden wird (s. „fast alles“), nämlich Reinigung durch andere als blutige Opfer (s. 3.Mose 5,11ff.; 15,5ff.; 16,26ff. u.a.), spricht nicht gegen die göttlich sanktionierte Grundordnung, die mit ähnlichen Worten auch schon 3.Mose 17,11 steht und in der jüdischen Rechtssprache lautet (b. Joma 51): „Es gibt keine Sühne außer durch Blut“. Im Sinne des größeren Beweisanliegens ist damit die Bedeutung des zur Verbindlichkeit erhobenen Opfers unterstrichen. Wieweit dem alttestamentlichen Handeln eine gewisse beschränkte Gültigkeit zukommt, bleibt zunächst außer Betracht, wird aber im folgenden noch verhandelt (s. 10,4). Indem der Verfasser vom „Blutvergießen“ spricht und nicht vom „Blutausgießen“, richtet er den Blick der Leser aus auf das notwendige Daß des Geschehens, um vom Wie der kultischen Handlung abzusehen. Damit kann der Tatbestand des Opfers Christi, unfaßlich und anstößig genug, erneut zum Gegenstand der Betrachtung erhoben werden.

Das einmalige Opfer Jesu umgreift eine umfassende Versöhnung zum Zwecke der Vollendung der Welt 9,23-28

23 So besteht also die Notwendigkeit, daß die Abbilder dessen, was im Himmel ist, mit diesen Mitteln gereinigt werden, die himmlischen Dinge selbst aber mit höheren Opfern als diese. 24 Denn Christus trat nicht in ein mit Händen gemachtes Heiligtum ein, das ein Antityp des wahren ist, sondern in den Himmel selbst, um jetzt für uns vor dem Angesichte Gottes zu erscheinen. 25 Auch nicht in der Absicht, sich selbst vielmals zu opfern, so wie nämlich der Hohepriester Jahr für Jahr mit fremden Blut das Heiligtum betritt, 26 da er sonst seit Grundlegung der Welt vielmals hätte leiden müssen; jetzt aber ist er ein einzigesmal am Ende der Weltzeiten zur Beseitigung der Sünde durch sein Opfer offenbar gemacht. 27 Und wie den Menschen obliegt, einmal zu sterben, danach aber das Gericht ergeht, 28 so wird auch der Christus, nachdem er einmal geopfert war, „um die Sünden vieler wegzutragen“, zum zweitenmal frei von Sünden denen zum Heil erscheinen, die auf ihn harren.

V. 28: *Jes. 53,12.*

Der Sinnabschnitt 9,23-28 faßt Erkanntes zusammen und bereitet die weitere 23
Beweisführung vor. V. 23 handelt in Auswertung des allgemeinen Satzes V. 22 von der höheren „Notwendigkeit" einer Reinigung vermittels Blutopfer. Es ist schon 8,5 bemerkt, daß die levitischen Priester einem „Abbild" und „Schatten" der himmlischen Dinge dienen. Der Gedankengang 9,1-10 liefert in aller Ausführlichkeit den Einzelbeweis. Die Verse 9,11-22 beleuchten die prinzipielle Bedeutung des Blutopfers zum Zwecke der Reinigung und der Vergebung. V. 23 hält in gewichtiger begrifflicher Formulierung den Tatbestand einer vorliegenden „Notwendigkeit" fest, die erkennbar ist und sich auf Grund schlüssiger Betrachtungsweise vom Niederen zum Höheren ableitet. Hinter dem Begriff „Notwendigkeit" steht ein primär logisches Anliegen, nicht die Annahme eines seinshaften Zwanges, wie auch der ganze Satz präsentisch gehalten ist. Anders als Philo, der von der Schönheit des Kosmos auf einen Schöpfer und Erhalter schließt, und der das Zeugnis des Alten Testaments zum Beweis metaphysischer Realitäten nimmt, um in der Stiftshütte einen Hinweis auf den platonischen (göttlichen) Kosmos, den „wahren Tempel", zu sehen, fragt der Hebr., ohne auf den kosmologischen Seinszusammenhang zu achten, nach der Sinnotwendigkeit des Opfers. Er kommt zu dem Ergebnis, daß die himmlischen Dinge „höherer Opfer" bedürfen. Was zunächst als nur allgemeiner Schluß 24
geboten ist (s. den Plural der Gattung), gewinnt sofort seine erwünschte Spezifikation auf Grund des einmaligen Selbstopfers Christi, der nicht in ein mit Händen gemachtes Heiligtum eingetreten ist, das doch nur ein Antityp der wahren Dinge wäre, sondern in den Himmel selbst. In gewisser Wiederholung der Aussage 9,11 wird klargestellt, daß der Eintritt in das himmlische Heiligtum, von dem das Stiftszelt nur ein beziehungsreiches Abbild des eigentlichen Urtypus sein konnte, allein durch ein außerordentliches priesterliches Handeln möglich gewesen ist. Nicht, daß die himmlischen Dinge hätten gereinigt werden müssen! V. 23 b scheint das Verbum aus 23 a absichtlich nicht übernommen zu sein. So war es V. 24 leichter, wiederum ausschließlich auf den Opfergang in das himmlische Heiligtum zu schauen. Der gegebene Einblick in die tieferen Zusammenhänge soll den Tatbestand eines höheren Handelns begründen. Hat Christus nicht das irdische Heiligtum, sondern „den Himmel selbst" betreten, dann bedeutet dies, daß er sich der eigentlichen Wahrheit, dem Ursprung und dem Grund der Dinge gestellt hat, nämlich der Wirklichkeit Gottes. Der Hebr. spricht zunächst in üblicher Weise vom „Himmel", um ihn vom Menschenwerk abzuheben. Aber der Begriff selbst steht als Chiffre für Gott. Anders als wir heute es hören, ist nicht Gott eine Chiffre für das Transzendente, Unaussagbare und Unergründbare. Den Zweck und die Folge des hohenpriesterlichen Ganges aufweisend wird angefügt: „um jetzt vor dem Angesicht Gottes zu erscheinen für uns". Die Wendung kann im Alten Testament (s. Ps. 42,3) bildhaft den Besuch des Heiligtums besagen. An dieser Stelle des Hebr. ist sie indessen streng wörtlich gemeint, zumal ein abschließender und einmaliger Akt vorgestellt wird, der das Ende und das Ziel aller Dinge umgreift. Die überaus kühne Aussage beschreibt mit sehr deutlichen Worten die entscheidende Phase der Erhöhung, seit der die „Jetztzeit" gezählt wird. Sie ist dadurch qualifiziert, daß einer „das Angesicht Gottes" hat schauen dürfen. Es gehört zu den Grundaussagen des jüdischen Glaubens, daß sich Gott, der in unnahbarer Verborgenheit wohnt, dem menschlichen

Auge nicht enthüllt. Man kann seiner Herrlichkeit, geschweige denn seinem Blick, nicht standhalten. Selbst die symbolische Stätte Gottes im Allerheiligsten des Tempels durfte der Hohepriester nur dann am Versöhnungstag betreten, wenn sie vom Rauchopfer dicht verhüllt war. Wie unerhört mutet es somit an, daß Christus die Undurchdringlichkeit, die den heiligen Gott umgibt, hat durchbrechen können! Und dies nicht um seinetwillen, sondern – wie es mit paulinisch anmutender Prägnanz am Schluß steht – „für uns". Solches Zeugnis führte schon antikes Denken und Glauben an eine absolute Grenze heran. Der Verfasser ist sich dessen bewußt gewesen, was aus der übernommenen technischen Wendung hervorgeht. Wie anders hätte er die Verbundenheit Christi mit Gott auf Grund des Kreuzesopfers auch beschreiben sollen? Man hört insgeheim die Überzeugung heraus, daß nicht jeder vor Gottes Angesicht hat treten können, wohl aber der Sohn, der in abgründiger Anfechtung die Bewährungsprobe bestanden hat. Ist das „Für uns" zufolge der Vorstellung eines stellvertretenden Leidens bei Paulus häufig im Sinne eines „an Stelle von uns" gemeint, so hier als ein Eintreten „zugunsten" des Menschen (s. auch 7,25). Betont Paulus mehr die passive Rolle des leidenden Christus (Ausnahme: Gal. 1,4; 2,20), so der Hebr. verstärkt seine aktive Rolle und Tat. Damit entfällt die Idee eines objektiven Heilsgeschehens, von Gott gewollt und bereitet, wogegen sich der Gedanke des „aktiven Opfers" um so nachdrücklicher anmeldet. An die Stelle der rein theologischen Aussage, die den Indikativ des Heils beschreibt, woraus der ethische Imperativ folgt, setzt der Hebr. das für sich selbst sprechende Vorbild des Christus, der die Freiheit zum Opfer aufgebracht hat und so als der Ohnmächtige nach dem Willen Gottes der Vollmächtige geworden ist. Der ethische Sinn des
Opfers muß nicht erst wie bei Paulus abgeleitet werden, sondern ist unmittelbar an-
25 schaulich. Christus erscheint als das Vorbild und der Garant der Wahrheit des
christlichen Glaubens, die unmittelbar auf das Leben zielt, nicht auf die Theorie.
Um sie von einer gegenteiligen Betrachtungsweise her abzusichern, wird in Verdeut-
lichung des „Ein für allemal" betont, daß er sich nicht „vielmals" dargebracht hat,
so wie der jüdische Hohepriester Jahr für Jahr im Allerheiligsten zu opfern pflegt.
Worum es geht, ist die Tatsache, daß sein Kreuzesopfer ausgereicht hat, um Gott
endgültig für den Menschen festzulegen, der in seiner Schuldverstrickung des
26 befreienden Personopfers bedarf. Im vollen Bewußtsein unerhörter Kühnheit wagt
V. 26 die zusätzliche Aussage, daß Christus, wäre er nach der Weise des irdischen Hohenpriestertums aufgetreten, „sonst seit der Erschaffung der Welt vielmals hätte leiden müssen". Ein Anflug von Skepsis oder Trauer klingt durch die Bemerkung, daß das Menschengeschlecht seit Uranfang mit Gott in Widerstreit liegt. Die Geschichte des Glaubens, die später in Kap. 11 aufgezeigt wird, ist eben nur ein Teilaspekt der größeren Auseinandersetzung. Unglaube, Not und Schuld in der Welt dürfen mitnichten unterschätzt werden, weil daran Gott selbst leidet, und sei es, was nicht ganz unvorstellbar wäre, sogar vielmals in Gestalt seines Christus. Der Begriff des „Leidens" zielt auf das „Erleiden des Todes" und ist insofern bereits technisch verwendet (s. auch 2,9). Fast aufatmend bricht es in V. 26b hervor, daß Christus jetzt ein einziges Mal am Ende der Weltzeiten zur Beseitigung der Sünde durch sein Opfer offenbar gemacht worden ist. Sein Tod ist die große Wendemarke. Das „Jetzt aber" ist stärker zeitlich als logisch zu verstehen. Die Welt steht in einem

neuen Licht. Das Opfer seiner Lebenshingabe am Kreuz umgreift in Wahrheit den
großen Versöhnungstag der Menschheitsgeschichte. Selbst die Schuld der früheren
Generationen hat er gesühnt, so daß mehr als bloße Vergebung der Sünden erreicht
ist, nämlich ihre „Beseitigung". Die Aussage, daß er „geoffenbart worden ist", meint
nicht vor Gott, sondern vor der Welt von Gott. Sehen wir recht, dann steht hinter
diesem Zeugnis das Wissen um den proklamatorischen Charakter des Wort-
geschehens. Der Hebr. geht davon aus, daß die Wahrheit des Kreuzes Christi seit
dem Geschehen verkündigt wird, wie es ja auch in 1,2 heißt, daß Gott am Ende der
Tage durch den Sohn gesprochen hat (vgl. auch 1.Petr. 1,20; 1.Joh. 3,5). Was kund-
gemacht werden muß, liegt nicht offen vor Augen. Es kann Annahme finden oder
auf Ablehnung stoßen. Offenbarung umschließt nicht, was für menschliches Ver-
stehen an sich klar ist. Offenbarung hat es vielmehr wesenhaft mit Verborgenheit
zu tun. Vielleicht ist sie nirgends massiver gegeben als im Opfer der Selbsthingabe
Christi. Wo die existentiale Grundkategorie des Todes die Grundentscheidung des 27
Menschen bestimmt, wird das Kreuz als geschichtliche Größe zur eschatologischen
Norm. Den Entscheidungsernst bringt V. 27 insofern zu Recht, ja sogar logischer-
weise ein, wenn freilich der Satz im eigentlichen Sinne die in V. 28 ausgesprochene
Überzeugung absichern und begründen soll. Glaubenspsychologisch gesehen, ist die
V. 27 verarbeitete Thematik jedenfalls von überaus großer Aussagekraft. Sie be-
weist, daß dem Menschen, ob er will oder nicht, eine Entscheidung abverlangt ist,
aus der er als verantwortliches Geschöpf nicht ausbrechen kann. Ohne Gott zu
nennen, hält V. 27 in allgemeingültiger Formulierung fest, daß dem Menschen
gesetzt ist, einmal zu sterben, „danach aber das Gericht". Der Satz will eine Fest-
stellung sein, keine Drohung. Er ist außerdem eine auf Erfahrung beruhende Über-
zeugung, keine nur persönliche Meinung. Hinter ihm steht das Wissen, daß das
Mensch-sein verantwortet werden muß. Über die allgemeine Sentenz hinaus wird
dem Hörer eingeschärft, daß nach dem Tod ein Tag des Gerichts sein wird, an dem
Gott endgültig und universal abrechnet. Christi Geschick ist von Bedeutung, da es
die Antwort auf die offenbar zutiefst empfundene Fraglichkeit menschlicher
Existenz bringt. Diesem Erfordernis trägt V. 28 im Rahmen einer Schlußfolgerung 28
Rechnung. Was konstitutiv dem Mensch-sein zugehört, nämlich der Tod, ist auch
Christus nicht erspart geblieben, der in allen Dingen seinen Brüdern hat gleich
werden müssen (s. 2,10 ff.). Dies gilt ungeachtet der Tatsache, daß sein Sterben
unter dem Aspekt des leidenden Gottesknechtes (nach Jes. 53) zu bewerten ist, weil
er die Sünden „vieler" beseitigen mußte. Jesu Tod, der zunächst als unvermeidliche
Wirklichkeit menschlicher Existenz gesehen wird, empfängt erst in einem Beisatz
seine theologische Erklärung nach Jes. 53,12. Es fällt auf, daß die biblische Weis-
sagung nur anklingt, jedoch nicht in aller Breite aufgenommen ist. Außerdem hat
sie der Hebr. theologisch in der Weise beansprucht, daß er damit Jesu Aufgabe,
Gottesknecht zu sein, als von Gott zugemutete hervorhebt. Dieser Aspekt ergibt
sich aus der Wendung: „nachdem er geopfert worden war" (anders V. 25). Der Sinn
von Jes. 53 ist demnach nicht, daß Jesus der Gottesknecht hat sein wollen, sondern
daß er mit seinem Dienen und Leiden die Erfüllung der Weissagung bezeichnet. In
ihr ist bekanntlich vom Kreuz nicht die Rede. Tatsächlich war Jesu Geschick noch
eine Dimension abgründiger als Jes. 53 anzeigt. Die Verwendung der Schriftstelle,

die beispielsweise Mk. 10,45 beansprucht ist, um Jesu eigenes ausdrückliches Wollen darzustellen, verrät somit ein relativ frühes und grundsätzliches Stadium der theologischen Reflexion, wie auch die Beibehaltung des Hebraismus (die Sünden „vieler" = aller) bemerkenswert erscheint. Vielleicht ist in der Tat dies das Entscheidende, daß Christus den Gehorsam des Gottesknechtes gelebt hat, weil solches Verhalten allein seinen Tod zum Opfer erheben konnte. Spricht V. 26 von der grundsätzlichen Beseitigung der „Sünde", so ist hier vom Wegtragen der „Sünden" (Plural!) die Rede. Die Hoffnung vieler, denen Vergebung geschenkt ist, kann sich auf Christi Opfer gründen. Der vorläufigen Befreiung wird die endgültige folgen. Beim zweiten Kommen wird er „frei von Sünde" sein (wörtlich: „ohne Sünde"); das bedeutet, daß sein Leben und Wirken nicht mehr wie beim ersten Erscheinen der Beseitigung der Sünde dienen. An dieser Stelle schlägt überraschenderweise der Gedankengang um. Wir hören nicht in Analogie zu V. 27, daß Christus das dem Menschen bestimmte Gericht vollführen wird (so erst in 10,13), sondern daß er denen „zum Heil" erscheint, „die auf ihn harren". Verhalten klingt bereits die spätere eschatologische Ermahnung an (10,19 ff.). Beim ersten Auftreten war seine Aufgabe eine dienende, beim zweiten wird sie eine rettende sein. Damit ist das ureigenste Werk Jesu festgehalten, auf das die Gemeinde ihre Hoffnung gründen soll. Erstmals klingt an, worauf sich spätere Überlegungen ausführlich richten werden. Das Opfer Christi ist, weil am Ende der Zeiten geschehen, von umfassender Wirkung. Es umgreift nicht nur negativ die Befreiung von der Sünde, sondern auch positiv die Befreiung zum „Heil", womit der Besitz des Lebens (s. 10,19 ff.) und letztlich überhaupt die „Erlangung der Verheißung" und des ewigen „Erbes" gemeint ist (10,36). Wir erkennen, daß sich der Hebr. bemüht, nicht nur eine Hoffnung zu vermitteln, sondern vor allem auch ihren Grund aufzuzeigen.

Das Gesetz als Schatten der zukünftigen Dinge ermöglichte eine nur unvollkommene Vergebung 10,1-10

1 Denn das Gesetz, das nur einen Schatten der zukünftigen Güter aufweist, nicht das Ebenbild der Tatsachen selbst, kann Jahr für Jahr mit den gleichen Opfern, die man unaufhörlich darbringt, niemals die vollenden, die herzutreten. 2 Würde man denn sonst nicht aufgehört haben, sie darzubringen, wenn die, die den Dienst verrichten, als einmal gereinigte kein Bewußtsein ihrer Sünden mehr gehabt hätten? 3 Aber gerade in ihnen ist alljährlich ein Gedächtnis der Sünden gesetzt, 4 da es nämlich unmöglich ist, daß das Blut der Stiere und Böcke Sünden tilgt. 5 Deshalb sagt er beim Eintritt in die Welt: „Schlachtopfer und Gaben lehntest du ab, aber einen Leib hast du mir bereitet. 6 An Ganz- und Sühnopfern hattest du kein Wohlgefallen". 7 Da sprach ich: „Siehe, ich komme, wie in der Buchrolle über mich geschrieben ist, damit ich, Gott, deinen Willen tue". 8 Während er oben sagt: „Schlachtopfer und Gaben sowie Ganz- und Sündenopfer lehntest du ab, noch hattest du Wohlgefallen daran", welche doch gemäß dem Gesetz dargebracht werden, 9 hat er dann (unten) gesagt: „Siehe, ich komme, um deinen Willen zu tun". Er beseitigt demnach das Erste, um das Zweite aufzurichten. 10 Auf Grund dieses Willens sind wir durch die Opfergabe des Leibes Jesu Christi ein für allemal geheiligt worden.

V. 5-7: *Ps. 40,7-9a (mit einigen bedeutsamen Varianten beim Hebr.).*

Um den Gedanken der Notwendigkeit des Opfers Christi (9,23) zu vertiefen,
beleuchtet der Hebr. in 10,1-10 vor allem das Ungenügende der alttestamentlichen
Opferpraxis. Was vorher bereits mehrfach von den Einrichtungen des mosaischen
Kultus gesagt ist (s. 8,1ff.), findet hier eine Ergänzung. Dabei sehen wir wie in 8,5 1
den Begriff des „Schattens" aufgegriffen. Er charakterisiert das „Gesetz", das keine
Vollendung der Gläubigen bewirken kann. Mag es auch letztlich von Gott stammen,
so vermittelt es doch am wenigsten einen klaren Eindruck der „künftigen Güter",
die erst durch Christus Wirklichkeit geworden sind (s. zu 9,11). Was als unvergäng-
liche und bleibende Wahrheit hervorgebracht werden sollte, kann im Gesetz höch-
stens der Kontur nach wahrgenommen werden, nie aber im Detail des zugrunde
liegenden Urbildes, dem allein sonnenhafte Klarheit eignet. Das Gesetz vermag eben
nur eine ungefähre Andeutung des Eigentlichen zu geben, das Gott mit dem Tode
des Christus hat verwirklichen wollen. Das Gegenüber zur „schattenhaften" Wirk-
lichkeit wird vom Hebr., der hier einer unverkennbar platonisch-philonischen
Betrachtungsweise anhängt, als das „Ebenbild der Tatsachen" bezeichnet. Ähnlich
wie mit der Wendung „Antityp (bzw. Archetyp) des wahren (Heiligtums)" in 9,24
deutet er damit die Überzeugung an, daß einzig und allein den himmlischen Gütern
ewiger Seinswert zukommt (s. auch Kol. 2,17), nicht jedoch den irdischen Dingen,
wozu er auch das Gesetz Israels zählt. Eben diese Ansicht konnte wahrscheinlich
nicht ohne weiteres auf ungeteilte Zustimmung rechnen. Das Kriterium der „Schat-
tenhaftigkeit" des Gesetzes hat schließlich beim Hebr. anders als bei Philo eine deut-
lich negative, ja abwertende Funktion, wogegen sich ein gebildetes hellenistisches
Judentum fast zwangsläufig aussprechen mußte. Wahrscheinlich aus solchem
Wissen heraus kommt es daher sofort zu einer näheren Beschreibung der Mängel.
Hinter dem Satz steht die entscheidende Erkenntnis der Vergeblichkeit des alljähr-
lichen Opferns am Versöhnungstag, dazu das Wissen um das Ungenügende der
Gaben sowie das Gefühl eines letztlich nutz- und erfolglosen Handelns, mag es noch
so verzweifelt durchgehalten werden. Die Feststellung, daß bei allem Einsatz doch
die Herzutretenden nicht „vollendet" werden können, drückt wahrscheinlich zu-
tiefst empfundene Resignation aus. Die Aussage hat die Tempelgemeinde mit ihren
Priestern im Auge, die jährlich der Entsühnung bedarf und doch niemals zur letzten
Gottesgemeinschaft gelangt. Sisyphos als Erlebnis des frommen Menschen! Solcher 2
Einsicht verleiht der Hebr. auf seine Weise Ausdruck. Fast sophistisch bringt er vor,
daß man im Falle des Bewußtseins endgültiger und abschließender Vergebung doch
wohl aufgehört hätte, in so vergeblicher Weise zu opfern. Aber offenbar hat es die
Möglichkeit eines ein für allemal gereinigten Priestertums niemals gegeben, was der
alljährliche Versöhnungstag genügend unterstreicht. Weiß Paulus darum (Röm. 7),
daß das Gesetz im Grunde nur die Sünde vermehrt, so der Hebr., daß das Gesetz die
Sünde im anklagenden Gewissen des Menschen verewigt. Das empfundene Problem
wird nicht wie bei Paulus in theologischer Reflexion durchdacht, sondern bewegt
sich auf der Ebene religiöser Erfahrung. Entstammte der Gedanke nicht dem Raum
des Judenchristentums, wäre er wohl ohne Stringenz, so indessen eignet ihm nicht
unerhebliche Aussagekraft. Es scheint, daß V. 2 mit solcher Erwägung zunächst die
zeitliche Frage angeht, um sie negativ zu beantworten. Die Aufhebung der Opfer
war von den Opfernden des alten Bundes in keiner Weise erwogen, weil das an-

klagende „Bewußtsein (= Gewissen) ihrer Sünden", wie es sich in Sündenbekenntnissen offen anmeldet, allezeit klar dagegen sprach. Der Gedanke wird wenigstens in Form eines Fragesatzes geäußert, woraus hervorgeht, daß dem Hebr. nicht eigentlich daran gelegen hat, eine kühne Aussage zu machen, sondern er will viel-
3 mehr die Hörer zu Überlegungen anregen. Was faktisch vorliegt, hält dagegen V.3 fest, daß nämlich durch die jährlichen Opfer ein ständiges „Gedenken der Sünden" geschieht. So jedenfalls geht es in der Tat aus den Anweisungen zum großen Versöhnungstag hervor. Anstatt der Entlastung des Gewissens von den Sünden, kommt es also gerade zur ständigen Belastung, was unmöglich dem Ziel einer totalen Erlösung und Vollendung näherbringen kann. Der Begriff des „Gedächtnisses" scheint sowohl dem Gesichtspunkt des „Gedenkens" als auch dem der „Erwähnung"
4 im Sündenbekenntnis Rechnung zu tragen. V.4 endlich fügt als weiteres Argument hinzu, daß das Blut der Stiere und Böcke unmöglich Sünde tilgen könne. Art und Menge des Blutes schaffen es am wenigsten. Schließlich handelt es sich immer nur um Tierblut. Die Meinung geht außerdem dahin, daß solche Opfergaben vor Gott für eine endgültige Sühne in keiner Weise ausreichen. Dabei ist der Verfasser selbstverständlich nicht der Meinung, Gott verlange nach dem Blut eines menschlichen Opfers. Wohl aber scheint ihn der Gedanke zu leiten, daß vom Totalopfer der Person nicht dadurch Befreiung möglich ist, daß der Mensch auf ein Ersatzopfer zurückgreift. Somit beruht nach dem Hebr. die gesamte Opferanschauung und Opferpraxis des alten Bundes letztlich auf einem Irrtum. Und weil diese Anschauung das religiöse Denken außerhalb Israels ebenfalls bestimmt hat, kann sie ihm nicht mehr gewesen sein als ein trügerischer Wahn. Vor Gott zählt kein kultischer Formalismus, und letztlich kein noch so gut gemeinter Ersatz, sondern nur das Tun
5 seines Willens, der den Menschen immer als Ganzen fordert. Die Verse 5ff. geben in diesem Sinne auf die Feststellung in V.4 eine klare Antwort, weshalb sie mit V.1-4 unmittelbar zusammenzunehmen sind. Der Hebr. bezieht im Wissen um die Bedeutung des Nachweises sein Argument dergestalt aus der Schrift, daß er in Ps.40,7-9a ein Gespräch des Christus mit Gott niedergelegt sieht (ähnlich in 2,12f.), das vor seinem Auftreten bzw. Eintritt in die Welt geführt worden sei. Das Subjekt von „er sagt" – Christus, nicht David, der Psalmist – ist zufolge des Zusammenhangs keine Frage. Ob aber speziell auf die „Fleischwerdung" angespielt ist, muß doch wohl offenbleiben. Wir wissen nicht, was sich der Hebr. darunter gedacht haben soll. Daß er sich Jesu Eintritt nicht nach dem Schema des gnostischen Mythos vorgestellt haben kann, ist überdies keine Frage. Eher schon läßt sich von 1,6 her, wo die künftige zweite „Einführung" in den Blick gerückt ist, an einen Akt der Manifestation in Verbindung mit der ersten „Einführung" denken. Offenbar handelt es sich darum, die Sendung Jesu hinein in die Welt zu beschreiben, was bedeutet, daß von der Geburt im speziellen Sinn durchaus abgesehen sein kann (vgl. Apg.13,24). Gleichwie der Verfasser technisch vom „Hineingehen in das himmlische Heiligtum" spricht (s. 9,12), so auch vom „Hineingehen in die Welt". Ist im letzten Fall die Einleitung des priesterlichen Werkes gemeint, so im andern seine Vollendung. Die kult-technische Ausdrucksweise läßt eine spezielle Ausdeutung auf das biologische Wie oder auf die bestimmte Form eines Mythos schwerlich zu. Wie wenig an die Inkarnation gedacht sein kann, entnehmen wir nicht zuletzt der Tatsache des mit-

geteilten Gespräches selbst. Christus äußert sich in der Weise des gehorsamen
Sohnes, der bereit ist, den Willen Gottes zu erfüllen und sein Leben als Opfer zu
geben. Er tritt dabei, wie man dem Wortlaut hat entnehmen können, nicht als der
Präexistente im Rahmen eines Erlösungsprozesses oder himmlischen Abstiegs auf,
sondern als Hoherpriester, der sich auf Grund des in der Heiligen Schrift vorliegen-
den göttlichen Wortes gerufen weiß. Zufolge der eigentümlichen Fassung von V.7a
scheint die Vorstellung sogar die zu sein, daß er als Bittender (im Gebet?) vor Gott
getreten sei, um seine Leidensbereitschaft anzuzeigen und sich der Weisung Gottes
freiwillig zu beugen. Gemäß dem Schriftwort lag Christus daran, an die Stelle der
von Gott nicht erwünschten „Schlachtopfer und Gaben“, den „Leib“, d.h. die
eigene Person, zum Opfer dahinzugeben (s. z.B. Jes. 53,12 in 9,28). Die eigenwillige
Fassung des Zitats in V.5b (im Urtext: „Ohren hast du mir gegraben“) muß wahr-
scheinlich auf einen Lese- oder Schreibfehler zurückgeführt werden. Der veränderte
Text kam der theologischen Absicht des Hebr. dabei stärkstens entgegen, will er
doch zeigen, daß Christus als Hoherpriester das abschließende, wahre Opfer
gebracht hat. Eben daran hatte Gott Wohlgefallen (etwas anders die LXX), nicht 6
aber an Ganz- und Sündopfern (vgl. Ps. 51,18). Demnach wird durch Christi Mund
selbst klargestellt, daß die herkömmlichen hauptsächlichen Opferarten Israels nicht
die eigentliche, von Gott gewollte Wahrheit bezeichnen. V.7 trägt, wie schon an- 7
gedeutet, besonderes Gewicht, wobei sein ursprünglicher Inhalt ebenfalls zugunsten
der messianischen Auslegung verändert ist. An Stelle des Beters spricht Christus vor
Gott. Das Buch ist nicht das „Gesetz“, sondern die Heilige Schrift als Weissagung
auf Christus. Der Hebr. hat aus der Aussage einen Absichtssatz des Messias ge-
macht, den Willen Gottes tun zu wollen, zumal auch Ps. 40,9a bewußt in diesem
Sinne gekürzt ist. Daß Christus auf die üblichen Opfer verzichten werde, um sich
selbst als gehorsam zu erweisen, ist schärfstens herausgearbeitet. Die Wahrheit
solcher Aussage erscheint durch den Wortlaut der Heiligen Schrift hinreichend
gedeckt. Für den Hebr. ist damit deutlich gesagt, daß Christus eine Ablösung der
alten Verhältnisse bringt, nicht nur ihre Verbesserung oder Ergänzung. Wenn er
die alte Ordnung aufgehoben hat, dann deswegen, weil sie letztlich nicht in der heil-
samen Absicht Gottes lag. Ähnlich wie in 8,7-13 wird auf ein absolut neues Gottes-
verhältnis der messianischen Zeit hin argumentiert. Vor allem in V. 8-10 tritt dieses 8
Anliegen hervor, kommentiert doch eine zusätzliche freie Betrachtung den Inhalt
klar im erwähnten Sinn. Zuerst richtet sich der Blick auf den Eingang des Zitats
(„oben“), das mit eigenen Worten noch einmal wiederholt wird. Gottes Ablehnung,
so ist eingeschaltet, betrifft jene Opfer, die „nach dem Gesetz“ dargebracht werden.
Die pluralische Fassung von Ps. 40,7a kommt dem Bemühen entgegen, eine all-
gemeine Aussage über die Ablehnung aller Opfer zu formulieren. V.9 („dann hat er 9
gesagt“) greift auf den in der Folge geäußerten Entschluß des Christus zurück, den
Willen Gottes tun zu wollen, und bezieht ihn auf die Aufrichtung eines neuen Bun-
des. An die Stelle eines Vorläufigen und Ersten tritt das Zweite und Endgültige. Die
Überlegung ist im Stil des abgeleiteten Lehrsatzes präsentisch gefaßt. Aus Christi
Wort geht demnach die nun gültige Ordnung eindeutig hervor. Die Anwendung des
Erkannten geschieht sofort mit V.10. Was wie eine unwichtige schriftgelehrte Über- 10
legung anmuten könnte, umgreift auch für die christlichen Leser (man beachte den

bewußt gewählten Wir-Stil!) eine unmittelbare gegenwärtige Wirklichkeit. Was bisher distanzierte Erörterung war, gewinnt die Gestalt einer feierlichen theologischen Aussage, die Zuspruch sein will, um die Gewißheit der Vergebung zu stärken. Der hochgestimmte Tenor des Satzes mag durch den gottesdienstlichen „Sitz im Leben" des Briefes mitbedingt sein. Es fällt auf, daß das am Schluß des Satzes stehende „ein für allemal" nun nicht von Christus ausgesagt ist, sondern von den Christen. Die an ihnen geschehene Heiligung stellt sich als umfassende und ganzheitliche dar. Sie bedarf keiner weiteren Perfektion, weil sie Ergebnis einer größeren Wirklichkeit ist, gekennzeichnet durch Beseitigung des Alten und durch Errichtung eines Neuen. Man wird weiter sehen, daß der Hebr. zunächst nicht im Blick auf ein Schlacht- oder Blutopfer argumentiert, sondern zuerst den etwas weiteren Begriff der „Darreichung" als Opfergabe gewählt hat, um dadurch auch dem willensmäßigen Gehorsam Ausdruck zu verleihen. Christi Opfer ist in diesem Zusammenhang in erster Linie als Selbstverzicht und Selbsthingabe vor Gott gekennzeichnet.

Die Erhöhung Christi leitet die Zeit der Vollendung und des letzten Sieges ein 10,11-18

11 Und so steht zwar jeder Priester Tag für Tag da und verrichtet seinen Dienst, wobei er vielmals die gleichen Opfer darbringt, die doch niemals Sünden wegnehmen können, 12 dieser aber, der ein Opfer für die Sünden darbrachte, „setzte sich" für immer „zur Rechten Gottes", 13 indem er die übrige Zeit abwartet, „ bis seine Feinde zum Schemel seiner Füße gelegt sind". 14 Denn durch eine (einzige) Opfergabe hat er auf immer die zur Vollendung geführt, die geheiligt werden. 15 Der heilige Geist gibt uns aber sogar Zeugnis darüber. Nachdem er nämlich gesagt hatte: 16 „Dies ist das Testament, das ich für sie errichten werde nach jenen Tagen", spricht der Herr: „Ich will meine Gesetze in ihre Herzen geben und sie in ihren Sinn schreiben 17 und ihrer Sünden und Ungesetzlichkeiten will ich keinesfalls weiter gedenken". 18 Wo aber Vergebung für diese geschieht, bedarf es keiner Opfergabe mehr für die Sünde.

V. 12: *Ps.110,1a;* V. 13: *Ps.110,1b;* V. 16: *Jer.31,33;* V. 17: *Jer.31,34d.*

11-18 Im großen und ganzen setzt sich der Abschnitt aus bekannten Aussagen zusammen, was auch aus dem Gebrauch gleicher typischer Wendungen hervorgeht. Abschließendes Hauptthema ist noch einmal die Einmaligkeit des Opfers Christi, der dadurch „für immer" (s. 7,4) zur „Rechten Gottes" thront (s. 8,1) und Gericht über seine Feinde halten wird (s. 9,28; 1,13). Eben dadurch hat er auch die ewige Vollendung für alle Geheiligten ermöglicht (s. 10,1), was bedeutet, daß in Erfüllung der Weissagung Jer. 31,33 „jene Tage" gekommen sind (s. 8,8ff.), in denen in der Tat die Opfer abgeschafft werden und umfassende Vergebung um des Sterbens Christi willen gewährt wird. Die gedankliche Rückkehr zu der biblischen Grundlage Ps. 110 stellt erneut sicher, daß der Prediger nicht seinen persönlichen Ideen verpflichtet ist, sondern einem vorgegebenen Zeugnis, ja dem Anspruch des Geistes
11 Gottes (s. 10,15). Anders als in 9,11-14 und 9,23-28 wird abschließend Christus nicht mit dem Dienst des Hohenpriesters am großen Versöhnungstag verglichen,

sondern mit dem des Priestertums Israels überhaupt. Tag für Tag stehen seine Vertreter im Tempel, um ihre kultischen Aufgaben zu verrichten. Man mag an die Darbringung des täglichen Brandopfers am Morgen und am Abend denken oder an sonstige Dienstgeschäfte. Hatte man auch alle Aufgaben besonders geregelt, so war doch grundsätzlich „jeder Priester" dazu berufen und verpflichtet. Er „stand" in diesem Fall vor Gott, wie es eine feste Redewendung des Alten Testaments besagt (z. B. 5. Mose 10, 8; Ri. 20, 28), um nämlich unablässig seines Dienstes als Knecht des höchsten Herrn zu walten. Ein sklavisches Amt, bedenkt man, daß hierbei in ermüdender und letztlich sogar sinnloser Aufopferung „vielmals die gleichen Opfer" dargebracht werden, die doch niemals die Sünde beseitigen können (s. 10, 1. 4)! So lagert nach der Überzeugung des Hebr. über dem priesterlichen Dienst Israels etwas Unzulängliches und Unbefriedigendes. Er ist keineswegs frei von Ungenügen und Versagen. Es scheint, daß der Verfasser, der nur konstatiert, nicht etwa anklagt, darunter gelitten hat, um aber freilich aus dem Opfer Christi ganze Gewiß-
heit zu schöpfen. Sieht er im Stehen des Priesters das Unfertige und Unabgeschlossene 12
der gesamten Institution ausgedrückt, so noch mehr in Christus, der auf Grund seines einen Opfers zur Rechten Gottes thront, die letzte ewige Wahrheit, von der aus alles künftige Geschehen verstanden und bemessen werden muß. Demnach trägt „ein" Opfer die schuldhafte Vergangenheit, die „um der Sünden willen" eine Last darstellt. Diese Wahrheit befreit aber auch für die Zukunft, weil Feindschaft und Widerstand daran zerbrechen. Teils im Wortlaut, teils in freier Wiedergabe (s. „für immer") klingt erneut Ps. 110 an, dessen Aussage vom „Sitzen Christi zur Rechten Gottes" etwas von der verheißenen ewigen Ruhe des Gottesvolkes (s. 4, 9) ausstrahlt, die in der Herrschaft des Fürsprechers und Hohenpriesters (s. 7, 24 f.) ihren unwandelbaren Grund hat. Das Thronen des Christus ist dabei aber keineswegs als
ein schon völlig abgeschlossenes Geschehen verstanden. V. 13 blickt im Sinne von 13
Ps. 110, 1 b auf das Ende der Feinde, die Christus zu Füßen gelegt werden und zwar durch Gott, der den vollständigen Sieg seines Sohnes herbeiführt. Eine gewisse Zeitspanne ist noch übrig, die dieser abwartet, bis die Vollendung des eingeleiteten Sieges geschieht. Daraus spricht der Geist der Urgemeinde, die sich am nahen Ende der Zeiten gewußt hat. Da sie vom Geschehen der Erhöhung des Herrn her kommt, braucht ihre Hoffnung nicht ins Ungewisse zu gehen. Sie äußert sich als Ausdauer im Harren, was der folgende Zuspruch nachdrücklich betont (s. schon 9, 28). Wer die „Feinde" des Christus sind, die sich ihm beugen müssen, bleibt in diesem Zusammenhang offen (s. auch 1, 13). Wahrscheinlich ist aber nicht in erster Linie an den Satan oder an widergöttliche dämonische Kräfte gedacht, sondern an irdische Mächte (s. 10, 27 ff.; 6, 8), die dem Christuszeugnis hartnäckigen Widerstand leisten, so daß die Offenbarung der himmlischen Welt dadurch vorläufig noch aussteht. Nur in zweiter Instanz mag sich auch die Überzeugung von der Überwindung der metaphysischen Gegenspieler Christi einmischen, wovon bekanntlich 2, 14 die Rede ist. Freilich ist ihre Zeit befristet, was 10, 37 noch einmal ausdrücklich mit Hilfe der Schrift nachgewiesen wird. Damit fügt sich die Erwartung des Hebr. ganz in die streng zielgerichtete Hoffnung der Urchristenheit ein. Von ihren besonderen Voraussetzungen her lehrt sie den zum Kosmokrator inthronisierten Hohenpriester,

mit dessen universaler Herrschaft die bereits zeitliche Erlösung endgültig zur ewigen
14 umgewandelt ist. V. 14 geht in diesem Sinn von der in gegenwärtiger Zeit Wirklichkeit gewordenen „Vollendung" aus, in die der Mensch als „Geheiligter" hineingenommen sein kann. Ein einziges Opfer hat dies bewirkt, so wird noch einmal herausgestellt, um den ganzen Abstand vom vergeblichen Bemühen des Priestertums des alten Bundes deutlich zu machen. Es klingt überdies an, daß das Opfer Christi ein in seiner Bedeutung abgeschlossenes Geschehen ist. Die „Vollendung" kann daher als eine schon präsentische Erfahrung des Glaubens ausgegeben werden, perfekt in sich selbst und eben dadurch „für immer" Gabe und Angebot. Offenbar meint der Begriff, wie schon anderwärts entfaltet (s. 2,10), keinen Prozeß ethischer oder gar kultisch-mystischer Vervollkommnung, sondern nicht mehr und nicht weniger als ein Verhältnis unmittelbarer Gemeinschaft mit Gott, in der beseitigt wird, was bis zur Stunde störend oder hinderlich gewesen ist. Der Hebr. hat das Hoffnungsziel somit im Grunde auf einen überaus einfachen Nenner gebracht und er hat es, was des Nachdenkens wert ist, in radikaler Weise mit dem einen Opfer Christi begründet. Daß das Leben in ewiger Freiheit auf dem Tod des einen Hohenpriesters beruhen soll, ist ein unerhörter Gedanke, der alles Überlegen an eine letzte
15 Grenze führt. Zur Bekräftigung der Wahrheit des Erkannten wird daher noch einmal auf die Gotteszusage Jer. 31,31-34 (s. 8,8ff.) in abgekürzter Form Bezug genommen. Sie ist zum Zwecke der unmittelbaren Aktualisierung des Wortes als Zeugnis des heiligen Geistes hervorgehoben. Der Hebr. setzt voraus, daß dieser wie einst durch die Propheten so auch heute noch spricht. Mehr als Warnung (s. 3,7) will er Verheißung und Zuspruch geben. Das ewige Wort Gottes wird dadurch zur lebendigen und wirksamen Größe (s. Philo, Leg. all. III,4; III,21,7), gerade auch in
16f. der Christuszeit. Der erste Teil der Rede, der über die jetzige Erfüllung der Gotteszusagen keinen Zweifel läßt, ist so gewählt, daß die Wendung „spricht der Herr" sofort zur eigentlichen Wahrheit, auf die es ankommt, überleitet. Sie hat zum Inhalt, daß Gott unmittelbar am Herzen der Menschen handelt und „Sünden" und „Ungesetzlichkeiten" vergibt, um ihrer überhaupt nicht mehr zu gedenken. Die entscheidenden Worte folgen nicht erst in V. 17, wie man gelegentlich gemeint hat, sondern bereits V. 16b, wobei die Logik lautet: „nachdem er gesagt hatte, ... spricht er". Indem der Verfasser über die Mitte des Zitats sofort zum Schluß eilt, hebt er genau jene neue Wirklichkeit der Messiaszeit hervor, die nur vom einmaligen Opfer Christi her einsichtig wird, da die Tatsache einer umfassenden Vergebung
18 niemals ohne die umgreifende Wirklichkeit eines Opfers gedacht werden kann. Der Hebr. setzt diese Überzeugung V. 18 voraus. Dieser Lehrsatz, der die umfangreiche theologische Erörterung des Hohenpriestertums Jesu 4,14-10,18 abschließt, betont die Abschaffung der Opfer, weil Christus eine vollkommene Vergebung ermöglicht hat. Das Gesamtergebnis der überaus vielfältigen Überlegungen wird in schlichtester Weise noch einmal zusammengefaßt. Man hört heraus, daß mit solcher Grundsatzerklärung eine judenchristliche Hörerschaft zu jener Gewißheit gebracht werden soll, die sie die Bindung an das Alte endgültig aufgeben läßt. Um so mehr kann die Ausrichtung auf das Neue und Künftige zur willig übernommenen Aufgabe werden.

Vierter Hauptteil: „Der Herr wird das machtvolle Szepter aus Zion senden, ... am Tage des Zorns... wird er richten“ (Ps. 110,2.5f.) 10,19 — 12,29

Nach der umfangreichen Beschreibung des Hohenpriestertums Jesu, dessen Einmaligkeit „gemäß der Ordnung Melchisedeks“ eingehend erörtert ist (7,1-10,18), wendet sich der Hebr. erneut der gegenwärtigen Lage seiner Hörer zu, die keineswegs befriedigt. Dabei wird, wie schon mehrfach im Eingangsteil der Homilie (2,1ff.; 3,1ff.; 4,1ff.; 4,14ff.; 5,11ff.), der Stil nachdrücklicher und kräftiger Ermahnung aufgenommen. Letztere hat ihren Grund in einer nach Ps. 110 zu bestimmenden lebendigen Hoffnung (s. bes. 12,2). Die Ausführungen von 10,19-12,29 bilden daher deutlich einen eigenen Hauptteil. Sprachlich und inhaltlich ähnelt die Aussage 10,19, die einen Einschnitt markiert (s. die Anrede „Brüder“), der Überleitung 4,14.

Das Opfer Jesu ist für den Christen, dessen Ausdauer hart geprüft wird, der Grund einer gewissen Hoffnung 10,19-39

In 10,19-39 klingen sofort verschiedene Hauptgedanken des hinführenden Teils an. Gleichsam kompendiarisch verarbeitet bringen sie Erkanntes in Erinnerung, um die Voraussetzungen des christlichen Handelns klarzustellen (vgl. 3,1.6; 4,16; 6,19f.). In der Mahnung, am Bekenntnis festzuhalten, darf man ein Leitthema erkennen, das dem Charakter des festlichen Gottesdienstes, den wir uns als „Sitz im Leben“ des homiletischen Vortrags denken müssen, im besonderen entspricht. Nachdrücklich erscheint damit die überaus wichtige Rede von der „Verheißung“ verbunden (s. 4,1; 6,11f.; 7,6; 8,6; 9,15; 10,36 u. a.), umschreibt sie doch das eigentliche Hoffnungsgut der Gemeinde. Die begrifflich sehr markante Thematik nötigt zu dem Schluß, 19-25
daß der Verfasser mit 10,19-25 ein ohne Zweifel ideales Übergangsglied zum größeren Teil geschaffen hat. Er verleiht darin dem praktisch-seelsorgerlichen Bemühen sehr massiven Ausdruck. Die Hoffnung der Hörer soll gefestigt und ihrer Erwartung die nötige Spannkraft gegeben werden. Schon die Überleitung faßt sofort schärfstens das Ziel, den „nahen Tag“, ins Auge, also den Zeitpunkt der Endoffenbarung Gottes (s. Ps. 110,5ff.: „Tag des Zorns“).

Da in der Tat der folgende Gedankenkreis 10,26-31 zunächst negativ das dro- 26-31
hende Gericht hervorhebt, gewinnt das Anliegen eine überaus bedrohliche Schärfe. Verschiedene Schriftzitate (V. 27 und V. 30) sowie das typische Schlußverfahren in V. 29 kommen dem überdies zugute. V. 32 stellt nicht nur eine Lehraussage dar, sondern zugleich ein sehr persönliches Selbstzeugnis des Verfassers, den echte Sorge um sein und der Gemeinde Heil getrieben hat.

Sehr verschieden davon ist das Anliegen der dritten Gedankenreihe, aus der warme 32-39
Verbundenheit, echter Trost und vor allem freudige Gewißheit sprechen. Die Darlegung will die Angeredeten festigen und in ihrem Glaubensstand weiterbringen.

Die Gemeinde, die sich schon einmal vorbildlich bewährt hat, braucht die Zuversicht nicht aufgeben. Während 10,26-31 der Ernst der nahen Gerichtssituation in mehr allgemeiner Überlegung zu bedenken gegeben ist, setzen sich in diesem Abschnitt die Aufforderungen 10,19-25 unmittelbar fort (V.32.35). Den markanten Abschluß bildet ein bemerkenswertes, aus Jes.26,20 und Hab.2,3f. zusammengesetztes Schriftzeugnis.

Die Tiefe des Geschehens soll Grund sein, sich von der Hoffnung auf den nahen Tag bestimmen zu lassen 10,19-25

19 Da wir nun, Brüder, (berechtigte) Zuversicht auf den Eingang in das Heiligtum
durch das Blut Jesu besitzen, 20 den er uns eröffnet hat als einen neugebahnten
und lebendigen Weg durch den Vorhang, d. i. durch sein Fleisch, 21 und da wir
„einen Hohenpriester über das Haus Gottes" haben, 22 so laßt uns mit wahrhafti-
gem Herzen in der Fülle des Glaubens herzutreten, die Herzen vom bösen Gewissen
durch Besprengung befreit und den Körper mit reinem Wasser gewaschen! 23 Laßt
uns das Bekenntnis der Hoffnung unbeugsam festhalten, denn treu ist der, welcher
die Verheißung gab, 24 und laßt uns aufeinander schauen, um Ansporn zu haben
zur Liebe und zu guten Werken, 25 indem wir die eigene Versammlung nicht ver-
lassen, wie es bei einigen Gewohnheit ist, sondern einander ermahnen, und dies
um so stärker, je mehr ihr den Tag nahen seht!

V. 21: *4.Mose 12,7.*

19 Nur große Glaubenswahrheiten können das Fundament einer Hoffnung bilden, die das ganze Leben beflügelt und ausrichtet. Der Hebr. trägt diesem Tatbestand am Beginn der nun einsetzenden umfangreichen Ermahnung Rechnung. Er weiß: Aufforderungen ohne Aufweis des Grundes wären deklamatorisch, hohl und fruchtlos. Wohlüberlegt faßt er noch einmal bündig das Wesentliche seiner christologischen Erkenntnis zusammen (s. „nun"). Er hält fest, was unaufgebbarer Besitz des Glaubens ist, nämlich einmal die Erfahrung der Freimütigkeit und Zuversicht, das Heiligtum Gottes auf Grund des Opfers Jesu betreten zu dürfen, und zum andernmal die erkannte Tatsache des Hohenpriestertums Christi, der über das Haus Gottes als Sohn und Herr gesetzt ist (s. 3,1-6). Im einzelnen klingen wichtige Gedanken an. Die Zuversicht, die uns die Zukunft getrost angehen läßt, gründet in dem „Blute Jesu", also in der Lebenshingabe des irdischen Herrn. Allein sein Opfer hat die Freiheit in einer Welt ermöglicht, die durch Todesfurcht geknechtet ist (2,15). Die Christen treten an das himmlische Heiligtum heran, wie das Bild vom Vorhang ausweist (s. auch 6,19f.), nicht etwa speziell nur an die „Heilsgüter", was auch übersetzt werden könnte. Die bildliche Rede vom „Weg", „Zutritt" sowie vom „Hause Gottes" ist durchaus eindeutig (s. auch 9,2f.). Das himmlische Allerheiligste, in dem der Thron Gottes steht (4,16), kann im Unterschied vom irdischen Heiligtum eben nicht nur von einem betreten werden, sondern von den vielen, die auf Jesu Tod ihre Zuversicht setzen. Dies ist schließlich das Neue, worauf der Hebr. in sehr ausführlicher Weise 7,1-10,18 alle Kraft des Argumentierens verwendet hat. Nicht nur der Einzelne, sondern gerade die bruderschaftliche Gemeinde erfährt die durch
20 Jesus vermittelte Freiheit (s. die Anrede „Brüder"). Dabei geht es am wenigsten um

ein augenblickliches Erlebnis, wohl aber um eine dynamische Verhaltensweise, die den „neugebahnten und lebendigen Weg“ entschlossen beschreitet und nicht auf der Stelle verharren läßt. Die biblische Ausdrucksweise ist bemerkenswert, insofern erneut (s. schon bei 9,18) festgehalten wird, daß Jesus wie Mose einen Weg eröffnet, genauer: „eingeweiht“ hat. Ist aber dessen Bundesschluß letztlich eine Sache der „toten Werke“ gewesen (s. 6,1; 9,14), so hat Christus, der 6,20 „Vorläufer“ genannt wird, in eine Wirklichkeit hineingeführt, die gerade das Leben all jenen vermittelt, die seinen Weg wandern. Mit „durch den Vorhang, d.h. durch sein Fleisch“ kann nur gemeint sein, daß Christus auf Grund seines blutigen Lebensopfers die Verbindung zu Gott hergestellt hat. Es ist nicht etwa gedacht, daß das Fleisch Christi weggenommen werden mußte, so wie ein Vorhang weggezogen wird. Wohl aber will die Nennung des „Fleisches“ noch einmal andeuten, daß Christus das Opfer nicht leicht gebracht hat, sondern unter Anfechtung und Kampf sowie letzten Endes durch Gehorsam (s. 5,7). Das skizzierte Verständnis läßt uns auch die Annahme bezweifeln, hier habe der Verfasser gnostisches Gedankengut verarbeitet, etwa in der Weise, daß das „Fleisch“, der materiehafte Teil des Körpers, als Hemmnis auf dem Wege zu Gott betrachtet sei. Im kultischen Denken des Hebr. bezeichnet der „Vorhang“ zum Allerheiligsten in keiner Weise ein Hindernis, das weggeschoben werden muß, sondern die Stelle des sühnenden Blutvergießens, die den Eingang in das Allerheiligste unter gewissen Umständen gestattet. In ähnlich positiver Weise scheint in V.20 das Fleisch Christi eher als Mittel und Zugang gedacht zu sein, zumal der darin ausgedrückte Gedanke im Zusammenhang dokumentiert, was
„wir“ besitzen und „uns“ eröffnet ist. In diesem Sinn folgt sofort V.21 mit der 21
biblisch formulierten zusätzlichen Feststellung (s. 4.Mose 12,7), daß wir „einen großen Priester über das Haus Gottes“ haben. Christus erscheint darin als Herr des himmlischen Heiligtums, der vor Gott seines Amtes waltet (7,25). Dazu gehört, daß er als Fürsprecher der dortigen Kult- und Hausgemeinschaft handelt. Die Möglichkeit, hier könnte wie in 3,5f. auf die Gemeinde als „Haus Gottes“ angespielt sein, mag erwogen werden. „Haus“ bedeutet dabei soviel wie „Hausgemeinschaft“. Auch das Heiligtum wurde ja nie nur als Bau gedacht, sondern immer primär als Tempel- und Kultgenossenschaft, deren Exponent der Hohepriester gewesen ist. Ist nun Christus als himmlischer Hoherpriester eingesetzt, dann sind auch bereits die Rechtsverhältnisse der neuen Gemeinschaft, der „Familie Gottes“, geklärt. Deshalb darf die Christusgemeinde all dies, was sie im Glauben schon besitzt, als Gewähr für die ihr bereitete Zukunft betrachten. Nach diesem umfangreichen Gebilde eines
Vordersatzes, der noch einmal die zentrale Glaubenswahrheit umschreibt, kommt 22
es in der Folge zu drei sehr überlegt formulierten Aufforderungen (V.22.23.24), die sich augenscheinlich an die Trias Glaube, Hoffnung, Liebe halten (s. 1.Kor. 13,13). V.22 besagt zunächst, daß man doch bei solcher Voraussetzung „herzutreten“ solle „mit wahrhaftigem Herzen in der Fülle des Glaubens“. Das ist kein Aufruf zur Wanderung, sondern ganz im Gegenteil ein Aufruf zum entscheidenden Schritt in die äußerste Nähe Gottes (s. 7,19). Er soll ohne Vorbehalte und Hintergedanken getan werden, um so mehr aber in vollster Gewißheit. Die strenge Betonung der Innerlichkeit der Haltung ist bewußt vorgenommen. Darin unterscheidet man sich von der Religion des alten Bundes. Seine Priester wurden nämlich durch Blut-

besprengung und Wasserbad nur äußerlich geweiht (3.Mose 8,6.30; 16,4), die Christen hingegen sind es zutiefst innerlich, weil sie in ihrem Herzen, dem Ort der Gedanken, von dem anklagenden Gewissen befreit sind. Neben der Reinigung des Herzens steht die „Waschung des Leibes mit reinem Wasser". Beide Akte sind offenbar als eng zusammengehörig gesehen. In letzterem Fall empfiehlt sich dabei die Deutung auf die Taufe, zumal die Wahl des Begriffes „Leib" neben „Herz" unverkennbar zum Ausdruck bringt, daß der Mensch in seiner körperlichen Ganzheit gereinigt ist. Die Wendung „reines Wasser" hat weniger die Qualität als die Wirkung im Auge (s. Hes. 36,25). Daß die Urgemeinde normalerweise in fließendem oder sog. tauglichem Wasser getauft hat, mag indirekt zur Sprache kommen. Die Idee einer gnostischen Weihe liegt jedenfalls fern. Sprachlich entnehmen wir dem Part. Perf., daß die Angesprochenen nicht erst getauft werden, sondern bereits Getaufte sind, was im Blick auf die vorzustellende gottesdienstliche Situation sicherlich von einiger Bedeutung ist. Eine solche massive Tauferinnerung entsprang keiner zufälligen Laune, sondern hatte ohne Zweifel ihren besonderen liturgischen Anlaß. Der Verfasser denkt an diesem Wendepunkt seines homiletischen Vortrags noch einmal ausgesprochen situationsbezogen, um die Hörer anzusprechen und aufzurütteln!
23 Auch der folgende zweite Aufruf, am „Bekenntnis der Hoffnung" unbeugsam festzuhalten, bestätigt dies (s. 3,14; 4,14), da der Begriff des „Bekenntnisses" eine tauftheologische Prägung aufweist. Sicherlich ist an kein bestimmtes Formular gedacht, wohl aber an den Bekenntnisakt selbst, der das unbedingte Ja zu der gesetzten Hoffnung umschließt (s. 6,2). Die Angesprochenen sind in der Gefahr gewesen, den wiederkommenden Christus aus den Augen zu verlieren, weshalb sie mit Nachdruck davor gewarnt sein mögen, die ursprüngliche Entschiedenheit aufzugeben. Was sie mit der Taufe als Anrecht erworben haben, soll ihr Besitz werden, zumal kein Zweifel darüber bestehen kann, daß Gott, der die Verheißung gesetzt hat (s. 6,13; 11,11; 12,26), unbedingt treu ist. Die Frage bleibt nur, ob auch der Christ, dem so Großes zugesprochen ist, gleiche Zuverlässigkeit beweist. Aus der Aussage ersehen wir, daß sich der Begriff der Hoffnung sehr eng mit dem der „Verheißung" berührt
24 (s. 4,1-11; 8,6; 9,15). Neben den Aufforderungen zum Glauben und zur Hoffnung ergeht schließlich die dritte, die die tätige Liebe zum Inhalt hat. Christentum ist eben niemals nur subjektive Heilsgewißheit, sondern immer auch Dienst am Mitmenschen, der gerade in der Not nicht an der Wahrheit Christi irre werden soll. V. 24 fordert, daß die Christen aufeinander schauen, um einen um so größeren „Ansporn zur Nächstenliebe und zu guten Werken" zu haben. Letzterer Ausdruck verrät eine gewisse jüdische Denkart, insofern die Synagoge ebenfalls die sog. Liebeswerke und die „guten Werke" unterscheidet, um freilich jene den letzteren unterzuordnen. Der Hebr. dagegen stellt massiv die „Nächstenliebe" als primäres Leitprogramm heraus, weil der theologische Rang der sog. „guten Werke", worin er offenbar mit Paulus übereinstimmt, ein sekundärer geworden ist. Der Vorschlag, aufeinander zu blicken, will als menschlicher Ratschlag verstanden sein. Es ist bekannt, wie sehr Konkurrenzneid und Mißgunst Anreiz zu höchsten Leistungen sein können. In der christlichen Gemeinde soll diese natürliche menschliche Neigung in umgekehrter Weise dazu dienen, Gutes zu tun, wo immer es nötig ist. Die Formulierung hat gewiß mehr im Auge als nur die üblichen Wohltätigkeitsakte und

Almosengaben. Vor allem Paulus vermag den Aufgabenbereich der christlichen
Liebe mit eindrucksvollen Worten zu beschreiben (s. 1.Kor. 13). Auch dem Hebr.
schwebt eine eifrige Gemeinde vor, die den Anforderungen von innen und außen,
d.h. den eigenen sozialen Mängeln und den vielfachen Nöten der Zeit, voll zu
begegnen versucht. Was getan wird, geschieht von Christus her im Geist der Bruder-
und Nächstenliebe. Im Blick auf den Menschen soll es „gutes“ Werk sein, nämlich
hilfreich, nützlich und aufbauend. Da es rechten Ansporn, der nicht in Egoismus 25
ausartet, nur in der Gemeinschaft gibt, wird hinzugefügt, daß man der eigenen
gottesdienstlichen Versammlung (s. 2.Thess. 2,1) nicht fernbleiben dürfe, genauer:
daß man sie nicht im Stiche lassen solle, wie es leider bei einigen zur Gewohnheit
geworden ist. Der enge logische Zusammenschluß von V. 26 mit V. 24 zeigt ein
empfundenes akutes Problem an. Offenbar steht nicht der Abfall einiger Christen
von der einen Gemeinde der Gläubigen zur Diskussion, auch offensichtlich keine
sektiererischen Neigungen, sondern nur die Gefahr der Trägheit und Gleichgültig-
keit einzelner, die die gemeinsamen Zusammenkünfte meiden. Aber darunter leidet
doch die Lebenskraft der gesamten Gemeinschaft. Da der Sinn der eigenen Auf-
gabe in der Welt und das letzte Ziel der damit gesetzten Sendung nur über den
gemeinsamen Gottesdienst gewiß werden kann, ist die Zusammenkunft aller uner-
läßlich. Soll sich die Liebe in der Welt und im Alltag kräftig erweisen, muß immer
wieder ihr Ursprung gesucht werden (s. V. 22: „laßt uns herzutreten“). Vielsagender-
weise steht auch 13,15f. das Dankopfer der Liebe mit dem Lobopfer des Glaubens
engstens zusammen. Wenn es schließlich heißt, man solle sich zum Besuch der Got-
tesdienste ermahnen, dann liegt die Absicht vor, den wenigen negativen Beispielen
mit Nachdruck viele positive entgegenzusetzen. Jedes Versagen muß Anlaß sein,
sich um so enger zusammenzuschließen und dadurch neue Kräfte zu aktivieren. Vor
allem geht es darum, sofort Schritte zum Besseren zu tun und nicht zu warten, bis
die Auflösungserscheinungen überhandnehmen. Die Gemeinde kann sich dies um so
weniger leisten, als sie um „den Tag“ weiß, der die stündliche Bereitschaft gebietet.
Es ist der „Tag des Herrn“, der „Tag des Gerichts“, der „Tag des Zorns“ und somit
„der Tag“ schlechthin, an dem alles ans Licht kommt (s. Ps. 110,5). Der Satz folgt
überaus gewichtig nach. Wahrscheinlich bezieht er sich auf die in V. 25 geforderte
Ermahnung, nicht auf die in V. 24 geforderte Liebesarbeit. Er schließt ab und bringt
zugleich ein neues Thema ein. Hinter ihm steht eine elementare zeitliche Erwartung,
wie sie in der frühen Gemeinde wohl generell war. Damit verbindet sich die Über-
zeugung, das Recht solcher Erwartung sei mehr oder weniger ersichtlich. Welcher
Art die Vorzeichen sind, die das „Nahen“ des Gottestages ankündigen, bleibt
unerwähnt. Indessen halten wir es für nicht ausgeschlossen, daß die allgemeine
politische Zeitlage mit ihren Nöten und Bedrängnissen (Nero?) als Argument dient.
Über die Gespanntheit der Erwartung gibt im folgenden V. 37 Aufschluß. Vielleicht
darf in diesem Zusammenhang auch daran erinnert werden, daß sich schon in der
ältesten Gemeinde die Überzeugung herausgebildet hatte, der Besuch vor allem des
österlichen Gottesdienstes habe als heilige Pflicht zu gelten. Die nächtliche
Feier wurde früh als ein Sinnbild der künftigen Gemeinschaft im Reiche Gottes
betrachtet.

Der Abfall von Christus zieht unweigerlich das Gericht nach sich 10,26-31

**26 Denn so wir nach Empfang der Erkenntnis der Wahrheit willentlich sündigen,
bleibt weiter kein Sündopfer mehr übrig, 27 wohl aber eine furchtbare Erwartung
des Gerichts und der „Feuereifer", „der die Widersacher verzehren" wird. 28 Wenn
jemand das Gesetz des Mose verwirft, „stirbt er" ohne Erbarmen „auf Aussage
von zwei oder drei Zeugen". 29 Einer wieviel schwereren Strafe, meint ihr, wird
wohl der wert geachtet sein, der den Sohn Gottes mit Füßen trat, der das „Blut des
Testamentes", wodurch er geheiligt wurde, für gemein erachtete, und der den Geist
der Gnade schmähte? 30 Denn wir kennen den, der sagte: „Mein ist die Rache,
ich will Vergeltung üben", dazu: „Der Herr wird sein Volk richten". 31 Schrecklich
ist es, in die Hände des lebendigen Gottes zu fallen.**

V. 27: *Jes.16,11 (LXX);* V. 28: *5.Mose 17,6;* V. 29: *2.Mose 24,8;* V. 30: *5.Mose 32,35a.36a, auch Ps.135,14.*

26 Gleichgültigkeit kann zum Abfall führen. Der Hebr. scheut sich nicht, die Gefahr angesichts des „nahen Tages" offen zu benennen. Er hält es zugleich für angebracht, das Thema des Gerichts weiter auszuspinnen. Nur zu leicht kann Unentschlossenheit, die mit einer heimlichen Entfremdung verbunden ist, in entschlossene Absage umschlagen. Eben von dieser Möglichkeit handelt zunächst V.26. Ein Versuch primitiver Einschüchterung? Gewiß nicht! Sehr wohl aber offenbar eine kritische Selbstreflexion, die auch die äußerste Möglichkeit für die vielen wie für den Prediger selbst nicht leugnet. Was er die „mutwillige Sünde" nennt, ist eine dem schriftgelehrten Judentum, besonders auch Philo, nur zu geläufige Anschauung, die auf 4.Mose 15,30 zurückgeht, wonach vorsätzliche Sünde, in erster Linie greifbar als Abfall, keine Vergebung finden kann. Wie radikal der Aufstand und Protest gegen Gott als Möglichkeit erwogen ist, ergibt sich einmal aus der kontrastierenden Redeweise vom „Empfang der Wahrheit", die ohne Zweifel das Gesamte des Glaubensbesitzes beschreibt (s. 1.Tim.2,4), zum andern aber auch auf Grund der übrigen Aussagen, mit denen noch einmal wie in 6,4ff. der ganze Ernst der getroffenen Entscheidung Ausdruck findet. Das Zeugnis vom letzten Tag zwingt zu solcher Stellungnahme. Gibt es Wahrheit, wird sie wohl auch ans Licht kommen. Kommt sie einmal ans Licht, muß bereits das gegenwärtige Leben davon bestimmt sein. Um Mißverständnissen vorzubeugen, wird man darauf achten, daß die Wendung „wenn wir willentlich sündigen" eine grundsätzliche gegenwärtige Verhaltensweise ins Auge faßt. Sie meint stärker die permanente Absage, nicht eine momentane Verleugnung. Wahrscheinlich steht hinter dieser Überlegung der Vergleich der Christuswahrheit mit dem Geschehen des Versöhnungstages, das ebenfalls umfassende Vergebung anbietet, ausgenommen jedoch den Fall willentlicher Absage. Daß V.26 zugleich die Annulierung der Taufe im Blick hat, darf aus der Parallele 6,4ff. geschlossen werden. Die vergebende Kraft des Opfers Christi endet da, wo sie nicht mehr beansprucht wird. Wie könnten wir anderes erwarten! Derselbe Christus, der im Entscheid des Glaubens gegenwärtig ist, zieht sich zurück, wenn wir ihn für immer von uns stoßen. Buße kann dort nicht mehr gewährt werden, wo der Grund der Vergebung aufgegeben ist. Gnade, Vergebung, Versöhnung stellen eben keine allgemeinen Wahrheiten dar, die nach Wunsch und Geschmack ergriffen, benützt und eventuell auch wieder beiseitegelegt werden können, sondern besondere, die an

Christus gebunden sind und über ihn allein angeeignet werden. Die Buße als Institut der kirchlichen Praxis spielt in diesem frühen Text noch keine Rolle. Zur Debatte steht einzig und allein das, was von Christus her gültige Wahrheit ist. Es wird mit ihm ans Licht des Tages treten, nicht schon vorher. Die Kirche, die die Botschaft verwaltet, kann nicht mehr tun als den Ernst der Entscheidung aufzeigen. Die Lage ist nämlich dort, wo man Christus abgeschworen hat, selbst schon furchtbar genug.
Das Bangen, das den Menschen ergreift, der seinen Weg ohne ihn in eine dunkle 27
Zukunft hinein zu gehen gewillt ist, findet V. 27 in feiner sprachlicher Formulierung seinen Ausdruck. Bleibt kein Sündopfer mehr übrig, so doch sehr wohl „ein furchtbares Erwarten des Gerichtes". Der Mensch steht vor einem Ungewissen und Drohenden, das sich vor ihm erhebt wie eine überhängende Wand, die jeden Augenblick zusammenstürzen kann, um ihn darunter zu begraben. In der Formulierung V. 27 ist allem Anschein nach zunächst bewußt darauf verzichtet, die Person des Richters zu benennen. Eben dadurch konnte der Verfasser den existentialen Gesichtspunkt der ganzen Schwere des gefällten Entscheides einbringen, dessen ungeheuerliche Folgen oft nur unklar geahnt werden. Sofort danach passen sich die Aussagen verstärkt dem biblischen Zeugnis an. In Bindung an Jes. 26,11 wird zunächst das Bild des gierig um sich fressenden Feuers aufgegriffen (s. auch 6,8). Fast personifiziert beschrieben ist es verhüllter Hinweis auf den richtenden Gott. Damit klingt an, daß die Widersacher gegen eine Größe kämpfen, die immer stärker ist als sie selbst, so daß sie daran wie an einem übermächtigen Geschehen nur scheitern können. Im übrigen schwingt der Gedanke mit, daß das Zeugnis der Schrift gerade hierüber die
Wahrheit sagt, weshalb es fast aphoristisch benützt sein kann. Daher muß auch in 28
zusätzlicher Überlegung mit V. 28 der Schluß zugemutet werden, daß die Strafe im Falle der Verwerfung des „Sohnes Gottes" doch wohl noch größer ist als im Falle der Abtrünnigkeit vom Gesetz des Mose. Es ist bekannt, daß ein Mensch, der radikal mit seiner Ordnung bricht (s. 5. Mose 17,2), auf Grund der Aussage von zwei oder drei Zeugen schuldig ist und sterben muß. Wieviel schlimmer ergeht es dann aber dem, der den Sohn Gottes bekämpft und sein Opfer für nichts erachtet! Das
fragende „meint ihr" will sagen, daß die Angesprochenen selbst in der Lage sind, 29
sehr wohl eine Antwort zu geben. Gibt es in jedem Fall kraft klarer Anordnung keine Ausnahme, wieviel weniger dann bei solcher Einstellung, die nicht nur die Sache des Gesetzes, sondern die Person Gottes, der sich an den Sohn gebunden hat, selbst betrifft. Das schlechthin frevelhafte Tun des Abtrünnigen wird dreifach herausgestellt. Zunächst durch die Redeweise „er tritt den Sohn Gottes mit Füßen". Gemeint ist ein Verhalten, das ebensosehr Mißachtung wie Vernichtungswillen bekundet. Dahinter mag die Erfahrung stehen, daß der Renegat am wenigsten einen Standpunkt der Neutralität oder Toleranz einnimmt, sondern meist zur entschiedenen Gegnerschaft neigt. Die vollzogene Absage wird weiter dahingehend erläutert, daß dieser das „Blut des Bundes" für nichts erachtet, wörtlich: „für gemein hält", „wodurch er einst geheiligt wurde". Der Hebr. blickt damit auf den Zeitpunkt, an dem der Mensch kraft des Opfers Jesu, das die Grundlage des neuen Bundes bildet, in die christliche Gemeinschaft aufgenommen worden ist. Dieses Blut hat elementare Bedeutung für das Gottesverhältnis. Es bezeichnet keine „profane" Sache, ohne Wert und ohne Wirkung für den Menschen, sondern ist heilig. Gerade weil es Gott

gehört, verbindet es mit ihm. Man wird zuerst erwägen, ob nicht an den Akt der
Taufe gedacht ist, weil sie am Beginn der Zugehörigkeit zum „neuen Bund" steht.
Abzulehnen ist die Meinung, hier sei auf das Abendmahl angespielt, wogegen doch
wohl die Aussage spricht „er wurde geheiligt". Die Assoziation konnte selbst-
verständlich geweckt werden, offen ist sie nicht gewollt. Der Hebr. geht davon aus,
daß die Heiligung unmittelbar durch das Opfer Christi geschieht, nicht etwa nur
mittelbar. Er blickt auf einen einzelnen Akt, nicht auf viele. Um so strafbarer das
Verhalten des Abtrünnigen! Es wird schließlich drittens als eine Schmähung des
„Geistes der Gnade", wohl im Anklang an Sach. 12, 10, ausgegeben. Die Gewißheit
der Gnade Gottes, die dieser vermittelt, stößt wider besseres Wissen auf Ablehnung
und Spott. Man meint, ohne sie auskommen zu können, vergißt dabei aber, daß
als Alternative nur das Gericht bleibt, über dessen Furchtbarkeit man sich täuscht.
Der Hebr. hat vermutlich bewußt darauf verzichtet, die „schlimmere Strafe", die
hier droht, zu beschreiben. Sie umschließt gewiß mehr als den leiblichen Tod, mit
dem man im alten Bund die Abtrünnigkeit geahndet hat. Eine ähnliche Argumen-
tation liefert auch gelegentlich Philo (De fug. 84). Beim Hebr. ist wie bei diesem
betont, daß die Folgen nicht genug bedacht werden können! Sie auszumalen, ist
aber keine Aufgabe des Zeugen göttlichen Wortes. Die Heiligkeit Gottes fordert
unsere Scheu, auch gerade, wenn wir darüber sprechen müssen. Ist Gott mehr als
ein Begriff, nämlich erkannte Wirklichkeit, so äußert sich dies bis in die Sprache
hinein. Aus diesem Grund ist hier zunächst nur in passivischer Wendung von ihm,
30 dem Richter, die Rede. V. 30 setzt sich diese Einstellung fort, wenngleich die Aussage
nun deutlich sehr viel direkter gehalten ist. Es fällt auf, daß sich der Verfasser
bewußt mit einbezieht. Hinzu kommt, daß er schärfstens die Personalität des gött-
lichen Gegenübers herausstellt. Die Überzeugung bestimmt ihn, daß sich alle vor
Gott verantworten müssen. Endlich schärft das im Sinne des Zitats betont vor-
gesetzte „mein ist" ein (so auch Röm. 12, 19), daß es einen gibt, der sich vorbehalten
hat, unter allen Umständen als Letzter und als Gerechter zu handeln. In diesem
Sinne spricht aus 5. Mose 32, 35 klar der entschiedene Wille, den Frevel des Abfalls
und des Aufstandes zu ahnden. Was es damit in letzter Konsequenz für alle auf sich
hat, wird in einem zusätzlich angehängten Zitat angezeigt, das die Fortsetzung zu
obiger Stelle bildet (s. Mose 32, 36; auch Ps. 135, 14). Demnach wird der Herr „sein
Volk" richten. Die Vorstellung vom „Tag des Zorns" Ps. 110, 5 ff. besagt nur, daß
der Herr unter den Völkern Gericht üben wird. Sie ist offenbar an dieser Stelle
dahingehend verschärft, daß sein Volk, d. h. die Christusgemeinde, das künftige
Gericht am wenigsten unterschätzen darf. Die Rede vom „Herrn" will andeuten,
daß Gott gewisse Eigentumsrechte hat, auch etwa, daß er Vergehen bestrafen kann.
31 Fast abrupt kommt es an dieser Stelle zu einem persönlichen, den Gedankengang
abschließenden Satz. Er greift sprachlich auf V. 27 a zurück und verrät tiefste
persönliche Betroffenheit. Hier endlich wird ausdrücklich der Name Gottes ge-
nannt. Auch die Sache, um die es geht, könnte nicht drastischer gesagt werden. Die
biblische Redeweise vom „In-die-Hände-fallen" verschweigt nicht, daß der Mensch
ohne Christus vor einem schrecklichen Abgrund steht, der ihn unentrinnbar verein-
nahmt. Man kann sich auf Grund des Opfers Christi in die Hände Gottes flüchten.
Abseits davon verfallen wir einem Gericht, das unbarmherzig vernichtet. Eben der

lebendige Gott ist auch der Heilige. Steht im Alten Testament, daß es besser ist, in seine Hände zu fallen als in die Hände der Menschen (s. 2.Sam.24,14; 1.Chron. 21,13; Sir.2,18), so ist hier von der Christuswahrheit her ein im Grunde umgekehrter Schluß gezogen. Durch sie wird vielleicht das Zeugnis von dem richtenden Gott noch deutlicher ans Licht gebracht. Kein Zweifel, daß der Abstand zum philosophischen Denken eines Philo besonders an dieser Stelle eklatant ist (vgl. 5.Mose 32,34f., auch Leg. all. 105). Das gesamte Zeugnis des Hebr. stellt vor die Alternative, ob der Mensch die Gnade des Opfers Christi annimmt oder ob er es in Vermessenheit wagt, ein Opfer des Gerichtes Gottes zu werden. Ganz am Schluß des größeren Gedankengangs wird die gleiche Erkenntnis noch einmal in ähnlicher Schärfe zum Ausdruck gebracht (s. 12,29).

Treue im Leidenskampf hat die unbedingte Verheißung des Lebens 10,32-39

**32 Habt aber die früheren Tage in Erinnerung, da ihr als (soeben) Erleuchtete
einen großen Leidenskampf aushieltet, 33 teils mit Schmähungen und sogar Drang-
salen zum Schauspiel gemacht, teils aber Leidensgefährten derer, denen es so er-
ging! 34 Und ihr hattet Mitgefühl mit den Gefangenen, ja nahmt den Raub eurer
Güter mit Freuden hin, da ihr bekanntet, daß ihr selbst einen besseren und bleiben-
den Besitz habt. 35 Werft also eure Zuversicht, die einen großen Lohn hat, nicht
weg! 36 Denn Ausdauer habt ihr nötig, damit ihr den Willen Gottes tut und die
Verheißung empfangt. 37 Denn „noch" „eine ganz kurze Zeit ist es", dann „wird
der Kommende kommen und nicht ausbleiben. 38 Mein Gerechter aber wird aus
Glauben leben, doch wenn er zurückweicht, hat meine Seele an ihm kein Gefallen".
39 Wir aber sind nicht solche, die durch „Zurückweichen" zum Verderben gelangen,
sondern durch „Glauben" zur Bewahrung der Seele.**

V. 37a: *Jes.26,20;* V. 37b.38: *Hab.2,3f.;* V. 39: *Hab.2,4.*

Die Warnung vor dem Abfall konnte nicht unausgesprochen bleiben. Der Ver- 32
fasser sah sich dazu verpflichtet. Aber bezeichnenderweise kommt es im Anschluß daran wie in 6,9ff. sofort wieder zu einem Umschwung der Gedanken und Gefühle. Der folgende Abschnitt V.32-39 will mit Nachdruck Ermunterung sein, um das Schwache zu stärken und das Gefährdete mit neuem Vertrauen zu erfüllen. In breiter Ausführlichkeit wird zunächst die Gemeinde ermahnt, sich doch allezeit (s. das Präsens) früherer Bewährung zu erinnern. Sie darf und braucht nicht zu vergessen, daß sie sich einst, soeben für Christus gewonnen, beispielhaft und bewundernswürdig bewährt hat. Den ziemlich ausführlichen Bemerkungen lassen sich einige Hinweise über die näheren Umstände der Gemeindegründung entnehmen. Wohl weil er aus der Nähe oder Ferne selbst daran beteiligt gewesen ist, weiß der Verfasser über diese „früheren Tage", gemeint ist die Zeit des Anfangs, Bescheid. Soeben erst „erleuchtet", nämlich der Christuswahrheit durch vollzogene Unterweisung und Taufe eingegliedert (s. 6,4), haben die Angesprochenen auch schon eine schwere Leidensprobe (vgl. 1.Thess.2,2) ablegen müssen und sie haben die nötige Ausdauer durchaus bewiesen. Möglicherweise hing die zugemutete Ausein-
andersetzung ursächlich mit dem Übertritt zum Christusglauben zusammen. Die 33
näheren Angaben V.33, die von damaligen „Schmähungen und sogar Drangsalen" wissen, also von inneren und äußeren Demütigungen, stützen eine solche Vermutung,

zumal man offenbar keine Martyrien zu beklagen hatte. Daher ist es auch ganz
unwahrscheinlich, daß die Angaben auf eine größere staatliche, etwa die neronische
Verfolgung gehen. Wenn es außerdem heißt, daß die Betroffenen zum „Schauspiel
gemacht" worden sind, so weist dies auf öffentliche Maßregelungen hin, etwa im
Rahmen der Kompetenzen städtischer Justizbehörden (vgl. 1.Kor.4,9). Die nicht
unmittelbar Betroffenen der Gemeinde haben damals jedenfalls entschlossenen
brüderlichen Gemeinsinn gezeigt. Sie ließen all jene, die „so ihren Weg gingen"
(sc. voll Ausdauer), nicht im Stich. Aus Mitgefühl und Mitverantwortung sind sie
34 Gefährten ihres Leidensweges geworden. V.34 teilt einige Einzelheiten mit. Man
hat mit den Inhaftierten gelitten, die auf Stärkung und Unterstützung angewiesen
waren, hat also wohl auch das Risiko einer Verhaftung auf sich genommen. Dazu
hat man den „Raub der Güter" mit Freuden ertragen. Die Notiz, die Güterkonfis-
kationen andeutet (vgl. 4.Makk.4,10), kann womöglich näher erhellt werden. Wir
wissen, daß die Realisierung der im Strafweg einer städtischen Gemeinde erwachse-
nen vermögensrechtlichen Ansprüche Sache des Magistrats war. Der Gütereinzug
oder die Geldbuße wurde durch rechtskräftigen Geschworenenspruch festgestellt.
Sie konnte für den Bestraften existenzgefährdend sein. Eine gewisse Straferleichte-
rung lag jeweils dann vor, wenn die Möglichkeit bestand, notfalls auch Leistungs-
bürgen zu stellen. Da die Ausführungen des Hebr. auf alle Angesprochenen zu
gehen scheinen (s. „Raub eurer Güter"), ist nicht auszuschließen, daß man einander
ausgeholfen hat, vielleicht in sehr spontaner Aktion. Wir erfahren, daß die Christen
den Verlust ihrer Habe sogar freudig auf sich genommen haben, weil sie in der
Gewißheit eines größeren, ewigen Besitztums lebten. Wie vergänglich stellen sich
doch irdische Reichtümer dar, vergleicht man sie den ewigen Dingen, an denen
Gottes Zusage hängt! Schon mit der Wahl der Begriffe zeigt der Verfasser an, daß
35 ihm die himmlische Welt etwas Gewisses ist. Aber die Verwirklichung der Hoffnung
bleibt bei alledem eine Sache der Zukunft, auf die das Sinnen und Trachten aus-
gerichtet sein müssen. Das Ewige ist letztlich kein selbstverständliches geistiges Gut,
wie es diese oder jene philosophische Betrachtung darstellt, sondern eine dem
Glauben geschenkte Zusage. Sie macht frei für die Zukunft und bedarf des ganzen
Vertrauens des Beschenkten. Der Gott des Hebr. ist Person, kein unpersönliches
ewiges Sein. Allein deshalb kann von ihm erhofft werden, er werde seine Zusagen
in abschließender und vollkommener Weise erfüllen. Wie begründet solche Zuver-
sicht in Anbetracht des Opferwerkes Christi ist, wurde soeben noch ausführlich zu
erweisen gesucht. Heißt es schon 3,6, daß man den erworbenen (zuversichtlichen)
Freimut festhalten möchte, so nun – da man näher darum weiß – daß er auf keinen
Fall weggeworfen werden dürfe. Der Hebr. schärft ein, was nicht sein darf. Der
volle Wert der Zuversicht und der Freimütigkeit christlichen Glaubens wird sich in
der Zukunft erweisen, wo seiner eine „große Belohnung" wartet. Mögen wir auch
meinen, Hingabe und Verzicht würden uns als Opfer abverlangt, ist es letztlich doch
so, daß Gott sich nichts schenken läßt, sondern um so reichlicher zurückzahlt. Nie
bringt der Mensch eine Leistung ein, immer ist es in Wahrheit Gott (s. auch Röm.
8,18f.). Was vom Menschen, der seine sonstigen Ziele so hartnäckig verfolgt,
36 erwartet wird, ist ebenfalls einzig und allein Ausdauer. V.36 wird ausdrücklich
vorausgeschickt, daß dies der Wille Gottes in Hinsicht auf die Gemeinde sei. Aus-

dauer ist mehr als Geduld, nämlich nach vorne gerichtetes Streben, das den verheißenen Lohn erlangt und das Erbe in Besitz nimmt (vgl. hierzu 11,39). „Verheißung" steht hier nicht für das gesprochene Wort, sondern für die zugesagte Sache
selbst. Im folgenden wird sie mit einem Schriftzitat beschrieben. Genauer liegt eine 37
Vereinigung der messianisch verstandenen Prophetenworte Jes. 26,20 und Hab. 2,3f. (auch Hagg. 2,6?) vor, deren große Bedeutung auf Grund bemerkenswerter Verwendung in der Literatur der Zeit feststeht. Dazu paßt übrigens auch der Verzicht auf jede Zitationsformel. In unserem Zusammenhang können nur die gesetzten theologischen Akzente interessieren sowie die offensichtliche Nähe zu Paulus, der ebenfalls ein tieferes Verhältnis wenigstens zu Hab. 2,4 bekundet (Röm. 1,17; Gal. 3,11). Das bei ihm bevorzugte, äußerlich unscheinbare Versfragment weist auf die Abhängigkeit von einer vorgegebenen Überlieferung hin, die in erster Linie an Hab. 2,3 ausgerichtet gewesen ist. Die Prophetenstelle erweist sich als Kernbeleg jüdischer Messiaserwartung. Für den Hebr. umschließt Hab. 2,3f. den Inbegriff der Verheißung. Worin liegt die Gewähr dafür, daß die Erwartung zum Ziel kommt? Mit V. 37f. wird eine Antwort auf die quälende Frage gegeben, die von prinzipieller Aussagekraft ist. Die geforderte Ausdauer steht unter der Spannung von Noch-nicht und Bald. Nur so wird sie richtig gelebt, vorbei an Scylla und Charybdis, ohne dem Schwärmertum und ohne der Gleichgültigkeit zu verfallen. Das „Noch-nicht" (Hab. 2,3a; s. Hagg. 2,6) will die Erwartung der Christen davor bewahren, das Künftige zu erzwingen. Das „eine ganz ganz kleine Zeit" (Jes. 26,20) ermahnt zu gespannter Haltung. Der Christusgemeinde wird damit nicht mehr und nicht weniger zugemutet als den Generationen zur Zeit der Propheten (s. Hes. 12,21ff.), wenn freilich ihre Hoffnung im Opfer Christi eigens begründet ist. V. 37a stellt fest, was von menschlicher Seite her immer im Auge behalten werden muß. Beruht die Aussage auch eindeutig auf der Überzeugung von der nahe bevorstehenden Endoffenbarung, so fehlt doch (wie in 3,7ff.) eine nähere jahrmäßige Bestimmung des Erhofften. Dies ist um so bemerkenswerter, als die zeitgenössische Erwartung gelegentlich sehr exakt die „kurze Zeit" auf eine Frist von ca. vierzig Jahren bezogen hat (s. 1 QpPs. 37,10). Wichtig ist die Erkenntnis, daß sowohl mit dem „Noch" als auch mit dem „eine ganz ganz kurze Zeit" ein ausgesprochen technisches Vokabular aufgegriffen wird (vgl. Philo, Leg. all. II,69), das den Leser in eine lebendige Geschichte der Hoffnung Israels hineinstellt (vgl. auch Dan. 9,19; Sir. 32,22). Er soll durch das gefährliche Auf und Ab von höchster Spannung und tiefster Enttäuschung sicher geführt werden. Kern des kombinierten Schriftbeweises ist Hab. 2,3b, im Urtext (MT) auf die prophetische Vision zurückweisend (s. Hab. 3). Im frühchristlichen Denken war die Deutung auf den wiederkehrenden Christus allgemein. Der Hebr. fügt sich in die erkennbare Auslegungsgeschichte ein (vgl. 1.Klem. 23,5; 50,4; Hippolyt, Comm. in Dan. IV,10,4), steht vielleicht sogar mit Paulus an ihrem Anfang. Die Rede vom „Kommenden" findet sich schließlich auch in der Evangelienüberlieferung, um hier aber nicht den Künftigen sondern den „gekommenen" Messias der Weissagung zu meinen (s. Dan. 7,13; Sach. 9,9; Mal. 3,1; Ps. 118,26; hierzu Mt. 11,3 par., Joh. 6,14). In stärkerer Bindung an die vorgegebene jüdische Auslegung hält dagegen der Hebr. fest, daß die Schriftstelle vom letzten Tag des Messias handelt, der auf Grund seiner Inthronisierung zum Gericht und zum Heil

erscheinen wird. Plötzlich wird er kommen und keinesfalls ausbleiben. Gemäß jüdischer Hoffnung steht hier weniger ein Hinausziehen, als das Ausbleiben zur Debatte. Die Überzeugung von dem nach Gottes Willen festgesetzten Termin wäre aber in beiden Fällen als Voraussetzung anzunehmen. Nur Gott allein kennt diesen Zeitpunkt der Endoffenbarung. Eben dadurch ist er eine gewisse Größe und immer bedrohlich nahe. Konsequenterweise ergibt sich für den Menschen die Notwendig-
38 keit ständiger Bereitschaft und dauernden Gerüstet-seins. Hab. 2,4 ist zufolge dieses unaufgebbaren Erfordernisses in V. 38 vollständig aufgenommen und unmittelbar angeschlossen. Der Urtext ist durch die Umstellung von Hab. 2,4a und 2,4b verständlicher gemacht, bezieht sich doch nun die Rede vom „Zurückweichen" klar auf den Gerechten. Hinzukommt, daß die Fassung der LXX „Der Gerechte aber wird leben aus meinem Glauben" durch Verschiebung des „mein" einen neuen eigenen Sinn erhält: „Mein Gerechter aber wird aus (auf Grund des) Glauben(s) leben". Der Hebr. kommt dadurch dem Sinn des Urtextes näher. Der Glaube ist nicht als eine eigene zusätzliche Größe verstanden, deren der Fromme noch bedürfe, sondern er bezeichnet in diesem Denken die Grundeinstellung, aus der heraus gehandelt und gehofft wird. Er ist nicht wie bei Paulus primär als Geschenk verstanden, als Gegenüber zur eigenen Werkleistung, sondern als ureigenste Haltung der Zuversicht. Wer Gottes Zusage traut (s. „mein Gerechter"), wird Glaubenstreue bewahren und eben dadurch das letzte Ziel, das Leben Gottes in der verheißenen neuen Wirklichkeit, erreichen. Die Gefahr der Hörer ist nicht die Gesetzesgerechtigkeit ohne Glauben, wogegen Paulus auftritt, sondern das „Nachlassen" und „Zurückweichen", also Verzagtheit und Kleinmut. Gott hat daran, seinem ausdrücklichen Wort zufolge, kein Wohlgefallen. Gerade der um Gott wissende Mensch
39 sollte von einer unbändigen und strahlenden Zuversicht erfüllt sein. Wie zur Bekräftigung folgt deshalb V. 39. Er will ausdrücken, was nicht sein darf und was man letzten Endes sicher auch nicht will. Dadurch bricht die bisherige eindringliche Ermahnung fast abrupt ab, um in einfachster Sprache zu sagen, was Gültigkeit besitzt und somit als Norm des Verhaltens zu beachten ist. Wozu eigentlich noch weitere Ermahnungen, da doch alle im Grunde dieser Meinung sind? Glaubenstreue dient der „Bewahrung der Seele". Sie ist von Gott gegeben und soll daher auch immer ihm gehören. Fast scheint es, als sei auf ein bekanntes Jesuswort angespielt (s. Mk. 8,35 parr.). Das am Schluß der Überlegung absichtlich gebrauchte „Wir" bekundet die Solidarität des Hebr. mit seiner Gemeinde. Sie beruht auf dem Wissen einer grundsätzlichen Erfahrung und Zusage. Er will ihr nicht nur Moralprediger und Wegweiser sein, sondern versteht sich zu allererst als ihr Wegbegleiter und Glaubensgenosse. Aus dem Satz spricht die Entschlossenheit eines energischen Geistes, der Zaghafte und Unsichere mitzureißen versteht.

Seit Urzeit gibt es eine beispielhafte Geschichte des Glaubens der Väter, die schon um die Verheißung des neuen Zion gewußt haben 11,1-40

Die Geschlossenheit des Kapitels, das eine Aufzählung hervorragender Glaubenszeugen im Rahmen eines heilsgeschichtlichen Überblicks gibt, fällt ins Auge. Sie darf nicht dazu verführen, die thematisch sehr eng miteinander verbundenen Ausführungen ohne den größeren Zusammenhang zu verstehen. Dies beweist die Anknüpfung an den Glaubensbegriff aus Hab. 2,4a in 10,38 und die Zusammenfassung des Anliegens in 11,39f. In dem seitenlangen Stakkato, das die Leitwendung „durch Glauben" in betont monotoner Weise herausstellt (insgesamt 18mal, außerdem verschiedene Abwandlungen), um sie durch eine Fülle von Aspekten zu beleuchten, kommt es bei zunehmender Spannung zu einem Gedankengang von elementarer Wucht (sog. Anaphora). Wie von selbst mußte sich der Hörer als lebendiges Glied einer seit Urzeit dauernden Geschichte des Glaubens erkennen. Daraus auszubrechen, konnte ihm nur als schweres Sakrileg erscheinen, sah er sich doch schließlich zu einer Tiefe der Einsicht geführt, in dem ihm Christus, der ewige Hohepriester zur Rechten Gottes (s. Ps. 110,1), mit fast innerer Notwendigkeit als der Anfang und das Ende aller Wege Gottes in und mit der Welt erscheinen mußte (s. 12,1f.). Es ist deutlich, daß der Verfasser mit vollendeter rhetorischer Fertigkeit mehr und mehr dem Schlußpunkt der Homilie zustrebt, der ein letztes Zeugnis zum Inhalt hat.

Die Gliederung der umfangreichen Einheit bereitet kaum irgendwelche Schwierig-
keiten. Nach einer thesenhaften Definition des Glaubens in 11,1f., die einen von der 1f.
Gesamtkonzeption her typischen Aspekt zur Geltung bringt, folgt V. 2-7 die Dar- 2-12
stellung der Haltung der Väter bis einschließlich Noah. In V. 8-12 findet Abraham,
der eine neue Zeit einleitet, eine eingehende Würdigung. Es empfiehlt sich, die V. 2-12
zusammenzunehmen, weil sie einen ersten Anstieg bezeichnen bis zum betrachten-
den Mittelstück V. 13-16. Die erkennbare Schwergewichtsverteilung gibt kaum das
Recht, nach V. 8 eine stärkere Zäsur zu setzen. Indessen mag der Nachhall einer
spätjüdischen Vorstellung vorliegen, derzufolge die Menschheit bis Noah einer
eigenen Beurteilung unterworfen werden muß (s. äth. Henoch 92,1ff.; 1.Petr. 3,
18ff.). Vor allem dem Zeugnis des Paulus entnehmen wir, daß er in der Gestalt
Abrahams einen absoluten Neuanfang der Verheißungsgeschichte Gottes gesetzt
sieht (s. 1.Mose 12,1ff.). Entsprechend steht Abraham V. 8-12 ganz im Mittelpunkt
der Betrachtung. Als „Vater des Glaubens" fehlt er in keiner Liste beispielhafter
Frommer (s. 1.Makk. 2,52; 4.Makk. 16,20ff.; bes. Philo, Quis rer. 90ff.; De virt. 5;
De praem. 24ff. u.a.). V. 13-16 ist eine knappe Reflexion über den Sinn des Glau- 13-16
bens der vorerwähnten Väter eingeschaltet, die die Verheißung zwar schauen, nicht
aber schon erlangen durften. Vielleicht im Vorblick auf Kap. 12 wird erneut ein-
geschärft: Gott hat den Vorvätern eine künftige Stadt bereitet. Die Patriarchen
Isaak, Jakob und Joseph, Mose und seine Zeit sowie die Anfänge der Landnahme
liefern das Anschauungsmaterial für den folgenden größeren Gedankenkreis
V. 17-31. Ein gewisses Schwergewicht nimmt darin V. 24-29, das Wirken und die 17-31
Zeit des Mose, ein. Ohne streng gliedern zu wollen, was aus den angehängten
V. 30f. hervorgeht, war augenscheinlich der Hebr. ganz von dem Willen beherrscht,
Fakten auf Fakten zu häufen, um schließlich abrupt – gleichsam erschöpft – ab-
zubrechen: Was soll ich denn noch sagen? Wir beachten, daß er mit V. 30f. auf eine
Station der Geschichte Israels zu sprechen kommt, die schon am Anfang (3,7ff.) eine
bedeutende Rolle gespielt hat. Außerdem lag es wohl nahe, die Glaubensgeschichte
seines Volkes über das im Pentateuch Berichtete hinaus nicht mehr in allen Einzel-
heiten weiter zu verfolgen. Jedenfalls sieht er sich außerstande, in der begonnenen
Ausführlichkeit fortzufahren, da die Berichte der Heiligen Schrift einfach zu gewal-

tig sind. Weil aber nun alles an einer bis zur Gegenwart durchgezogenen Geschichte
32-38 des Glaubens hängt, kommt es überdies zu einem dritten Einstieg. Der geschichtliche
Durchblick wird nur noch skizzenhaft V. 32b-38 versucht. Der Sprechrhythmus ist
in diesem Schlußteil anders gewählt. Der wuchtige Stil macht einem fast hektischen
Eifer Platz. An die Stelle ausführlicher Sätze treten schon V. 33 knappe andeutende
Aussagen. Summarisch stellen sich V. 35f. dar. In V. 37 sind es gar nur fragmentari-
sche Wendungen und Begriffe, die schlagartig die Geschichte des Glaubens bis zur
jüngsten Zeit beleuchten. Nach einer bunten Fülle von aufgewiesenen Aspekten sich
erneut zur Ruhe zwingend, bemüht sich der Verfasser sodann in V. 38 um ein erstes
39f. Fazit. Erstaunlicherweise ist es eine negative Feststellung. Das eigentliche, für den
größeren Gedankengang wichtige Ergebnis wird in V. 39f. zusammengefaßt.

Zum Verständnis von Kap. 11. Die Frage, wieweit in Kap. 11 vorgegebenes Traditionsgut verarbeitet ist, kann nicht grundsätzlich beantwortet werden. Der dargebotene Stoff setzt im wesentlichen das Zeugnis des Alten Testaments voraus, sicherlich gefiltert und geformt durch die haggadische Schriftauslegung der Zeit. Nächste Parallelen hierzu können bei Philo gefunden werden. Das Maß der Berührungen scheint uns nicht gering zu sein, was auch verschiedene neuere Arbeiten erkannt haben, um freilich unterschiedliche Folgerungen zu ziehen (s. G. Spicq, R. Williamson). Sicherlich zu weit gehen jene Ausleger, die ein verarbeitetes festes „Lehrstück" behaupten. Einfacher ist es, über die Form Klarheit zu gewinnen, finden sich doch ähnliche Aufzählungen auch sonst in der spätjüdischen und frühchristlichen Literatur. Es scheint, daß sie besonders zum Zwecke der Unterweisung gern gewählt wurden. Der Lehrstoff selbst war sicherlich nicht festgelegt, wenn freilich die Vorstellung einer Linie der Gerechten und Frommen Israels früh in der jüdischen Mystik eine Heimstätte gehabt haben dürfte (s. Jubiläenbuch; Ps.-Philo, Liber Antiquitatum Biblicarum; syr. Schatzhöhle u. a.). Das Christentum, das sich am Ende des Weges der Geschichte Gottes mit seinem Volk wußte (s. Lk. 3, 23ff.), griff verständlicherweise für katechetische Zwecke ebenfalls darauf zurück (s. Apg. 7, 1ff.; 1. Klem. 9ff.; Irenäus, Apostol. Verkündigung 17-30; Constit. Apostol. VIII, 12 u. a.). Desgleichen lag es nahe, sich des Schemas einer solchen Aufzählung im Rahmen der Gemeindepredigt zu bedienen (s. bes. Aphraat, Abhandlung über den Glauben u. a.), konnte sie doch dadurch in sehr gelehrter Weise mit biblischem Grundwissen angereichert werden. Es scheint, daß vor allem die österliche Homilie auf dem Hintergrund einer offenbar breiten Auswahl von Lesungen jene Tradition fortgesetzt hat, die auch im Hebr. sichtbar wird (s. Melito von Sardes, Über das Passa 69ff. 83ff. u. a.). Immer orientierte man sich dabei an den Achsenzeiten sowie an den Hauptgestalten der Heilsgeschichte. Ob von daher die sprachliche Eigentümlichkeit des mehrfach verwendeten Perfektes der Allegorie erklärt werden kann, wäre eigens zu untersuchen. Es liegt an folgenden Stellen vor: V. 4 das Opfer Abels, V. 17 die Opferung Isaaks und V. 58 die Stiftung des Passalammes. Kein Zweifel, daß mit der Wahl des Perfekts die sinnbildliche Bedeutung der drei Opfer für das Christusgeschehen angezeigt wird, um auch die Heilsgeschichte als eine Geschichte der verborgenen Bedeutung des Opfers Christi zu kennzeichnen! Es ist aber ebenso gut möglich, daß damit unmittelbar der Bezug zur liturgischen Situation des vorgestellten Gottesdienstes hergestellt wird, da man sich in einer gewissen terminlichen

Übereinstimmung mit den erwähnten Opfern wissen durfte. Wir halten es für bemerkenswert, daß wie in der jüdischen so auch in der christlichen Tradition die Datierung der beiden erstgenannten Opfer auf die Zeit des Passafestes bzw. der Pentekoste nachweisbar ist. Ob von daher Rückschlüsse auf den „Sitz im Leben“ unserer Homilie erlaubt sind, sollte zumindest als Frage aufgeworfen werden.

Die letzten Wahrheiten erschließen sich nur dem Glauben 11,1f.

1 Glaube aber ist die Wirklichkeit des Erhofften, ein Überführt-sein von Tatbeständen, die nicht sichtbar sind. 2 Durch denselben nämlich erlangten die Vorväter (= „Alten“) zeugnishafte Bestätigung.

Die Darlegung 10,19-39 wird in auffallender Weise durch die Ermahnung zum Glauben gerahmt. 10,22 besteht die Aufforderung darin, doch in der „Fülle des Glaubens“ herzuzutreten. 10,38 bietet das Zeugnis der Schrift, wonach der aus Glauben Gerechte die Verheißung hat, er werde nach Gottes Wohlgefallen leben. Sowohl der Aufruf als auch der Zuspruch bedürfen – so hat es der Hebr. empfunden – einer eingehenden Begründung. Schließlich muß alles Denken der Korrelation von Glauben und Verstehen Rechnung tragen. Der Verfasser füllt die erkannte Lücke, indem er in einer Beispielkette einen Block nach dem andern setzt. Jeder Zeuge des Glaubens hat dabei eine tragende Bedeutung innerhalb des größeren Rahmens. Alle Glaubensbeispiele zusammen bilden das Fundament einer unerschütterlichen Zuversicht und einer gewissen Hoffnung, die wie eine feste Brücke den Menschen hinüberführt zur Stadt des himmlischen Jerusalem.

Um die Beweisführung, die auf einer „Wolke von Zeugen“ ruht (12,1), mit einer 1
klaren Zielangabe zu verstehen, steht am Beginn dieses umfangreichsten Abschnittes der Homilie ein grundsätzlicher Satz über das Wesen des Glaubens. Er umschließt ganz gewiß keine abgerundete, schulgerechte Definition, die in jeder Hinsicht vollständig wäre, darf aber als aufschlußreiche und sicherlich typische Bestimmung nicht unterschätzt werden. 12,2 wird Christus der „Anfänger“ und „Vollender“ des Glaubens genannt. Er verkörpert sozusagen die Grundhaltung, auf die es in der Geschichte des Menschen ankommt, in ihrer prinzipiellen und in ihrer vollkommenen Gestalt.

Das Recht der gegebenen Wesensbestimmung wird in V. 2 sofort pauschal unter 2
Hinweis auf die Vorväter (= „Alten“) eingeschärft, die wegen ihres Glaubens von Gott ein Zeugnis zu ihren Gunsten empfangen haben und damit in ihrer Haltung als normative Beispiele und ehrwürdige Vorbilder des Glaubens bestätigt sind. Der Begriff des Zeugnisses ist nicht nur auf einen historischen Akt hin angelegt, sondern hat auch einen deutlichen Bezug zur gegenwärtigen Situation der Hörer.

Der Glaubensbegriff des Hebr. Aus der einprägsamen Definition in 11,1 spricht unverkennbar ein durch philosophische Bildung bedingtes Vorverständnis. Demnach ist der Glaube nicht in erster Linie – wie etwa bei Paulus – herausgehoben als Geschenk der Messiaszeit sowie als Mittel der Rechtfertigung „um Christi willen“, so daß er Vertrauen auf den gnädigen Gott wäre. Er bezeichnet vielmehr die gültige Wirklichkeit des Unwirklichen. Noch genauer: er ist nicht unsicheres Dafürhalten, sondern das eigentliche Feste, nicht die Fraglichkeit eines Möglichen, sondern die Wirklichkeit des Erhofften, nicht Scheinbares, sondern letzte Wahrheit. Die verglichen mit Paulus völlig andere Betrachtungsweise – fehlt doch auch die charakteristische Alternative „aus Werken“ oder „aus Glauben“ – unterliegt keinem Zweifel. Hier äußert sich nicht der mit dem Pharisäismus kämpfende christliche Theologe, sondern der im Rahmen eines philosophischen Weltbildes sich artikulierende christliche Denker. Der Horizont der geistigen Auseinandersetzung ist offenbar ein weiter und allgemeiner. Nicht die christliche Gestalt des Glaubens wird verhandelt, sondern der Glaube überhaupt, nämlich als vorgegebene Möglichkeit, wenn freilich vor und unter der Wirklichkeit Gottes. Er steht nicht neben der Offenbarung, etwa als Organ, sie anzueignen, sondern ist ihr ureigenster Ort. Weder subjektive Gefühlshaltung noch logische Einstellung umgreift er die Sache des Erhofften selbst. Als Beweis für das Nichtwahrnehmbare, womit im Sinne des Gesamtzeugnisses letztlich immer die personale Wirklichkeit Gottes gemeint ist, hat er den Charakter der unverbrüchlichen Garantie und der unumstößlichen Gewähr. Er begründet die Wirklichkeit des Zukünftigen, wie er auch nicht subjektive Überzeugung ist, sondern ein Überführtsein durch Tatbestände, die nicht durch das Auge verifizierbar sind. Der in V. 1 gemachte Versuch einer Wesensbestimmung eröffnet einen doppelten Aspekt, wodurch allein die folgenden Beispiele ganz erfaßt werden. Die erste schwergewichtige Wendung hebt die Bedeutung des Glaubens hinsichtlich des Hoffnungscharakters menschlicher Existenz heraus, die zweite versteht ihn als Kriterium, die Welt zu sehen und die Existenz anzunehmen. Der von uns mit „Wirklichkeit“ übersetzte Begriff (griech. *hypostasis*) zielt auf die Hervorhebung dessen, was sozusagen im voraus Bestand hat. Wenn es nun heißt, daß Glauben – ohne Artikel betont herausgehoben – das Erhoffte „ist“, besser wohl: „umgreift“, so wird eine gegen Erfahrung und Natur gerichtete Einstellung erwartet. Der Absurdität des Verhaltens ist entsprochen und somit die Tatsache des Widersinns ernst genommen. Auch die zweite Wendung setzt sich mit dem Problem des Irrationalen auseinander, denn sie macht deutlich, daß Glauben andere Maßstäbe setzt und befolgt, weil ein „Überführt-sein“ vorliegt durch das, was vom Auge gerade nicht geschaut werden kann, ja ihm sogar zuwider scheint.

Allem Anschein nach ist der Hebr. elementar von der Erkenntnisproblematik berührt, was ihn in die Nähe Philos rückt. Dieser kann schreiben (De praem. 58): „Wer wahrhaftig auf Gott vertraut (= Gott glaubt), der hat erkannt, daß auf alle anderen Dinge, die geschaffen und vergänglich sind, kein Verlaß ist ... Wem es aber gelungen ist, über alles Körperliche und alles Unkörperliche hinwegzuschauen und hinwegzuschreiten und seine feste Stütze allein in Gott zu finden mit starker Einsicht und unerschütterlichem, felsenfesten Vertrauen, der ist in Wahrheit glücklich und selig zu preisen“. Daraus geht hervor, daß Philo das Paradoxe und Absurde, das dem Glauben anhaftet, ebenfalls nach einer Antwort abgehört hat. In der gläubigen Hinwendung zu Gott wandelt sich das Ungewisse in das Allergewisseste, ja in das einzig Gewisse. Und eben dies, was dem Auge nach das Gewisseste scheint, stellt sich in Wahrheit als das absolut Unzuverlässige dar. Die Beantwortung der Erkenntnis- und Lebensfrage fällt demnach bei Philo zusammen. Sie werden mit dem Glauben gemeinsam verspielt oder gewonnen (Quis rer. 93 f.). So wie Philo wird auch der

Hebr. im folgenden die Wahrheit des Erkannten am Beispiel der Väter erweisen, vor allem zunächst an dem Abrahams. Die Verwandtschaft des beiderseitigen Denkens ist offensichtlich, wenn freilich das letzte Ziel des Glaubens, was die aufgezeigte Geschichte seiner Vertreter lehrt, vom Hebr. in der ihm eigenen Weise bezeugt wird. So unbestreitbar die Affinität seines Denkens zur alexandrinischen Philosophie philonischer Prägung ist, es bleibt doch gekennzeichnet von der Beziehung auf die Christuswahrheit. Daß der Glaube eine Möglichkeit des Menschen ist, aber letztlich immer das eigene Vermögen überschreitet, weiß schon der philosophisch Interessierte. „Wer den Glauben hat, der kann ihn nicht definieren, und wer ihn nicht hat, auf dessen Definition lastet der Schatten der Ungnade" (Fr. Kafka). Der biblische Mensch bestätigt, daß der Glaube von der Wirklichkeit Gottes und seines Heilshandelns in keiner Weise absehen kann. Ohne Erfahrung läßt sich nicht davon reden oder zeugen. Daß der Glaube aber eine Geschichte hat, die im Zeichen des Opfers verläuft, wobei Jesus als der „Anfänger" und „Vollender" Bedeutung gewinnt (12,1), so daß sich daraus die Gewißheit eines „himmlischen Rufes" ableitet, gehört gewiß zum ureigensten Gehalt des Christuszeugnisses.

Schon die Anfänge der Menschheitsgeschichte waren Glaubensgeschichte 11,3-12

**3 Durch Glauben erkennen wir, daß die Welten bereitet wurden kraft des Wortes Gottes, so daß das Sichtbare nicht aus wahrnehmbarer (äußerer) Erscheinung entstanden ist.
4 Durch Glauben hat Abel Gott ein größeres Opfer als Kain dargebracht. Durch ihn wurde ihm das Zeugnis ausgesprochen, er sei gerecht, indem „Gott seine Gaben" bestätigte, und durch ihn redet er (Abel) als Verstorbener noch immer.
5 Durch Glauben wurde Henoch entrückt, damit er den Tod nicht sähe, und „man fand ihn nicht mehr, weil ihn Gott weggetan hatte". Denn vor der Entrückung hat er das Zeugnis empfangen, „er besitze das Wohlgefallen Gottes".
6 Aber ohne Glauben ist es unmöglich, (Gott) zu gefallen. Wer nämlich zu Gott hinzutreten will, muß glauben, daß es ihn gibt, und daß er denen, die ihn suchen, ein Belohner sein werde.
7 Durch Glauben baute Noah, nachdem er Weisung erhalten hatte über das, was noch nicht sichtbar gewesen ist, und er hierüber in Furcht geraten war, eine Arche zur Rettung seines Hauses; durch ihn verurteilte er die Welt und wurde ein Erbe der Gerechtigkeit, die dem Glauben gemäß ist.
8 Durch Glauben war Abraham nach seiner Berufung gehorsam, so daß er an einen Ort zog, den er zum Erbe empfangen sollte, und „er zog aus", ohne zu wissen, wohin er gehen würde.
9 Durch Glauben „siedelte er sich" im Lande der Verheißung „an", das ihm wie ein fremdes war, indem er in Zelten wohnte zusammen mit Isaak und Jakob, den Miterben derselben Verheißung.
10 Er wartete nämlich auf die Stadt mit den festen Fundamenten, deren Architekt und Baumeister Gott ist.
11 Durch Glauben bekam sogar Sara selber Kraft, Nachkommenschaft zu begründen, und zwar trotz ihres hohen Alters, weil sie den für treu erachtete, der die Verheißung gegeben hatte.
12 Daher stammen auch von einem, ja sogar von einem abgestorbenen (Menschen) die ab, die sind „gleichwie die Sterne des Himmels ihrer Menge nach und wie der Sand am Strand des Meeres, der unzählbar ist".**

V. 4: *1.Mose 4,4b;* V. 5: *1.Mose 5,24;* V. 8: *1.Mose 12,1.4;* V. 12: *1.Mose 22,17, 15,5, auch 1.Mose 32,13.*

3 Die Beispielreihe beginnt mit einer Grundwahrheit, die bewußt im Wir-Stil formuliert ist und zunächst auf der thesenhaften Feststellung von V.1b aufbaut. Sie lautet dahin, daß kraft des Wortes Gottes die Welten, genauer: die Weltzeiten, die Äonen, bereitet wurden, was nur durch Glauben erkannt werden könne. Zutiefst angerührt von der Erkenntnisfrage lenkt der Hebr. alle Überlegung sofort auf den Uranfang der Dinge. Um sein Geheimnis zu entschlüsseln, bedarf es der persönlichen Stellungnahme, die die Wahrheit trifft, wenn wir aus Glauben heraus denken. Ohne ihn würden wir nichts weiter erkennen als das materiehafte Sein, jene Dinge, die unser Auge zwar wahrnimmt, die aber doch nicht die eigentliche Wirklichkeit bezeichnen. Wenn Gott die Welt, die als Größe von zeitlicher Abfolge gesehen ist, geschaffen hat (s. 1.Mose 1,1ff.: „und Gott sprach"), dann ist der letzte Grund nicht das mit unseren Sinnen Greifbare, sondern sein Wort und Wille. Nur über den Glauben können sie als Wirklichkeit angeeignet werden. In eindrucksvoller Weise gelingt es dem Hebr., sofort über eine tote formale Aufzählung hinauszuführen. Die Geschichte des Glaubens verläuft nicht abseits von den Hörern, sondern betrifft die Grundfrage menschlichen Lebens und damit „unserer" Existenz. Eine gewisse Schwierigkeit ist dadurch gegeben, daß die Verneinung des Konsekutivsatzes, bezieht man sie nicht auf die gesamte Aussage, sondern nur auf den nachfolgenden Begriff: „wahrnehmbare Erscheinung", auch die Übersetzung zuläßt: „so daß aus dem Nicht-Wahrnehmbaren das Sichtbare geworden ist". Indessen verdient unsere Übersetzung doch wohl den Vorzug, weil sie der Stellung des „Nicht" eher gerecht wird. Aus der Begrifflichkeit spricht zudem eine gewisse Nähe zu Philo, der ebenfalls die „erkennbare (geistige) Welt" von der „wahrnehmbaren" unterscheiden kann (De conf. ling. 172) und sie als deren Urbild ausgibt. Auch in seinem Denken hat das Wort Gottes als schöpferische und ordnende Größe unbestreitbar einen besonderen Platz. Eigentümlich ist ihm hingegen, daß in platonisierender Weise die Schöpfung als das Ergebnis eines stärker stufenförmig abfallenden Werdeprozesses verstanden wird. Der biblische Ansatz bleibt hier dergestalt festgehalten, daß sich das „Wort" nicht wie im gnostischen Denken in eine ungöttliche Materie hinein verliert und daraus erlöst werden muß. Der Hebr. dagegen besticht durch die größere Einfachheit seiner Aussage, die unverkennbar ganz nah beim Zeugnis der Bibel steht. Die Alternative, aufgeworfen durch die Frage nach dem Anfang, erscheint nicht spekulativ bewältigt, sondern als Entscheidung des Glaubens begriffen. Dies um so mehr, als dem Verfasser das „Wort Gottes" letztlich identisch ist mit dem Wort des ewigen Sohnes Gottes, der dadurch das All „trägt" (1,3). An unserer Stelle ist die Welt stärker in ihrer zeitlich-periodischen Gliederung gesehen. Wir vernehmen, daß sie nicht nur geschaffen, sondern auch auf einen Zweck hin „zubereitet" ist. Dem „Glauben", der sich in Christus vollendet, kommt hierbei eine wesentliche Aufgabe
4 zu. V.4 ist diese Überzeugung sofort offen vertreten. Als erstes Beispiel nennt der Hebr. Abel, der ein wertvolleres Opfer darbrachte als Kain. Aus der biblischen Darstellung ist seine Glaubenshaltung erschlossen (s. 1.Mose 4,4f.). Bemerkenswerterweise gilt er als Typus des Opfers Christi. Die höhere Hingabebereitschaft fand Gottes Wohlgefallen, der daher „auf Abel und seine Gabe blickte", nicht aber auf Kain. Über den biblischen Bericht hinaus spricht der Hebr. im Blick auf Gottes Reaktion als von einem „Zeugnis" (s. V.2). Gott hat sich nämlich als unbestech-

licher Urteiler für Abel erklärt, der somit die Gestalt ist, an der man sich orientieren
soll. Gott gab ihm das Zeugnis, ein „Gerechter“ zu sein – ein im Spätjudentum
gängiges Prädikat (Josephus Ant. I,2,1; Asc. Jes. 9,28; Mt. 23,35 u. a.) –, ging doch
fast allgemein die Neigung dahin, die seit dem Fall Adams datierende Geschichte,
unter dem Kriterium von „gut“ und „böse“ bzw. von „gerecht“ und „ungerecht“ zu
deuten. Abels Glaube hatte weiter zur Folge, daß er, der Gemordete, unerhörterweise
immer noch spricht. Die nach 1.Mose 4,10 gebildete Überzeugung (vgl. auch äth.
Henoch 22,7; Test. Abr. 11,2) rechnet offenbar damit, daß Abel, anders als die
übrigen Menschen, nicht im Tode verstummt ist, sondern zufolge seines Glaubens
noch leben darf, um gleichsam als Fürbitter für andere Gerechte vor Gott ein-
zutreten (s. Offb. 6,9 ff.). Dieser Gedanke findet sich bemerkenswerterweise auch bei
Philo (Quod det. 48.70). Das Geschick Abels macht diesen nach Kap. 12,24 zum
unmittelbaren Vorbild Christi. Auch er kann in gewisser Weise als der „Anfänger“
des Glaubens in dieser Welt begriffen werden. Im Unterschied zu Abel brauchte 5
Henoch nicht zu sterben. Er wurde, was eine breite Überlieferung in Bindung an
1.Mose 5,24 festhält (Jub. 4,17 ff.; äth. Hen. 1,1 ff.; Weish. Sal. 4,14 ff. u. v. a.), auf
Grund seiner besonderen Frömmigkeit (Sir. 49,14) unmittelbar in den Himmel entrückt,
genauer: in das Paradies (Jub. 4,23; Irenäus, adv. haer. V.5,1). Der Volksglaube
erklärte dies damit, daß Gott ihn für eine künftige Aufgabe am Ende der Zeiten auf-
bewahrt habe (äth. Hen. 70 f.). Daß Henoch schon während seines Lebens Gottes
Wohlgefallen fand, wird mit der LXX oft vermerkt (Jes. Sir. 44,16; Weish. Sal. 4,10),
wie er auch durchweg als „Gerechter“ geführt wird (s. z. B. 1.Klem. 9,3; Tanch.
Bemidbar 32). Seine beispielhafte Frömmigkeitshaltung faßt der Hebr. zusammen
in dem Begriff des Glaubens, wobei V. 6 den Beweis in Form einer allgemeingültigen 6
Erkenntnis nachträgt. Sie berührt sich mit einer Grundüberzeugung des Paulus.
Gelangte Henoch zu Gott, dann offenbar nur auf Grund des Glaubens, weil es
anders nicht möglich ist, ihm zu nahen, wörtlich: „zu ihm zu treten“ (s. 4,16; 7,25;
10,1 u. a.). Andererseits soll man wissen, daß Gott das ehrliche Streben des frommen
Menschen unbedingt belohnt. Straft er das Böse, so ist er zuerst auch ein Belohner
des Guten. Philo kehrt ähnlich wie der Hebr. den Gedanken des „wohlgefälligen“
Menschen hervor, spricht auch doppelsinnig von einer „Veränderung“ des Henoch
vom schlechten (sündhaften) zum besseren Leben (De Abr. 17 ff.) sowie vom
„sterblichen Leben“ zum „unsterblichen“ (De mut. nom. 38), läßt aber die unbedingte
Betrachtungsweise vermissen, die den Glauben radikal gegen den Tod geltend
macht. Während Philo das Faktum der Entrückung umzudeuten versucht, hat der
Hebr. die Freiheit, den Tod wie das Leben ernst zu nehmen. Als dritten Zeugen aus 7
der Reihe der Urväter benennt er Noah, dessen Verhalten kurz im Sinne der Defini-
tion V. 1 und unter Einbeziehung des biblischen Zeugnisses 1.Mose 6,13 ff. be-
schrieben wird. Dabei ergibt sich eine im Sinne der zeitgenössischen Auslegung
durchaus typische Darstellung. Noah gilt allgemein als der „Prediger der Gerechtig-
keit“ (2.Petr. 1,5; Philo, Quis rer. 260). Noah ist ein Vorbild, weil er aus Glauben
die Arche baute, obwohl es menschlich gesehen unsinnig erschien und obschon die
„Furcht“ vor dem kommenden Unheil lähmend wirken mußte. Der Glaube gab ihm
überdies die Kraft, einer verstockten und gleichgültigen Generation das Gericht
anzusagen. Und der Glaube war schließlich der eigentliche Grund dafür, daß er

der „Erbe" einer entsprechenden Glaubensgerechtigkeit wurde. Dies will offenbar besagen, daß er zu den herausragenden Gerechten der neuen Welt Gottes gehört. Möglicherweise klingt 1.Mose 6,9 an. Philo betont die Sonderstellung Noahs durch den Hinweis, er sei der erste Mensch, der in der Heiligen Schrift „gerecht" genannt werde (De conf. ling. 90). Somit lag es nahe, ihn als Prototyp einer „Gerechtigkeit, die dem Glauben gemäß ist", zu würdigen (Jes. Sir. 44, 17: „ein vollkommener Gerechter"). Sprachlich und sachlich besteht eine gewisse Nähe zu Paulus (Röm. 4, 11. 13; 9, 30; 10, 6). Wenn dieser von „Gerechtigkeit" spricht, meint er immer ein typisches Strukturmoment der Christuszeit, wogegen der Hebr. an eine beispielhafte Rechtschaffenheit denkt. Paulus sieht die „Gerechtigkeit" als Gabe, der Hebr. als Aufgabe! Die Nähe des letzteren zum Denken frommer jüdischer Schriftgelehrsam-
8 keit unterliegt keinem Zweifel. Mit V. 8 ff. richtet sich der Blick auf Abraham und die Patriarchen. Dabei bemerken wir eine Neigung zur verkürzenden Darstellung, insofern auf das Zeugnis, das sie von Gott empfingen, zusammenfassend erst in V. 13 ff. hingewiesen wird. Die Darstellung bemüht sich im Wissen um die Bedeutung der Erzväter, aus ihrem vorbildlichen Verhalten nur die Tatsachen bewiesenen Glaubens aufzuzeigen, wozu ein reicher Stoff alle Möglichkeiten an die Hand gab. Aus der heilsgeschichtlichen Vertikale geht der Blick zunächst in die Horizontale, um eingehender bei Abraham, dem „Vater des Glaubens", zu verweilen (1.Makk. 2, 52; 4 Makk. 16, 20 ff.; Philo, Quis rer. 90 ff.; De virt. 5; De praem. 24 ff.). Wenn irgendeine Gestalt des Alten Testaments, dann war es die seine, die als Beispiel nicht unerwähnt bleiben durfte, bezeugt doch die Schrift 1.Mose 15, 6 seinen Glauben ausdrücklich. Bemerkenswerterweise nimmt der Hebr. aber wiederum anders als Paulus auf diese Stelle keinen Bezug. Nicht der Glaube, der als Gerechtigkeit angerechnet wird, interessiert (s. Röm. 4, 1 ff.; Gal. 3, 6 ff.), sondern jener, der das Leben ausfüllt und bestimmt. Die Frage nach dem vorbildlichen Lebensbezug findet eine erste Antwort, indem im Sinne von V. 1 b auf den absoluten Gehorsam hingewiesen wird. Der Erzvater habe ihn dadurch erbracht, daß er dem Ruf Gottes zum unbekannten Ort eines verheißenen Erbteils bedingungslos Folge leistete (1.Mose 12, 1 ff.). In einer zusätzlichen Bemerkung wird hervorgehoben, daß er gehorsam genug gewesen sei, den Weg ins Dunkle hinein anzutreten. Abraham erfuhr nach 1.Mose 12, 7 erst bei Sichem den klaren Willen Gottes, ihm und seinen Nachkommen das Land geben zu wollen. In ähnlicher Weise kann Philo das Absurde und das Ein-
9 malige des Verhaltens rühmen, Gott allein zu vertrauen (De Abr. 62). Ihm ist gleichfalls der von der Erwartung des Künftigen erfüllte Glaube Abrahams schlechterdings das zu Beachtende (De migr. Abr. 1 ff.), liegt doch alles an der Ausdauer, den „anderen Ort", worauf das Leben angelegt ist, nicht zu verfehlen (De migr. Abr. 43. 46). Für den Hebr. gewinnt der Glaube des Patriarchen seine Konkretion keineswegs in Askese oder Weisheit, sondern in der Erfüllung des mit Kanaan niedergelegten himmlischen Urbildes (s. V. 10). Wie beim Auszug so bewährte sich der Glaube des Erzvaters auch im „Land der Verheißung", das ihm trotz aller Zusagen doch nur „wie ein fremdes" erscheinen konnte (s. 1.Mose 17, 8; 20, 1; 21, 23. 34; 24, 37 u. a.). Weil einem nomadischen Leben zugetan, waren Abraham, sein Sohn Isaak und sein Enkel Jakob (s. Jubil. 19, 15 ff.; 1.Mose 35, 12) nie wirklich wie in einem festen Besitz darin zu Hause (vgl. auch Philo, De conf. ling. 75 ff.). Sie haben

demnach in beispielhafter Weise ein Leben ständig auf Abbruch und Aufbruch hin
geführt: Symbole irdischer Wanderschaft, Menschen zwischen zwei Welten, Vor-
bilder eschatologischer Existenz! Wiederum findet die Überzeugung Ausdruck, daß
das Land Kanaan auf die ewige unvergängliche Welt hinweist (s. schon 3,7ff.), die
allein endgültigen Bestand hat. Oder, um im Sinne Philos zu sprechen: die wahre
Heimat, in der Wanderschaft zur „Ruhe“ wird, liegt vor uns, weshalb der Glaube
als Ausdauer unerläßlich ist. Nach der Ansicht des Hebr. ist das Verhalten der Erz-
väter aber nicht nur ein Hinweis auf die himmlische Heimat, sondern mehr noch
ein Beweis für die starke Gewißheit einer himmlischen Heimat. V.10 wendet darauf 10
das Bild der festgegründeten Stadt an, geschaffen von Gott, der ihr Architekt und
Baumeister ist (Philo, De mut.nom.29f.). Er hat sie demnach entworfen und
gebaut. Im Unterschied zu den späteren Sätzen V.13ff. heißt es zunächst nur, daß
Abraham darauf seine Erwartung gerichtet habe. Wie später aus 12,22 hervorgeht,
ist die Stadt identisch mit dem himmlischen Zion, das zu suchen auch die Gemeinde
des Hebr. unterwegs ist (13,14). Im rabbinischen und apokalyptischen Schrifttum
immer wieder als letztes Hoffnungsgut Israels benannt und beschrieben (Tob.13,9ff.;
äth.Hen.90,59; IV.Esra 10,26f.55; syr.Apoc.Bar.32,2ff.; 10 QPs^{a} Zion; 2 Q 24
u.v.a.), richtet auch die urchristliche Gemeinde ihre Erwartung unverkürzt und
gespannt auf die überirdische Gottesstadt, deren Glanz und Lebensfülle alle mensch-
lichen Begriffe sprengt (s. Gal.4,26; Offb.21,1ff.). Was normalerweise als bildlicher
Ausdruck einer letzten Gemeinschaft von Gott und Menschen verstanden sein will,
wird überdies beschrieben als die Stadt, die Fundamente besitzt und somit eine
ewige, unerschütterliche Gründung darstellt. Sie erweist sich als das vollendete
Gegenstück zum irdischen Zelt, um Inbegriff jener Wirklichkeit zu sein, die allein
Bestand hat (s. 11,1). Um sie weiß der Glaube, der als Pilgrimschaft gelebt wird.
Auch Philo kann in stoischer Manier zumindest die Welt als die kosmische Polis des
Schöpfers beschreiben (De op.m.17ff.). Sie ist ihm der „Gedanke des den Bau einer
Stadt planenden Baumeisters“ (Leg.all.III,83ff.). Der Hebr. fragt nach jenem
künftigen Ziel, das als Ort der vollkommenen Gottesgemeinschaft – unbildlich
gesprochen – letztlich identisch ist mit dem Schöpfer selbst. So hat der Hebr. nicht
etwa den Mythos reaktiviert, den Philo sicherlich auf seine Weise durch philo-
sophische Betrachtung entmythologisierte, sondern er hat ihn als menschliche
Urfrage nach Gott interpretiert. Daß der Glaube sogar Wirklichkeit von Gott her 11
setzt, belegt das Beispiel der Sara, die, alt und unfruchtbar geworden, doch durch ihn
die Kraft aufbrachte, Nachkommenschaft „zu begründen“. Die etwas seltsam
klingende Wendung wird verständlicher, bedenken wir, daß damit von der Frau
ausgesagt wird, was nach damaliger Vorstellung ausschließlich Fähigkeit der Ge-
schlechtsfunktion des Mannes ist (s. Philo, De ebr.211). Obwohl die Schrift nur
vom Zweifel der Sara weiß (1.Mose 18,12), spricht der Hebr. doch von der „Kraft“
ihres Glaubens, weil er nach Weise der zeitgenössischen Schriftgelehrsamkeit die
Ahnfrau Israels nur als Vorbild der Frömmigkeit und Tugend denken kann (Philo,
De cher.50). Der Verfasser schließt vom Wunder auf den Glauben, der das Unmög- 12
liche zustande bringt. Wie sehr er am Wunder jener Geburt hängt, beweist V.12,
wonach sich paradoxerweise die Fülle des menschlichen Lebens von einem „Er-
storbenen“ ableitet. Wahrscheinlich wird im Anklang an Hes.33,24 festgehalten,

daß Abraham nur ein Einzelner war, seine Abkömmlinge aber viele. Wie bei Paulus ist er vom Hebr. wegen seiner Zeugungsunfähigkeit als „Erstorbener" ausgegeben (Röm. 4,19). Die Erfüllung der ans Unglaubliche grenzenden Verheißung aber, die in Gestalt einer Kombination verschiedener Schriftstellen geboten wird (1.Mose 22,17; 15,5; 32,13 u.a.), liegt vor aller Augen. Und so kann sie unmittelbar Einblick in die Möglichkeiten des Glaubens zu gegenwärtiger Stunde geben. Offenbar ist seine in der Schrift ablesbare Geschichte permanentes heimliches Zeugnis der sieghaften Überwindung der scheinbaren Allgewalt des Todes. Was als Erfahrung der Urväter von Abel bis Abraham beschrieben wird, gehört nach dem Hebr. zur Grunderfahrung eines jeden gläubigen Verhaltens, gründet es doch nicht in einem angelernten Wissen. Reifer Glaube bewährt sich vielmehr in den schwersten Prüfungen menschlicher Existenz, bei Versagen, Krankheit, Not und Tod. In gewisser Hinsicht handeln die aufgeführten Beispiele von Grenzerfahrungen. Nur diese können freilegen, daß der Glaube die Haltung ist, die die Welt überwindet.

Die Väter Israels strebten bereits nach der Gottesstadt 11,13-16

13 **Im Glauben starben diese alle, ohne daß sie die Verheißungen erlangen durften. Doch sahen und grüßten sie diese von ferne, wobei sie auch bekannten, „Fremdlinge und Beisassen auf Erden zu sein".** 14 **Denn die dergleichen sprechen, zeigen damit an, daß sie nach einer Heimat auf der Suche sind.** 15 **Hätten sie nämlich an jene gedacht, wovon sie ausgezogen sind, so hätten sie doch die Gelegenheit gehabt, umzukehren.** 16 **Nun aber streben sie nach einer höheren, d. h. nach einer himmlischen Vaterstadt. Darum schämt sich auch Gott nicht, als ihr Gott angerufen zu werden, denn er bereitete ihnen eine Stadt.**

V. 13: *1.Mose 23,4.*

Die V. 13-16 fassen zusammen, wieweit im Sinne von 11,2 ein Zeugnis Gottes über die erwähnten Personen der Patriarchenzeit vorliegt. Die Wendung „diese alle" bezieht sich kaum auch auf die Urväter V. 4-7a, da der Sachverhalt im Blick auf sie
13 nicht nachzutragen war. Schließlich stellen sich nur die Patriarchen als Träger der „Verheißung" dar, dazu im eigentlichen Sinn als „Fremdlinge und Beisassen" (V. 13), die ausgezogen waren, um nach einer Heimat zu suchen (V. 15). Gott schämte sich nicht, nach ihnen ein Gott Abrahams, Isaaks und Jakobs zu heißen (V. 16). Eben darin liegt sein Zeugnis über sie. Aber man sollte sehr genau darauf achten, was ihnen zugemutet war. Wie es der Situation des Glaubens gemäß ist, erlebten sie die Erfüllung des Verheißenen noch nicht. Zwar erhielten sie die künftige Welt von Gott zugesprochen, aber der Tod blieb ihnen am wenigsten erspart, so daß sie in der Tat ihre ganze Zuversicht aufbringen mußten. Es war ihnen nicht geschenkt, jene Verheißung, die mehr umfaßt als ein Stück irdischen Landes, zu erlangen und in Besitz zu nehmen. In deutlicher Verwendung alexandrinisch-philonischer Vorstellungen taucht an dieser Stelle das Bild der Wanderung zum himmlischen Vaterland auf. Damit ist verdeutlicht, was es mit der „Verheißung" auf sich hat. Sie steht für die Rückkehr zum Ursprung, für die Tatsache der Geborgenheit in Gott und für

die Erfüllung menschlicher Existenz in einer Wirklichkeit *extra nos*, auf die hin anscheinend all unser Suchen und Tasten angelegt ist (vgl. Philo, Quaest. in Gen. 3,45; De cher. 120f.; De somn. I,65). So kann z.B. Philo im Blick auf 1.Mose 17,8 über Abraham sagen, daß der Geist des tugendhaften Menschen, der im Körper seinen Platz hat, lieber Beisasse als fester Bewohner sein will, „weil sein Vaterland der Äther und der Himmel ist". Nach Philo hat der fromme Mensch zwar die Möglichkeit der erbaulichen tieferen Schau, er kann aber letztlich die volle Erkenntnis Gottes nie erreichen. Demgegenüber betont der Hebr. in Anwendung des gleichen Vorstellungsgutes, daß die Patriarchen zwar bereits die künftige himmlische Wahrheit wie sehnsuchtsvolle Wanderer auf dem Weg dorthin erblickten, daß sie es aber selbst noch nicht erreichen konnten. Was bei Philo noch Ausdruck einer gewissen erkenntniskritischen Skepsis ist, gewinnt im Hebr., wie das „und sie grüßten sie"
beweist, die Konturen einer freudigen und zuversichtlichen Haltung. Auch aus dem 14
Bekenntnis der Patriarchen, hier auf Erden „Fremdlinge und Beisassen" zu sein
(s. 1.Mose 23,4; 28,4; 47,9 u.a.), spricht die Entschlossenheit, das ewige Ziel nicht
an Stelle eines vorläufigen aus dem Auge zu verlieren. V. 14 legt in diesem Sinne den
Ton nachdrücklich auf den Wortlaut der Aussage. Wenn die Väter nur Fremdlinge
sein wollten, bekundeten sie damit ihr energisches Streben nach einem Vaterland
(Philo, Quis rer. 266f.). All ihr Denken und Sinnen war offenbar klar nach vorne
gerichtet. Hätten sie nämlich an jenes Land gedacht, wovon sie auszogen, so wären 15
sie – was in einem typischen Schlußverfahren gefolgert wird (s. 4,8; 7,11; 8,4 u.a.) –
nur zu leicht imstande gewesen, dahin zurückzukehren. V. 16 hält als gültige Wahr- 16
heit fest, was sich in zwingender Logik ergibt: „Sie streben nach einem höheren, d.h. nach einem himmlischen Vaterland". Die Formulierung (s. das Präsens) ist so gehalten, daß die Patriarchen wie von selbst mit den Gläubigen der Gegenwart verschmelzen. Letztere sollen das „Nun" des Erkannten zum „Jetzt aber" eines eigenen Entschlusses machen. Dahinter steht wie bei Philo die Gewißheit einer höheren jenseitigen Wirklichkeit. Aber es liegt dem Hebr. fern, sich diese auf dem Wege philosophischer Erkenntnis anzueignen, weil er weiß, daß sie nur als Geschenk von Gott erwartet werden kann. Eben darin zeigt sich die Haltung des Glaubens, der im Vertrauen auf das zugesprochene Wort alles erhofft. Gott, der sich als der Gott der Väter geoffenbart hat (s. 2.Mose 3,13ff.), d.h. als der Gott Abrahams, Isaaks und Jakobs, hat zugleich die Zusage gegeben, er werde immer mit seinem Volk sein: „Das ist mein Name ewiglich". Philo kommentiert dieselbe Stelle ähnlich (De Abr. 51). Schämte Gott sich ihrer nicht, wie der Hebr. betont, dann bedeutet dies, daß er sich um ihres Glaubens willen herabgelassen hat. Geht Gott aber soweit, so geschieht es ganz im Erweis absoluter Treue. Er wird die Seinen in alle Ewigkeit nicht verlassen. Der Zuspruch und die Erfahrung solcher Geborgenheit verdichten sich am Schluß der eingeschobenen Besinnung V. 13-16 zu dem nochmaligen Satz: „Er bereitete ihnen nämlich eine Stadt". Er faßt zusammen (s. V. 10) und weist überdies nach vorne, wo in Kürze den Hörern das gleiche Verheißungsziel zugesprochen wird (12,22). Als Frage bleibt zwischen den Zeilen, ob auch die Christusgemeinde bereit ist, die Verheißung des künftigen Jerusalem mit allen Konsequenzen zu der ihren zu machen.

Eine besondere Zeit des Glaubens datiert von Abraham, dem Verheißungsträger, bis zur Landnahme 11,17-31

17 Durch Glauben hat Abraham, als er versucht wurde, den Isaak als Opfergabe dargebracht, er, welcher die Verheißung angenommen hatte, wollte den einziggeborenen Sohn opfern, 18 er, zu dem gesagt war: „In Isaak soll dir Same genannt werden". 19 Er hielt dafür, daß Gott sogar Macht habe, aus den Toten aufzuerwecken. Daher brachte er ihn auch zum Gleichnis (lebendig) davon. 20 Durch Glauben segnete Isaak den Jakob und den Esau hinsichtlich der zukünftigen Dinge. 21 Durch Glauben segnete der sterbende Jakob einen jeden der (beiden) Söhne Josephs, wobei „er über der Spitze seines Stabes sich neigend betete". 22 Durch Glauben gedachte Joseph bei seinem Dahinscheiden des Auszuges der Söhne Israel und gab er Anweisungen betreffs seiner Gebeine. 23 Durch Glauben wurde Mose bei der Geburt von seinen Eltern, weil sie „die Anmut des Kindchens sahen", „drei Monate verborgen gehalten" und fürchteten sie das Gebot des Königs nicht. 24 Durch Glauben lehnte Mose, ein großer Mann geworden, ab, ein Sohn der Tochter des Pharao zu heißen, 25 um lieber mit dem Volke Gottes gequält zu werden, als einen zeitweiligen Genuß der Sünde zu haben. 26 Er achtete „die Schmach Christi" für größeren Reichtum als die Schätze Ägyptens. Er behielt nämlich die Vergeltung im Auge. 27 Durch Glauben verließ er Ägypten; den Grimm des Königs am wenigsten fürchtend und den Unsichtbaren gleichsam immer im Blick habend, brachte er Standhaftigkeit auf. 28 Durch Glauben hat er das Passa und die Bestreichung mit (wörtl.: „Vergießung von") Blut durchgeführt, damit „der Würger" der Erstgeburt sie nicht antaste. 29 Durch Glauben schritten sie durch das Rote Meer wie über trockenes Land, wogegen die Ägypter, als sie es versuchten, (vom Wasser) verschlungen wurden. 30 Durch Glauben stürzten die Mauern Jerichos zusammen, nachdem sie an sieben Tagen umzogen worden waren. 31 Durch Glauben ging die Hure Rahab nicht mit den Widerspenstigen zugrunde, da sie die Kundschafter friedlich aufgenommen hatte.

V. 17: *1.Mose 21,12;* V. 21: *1.Mose 47,31b;* V. 23: *2.Mose 2,2;* V. 24: *2.Mose 2,11;* V. 26: *Ps. 89,51;* V. 28: *2.Mose 12,23.*

17 Die Geschichte der Glaubensvorbilder findet V. 17ff. ihre detaillierte Fortsetzung.
Man gewinnt den Eindruck, daß noch stärker als vorher das hohe Maß ihrer
Frömmigkeit herausgearbeitet wird. Die aufgeführten Beispiele handeln fast durch-
gehend von der Bewährung in Grenzsituationen des Lebens. In fast einseitiger Weise
geht es um den Aufweis der Tatsache, daß allein der Glaube über den Tod und die
Todesfurcht zu triumphieren vermag. Die Gewißheit des lebendigen Gottes trägt
selbst durch die dunkelsten Stunden. Von solcher Überlegung her mag noch einmal
auf Abraham zurückgegriffen sein, dessen ohne Zweifel schwerste Glaubensprobe,
die Opferung seines Sohnes Isaak (s. 1.Mose 22), nun erst erwähnt wird (vgl. auch
Sir. 44,20; 1.Makk. 2,52; Philo, Quod deus 4 u.a.). Ohne Rückhalt im Text wird
bemerkenswerterweise der Eindruck erweckt, als habe Abraham in der Tat den
Einziggeborenen und Verheißungsträger getötet. Abraham war nach diesen Angaben
18 in doppelter Weise „versucht". Den einzigen Sohn zu opfern, geht gegen alle Natur.
Daß dies gar noch derselbe Gott verlangt hat, der auch die Verheißung gegeben hatte
(s. 1.Mose 21,12), setzte Gott im gläubigen Denken des Erzvaters in Widerspruch
zu sich selbst. War dadurch die vorherige Verheißung nicht null und nichtig? Hat

sich Gott etwa unglaubwürdig gemacht? Der Hebr. vermag es nur so zu erklären, 19
daß er mit der Möglichkeit rechnet, Abraham habe Gott alles zugetraut, auch schon
die Kraft, Tote auferwecken zu können. Bekanntlich hat sich eine solche Überzeu-
gung erst in der Spätzeit der Geschichte Israels herausgebildet (s. Dan. 12,2 u. a.).
Aber es ist doch vielsagend, daß die Vorstellung vom Hebr. aufgegriffen ist, um zu
bezeugen, daß der Glaube seine ganze Bewährung dort erbringt, wo er im Ver-
trauen auf Gott dem Widersinn des Todes und des Nichtseins standhält. Das Den-
ken zeitgenössischer Schriftgelehrsamkeit mag den Verfasser beeinflußt haben. Es
kommt hinzu, daß er als Christ die Opferung Isaaks unmittelbar als Typus auf den
gekreuzigten Christus verstanden hat. Auch der Wortlaut von V. 19b ist eindeutig.
Wir hören, daß zufolge des unerschütterlichen Glaubens an Gott, der ein Gott der
Lebendigen ist, Abraham seinen Sohn „zum Gleichnis" lebendig davongebracht hat
(s. 9,9). Die Wendung gewinnt ihren Sinn auf Grund mannigfachen haggadischen
Materials, das keinen Zweifel darüber läßt, daß das Judentum der Zeit das Ge-
schehen auf Morija als herausragendes Beispiel einer Totenauferweckung zu ver-
stehen gewillt war und zwar überdies zum ersten Tag des Festes der Ungesäuerten
(vgl. Jubil. 17,15; 18,13; Targ. Ps.-Jon. 27,1.6 u. a.). Im frühchristlichen Denken
mußte ein solches Verständnis zwangsläufig zur typologischen Auslegung der
Opferung Isaaks auf die Kreuzigung und Auferstehung Jesu führen, zumal diese
mit dem gleichen Zeitpunkt des Passa verbunden werden konnte (s. Barnabasbrief 7,3;
Melito, Über das Passa 59.69). Es ist bei solcher Voraussetzung nicht auszu-
schließen, daß der von uns mit „daher" übersetzte Begriff des Urtextes sogar lokal
wiedergegeben werden kann, was besagen würde, daß Abraham seinen Sohn „von
dort her", sc. „von den Toten", im Gleichnis auf Christus davontrug. Der Wortlaut
läßt daran denken, daß dem Hebr. bereits an der terminlichen Übereinstimmung des
Geschehens gelegen war. In diesem Zusammenhang ist es interessant, daß die alt-
jüdische Tradition die Geburt, die Opferung und den Tod des Isaak auf den erwähn-
ten Festtermin zu datieren pflegte (= 14./15. Nisan). Auf die Segnung der beiden 20
Söhne Jakob und Esau durch den greisen Isaak kommt der Hebr. im folgenden V. 20
zu sprechen (s. 1.Mose 27; 35,29). Sie geschah, wie betont wird, im Blick auf Zu-
künftiges. Die Vorstellung empfängt ihren Sinn durch die im Alten Testament
berichteten näheren Umstände der Handlung. Der erblindete Vater gab dem jünge-
ren Jakob den Erstgeburtssegen, Esau aber, obwohl von Isaak mehr geliebt (1.Mose
25,28), wurde fühlbar benachteiligt (s. auch 12,16f.). Es scheint, daß der Verfasser
eben darin jenen festen Glauben an Gottes rechte Führung von dem Stammvater
gelebt sieht, mit dem er 11,1 alle Verheißungen verbunden hat. Dies um so mehr als
dem jüngeren Sohn schlechterdings Einmaliges zugesprochen wurde: „Völker sollen
dir dienen" (1.Mose 27,29). Naheliegenderweise folgt mit V. 21 in der Aufzählung 21
eine gleichlautende Notiz über die in 1.Mose 48 berichtete andere Segenshandlung,
wurde doch auch in diesem Fall irregulär gehandelt und zwar durch Jakob an den
beiden Söhnen des Joseph, seinen Enkeln. Wiederum wurde nämlich der Zweit-
geborene, Ephraim, vor dem Älteren, Manasse, bevorzugt unter Hinweis darauf,
daß er einmal größer sein werde (1.Mose 48,19). Indem überdies davon die Rede ist,
daß sich Jakob über die „Spitze seines Stabes" geneigt hat, so die Septuaginta in
Übersetzung von 1.Mose 47,31, soll wahrscheinlich seine gläubige Haltung betont

werden. Jakob hat sich wider alles Verstehen ganz in den Willen Gottes geschickt.
Es ist bemerkenswert, daß auch Philo beide Segenshandlungen vergleichen kann
(De sobr. 26f.). Während der Alexandriner aber die Gottesbegeisterung des „wei-
sen" Jakob hervorhebt, um hierin eine Erklärung für sein Tun zu finden, legt der
Hebr. den Ton auf die Stärke seines Glaubens (vgl. auch Leg. all. III,93). An der
Ausnahmehaltung interessiert läßt er sogar die für unsere Begriffe bedeutungsvollere
22 Segnung der zwölf Söhne Jakobs (s. 1.Mose 49) unerwähnt. Als weiteres Beispiel
über gläubiges Verhalten angesichts des Todes wird jedoch Joseph aufgeführt, der
vorweg den Auszug der Söhne Israels aus der Knechtschaft Ägyptens im Blick hatte
und von den Brüdern einen Eid über die Mitführung seiner Gebeine in das Land der
Väter forderte (1.Mose 50,25). Fest und unerschütterlich war nämlich seine Zuver-
sicht, Gott werde sich seines Volkes annehmen (s. 2.Mose 13,19; Jos. 24,32; Philo,
De Jos. 266). Mit der Nennung Josephs gerät bereits jenes Geschehen in den Blick,
das das bedeutungsvollste Ereignis der jüdischen Geschichte beschreibt. Anders als
im rabbinisch-schriftgelehrten Denken stehen aber nicht Bundesschluß und Sinai-
offenbarung im Mittelpunkt der Betrachtung, sondern die von der Generation der
Mosezeit mit ihren bekannten Einzelgestalten bezeugte Stärke des Glaubens. Es ge-
schieht in der gleichen Ausführlichkeit wie V. 8-12. Wenn irgendwo, dann wird an
dieser Stelle deutlich, daß der Hebr. das Wesen und die Bedeutung der Geschichte
nicht nach den großen Vorgängen bemißt, sondern nach der Tatsache erbrachten
persönlichen Glaubens, wodurch er allein und verborgenerweise die entscheidenden
revolutionären Wandlungen ausgelöst sieht. Hier erkennt er jenes Gesetz Gottes,
das später im gläubigen Selbstopfer des Christus seine letzte paradoxe Ausprägung
erfährt. Wird es die Welt annehmen? Wird sie seiner wert sein? (s. 11,38). Wenig-
23 stens unterschwellig klingt die Fragestellung immer an. Gefahrvoll, seltsam und
verworren waren die Anfänge der Lebensgeschichte des Gottesmannes Mose, der
als Kind von seinen Eltern, die ihn drei Monate verborgen gehalten hatten, aus-
gesetzt wurde (2.Mose 2,2). Angesichts der Schönheit des Kindes überkam sie eine
Ahnung seiner künftigen Größe und sie taten alles, um es möglichst lange zu
schützen und für sein Leben Sorge zu tragen (Philo, De vit. M. 1,9ff.). Bei alledem
gab ihnen allein der Glaube die Kraft, dem grausamen und blindwütigen „Erlaß des
Königs" zuwider zu handeln (2.Mose 1,22). Da in dieser Wendung nicht vom
Pharao die Rede ist (anders V. 24), sondern vom König bzw. Kaiser, gewinnt die
Aussage für den Hörer eine leicht staatskritische Note, die der Verfasser für not-
24 wendig gehalten zu haben scheint (s. 12,4; vgl. auch 10,34). Auch Mose selbst ließ
sich, herangewachsen (2.Mose 2,11) und ein großer Mann am ägyptischen Hofe
geworden (s. Philo, De vit. M. I,31ff.), nicht durch Rang und Würde verblenden,
25 die er als Sohn einer Tochter des Pharao besaß (s. Philo, De vit. M. I,45). Aus Glau-
ben schlug er sich auf die Seite seines Volkes, um mit ihm alle Schmach und Unter-
drückung zu teilen (s. Philo, De vit. M. I,32.40.42). Schon gar nicht lag ihm am
zeitweiligen „Genuß der Sünde", den das Wohlleben am Hofe nach Wunsch und
Herzenslust gestattete. Die Ausmalung des Mosebildes auf Grund legendarischer
Überlieferung ist unverkennbar, wobei die kritische Beurteilung der Zustände vor
allem bei Philo eine Parallele aufweist (De vit. M. 1,32). Auch nach seiner Meinung
hatte sich Mose den Blick für das Richtige und Wahrhaftige bewahrt. Er widerstand

der Versuchung, um des augenblicklichen Vorteils willen von seinem Volk abzufallen. Was hier im Hinblick auf ein aktuelles Problem der Gemeinde herausgearbeitet scheint (s. auch 13,5), um in V.25 nur indirekt Ausdruck zu finden, wird
V.26 sofort näher verdeutlicht. Die Wendung „Schmach Christi" ist als technisch 26
klingende auffallend. Wahrscheinlich durch Ps. 89,50f. oder ähnliche Stellen (des Weissagungsbeweises: Ps. 69,10; Ps. 21,7 u. a.) vorgeprägt, ist damit nicht nur ein „Leiden um Christi willen" gemeint, sondern jene Schmach, die in der Geschichte des Glaubens allezeit prototypisch für das künftige Leiden des Christus von Bedeutung gewesen ist, nämlich als verborgenes Gesetz (13,12) und als heimlicher Zielpunkt (12,12). Die Bedeutung der Mosesgestalt liegt schließlich nicht nur in ihrem einmaligen geschichtlichen Standort für Israel begründet, sondern in ihrer Aussagekraft für jenes Geschehen, das immer die Stationen des Glaubens überhöht und insgeheim sogar bestimmt hat. Daher wird erklärend hinzugefügt, daß Mose ständig den Tatbestand der „Vergeltung" im Auge behalten habe, eine Aussage, die das Motiv seines Verhaltens freilegt. Gemeint ist damit schwerlich, daß er sich von dem in Aussicht stehenden Lohn leiten ließ, sondern eher, daß er die Dinge mit den Augen Gottes zu sehen und zu beurteilen gewillt war, wonach das Leiden und die Züchtigung gerade die Voraussetzungen des künftigen Lebens sind (s. 12,4ff.). In diesem Sinn ist die Hineinnahme in das Leiden Christi größerer Reichtum als alle Schätze Ägyptens, gleichwie auch Paulus sagen kann, daß ihm das Sterben um Christi willen Gewinn ist (Phil. 1,21). Hier wie dort ist das Leiden Christi zum Sinnschlüssel unverständlichen Geschehens in Leben und Welt gemacht. Angeeignet werden kann es nur im Glauben, was die Hörer zum Anlaß nehmen möchten, ihre Sicht der Dinge, die zu sehr am Vordergründigen haftet, nach jener Tiefe hin zu überprüfen, die allein dem Widersinn einen Sinn entgegenzuhalten vermag. Es ist
in der Tat das Opfer, welches das unumgängliche Tor zur Zukunft ist. V.27 handelt 27
wahrscheinlich von der Flucht des Mose nach der Tötung eines ägyptischen Aufsehers (2.Mose 2,11ff. 15ff.), nicht bereits vom Auszug. Bei letzterer Annahme wird durchweg geltend gemacht, daß 2.Mose 2,14 die Furcht vor Pharao ausdrücklich als Motiv genannt ist. Aber warum bleibt das Volk ungenannt? Und wie kann der Auszug vor der Einsetzung des Passa (V.28) erwähnt werden? Man wird beachten, daß sich der Verfasser nicht an die Einzelaussage des alttestamentlichen Berichtes hält, sondern seine theologische Meinung hierüber wiedergibt. Dabei hebt er das gläubige Gottvertrauen des Mose hervor, der – ähnlich wie Abraham – bereit war, einen überaus dunklen Weg geführt zu werden. Der Hebr. spricht von einem Verhalten, das „durch Glauben" gekennzeichnet gewesen sei. Der anschließende Partizipialsatz ist sinngemäß mit der folgenden Aussage zusammenzunehmen. Offenbar liegt eine Beschreibung des Midianaufenthaltes mit der entscheidenden Offenbarung am Dornbusch (2.Mose 3,1ff.) und dem dabei eröffneten Auftrag vor, welch letzterer frei von Furcht und in größter Standhaftigkeit übernommen wurde (s. 2.Mose 4-11). Der Hebr. handelt wahrscheinlich in Bindung an 11,1 etwas rätselhaft davon, daß Mose „den Unsichtbaren" (sc. Gott) gleichsam immer im Blick hatte und Durchhaltevermögen aufbrachte. Die Aussage kann nur meinen, daß der unsichtbare Gott dem Mose in einer gewissen Weise erkennbar geworden war, wobei dieser daraus die Kraft für seine schwere Aufgabe empfangen hat.

Bemerkenswerterweise gibt Philo eine ähnliche Interpretation der Dornbuschszene.
Mose habe damals die Zusage von Gott erhalten: „Du brauchst dich nicht zu
28 fürchten" (De vit. M. I,66.69.73). V.28 und 29 greifen die entscheidenden
Höhepunkte heraus, die Durchführung des ersten Passafestes und den Durchzug
durch das Rote Meer, um sie ebenfalls stärkstens als Glaubenstaten zu rühmen. Im
Vertrauen auf Gottes Weisungen (s. 2.Mose 12) hat Moses die Schlachtung des
Passalammes in der Nacht des Auszugs und die Bestreichung der Pfosten sowie des
Türsturzes der israelitischen Häuser mit dessen Blut vorgenommen. Der Todes- und
Würgeengel, der „Verderber" (so technisch auch Weish.Sal. 18,25), wurde auf diese
Weise gehindert, die Erstgeborenen zu „berühren". Die Wendung „er hat das Passa
durchgeführt" (bzw. „gefeiert") steht im Perfekt der Allegorie und zeigt an, daß die
damals begründete Feier noch gegenwärtige Bedeutung hat, sei es theologisch für
das Verständnis des Opfers Christi, worauf auch die eigenartige Wendung „Ver-
gießen des Blutes" anspielen kann, sei es liturgisch für die Osterfeier der Christus-
gemeinde, die sich ebenfalls dem Tode entrissen und ins Leben versetzt sieht. Die
Nacht des Festes ist nämlich eine „Nacht der Bewahrung" (2.Mose 12,42). Was der
geheimnisvolle Blutritus der Passanacht andeutungsweise bezeugt, ist im Sühnetod
Christi endgültige Wahrheit geworden: die Verschonung vor dem Tod und die
29 Rettung aus einer Welt der Knechtschaft. V.29 spricht erstmals von dem Glauben
des Volkes des Auszugs, das kraft dieser Haltung durch das Rote Meer zog, wäh-
rend die Ägypter von den Wassermassen verschlungen wurden (2.Mose 14,15ff.
22.27f.). Ihnen fehlte, was für Israel heilbringend war. 2.Mose 14,31 wird der
Glaube als Folge der wunderbaren Errettung ausgegeben, hier als seine Voraus-
setzung. Die Wendung „sie (die Israeliten) durchschritten" läßt eine für das jüdische
Passafest häufig gebrauchte Bezeichnung, sc. „Fest des Übergangs", anklingen (s.
Philo, De spec. leg. II, 146f.). Das Augenmerk des Hebr. gilt dem Glauben des Volkes,
die Zeit der Wüstenwanderung hat er aus verständlichen Gründen nicht berück-
30 sichtigt (s. 3,7ff.). V.30 folgt sofort die Erwähnung der Einnahme Jerichos (s. Jos.
6,1ff. 15ff.) mit kurzen Bemerkungen über die Umstände seiner Eroberung. Das
Interesse am Spektakulären wird benutzt, um die erstaunlichen Möglichkeiten des
Glaubens zu bezeugen (s. Mk. 11,23). Die Hervorhebung der „sieben Tage" läßt
eine gewisse zahlensymbolische Neigung anklingen (s. Philo, De op. m. 90ff.;
Leg. all. 8ff.). Josua wird nicht genannt, weil insgeheim wohl darauf Nachdruck
gelegt wird, was der bedingungslose Glaube einer Gemeinschaft vermag, hält sich
31 diese entschlossen an die ihr gegebene Zusage. Daß auch der Einzelne überaus
wunderbar bewahrt sein kann, zeigt V.31 am kontrastreichen Beispiel der Hure
Rahab (s. Jos. 2,1ff. 8ff.; 6,25). Im Glauben davon überzeugt, daß Gott das Land
seinem Volk zugesprochen und gegeben hat (s. Jos. 2,9), nahm sie die Kundschafter
„mit Frieden" auf, nämlich ohne sie zu verraten. Die übrigen Einwohner der Stadt
aber, die trotz der Wundertaten Gottes widerstrebten (wörtl.: „ungehorsam blie-
ben"), verfielen dem Bann und kamen um (Jos. 6,21). Dort, wo gegen den Augen-
schein geglaubt wird, kann eben auch ein fragwürdiges Menschenleben – Rahab
wird nicht ohne Grund als „Hure" vorgestellt – Hoffnung schöpfen (s. Jak. 2,25;
1.Klem. 21,1ff.). Unversehens ist so der Hebr. auf ein Glaubensbeispiel zu sprechen
gekommen, das am Rande zu liegen scheint, das aber mit gutem Recht berücksich-

tigt werden konnte. Eröffnet sich damit nicht die Pflicht, unzählige andere zu nennen? Gibt es nicht noch leuchtendere Vorbilder? Wir verstehen, daß der Verfasser eben an diesem Punkt die Aufzählung unterbricht.

Die Glaubensgeschichte Israels erweist sich zu allerletzt als eine Geschichte des Leidens 11,32-40

32 Und was soll ich noch sagen? Es fehlte mir die Zeit, wenn ich über Gideon, Barak, Simson, Jephta, David und auch Samuel und die übrigen Propheten berichten wollte, 33 die durch Glauben Königreiche niederkämpften, Gerechtigkeit durchsetzten, Verheißungen erlangten, Löwenmäuler stopften, 34 Feuerskraft löschten, der Schneide des Schwertes entrannen, aus Schwachheit stark hervorgingen, im Kriege Helden wurden, die Schlachtreihen der Gegner zum Wanken brachten. 35 Frauen empfingen durch Auferstehung ihre Toten wieder. Andere aber wurden gefoltert, nahmen die Befreiung nicht an, nur damit sie eine bessere Auferstehung erlangten. 36 Wieder andere machten Bekanntschaft mit Mißhandlungen und Geißelhieben, ja mit Banden und Kerker: 37 sie wurden gesteinigt, im Verhör gepeinigt und zersägt, starben dahin durch das Morden des Schwertes, zogen umher in Schafpelzen, in Ziegenfellen, darbend, bedrängt, gequält, 38 sie, deren die Welt nicht wert war, so daß sie in Wüsteneien, in den Bergen, Höhlen und Klüften der Erde umherirrten. 39 Und diese alle, die durch den Glauben zeugnishafte Bestätigung empfingen, erwarben die Verheißung noch nicht, 40 weil Gott um unsertwillen etwas Besseres vorgesehen hatte, in der Absicht, daß sie nicht ohne uns zur Vollendung kämen.

Die Frage V. 32a verleiht einer gewissen Verlegenheit Ausdruck. Wollte der Hebr.
in der begonnenen Ausführlichkeit fortfahren, würde seine Darstellung alle gebote- 32
nen Maße sprengen. Er bietet nur noch einen zusammenfassenden Abschnitt. Dem bibelkundlich versierten Leser fällt es nicht schwer, ihn zu entschlüsseln. Thematisch werden die Ausführungen durch die gleichartige Wendung „mittels Glauben" (V. 33 u. V. 39) zusammengehalten. Insgeheim schwingt die Überzeugung mit, daß die für den Beweis eigentlich bedeutsamen Namen der Vor- und Frühzeit Israels bereits genannt sind. Die Wendung „es fehlt mir die Zeit" greift in rhetorischer Manier eine gebräuchliche Formel auf (vgl. Philo, De somn. II,63; De vit. M. I,213; bes. De spec. leg. IV,238 u. a.). Summarisch richtet sich die Aussage vorweg auf die Periode der Richter, Könige und Propheten. Von den ersteren finden ausdrückliche Erwähnung: Gideon (Ri. 6-8), Barak (Ri. 4-5), Simson (Ri. 13-15) und Jephta (Ri. 11-12). Um des sprachlichen Rhythmus' willen ist auf die geschichtliche Abfolge keine Rücksicht genommen. Als einzige Königsgestalt ist weiter David genannt; denn der Herr war, wie es aus ausdrücklich vermerkt steht (s. 2.Sam. 7,1 ff. 9), „mit ihm". Seinem Hause wurde außerdem die Verheißung des künftigen Messias gegeben (s. 7,14). David selbst erscheint im Hebr. als Träger des prophetischen Geistes Gottes (3,7; 4,7). Samuel wird entgegen einer geschichtlichen Betrachtungsweise nach ihm genannt, wohl weil er als Ahnherr der Propheten Israels gilt (s. auch Apg. 3,24), welche ebenfalls nur summarisch erwähnt sind. In gewisser Hinsicht trägt V. 32 dem Zeugnis der sog. „früheren" und „späteren Propheten" Rechnung.

33 Mit V.33 beginnt eine aus neun Gliedern bestehende Aufzählung der Glaubens-
taten der genannten Gestalten in der Weise, daß die beflügelnde und überwindende
Kraft ihres Glaubens hervorgekehrt wird. Gegen Kanaaniter, Midianiter, Moabiter,
Edomiter, Ammoniter und Philister kämpften schon die Helden der Richterzeit.
Mehrfach berichtet die Schrift von erstaunlichen Siegen über Könige und Fürsten
(s. Ri.3,10.14ff.; 4,17ff.23; 7,25; 11,32f. u.a.). David und Samuel gelang es ebenso
immer wieder mit Erfolg, die Völker der umliegenden Königreiche niederzukämpfen
(s. 1.Sam.7,3ff.; 17,1ff.; 30,1ff. u.a.). Der Redensart „sie setzten Gerechtigkeit
durch" (wörtl.: „sie wirkten G.") liegt eine hebräische Wendung zugrunde (s. Ps.
106,3; Jes.56,1), wobei wahrscheinlich an das Verhalten der erwähnten Person
gegenüber dem eigenen Volk gedacht ist, in dem sie – so z.B. David – „Recht und
Gerechtigkeit" übten (2.Sam.8,15; 1.Chr.18,14 u.a.). Ähnlich kann das Volk über
Samuel sagen: „Du hast uns keine Gewalt noch Unrecht getan" (1.Sam.12,4). David
galt durchweg in der Überlieferung des jüdischen Volkes als Muster eines gerechten
Königs und entsprechend Samuel als Vorbild eines gerechten Richters. Vor allem
auf David und die Propheten mag sich die Aussage von den empfangenen Ver-
heißungen beziehen (s. 2.Sam.7,1ff.; Hab.2,3f. in 10,37f. u.v.a.), doch kann auch
an Zusagen gedacht sein, die einzelnen Richtern zuteil wurden und die sich wunder-
bar erfüllten (s. Ri.4,14; 6,14 u.a.). Indem in der Mehrzahl unbestimmt von „Ver-
heißungen" gesprochen wird, gelangt weniger die Messiasverheißung in den Blick
als die vielfache Erfahrung gnädiger Bewahrung und Hilfe. Selbst gegen wilde
Bestien wie Löwen blieben die Gotteshelden siegreich. Von verwegenen Kämpfen,
worauf die bildhafte Redeweise vom „Stopfen ihres Rachens" zielt, hören wir bei
Simson (Ri.14,6), David (1.Sam.17,34ff.) und Daniel. Die einprägsame Formulie-
rung geht auf Dan.6,22 (bes. Theodotion-Version) zurück. Wie sehr sich das Juden-
tum der Zeit an derlei Heldentaten erbaut hat, entnehmen wir der Aufzählung in
1.Makk.2,49ff. Auch das frühe Christentum wird später Wert darauf legen, von
34 seinen Glaubenszeugen Ähnliches zu berichten (s. Acta Pauli). Jes.43,2 wird dem
Propheten zugesprochen, er könne durch das Feuer gehen und seine Flamme werde
ihn nicht verbrennen. In Zeiten der Verfolgung gewann man aus solcher Aussage
Kraft. Vor dem Feuertod wurden die drei Freunde Daniels bewahrt (s. Dan.3), weil
sie als Diener des höchsten Gottes Glauben hielten (s. Dan.3,17ff.) und weil sie in
der Kraft ihres Gebetes seiner Hilfe gewiß sein durften (s. die Zusätze zu Daniel).
Zahllos sind die Beispiele jener Gottesmänner, die der „Schneide des Schwertes"
entrannen, weil sie um ihres Glaubens willen verfolgt wurden: David von Saul
(1.Sam.18,6ff.), Elia von Ahab und Isebel (1.Kg.19,1ff.), Elisa von den Syrern
(2.Kg.6,8ff.), Jeremia von Zedekia (Jer.37), Micha von Hiskia (Jer.26,19), Uria von
Jojakim (Jer.26,21). „Zahlreich sind die Leiden der Gerechten, und aus allen wird
der Herr sie erretten" – so der Psalmist (34,20). Wunderbare Stärkungen in körper-
licher Schwachheit, aber auch in seelischer Verzweiflung, sind berichtet von Simson
(Ri.15,19; 16,28ff.), von Elia (1.Kg.19,8), von Hiskia (2.Kg.20,1ff.). Ein Psalm
Davids rühmt Gott, der dem Elenden Kraft gibt, Kriegsvolk zu zerschlagen: „denn
mit meinem Gott springe ich über Mauern" (Ps.18,30). Ahnungsweise klingt auf,
was gelegentlich auch Philo als zum Wesen Gottes gehörig erkannt hat, daß nämlich
die Stunde der Schwachheit des Frommen gerade die seiner größten Kraft ist (De vit.

M. I,69f.). Bekannte Beispiele des Alten Testaments für ein besonderes Heldentum
im Kampf sind: David (z.B. 2.Sam.5,17ff.; 8,1ff.), der schon als Knabe über
Goliath gesiegt (1.Sam.17,52), und Jonathan, der sich als jugendlicher Krieger gegen
die Philister ausgezeichnet hatte (1.Sam.14,1ff.). Schlachtreihen (wörtl. „Lager“)
wichen vor Gideons kleiner Schar (Ri.7,7). Hiskias Gebet wendete das Schicksal
Jerusalems, das von Sanheribs Heer umlagert war (2.Kg.18,13ff.; 19,1ff.; Sir.48,21).
Noch in jüngster Vergangenheit gelang es der Truppe des Makkabäers Judas und
seiner Brüder, die Befreiung vom syrischen Joch zu erkämpfen: „Er glich einem
Löwen in seinen Taten“ (1.Makk.2,3f.). In der Folge wird näher auf diese hohe Zeit
der nationalen Erhebung Bezug genommen (s. V.35ff.). An unserer Stelle muß offen
bleiben, ob und wieweit schon an sie gedacht ist. Von den insgesamt neun Wendun-
gen hebt die erste Dreiergruppe mehr die überwindende Kraft des Glaubens hervor,
die zweite stärker sein erstaunliches Heldentum und schließlich die dritte mit Nach-
druck seine wunderbare Fähigkeit, das Schwache stark zu machen. Eben damit ist
bereits offen gesagt, daß die Möglichkeiten des gläubigen Menschen unerhört und
unbegrenzt sind. Mit einer gewissen inneren Logik schiebt sich an dieser Stelle das 35
Zeugnis ein, daß der Glaube sogar der Auferstehung gewiß sein darf. Elia weckte
den Sohn der Witwe zu Zarpath auf (1.Kg.17,8ff.), Elisa den Sohn der Sunamitin
(2.Kg.4,18ff.). Wenn es heißt, daß Frauen ihre Toten „zurückerhielten“, so mag die
Formulierung nach 2.Kg.4,36f. gewählt sein. Als weiteres Beispiel eines ungebroche-
nen Glaubens an ein Leben der Auferstehung folgt in deutlicher Anspielung auf
2.Makk.6,18ff. und 7,1ff. die Aussage, daß andere gefoltert worden sind, aber um
der Erlangung des künftigen Lebens willen auf ihre irdische Freilassung verzichtet
haben. Tatsächlich wird dies von dem greisen Schriftgelehrten Eleazar und einer
Mutter mit sieben Söhnen berichtet. Sie nahmen lieber unsägliche Qualen und den
Tod des Martyriums auf sich, als den väterlichen Geboten abzuschwören (6,26.30;
7,37). Ihr Ende hat in der Schrift „Über die Makkabäer“ (sog. 4.Makk.) eine
begeisterte Schilderung erfahren. Wie in 2.Makk.7,9.14 wird offen der Hoffnung
auf ein ewiges Leben bei Gott Ausdruck verliehen. Damit ist der Hebr. fast un-
versehens zur Herausstellung eines neuen Aspektes gelangt. An die Stelle des
Themas der Sieghaftigkeit des Glaubens in dieser Welt hat er erneut das andere
tiefere gerückt, wonach der leidende Glaube und das Opfer der Zeugen in Wahrheit
Zukunft und Leben vor Gott eröffnen. Es gibt eine „bessere Auferstehung“, nicht
vergleichbar der Tatsache, daß wir in dieser Welt aus Gefahr und Verfolgung dem
Leben wiedergeschenkt werden. Der Gedanke hat wahrscheinlich einen zugleich
aktuellen Beisinn, insofern die Leidensschau der Leser verständlicherweise ein nicht
geringes Problem bezeichnete. V.36 stellt den speziellen Glaubenszeugen von V.35, 36
die zu erkennen keine Schwierigkeit bereiten konnte, eine summarische Charakte-
ristik zur Seite, welche die bekannte Tatsache immer wieder erfahrener Mißhand-
lungen und Einkerkerungen aufgreift. Die Geschichte des jüdischen Volkes in spät-
hellenistischer und neutestamentlicher Zeit ist, soweit wir sehen, überreich damit
angefüllt (s. Sir.49,7; 1.Makk.9,26; 13,12; 2.Makk.6,10; 14,41; 3.Makk.3,6ff.;
4,4ff. u.a., bes. Philo, In Flacc. 73ff.). Die Angaben auf einzelne Fälle hin deuten zu
wollen, hieße wohl die Wucht des beigebrachten Arguments mindern (vgl. auch
Mk.12,1ff. parr.). Für die Herzen judenchristlicher Leser, nicht zuletzt solcher der

Diaspora, war der Satz, weil ständige Erfahrung, elementare bittere Wahrheit. Insofern eignete den Ausführungen in der Tat Gewicht und Kraft, sich in die auf-
37 gewiesene Geschichte des Glaubens einreihen zu lassen. V. 37 hebt einige besonders grausame Todesarten hervor, die sich durch eine zum Teil sehr breit und massiv ausgesponnene Überlieferung beleuchten lassen. Die Steinigung ist bezeugt bei Sacharja ben Jojada (2.Chr. 24,20ff.), der zur Zeit des Königs Joas gegen die Abgötterei seines Volkes auftrat (vgl. hierzu Lk. 11,51; Mt. 23,35). Nach später Volksmeinung soll auch der Prophet Jeremia in Ägypten auf diese Weise zu Tode gebracht worden sein (Tertullian, Scorp. 8 u. a.). Die von uns auf Grund guter handschriftlicher Bezeugung an zweiter Stelle gebotene Aussage „sie wurden im Verhör gepeinigt" ist selbst ausgezeichnet belegt, mutet aber etwas allgemein an und wirft philologische Fragen auf (wörtl.: „sie wurden versucht"). Ob tatsächlich die peinliche Tortur gemeint ist, muß also offen bleiben. Verbesserungsversuche finden sich schon in der handschriftlichen Überlieferung des Neuen Testaments und noch mehr in der neueren Auslegung, darunter u. a.: „sie wurden verbrannt" (Philo, In Flacc. 174; 2.Makk. 6,11), „verstümmelt", „zerstochen" (Luther 1530), „verkauft" u. a. (vgl. auch 2.Makk. 7,4f.; Dan. 11,33). Manche Ausleger rechnen damit, daß die fragliche Wendung vielleicht unabsichtlich aus der im Urtext ähnlich klingenden: „sie wurden zersägt" herausgesponnen wurde. Die Todesart der Zersägung (s. 2.Sam. 12,31; 1.Chron. 20,3) weiß die jüdische Tradition vom Martyrium des Propheten Jesaja zu berichten (b. Jebam. 49b; b. Sanh. 103b; bes. Ascensio Isaiae c. 5). Offenbar knüpfte man dabei an 2.Kg. 16,21 an, zumal überdies Jes. 53 auf den leidenden Propheten selbst gedeutet werden konnte (s. Apg. 8,34). Auch in der frühchristlichen Literatur wird mehrfach auf das erwähnte furchtbare Ende des Jesaja hingewiesen (Justin, Dial. c. Tr. 120; Tertullian, De patient. 14 u. a.), so daß wohl mit Recht von einer breiten und ausgeprägten Überlieferung gesprochen werden kann, die hinter unserer Stelle steht. Die Reihe der erwähnten Todesarten schließt mit der Nennung der Hinrichtung durch das Schwert. Sie kann sich auf Angaben des Alten Testaments stützen (s. 1.Kg. 19,10; Jer. 26,23), aber auch auf Begebenheiten der jüngsten Vergangenheit, in der es immer wieder dazu kam, daß Fromme durch blindwütigen Haß rücksichtslos zusammengeschlagen wurden (s. Lk. 13,1ff.; Jos., Bell. Jud. I, 16,3f.; IV, 5,4). An dieser Stelle erhebt sich kurz die Frage nach der theologischen Bedeutung der hier breit aufgegriffenen Überlieferung von Prophetenmorden. Ohne Zweifel wäre es dem Zeugnis in keiner Weise gemäß, die Angaben in antisemitischer Weise gegen Israel auszuwerten. Schließlich spricht hier sogar ein jüdischer Christ, der offensichtlich sein Volk nicht verdammen, sondern auf dem Weg des Glaubens festigen will; Christus soll nicht noch einmal getötet werden (6,6)! Er will letztlich aufzeigen, daß der Glaube immer mit Verfolgung rechnen muß und somit niemals schon in dieser Welt zu Hause ist. Das Recht der Deutung ergibt sich vor allem auch auf Grund der folgenden Ausführungen, in denen die Gotteszeugen als Fremdlinge und Ausgestoßene dieser Welt beschrieben sind. Was sie verkündigt und gesprochen haben, mußten sie schließlich bis in die äußerliche Haltung verwirklichen. Nicht nur ihr Ende, auch ihr Leben war Verzicht, Mangel und Opfer. Sie lebten eher den Tieren ähnlich fern von Luxus und Wohlstand. Das unstete Umherziehen im Land war eine Folge ihrer Heimatlosigkeit. Elia beispiels-

weise soll nach 1.Kg.19,13f. und 2.Kg.2,8f. mit einem Schafpelz-Mantel, wie er übrigens noch heute im Orient verbreitet ist, bekleidet gewesen sein. Andere taten es ihm zum Zeugnis einer asketischen Lebensweise gleich (s. Sach.13,4). In neutestamentlicher Zeit gab es offenbar bewußte Nachahmer dieses prophetischen Ideals, bei dem Vorstellungen der Frühzeit Israels (s. Mk.1,6 parr.) sich mit aufkommender Kulturkritik und Zivilisationsfeindlichkeit verbanden (s. Josephus, Vita 2: Bannus; die Sekte von Qumran; Philo über die Therapeuten). Ihr gesamtes Leben erscheint als Leidensweg, wenn es heißt: „darbend, bedrängt, gequält". Demnach besaßen sie nicht einmal das zum Existieren Notwendige. Sie waren außerdem dem Druck
der Mitmenschen, ja noch mehr den Anfeindungen der Gegner ausgesetzt. Bedenkt 38
man ihr Zeugnis und ihr Wollen auf der einen Seite, auf der andern aber ihr Geschick, so stellt sich die bittere Erkenntnis ein, daß die „Welt" ihrer nicht wert war. Mit ihnen stieß sie das Leben und die Verheißung in größter Verblendung von sich. V.38 gibt zunächst eine Illustration des Satzes nach der negativen Seite. Die Frommen führten ihr Leben außerhalb der menschlichen Gemeinschaft: in Wüsteneien, Bergen, Höhlen und Klüften, wie sie dem heiligen Land das Gepräge geben. Allezeit wählten sie in ihrer Not solche Zufluchtsstätten, um das Leben davonzubringen (1.Kg.18,4.13; 19,8ff. 13; 1.Makk.2,28ff.; 2.Makk.5,27; 6,11; 10,6; Josephus, Ant.XII,6,2; Ps.Sal.17,17). Positiv darf festgehalten werden, daß sie als Glieder einer von Uranfang an gesetzten Geschichte des Glaubens bei aller Unerfülltheit
ihres Sehnens auch zugleich eine Zeugenaufgabe für das letzte Ziel besaßen. Dieser 39
wichtige Gedanke findet V.39f. seinen offenen Ausdruck, ist aber in überraschend schneller Zusammenfassung des gedanklichen Anliegens sofort der Aussage untergeordnet, daß auch diese „alle" (s. V.4-38) trotz des durch sie ergangenen Zeugnisses die Verheißung nicht „erwarben" (vgl. 10,36). Gott hat sich demnach zwar zu ihnen bekannt, weil er den Glauben will, der die Wirklichkeit der erhofften Güter umgreift, aber die Verwirklichung selbst konnte ihnen wegen des höheren Ganzen, das durch das Opfer Christi erreicht werden sollte, noch nicht gewährt werden.
V.40 benennt in diesem Sinne den tieferen Grund, wobei der Wir-Stil vom Beginn der 40
umfangreichen Beispielreihe (V.3) gewählt ist. Gewiß aus guter Überlegung! Die angesprochenen Christen sollen wissen, daß Gott zu allererst um ihretwillen den tieferen, unbegreiflichen Weg ging. Er tat es, sie und „uns" zu vollenden. Hat Gott etwas „Besseres" um unsertwillen vorgesehen, dann können wir uns dessen nicht anders vergewissern als über den Christusglauben, der uns in der Welt ohne Gott doch zugleich mit Gott verbindet. Die bessere Wirklichkeit, auf die wir hoffen, liegt nicht einfach seinshaft vor (etwa als höhere Welt), sondern ist begründet in der Wahrheit seines Opfers.

Anfang und Ende der Glaubensgeschichte sind in dem gekreuzigten und erhöhten Jesus beschlossen, weshalb alles daran liegt, daß sich die Gemeinde willig der Erziehung Gottes beugt und gespannt der Offenbarung Gottes in Gericht und Herrlichkeit entgegenharrt 12,1-29

Kap. 12, 1-29 bezeichnet den großen Schlußabschnitt des homiletischen Briefteils. Mit ihm wird unter Rückgriff auf die in Kap. 11 beschriebene Geschichte des Glaubens die Ermahnung von 10, 19-39 zu Ende geführt. Zugleich erfahren damit die vorherigen Ausführungen ihre Abrundung. Nun wird noch einmal ausgesprochen, daß alle Geschichte ihr Ziel in einer Letztoffenbarung Gottes hat, auf die sich der Glaube, der in Jesu Sterben gründet, beziehen darf, mögen ihm Leiden und Kampf auch am wenigsten erspart bleiben. Schließlich besitzt er in diesem Jesus nicht nur ein Vorbild, das sich in gleicher Situation vorfand und bewährte, sondern überdies einen Garanten, der die Gottes- und Offenbarungsfrage einer Antwort zugeführt hat, wie sie tiefer und größer nicht gedacht werden kann.

1-3 Die Gliederung des Kapitels ergibt sich unschwer auf Grund des Inhalts. Der kompendiarische Teilabschnitt 12, 1-3 nimmt das Wir von 11, 40 auf, um den Sinn und Zweck der Beispielkette für das christologische Zeugnis zu erläutern und für die Gemeinde die praktischen Folgerungen zu ziehen. Das dialektische Geschehen von Kreuz und Erhöhung Jesu wird über das Bild vom Wettkampf hinaus zum Argument ausdauernden zielgerichteten Verhaltens. Mit 12, 2b dürfte bewußt die thematische Verbindung zu Ps. 110 hergestellt sein. Zugleich ist in sehr überlegter Weise der Bogen zum Eingang 1, 1-3 geschlagen. Im Aufruf „Laßt uns laufen in dem Kampfe“ bekundet sich klar das eigentliche Anliegen, wie es dem Gebot der Stunde gemäß ist.

4-11 Die V. 4-11 wollen zunächst für das persönliche Glaubensringen eine Hilfe geben. Das Zeugnis von der väterlichen Erziehung Gottes kann dazu dienen, Dunkles und Schweres anzunehmen. Die überaus nachdrückliche Argumentation erklärt sich von der Gemeindesituation her, deren Ernst nicht verkannt werden darf, drohen doch Laxheit und Abfall. Unversehens hat sich das vorige Bild des Wettkampfes verschoben zum warnenden Zeugnis angesichts eines Entscheidungskampfes auf Leben und Tod.

12-17 Die praktische Anwendung auf die Gemeinde geschieht in den V. 12-17; denn das Versagen des Einzelnen kann auch die Gemeinschaft in Schwierigkeiten bringen. Am Beginn von V. 12ff. sind stärker alttestamentliche Sätze verarbeitet. Das abschreckende Beispiel Esaus steht warnend am Schluß. Ähnlich wie schon 3, 12ff. schärft der Prediger ein, daß bei leichtfertigem Verhalten die Gefahr des Abfalls besonders groß ist.

18-29 Die übrigen Ausführungen Kap. 12, 18-29 tragen dem allgemeinen Gesichtspunkt der nahen Offenbarung Gottes Rechnung. Sie setzen sich aus einem stärker beschreibenden Abschnitt (12, 18-24) und aus einer angehängten Schlußwarnung (12, 25-29) zusammen, in der mit Hilfe des traditionsreichen Schriftwortes Hagg. 2, 6 auf den nahen Umschwung der Dinge, über den das ewige Reich Gottes heraufgeführt wird, hingewiesen ist. Es findet sich, daß dieser Teil eine Zusammenschau der endzeitlichen Motive des Briefes enthält. Der gedankliche Aufbau des Abschnittes ist sehr überlegt durchgeführt, insofern die Sinaioffenbarung (V. 18-21) in unverkennbarer Parallelität der Formulierung zum Antityp der erhofften Letztoffenbarung eines neuen Zion und eines ewigen Jerusalem erhoben wurde. Es scheint, daß auf diese Weise noch einmal sehr markant der Grundlage Ps. 110 entsprochen ist, wo es heißt (V. 2), daß Gott das Szepter des Christus „von Zion aus" senden wird. Der unvollkommenen Offenbarung des Auszugs, bei der es noch dinglich-materiell zuging, ist die vollkommene und höhere Offenbarung gegenübergestellt. Was sich bei manchen Betrachtern als mystische Zusammenschau von Kult und Eschatologie darstellt (s. V. 18.22 „ihr seid herangetreten"), wird richtiger aus der vorzustellenden Situation des Briefes erklärt. Es scheint demnach so zu sein, daß das Geschehen eines festlichen, vielleicht österlichen Gottesdienstes (s. V. 22: „zur Festversammlung") in bildlicher Rede unmittelbar auf den Inbegriff aller Hoffnung und Erwartung, eben auf Zion, die Stätte des Thronsitzes Gottes, bezogen wurde (s. 11,10.16; 13,14). Aus der unmittelbaren Begegnung mit dem Festinhalt, der im Zuspruch der Predigt und im Vollzug der Sakramente gesetzt ist, erwächst zuerst die gegenwärtige Gewißheit der Wirklichkeit des Erhofften (s. 10,19ff.; bes. 12,28). Das allgemeine grundsätzliche Endzeitdenken (s. 1,2; 3,12ff.; 10,35ff.) mag überdies die Ausführungen abstützen. Der bewegende Schlußsatz 12,29, der sachlich und formal 10,31 in Erinnerung bringt, ist der Widerhall einer elementaren, vor allem auch den Verfasser kennzeichnenden Erschütterung. Sie gibt seinem Glaubenszeugnis die Tiefe und setzt seiner Hoffnung ein unverrückbares Ziel. Der Ernst seiner Ermahnung und die Radikalität seines Bußdenkens (s. 6,4ff.; 10,26ff.; 12,16ff.) sind unmittelbar davon bestimmt.

Der erhöhte Gekreuzigte ist der verborgene Anfang, die heimliche Sinnmitte und das offenbare Ziel der Geschichte des Gottesvolkes, woraus Kraft geschöpft werden soll
12,1-3

1 Darum also, weil wir eine so große Wolke von Zeugen um uns haben, laßt auch uns nach Ablegung allen Ballastes und der bestrickenden Sünde mit Ausdauer in dem Kampf laufen, der in Aussicht steht, 2 indem wir auf Jesus, den Anfänger und Vollender des Glaubens, blicken, der um der vor ihm liegenden Freude willen das Kreuz in Mißachtung der Schande erduldete und sich sogar „zur Rechten" des Thrones Gottes „gesetzt hat"! 3 Bedenkt doch den, der eine solche Auflehnung der Sünder gegen sich durchgestanden hat, damit ihr nicht an euren Seelen ermüdet und vollends erschlafft!

V. 2: *Ps. 110,1a.*

Mußten die Glaubenszeugen des Alten Bundes auf den Empfang der Verheißung 1
warten (11,39ff.), können „wir" dann in Gleichgültigkeit verharren? Waren jene, die die künftige Heimat freudig und sehnsüchtig grüßten, bereits voller Spannung und Hingabe, können „wir" dann in Resignation verharren und auf die Erreichung des letzten Ziels verzichten? In fast umständlich-feierlicher Weise, aber auch im Wissen um die überwältigende Kraft seines Arguments, aktiviert der Verfasser den Willen seiner Hörer. Die V. 1 und 2 bezeichnen eine einzige gefüllte Satzperiode. Mit der

Kraft des Aufrufs verbindet sich die Anschaulichkeit bildhafter Rede. Als erstes soll die Gemeinde wissen, daß sie nicht allein ist, sondern eine „große Wolke von Zeugen" um sich hat. Das Bild der Wolke, die einhüllt, zielt auf die dichtgedrängte Schar, die den Einzelnen nicht mehr allein erscheinen läßt, sondern ihn zum Glied einer verschworenen Einheit macht. Der Begriff des „Zeugen" meint nicht „Märtyrer des Glaubens", die etwa mit ihrem Leben für ihre Überzeugung bezahlten (so der spätere technische Sprachgebrauch), sondern Zeugen der Wahrheit und des Rechtes des Glaubens, der eine „Wirklichkeit des Erhofften" ist und ein „Überführtsein von Tatbeständen, die man nicht sieht" (11,1). Das Bild des Rechtsstreites wandelt sich in der Folge zu dem eines Wettkampfes, der im Stadion durchgeführt wird und bei dem die Zuschauer Zeugen des erbitterten Ringens um den Sieg sind. Was hindert und beschwert, wird von den Läufern abgelegt. Der Begriff des „Ballastes" ist etwas zu hart gewählt, zeigt aber an, daß die Leser den Sachverhalt einer niederdrückenden Bürde ernstnehmen müssen, wollen sie ans Ziel kommen. Daher auch der erklärende Zusatz von der „bestrickenden Sünde", weil Bequemes und Allzuangenehmes für den Läufer eine Fessel darstellen. „Ballast" verzehrt unnötig Kräfte, „Bequemlichkeit" schwächt den Willen. In beiden Fällen leiden darunter Ausdauer und Kondition. Es ist deutlich, daß dem Hebr. das in der Literatur (z.B. bei Philo) vielgebrauchte Bild des römisch-griechischen Kampfspiels vorschwebt. Paulus hat es gleichfalls bevorzugt (s. 1.Kor. 9,24ff.; Gal. 2,2; 5,7; Phil. 2,16 u.a.; vgl. auch 2.Tim. 4,7), um den Kampf des Christen auf diese Weise zu verdeutlichen. Der Hebr. betont ebenfalls, daß es um die Erringung des letzten Sieges geht, wobei die ganze Kraft des ganzen Menschen gefordert ist, weil das Leben entschieden wird. Was sich wie ein Spiel darstellt, ist in Wahrheit blutiger Ernst. Der Sieg läßt sich nicht durch billige Aufrufe und begeisternde Zurufe erringen, sondern bedarf eines überragenden
2 Einsatzes, der nicht allein im Kämpfer selbst seinen Grund hat. An dieser Stelle führt der Hebr. als entscheidende Kraftquelle den Aufblick auf den gekreuzigten Jesus an (vgl. auch 4.Makk. 17,10). So wie die Läufer nur auf den schauen, der die Führungsposition innehat, so haben auch die Christen in Jesus einen Läufer, der Maßstab und Vorbild ist, um die vielen anderen zu beflügeln. Mit anderen Worten: als Vorbild des Glaubens ist Jesus der Grund des Glaubens. In Hinsicht darauf nennt ihn der Hebr. in lakonischer Kürze: Anfänger und Vollender. Die Redeweise meint nicht den vorzeitlichen Herrn, der etwa am Anfang der Geschichte des Glaubens stand, auch nicht den, der allem Glauben vorweggeht, sondern von vornherein den im Leiden zutiefst angefochtenen und bewährten Jesus, der in umfassender Weise Glauben erbracht hat (s. 2,9f. 17f.; 5,1ff. 5ff.), mehr noch als die Vielen der skizzierten Glaubensgeschichte Israels. Sein einmaliger Glaube steht somit zur Diskussion, weil aus ihm allein die erforderliche Kraft erwächst, in dem verordneten Kampf durchzuhalten. Worin beruht er? Nicht in einem besonderen Maß an Schmerzen und körperlichen Leiden, wenn freilich furchtbar bleibt, was die Zeitgenossen die „grausamste und abscheulichste Hinrichtungsart" genannt haben (Cicero, or. II c. Verrem 5,64)! Die Passion Jesu darf nicht auf Grund ihrer psychischen und physischen Marter Beweis für ein einmaliges Verhalten sein. So gefragt, könnte sich in der Tat herausschälen, daß auch andere Menschen ein Übermaß an Qualen erduldet haben. Das Leiden Jesu gewinnt seine Einmaligkeit vielmehr in Anbetracht der bei

ihm gegebenen besonderen Gottesbindung und Gotteserwartung im Gegenüber zu dem von ihm erfahrenen Nihilismus. Daß auch bei ihm Nichts so sehr Nichts sein konnte wie Gott selbst (Luther zu Ps. 22), läßt uns die erwähnte Feststellung treffen. Eben in diesem Sinne nimmt darauf der Hebr. Bezug, wenn er schreibt, daß Jesus um der vor ihm liegenden „Freude" willen der Schmach des Kreuzes nicht achtete und Ausdauer aufbrachte. Obwohl ihm Gott in solcher Lage fragwürdig und zweifelhaft werden konnte, hielt er den Glauben durch. Obschon als Sohn in besonderer Weise sich berufen wissend, bewährte er sich in beispielloser Versuchung. Indem er Aufgabe und Auftrag nicht von sich stieß, sondern Verantwortung für die menschlichen Brüder (s. 2,11ff.) noch in der eigenen Verzweiflung wahrnahm, legte er den göttlichen Grund zu seiner Erhöhung. In der ihm zugemuteten Schande Gott die Ehre gebend, lernte er den Gehorsam, der in dieser Welt allein den Weg zur Herrlichkeit des Thrones Gottes eröffnet (4,16). Auf diesem Glauben beruht letztlich seine Vollmacht, die ihm von Gott übertragen ist und worin er nun anderen Helfer und Hoherpriester sein kann (2,18; 5,8f.). Das durch Christus erworbene Heil ist in solcher Betrachtung keineswegs das Resultat eines überirdischen Prozesses oder einer jenseitig-ontischen Wirklichkeit, sondern in höchst ursprünglicher biblischer Betrachtung eine Folge seines Verhaltens, das unser aller Verhalten befreien und bestimmen kann. Daß Gott sich mit dem sterbenden Christus um dessen Glauben willen identifiziert hat, ist der vom Glauben selbst vorausgesetzte Grund. Eben auf diese dialektische Wahrheit führt das Zeugnis des Hebr. über den „Anfänger und Vollender", über den schmachvoll Gekreuzigten und den
als Sieger Erhöhten. Wer sich dieser Wahrheit stellt, wozu V. 3 auffordert, gerät 3
gewiß an eine Grenze des logischen Verstehens, aber er vernimmt darüber hinaus das befreiende Angebot des Glaubens zu eigener zielgerichteter Lebensorientierung, um über Müdigkeit, Resignation und Erschlaffung hinausgeführt zu werden. Dies gilt es zu bedenken. Schlimmer als der physische Schmerz war für Jesus die Tatsache, völlig allein zu stehen. Verlassen von Gott mußte er zugleich die Ablehnung jener erfahren, für die er lebte, diente und litt. Neben dem Schweigen des Vaters stand der Widerspruch der Brüder in Gestalt feindlicher Ablehnung. Eben diese zwei Faktoren bringen in Wahrheit jene letzte nihilistische Dimension ein, die durchgestanden zu haben als Grund der Erhöhung wahrhaft glaubwürdig ist. Als Frage bricht auf, ob sich die Situation von Golgatha wiederholen soll, ob wir den Widerspruch gegen Jesus ebenfalls ausdrücklich bejahen und somit die einzige Chance versäumen, einen inneren Halt zu gewinnen und damit die für das höchste Ziel nötige „seelische Kraft". Was die Angesprochenen bisher erduldet haben, hält keinen Vergleich mit dem Leiden Christi aus.

Gott nimmt uns zu unserem Besten in eine harte Schule 12,4-11

4 Ihr widerstandet im Kampf gegen die Sünde noch nicht bis aufs Blut 5 und habt ganz des Zuspruchs vergessen, der euch als Söhne anredet: „Mein Sohn, schätze die Erziehung des Herrn nicht gering, verliere auch nicht den Mut, wenn du von ihm gestraft wirst! 6 Denn wen der Herr liebt, den nimmt er in seine harte Erziehung; er züchtigt aber einen jeden Sohn, den er annimmt". 7 Haltet in der

„Erziehung“ aus! Gott verfährt mit euch wie mit „Söhnen“. Gibt es denn einen „Sohn“, den der Vater nicht „erzieht“? 8 Wenn ihr aber ohne die Erziehung bleibt, an der alle teilgenommen haben, dann seid ihr ja Bastarde und keine Söhne. 9 Wenn wir ferner unsere leiblichen Väter als Erzieher besaßen und uns nach ihnen richteten, sollten wir dann nicht vielmehr dem Vater der Geister gehorsam sein und das Leben haben? 10 Während uns nämlich jene nach ihrem Dafürhalten für wenige Tage in ihre harte Schule nahmen, tat er es zu unserem Besten, um an seiner Heiligkeit Anteil zu geben. 11 Jede (strenge) Erziehung scheint zwar für den Augenblick keine freudige, sondern eine schmerzliche Sache zu sein, hernach aber erstattet sie den darin Bewährten die friedliche Frucht der Gerechtigkeit.

V. 5f.: *Spr. 3,11ff.*

Das entscheidende Ja restloser Hingabe erwächst aus einer besonderen existentia-
4 len Lebenserfahrung des Glaubenden. V. 4 nimmt darauf Bezug. Damit ist nicht
etwa das weitere Bild eines Faustkampfes aufgegriffen, sondern das Thema eines
entscheidungsvollen Kampfes weitergesponnen. Schließlich geht es für die Gemeinde
nicht nur um das nötige Durchhaltevermögen zur Erreichung des Zieles, sondern
mehr noch darum, in einer Auseinandersetzung mit der „Sünde“ bis auf Leben und
Tod zu bestehen. Offenbar ist anderes gemeint als in 12,1, wo das Ablegen der
„bestrickenden Sünde“ verlangt wird, was sich auf persönliche Verfehlungen be-
ziehen kann. In einem neuen Denkansatz wird auf die Notwendigkeit einer Grund-
entscheidung für oder gegen Gott hingewiesen, und zwar in der Situation äußerster
Versuchung. Möglicherweise klingt erneut an (s. schon 10,32ff.), daß die Gemeinde
bis zur Stunde noch keine blutigen Verfolgungen hat erdulden müssen. Darüber
hinaus richtet sich die leicht tadelnde Aussage aber gewiß warnend auf die un-
genügende Bereitschaft der Gemeinde, in naher oder ferner Zukunft eine Be-
währungsprobe zu bestehen, die ihr das Letzte abverlangt. Im Blick auf 12,18-29
gewinnt die Annahme Wahrscheinlichkeit, es sei zugleich die große endzeitliche
Stunde der Versuchung ins Auge gefaßt. Die drohende Sünde schlechthin wäre dann
die des Abfalls. Wer kann ihr entgehen? Der Verfasser, der seine Predigt „ein Wort
des Zuspruchs“ nennt (13,22), faßt an dieser Stelle die Quintessenz seines Anliegens
noch einmal zusammen, um einzuschärfen, daß an seiner Beherzigung für die
5 Gemeinde nicht nur viel, sondern letztlich alles liegt. Hatte sie bislang diese Wahr-
heit auch unbeachtet gelassen, so kann sie nun nach dem gegebenen Einblick in die
Breite und Tiefe des Christusgeschehens daraus durchaus hinreichenden Trost und
Stärkung empfangen. Freilich sollte man ihrer immer eingedenk sein, wie ja der
Zuspruch in Gestalt des biblischen Wortes Spr. 3,11ff. als bleibende gültige Aussage
vorliegt. Darin hat eine in der Schrift vielfach bezeugte Wahrheit ihren Niederschlag
gefunden, worüber – was im folgenden geschieht – nachgedacht werden kann
(s. V. 7-11). Der Inhalt des tröstlichen Zuspruchs ist ein doppelter. Erstens dürfen
wir uns als „Söhne“ Gottes angesprochen wissen: er tritt uns in der Haltung des
Vaters entgegen. Zweitens bekommen wir Einblick in das Wirken Gottes als des
Vaters: er unterwirft die Seinen ebenfalls einer „Erziehung.“ Vielleicht überaus streng
und hart dient sie doch ganz der Vollendung und Reife. Der Hebr. zitiert Spr. 3,11ff.
als Beweis für eine allenthalben im Alten Testament niedergelegte Auffassung. Den
Frommen des alten Bundes blieb es ebenfalls in keiner Weise erspart, den „verbor-

genen Gott", dessen Verhalten dunkel und unverständlich sein kann, als den in Wahrheit gnädigen zu erfahren. Auch sie gingen durch die harte Schule Gottes, um darin zu reifen und vollendet zu werden. Man mag an Mose (s. 5.Mose 8,5), an Hiob (Hi. 5,17) und überhaupt an das Volk Israel denken (Jer. 2,30 u. a.). Sie alle waren Ton in der Hand des großen Töpfers, der sie in seinem Sinne gebildet und geformt hat (Jer. 18,6; Jes. 64,8). Was aber im Alten Testament als allgemeines Gesetz göttlichen Handelns nur anklingt, hat im Leben des Sohnes (s. 3,1-6) einmalige Gestalt gewonnen (s. 5,7ff.). Unausgesprochen wird dieser schon im Eingangsteil der Homilie anklingende Gedanke auch hier vorausgesetzt. Aus ihm erwachsen Zuspruch und Mahnung. Von daher erklärt es sich, daß über den alttestamentlichen Text hinaus nun die Anrede steht: „mein" Sohn. Das Zitat selbst betont, daß alle strenge Erziehung – der griech. Begriff „paideia" meint mehr als nur „Züchtigung" –
hoch zu achten ist und zwar nicht nur von Fall zu Fall, sondern prinzipiell. Man soll 6
auch niemals zerbrechen oder aufgeben, sondern in der väterlichen Erziehungsmaßnahme Gottes die Liebe, die letztlich das Beste des Sohnes will, erkennen. In einer gewissen Steigerung des Ausdrucks hält der Hebr. fest, daß der Herr einen jeden Sohn züchtigt, den er annimmt. Damit schärft er ein, daß sich die Hörer der Predigt als angenommene und gehaltene verstehen dürfen, wenn Zweifel die Seele erschüttern und Anfechtung überhandnimmt. Es ist bemerkenswert, daß auch Philo dem Gedanken der göttlichen „Erziehung" breiten Raum gewährt (vgl. z.B. Quod det. 144ff.) und daß er Spr. 3,11ff. ähnlich kommentiert hat (De cong. 177). Das Zeugnis des Hebr. weiß um die im Kreuze Jesu gegründete befreiende Wahrheit. Leidvolle Erfahrungen können und sollen für den Christen ein Zeichen der „Gottes-
kindschaft" sein. Vielleicht erwartet der heutige Leser des Hebr. gerade von daher 7
V. 7ff. einige tiefere Sätze. Die folgende Erörterung wirkt jedoch etwas logisch-umständlich und distanziert. Wir stehen vor einer stark begrifflich ausgerichteten Argumentation. Andererseits bleibt unüberhörbar, daß der Verfasser noch einmal alles theologische und seelsorgerliche Können aufbietet, um einzuschärfen, woraus allein die Gemeinde in der künftigen Bewährungsprobe Halt empfängt. Fast eruptiv steht am Beginn der Befehlssatz, doch in der Erziehung Gottes auszuhalten. Daraus sprechen die Sorge und die Verantwortung des Predigers. Ganz persönlich sollen es die Hörer nehmen, daß Gott mit ihnen wie mit Söhnen verfährt. Spätere Handschriften haben den Text sprachlich leicht entschärft und ihm damit zugleich die Kraft genommen: „Wenn ihr ... erduldet, so verfährt Gott mit euch wie mit Söhnen". Erst in der Folge greift ein stärker meditatives Argumentieren Platz. Lehrt nicht der Alltag, daß Erziehung sein muß? Gibt es ein Kind, das nicht in väterlicher Autorität geführt wird? Ältere Auslegungen bieten durchweg für die von uns gewählte Übersetzung „Erziehung" die andere „Züchtigung", übersehen aber dabei, daß so der hellenistische Begriff überaus einseitig gesehen wird. Die antike Schule war zwar streng, aber ihr Bildungsideal wird keineswegs vom Tatbestand der Züchtigung (= Prügelstrafe) her angemessen erfaßt. Es mag genügen, wenn wir sagen, daß immer die Formung des Menschen eigentliches Leitbild war, nie etwa die Bestrafung eines Vergehens. Der gebildete Verfasser des Briefes weiß dies nur zu
gut. V. 8 beleuchtet den Sachverhalt vom Gegenteil her (s. 7,7; 9,7). Der Grundsatz 8
der „Erziehung" der Kinder ist ein genereller Tatbestand. Haben Söhne nicht daran

teil, handelt es sich doch wohl um Bastarde, unehelich und illegitim, sich selbst überlassen und ohne die Führung des Vaters. Bemerkenswerterweise wird die Überlegung sofort im Hinblick auf die Leser formuliert. Die Aussage setzt voraus, daß alle Frommen, wie eben Kap. 11 aufgezeigt, in die göttliche Schule des Glaubens genommen werden. Fast bedauernd klingt an, daß die, die davon ausgenommen
9 werden, keine Söhne sind. Ist es denn so schwer, sich der Erziehung Gottes zu unterwerfen? In einem Schlußverfahren, der gegebener Analogie Rechnung trägt, wird vom Gewöhnlichen zum Besonderen hin argumentiert. Dabei fällt die Wärme des seelsorgerlichen, kommunikativen Wir auf, wenn es heißt: Haben „wir" in der Zeit der Kindheit den Vätern den schuldigen Respekt erwiesen, warum dann jetzt nicht auch Gott, dem Vater der Geister (s. 4.Mose 16,22; 27,26), der Leben in viel tieferer Weise verbürgt? Die Aussage will in ihrer Weise zwingend sein. Sie geht davon aus, daß Gottes Vaterschaft eine umfassende ist. Alles Leben und aller Geist (s. 1,14) vollenden sich in ihm. Auf ihn sind sie ihrem schöpferischen Ursprung nach bezogen. Wäre Ungehorsam also nicht wider die Natur und gegen das Wesen der Dinge? Es ist deutlich, daß der Hebr., der anderwärts sehr wohl den mündigen Christen will, einen autonomen Menschen nicht anerkennt. Gott hat den Empfang des Lebens in erzieherischer Weise an den Tatbestand der Unterordnung, nicht der
10 Überheblichkeit gebunden. V. 10 macht den Gedankengang noch eindringlicher. Die vielleicht strenge Erziehung eines leiblichen Vaters war stets nur eine befristete und gewiß auch immer eine irgendwie unvollkommene. Väter, die dem vergänglichen „Fleisch" entstammen, sind fehlsam und es geht bei ihnen nicht ohne Dafürhalten und Willkür ab. Wenn wir sie zum Vergleich heranziehen, dann nach der Meinung des Hebr. nur deshalb, weil sie Hinweis auf ein vollkommenes erzieherisches Handeln Gottes sind. Bei Gott ist der Erfolg nicht in Frage gestellt. Das Ziel aller erzieherischen Arbeit liegt in der Teilhabe an seiner Heiligkeit. Unheiliges muß rein gemacht und Unvollkommenes muß zur Vollendung gebracht werden. Die göttliche Erziehung zielt darauf, daß der Mensch ganz Gott gehört und eben auf
11 diese Weise zu sich selber kommt. Verständnisvoll hält der Verfasser in einem abschließenden Satz V. 11 fest, daß Erziehung für den Zögling immer eine schmerzliche Angelegenheit ist. Wichtiger aber ist es, auf den Ertrag zu sehen, nämlich auf die Gerechtigkeit, die sich nach der Zeit leidvollen Kampfes gleichsam natürlich-gesetzmäßig als „friedsame" Frucht einstellen wird. Sehen wir recht, dann meint der Hebr. damit jenen Menschen, der über Unklarheiten und Irrungen, auch über Kampf und Leid, zum inneren Frieden und zur inneren Einheit mit sich selbst geführt worden ist.

Mangelnde Heiligung kann zum Verlust des Erstgeburtsrechtes führen 12,12-17

12 Darum „richtet die müden Hände und die weich gewordenen Kniee auf", 13 und „gebt euren Füßen einen geraden Gang", damit das Lahme nicht (noch) verrenkt, sondern vielmehr geheilt werde! 14 „Jagt dem Frieden" mit allen „nach", dazu der Heiligung, ohne die niemand den Herrn sehen wird! 15 Dabei paßt auf, daß nicht jemand die Gnade Gottes versäume, „daß keine bittere Wurzel aufschieße und Unordnung stifte" und dadurch die Vielen angesteckt werden, 16 daß nicht

jemand ein Hurer oder ein Unreiner wie Esau sei, der für eine einzige Speise sein „Erstgeburtsrecht vergab". 17 **Denn ihr wißt, daß er, als er nachher noch den Segen ererben wollte, verworfen wurde; er fand keine Möglichkeit der Buße mehr, obwohl er sie mit Tränen begehrte.**

V. 12: *Jes.35,3*; V. 13: *Spr.4,26a*; V. 14: *Ps.34,15b*; V. 15: *5.Mose 29,17c*; V. 16: *1.Mose 25,30ff.*; V. 17: *1.Mose 27,38.*

Dem Christen bleibt die harte Schule der göttlichen Erziehung am wenigsten 12
erspart. Was er anderen, die den Weg ohne Gott gehen, voraus hat, ist die Tatsache, daß er um ihre Ordnung und um ihr Bildungsziel weiß. In eindrucksvoller Weise tragen ihm die Ausführungen 12,12-17 Rechnung. Mit dem „darum" V.12 werden bündig die praktischen Folgerungen gezogen. Ihre Dignität empfangen sie als Aussagen des Alten Testaments, wobei sie offenbar noch einmal das Bild des entscheidungsvollen Laufes in Erinnerung bringen (s. 12,1), wenn freilich nun in gewisser thematischer Verschiebung. Die Hörer, die in der dargelegten Weise um die Erziehung Gottes wissen, sind verpflichtet, unverzüglich ihre Verantwortung untereinander wahrzunehmen. Es darf keine Zusammenbrüche geben! Niemand soll auf der Strecke liegenbleiben! Der ganze Mensch muß von der Aufgabe durchdrungen sein! In teilweiser Anlehnung an Jes.53,3 verlangt der Hebr. zunächst, die „müden Hände" und die „weichen Knie" zu strecken bzw. aufzurichten (vgl. auch Sir.25,22;
Jer.4,31; 6,24; 27,43; Zeph.3,12 u.a.; auch 1 QpHab.VII,11). Alle sollen außer- 13
dem, wie es in Bindung an Spr.4,26 heißt, einen „geraden Gang" anstreben und somit nicht schwanken. Dem Christen ist nämlich zielbewußtes Vorwärtsschreiten angemessen, doch niemals ohne Rücksicht auf das Schwache und Lahme. Es würde ja sonst vollends zusammenbrechen. Wo es möglich ist, wird es durch rechte stützende Begleitung seine Gehfähigkeit wiedererlangen. Die Verantwortung aller
wird im folgenden weiter betont. Die intakte Gemeinde bedarf des Friedens (s. Ps. 14
34,15, Jes.51,1). Jeder hat ihn im Blick auf alle anzustreben. Der Hebr. nennt damit eine von Jesus neu gestellte Grundforderung (Mt.5,9), die zum Hauptmotiv neutestamentlicher Ermahnung wurde (s. Röm.12,18; 14,19; 1.Petr.3,11; 2.Tim.2,22). Sie regelt das Verhalten zum anderen und zwar zunächst natürlich im Raum der Gemeinde, die nicht von Vergebung sprechen kann, ohne sie vorzuleben. Der Hebr. sichert sie mit Nachdruck ab durch den Hinweis der persönlichen Heiligung, „ohne die niemand den Herrn sehen wird". Die Härte der Bemerkung ist unüberhörbar. Fast beiläufig ist erneut auf das Ziel geblickt (s. Mt.5,8; 1.Joh.3,2; 1.Kor.13,13 u.a.). Gemeint ist mit dem „Herrn" in diesem Zusammenhang Gott, kaum Christus (doch vgl. 9,28). Die rechte Ausrichtung nach vorne macht nicht blind für die
Gegenwart. Im Gegenteil! Es stellt sich eine dreifache Aufgabe. Man wird erstens 15
aufpassen, daß es keine Nachzügler gibt, die den Anschluß an die „Gnade Gottes" versäumen. Alle in der Gemeinde haben hier eine Aufgabe in der Art gemeinsamer fürsorgender Mitverantwortung. Bemerkenswerterweise ist das disziplinäre Moment nicht hervorgekehrt. In neuer Variation wird ein Anliegen aufgenommen, das in 4,1 stärker theologisch verkleidet, in 10,25 aber sehr konkret formuliert ist. Zweitens wird man darauf sehen, daß sich kein Glied der Gemeinde in Verbitterung abkehrt, um schließlich zum gemeinschaftsstörenden Unruhefaktor zu werden. Die Aussage ist ziemlich wörtlich nach 5.Mose 29,17(18) gebildet, wo der Götzendiener

mit einer Wurzel verglichen wird, die „Gift und Galle“ in sich birgt, statt „Galle“ hat der Hebr.: „der Unruhe stiftet“. Wenn weiter festgestellt ist, daß dadurch die Vielen angesteckt, wörtlich: „befleckt“ werden können, so dürfte die Warnung gegen eine heimliche Neigung zum Separatismus gehen. Nicht nur Irrlehren, auch seltsame sittliche Vorstellungen können in einer religiösen Gemeinschaft sehr abwegige, um nicht zu sagen abartige Gestalt annehmen. Die Geschichte des Sektierertums der alten Kirche bietet mannigfache Zeugnisse menschlicher Ver-
16 irrungen. Vielleicht ergibt sich von daher der logische Übergang zu V. 16, worin schließlich drittens am Leben des Esau (s. 11,20) aufgezeigt wird, daß Unzucht und Unreinheit in der christlichen Gemeinschaft keinen Platz haben. Esau, der um eines Essens willen sein Erstgeburtsrecht vergab (1.Mose 25,33), gilt in der späteren jüdischen Überlieferung als ein abstoßendes Beispiel unmäßiger Lüsternheit (s. z.B. Philo, De virt. 208 u.a.). Er verkörpert den rücksichtslosen Menschen, dem Eigennutz und Befriedigung der Triebe über alles gehen. An ihm mißfällt vor allem der Zug zum „Unreinen“ und „Gemeinen“, womit das Leben ohne Gottesbezug und im
17 permanenten Widerspruch zur göttlichen Ordnung angedeutet ist. Indem der Hebr. auf die allgemeine Überlieferung Bezug nimmt (s. „ihr wißt“), bringt er mit besonderem Ernst das Thema radikaler Entscheidung ein, auch auf dem Bereich der sittlichen Lebensführung. Ohne die Rolle Jakobs zu berücksichtigen, ist der Verlust des Segens als die unmittelbare Folge eines leichtfertigen Verzichts auf das Erstgeburtsrecht ausgegeben. Indem so Esau ganz als Mensch gesehen ist, der an sich selbst und seinem Egoismus zerbricht, wird er zur Gestalt, die zeigt, daß es ein endgültiges Zu-Spät gibt. Buße ist in unserem Brief nicht nur eine Sache des guten menschlichen Willens, wie ein psychologisches Mißverständnis meinen könnte, sondern eine ausschließlich von Gott gewährte Möglichkeit. Wenn es heißt, daß Esau (wörtlich) „keinen Raum der Buße fand“, obwohl mit Tränen danach begehrend (s. 1.Mose 27,38), so ist das biblische Zeugnis in diesem Sinne vertieft und radikalisiert. In typischer Begrifflichkeit wird gesagt, daß die Verwerfung des göttlichen Segens, also des Heilsangebotes, nicht mehr rückgängig gemacht werden konnte. Der Begriff der „Buße“ bezieht sich nicht auf irgendwelche Verfehlungen, sondern auf das letzte Ziel, im Denken des Hebr.: der „Segen“ und die „Verheißung“ schlechthin. Die formulierte Wahrheit ließe sich auch dahingehend bestimmen, daß es ohne das Kreuz für den Christen kein Heil gibt (s. 6,6). Als Ort der Vergebung beschreibt es ein umfassendes, aber auch genau begrenztes Angebot von Gott her (s. 12,24).

Anders als die dinglich-irdische Sinaioffenbarung sprengt die letzte Offenbarung Gottes alle Vorstellungen 12,18-29

18 „Ihr seid“ nämlich nicht zu einem betastbaren und verbrennenden „Feuer“, zu einem „Gewölk“, zu einem „Dunkel“, zu einem „Sturm“, 19 zu einem „Posaunenschall“ und zu einer „Stimmenrede“ „herangetreten“, deren Hörer sich verbaten, daß an sie weiter das Wort gerichtet wurde, 20 weil sie die Anordnung: „Selbst ‚wenn ein Tier‘ ‚den Berg berührt‘, ‚soll es gesteinigt werden‘!“ nicht ertrugen. 21 Auch Mose sagte, so furchtbar war die Erscheinung: „‚Ich bin entsetzt‘ und erschüttert“. 22 Vielmehr seid ihr zum Berg Zion und zur Stadt des lebendigen

Gottes herangetreten, zum himmlischen Jerusalem und zu den Abertausenden von Engeln, zur Festversammlung 23 und zur Gemeinde der Erstgeborenen, die in den Himmeln eingeschrieben sind, auch zu einem Richter, dem Gott aller, sowie zu den Geistern der vollendeten Gerechten 24 und zu Jesus, dem Bürgen eines neuen Testamentes, sowie zu dem Blute der Besprengung, das Höheres redet als Abel. 25 Seht zu, daß ihr den nicht abweist, der spricht: denn wenn jene nicht entkamen, die den ablehnten, der sich auf Erden kundgegeben hatte, wieviel weniger wir, wenn wir uns von dem abwenden, der vom Himmel her (redet). 26 Dessen Stimme „erschütterte" damals die Erde, jetzt aber hat er eine Verheißung gegeben, die besagt: „,Noch einmal werde ich' nicht nur ,die Erde', sondern auch ,den Himmel erbeben machen' ". 27 Dieses „Noch einmal" aber macht die Umwandlung dessen offenbar, was als Geschaffenes erschüttert werden kann, damit das Unerschütterliche bleibe. 28 Deshalb laßt uns, da wir ein unerschütterliches Reich empfangen, Dankbarkeit bezeugen, wodurch wir Gott wohlgefällig dienen mit Furcht und Scheu. 29 Denn auch unser „Gott ist ein verzehrendes Feuer".

V. 18f.: *2.Mose 19,12-19; 5.Mose 4,11f.; 5.Mose 5,22f.;* V. 20: *2.Mose 19,12f.;* V. 21: *5.Mose 9,19;* V. 26: *Ps.114,7; Ri.5,4ff.; Hagg.2,6.;* V. 29: *5.Mose 4,24; 9,3.*

Die Mahnung zu ganzer Entschlossenheit wird bei überraschend neuer Themasetzung von der Größe des gewährten Hoffnungsgutes her erhärtet (s. „nämlich" 18-24
V. 18). Dabei wird vom Antityp der Sinaioffenbarung in sich steigender Darstellung zum überwältigenden Tatbestand der künftigen Zionsoffenbarung hingeführt. Sie ergeht von dort aus, wohin Christus erhöht ist und woher sich seine universale Herrschaft enthüllen wird (s. Ps. 110, 1 ff.). Die gesamte Periode V. 18-24 dient dem Vergleich der beiden Offenbarungen: jene war irdisch-materiell und schrecklich, diese indessen wird himmlisch-übersinnlich und überaus beseligend sein. Die Beweisführung dürfte vor allem für judenchristliche Hörer zwingende Kraft besessen haben, zumal im damaligen Denken das Geschehene am Sinai längst nach seiner endzeitlichen Symbolik hin aussagekräftig war. Das Neue des Hebr. liegt darin, daß das Recht der Gotteserwartung mit dem Opfer Christi begründet wird (s. 12, 24). So wie einst Mose als Mittler des alten Bundes auftrat, so ist nun Jesus der Bürge eines neuen Testaments, das eine größere Zukunft garantiert. Es ist deutlich, daß mit dem Abschnitt der gloriose Schlußstein auf die Ausführungen der mittleren Teile (4, 14-10, 18) gesetzt wird. Es scheint, daß jüdische Christen über eine vorläufige Erkenntnis zur eigentlichen Wahrheit geführt werden sollten.

Fehlverhalten wäre entschuldbar, wenn die Angesprochenen nur zu einer ding- 18
haften Offenbarung Zugang hätten wie damals am Sinai. So gewaltig auch das Geschehen war, seine Strukturen und sein Charakter waren doch nur von vorbildlicher Aussage. Der Christ soll wissen, daß seiner im Unterschied hierzu Unvergleich-lich-Herrliches wartet. Bei jener Erscheinung blieb nämlich Gott verborgen, und die ganze Wirklichkeit der Wohnstätte Gottes war noch nicht schaubar. Das Volk des Auszugs stand vor einem „betastbaren" und „verbrennenden Feuer". Die Beschreibung schärft sofort die Sinnlichkeit der Offenbarung ein und damit ihre zweitrangige Bedeutung. Mit einigen wenigen Handschriften wird man nicht die allzu glatte Fassung „betastbarer Berg" oder die andere „nicht betastbares Feuer" konjizieren. Es bliebe unbeachtet, daß wiederum ein an Philo ausgerichteter typischer Sprachgebrauch vorliegt, wie ja auch gerade der Alexandriner die fühlbare Sinnen-

haftigkeit des Sinaigeschehens hervorhebt. „Betastbar" meint von diesem Hintergrund her die undurchdringliche, dinghafte Feuererscheinung, die den Offenbarungsort selbst abgeschirmt hat (vgl. De somn. I, 114). Bemerkenswerterweise kann Philo den Namen des Mose darauf deuten, daß dieser das Göttliche „betastet" habe (s. 2.Mose 24, 1ff.). Wie immer der Hebr. über die singuläre und typische Überlegung in Kenntnis gesetzt war, er scheint die niedere materiehafte Form der Offenbarung zu kennzeichnen. Auch die weitere Aufzählung typischer Momente (nach 2.Mose 19, 16ff.; 5.Mose 4, 11ff. und 5, 22ff.) liegt auf dieser Ebene. „Gewölk" und „Dunkel" unterstreichen, daß Gott in seiner Verborgenheit geblieben ist, wenn frei-
19 lich furchterregende Anzeichen seiner Gegenwart geschehen sind. Der Tatbestand des „Gewittersturms" veranschaulicht die Gewalt der Erscheinung, vor allem auch als richterliche Kundgebung. Was endlich „Posaunenschall" und „Stimmenrede" betrifft, so bezeugen sie den Wortcharakter der Offenbarung sowie die verzehrende Heiligkeit des Gehörten, obschon nur als mittelbare Gottesmanifestation. 5.Mose 4, 12 heißt es: „Einen Laut von Worten hörtet ihr, aber eine Gestalt nahmt ihr nicht wahr". Kap. 2, 2 besagt, daß die Gesetzesworte durch Engel vermittelt wurden. Die erwähnten Begleitumstände haben das schriftgelehrte Denken des Judentums allem Anschein nach besonders beschäftigt. Philo kann sie in ähnlicher Weise beschreiben (De dec. 44.46). Die Bedeutung des schriftgelehrten Bemühens ergibt sich aus der Tatsache, daß das künftige Kommen Gottes am Ende der Zeit genau mit den gleichen Motiven herausgestellt ist (vgl. auch De dec. 49). Die Überzeugung, daß der Schall der großen Posaune die Toten zum Leben erwecken werde, war beispielsweise wie im späten Judentum so auch im frühen Christentum allgemein (s. 1.Thess. 4, 13ff.; 1.Kor. 15, 50ff.). Für den Hebr. fällt auf, daß das Offenbarungsgeschehen
20 nur noch nach seiner Gerichtsbedeutung hin reflektiert ist. Neben den schreckenerregenden Umständen benennt V. 20 aus diesem Grund ausführlich die Furcht der damaligen Gottesgemeinde, die die Worte des Gesetzes in Gestalt der göttlichen Stimme nicht ertragen hat (5.Mose 5, 23ff.). Der Verfasser betont die Strafandrohung (2.Mose 19, 13), um sie zu einem Charakteristicum der Offenbarung zu stempeln,
21 und hebt abschließend sogar das Entsetzen des Mose, wohl unter Verwendung von 5.Mose 9, 19, hervor, weil dadurch der Mittler des alten Bundes in höchsteigener Gestalt zum anschaulichen Beweis für den Gerichts- und Todescharakter des alten Bundes geworden ist. Überwältigend zeichnet sich ab, daß Gott weder erreichbar war noch sich wirklich personhaft geoffenbart hatte. Aber das damals Unmögliche bezeichnet zur Stunde genau die Wirklichkeit, die der Christusgemeinde eröffnet ist.
22-24 Ihr wurde das Hinzutreten zum allerheiligsten Wohnplatz erlaubt. Sehen wir recht, dann liegt – anders als viele Ausleger wollen – weder in 18ff. noch in 22ff. eine streng gegliederte Aufzählung vor. Unverkennbar aber will die Darlegung auch als durchdachtes sprachliches Gebilde (paarweise Glieder!) mitreißen und beflügeln. Die Tatsache der auffallenden Gegenwartskomponente, „Ihr seid herangetreten", findet wahrscheinlich ihre einleuchtendste Erklärung von der liturgisch-gottesdienstlichen Situation her, für die dieses homiletische Werk einmal abgefaßt war. Bis in die sprachliche Form hinein ist sie Ausdruck einer grundsätzlichen österlichen Glaubenserfahrung, die es wagt, nicht nur Zukunft anzugehen, sondern auch zu beschreiben. Die Periode besteht aus fünf doppelgliedrigen Wendungen, eingeleitet durch: „Ihr

seid herzugetreten". Unverkennbar unterliegen die einzelnen Glieder einer gewissen Ordnung und zeichnet sich thematisch eine fühlbare Steigerung ab: Ort der Offenbarung („Berg Zion *und* Stadt Gottes" / „Himmlisches Jerusalem *und* Abertausende Engel"), die Weise der neuen Offenbarung („Festversammlung *und* Gemeinde der Erstgeborenen" / „der Richter *sowie* die Geister der Gerechten"), ihre Garantie und Grund („Jesus *sowie* das Blut der Besprengung").

a. Ort der Offenbarung ist der Berg Zion und die Stadt Gottes. Dort der Platz, 22
wo das Volk fürchtete, angesichts der Furchtbarkeit der Offenbarung sterben zu müssen (2.Mose 20,19; 5.Mose 5,23), hier die Stätte des Lebens, der Berg Zion als himmlischer Wohnsitz Gottes (s. Ps. 110,2; 73,5), religionsgeschichtlich betrachtet die ins Jenseitig-Überdimensionale projizierte Idee (vgl. auch Offb. 14,1) einer einst universalen geschichtlichen Heilserwartung Israels (s. Jes. 8,18; Joel 4,17; Ps. 2,6; Jubil. 1,28 u. v. a.). „Zion" umschreibt den Inbegriff des Hoffnungsziels und zwar als die Summe der gesetzten Verheißungen (vgl. schon 11,10). Alle weiteren Glieder versuchen ebenfalls anschaulich zu machen, was letztlich unaussprechlich und unausdenkbar ist. Wie schon im religiösen Denken des Alten Testaments Zion und Jerusalem austauschbare Größen sind (s. Ps. 51,50 u. a.), nämlich als Stätte und als Stadt der Verheißung, so auch hier, wo sofort näher präzisiert wird: „und zur Stadt des lebendigen Gottes". Damit ist angedeutet, daß die Christusgemeinde beim Ursprung des Lebens steht. Wie eine gewaltige Festung auf uneinnehmbarer Höhe ragt diese Stadt vor den Gläubigen auf. Es ist keine Fata Morgana religiösen Wahns, sondern letztes Symbol für Gott selbst!

b. Die zweite Doppelwendung „himmlisches Jerusalem und Abertausende Engel" nimmt noch einmal auf den Ort der Offenbarung Bezug, bringt aber sofort den Gesichtspunkt einer lebenerfüllten Stätte ein. Bereits in der Vorstellung des zeitgenössischen Judentums sprengen die idealen und herrlichen Formen des künftigen, im allgemeinen: nur erneuerten Jerusalems alle Begriffe (4.Esra 7,26; syr. Bar. 40,1 f.; Ps. Sal. 17,22 ff. u. a.). Die Zeugen des Neuen Testaments halten stärker seine absolute Transzendenz fest (s. Gal. 4,26; Offb. 21,10 ff.). Unser Schreiben scheint nicht einmal die Möglichkeit eines Herniederkommens auf die verwandelte Erde in Betracht zu ziehen (anders die Offb.), denkt der Verfasser doch im strengen Gegensatz von irdischer und himmlischer Welt. Letztere ist dabei keine abstrakte Wirklichkeit, sondern vollendete personhafte Gemeinschaft, was zunächst unter Hinweis auf die „Myriaden, wörtlich: Zehntausende von Engeln" (s. Dan. 7,10; äth. Hen. 1,9; Offb. 5,10 u. a.), anschaulich gemacht wird. Daß ihre Aufgabe der Dienst und der Lobpreis Gottes ist, entnehmen wir Kap. 1,7 ff.

c. Mit der Wendung „zur Festversammlung und zur Gemeinde der Erstgeborenen, 23
die in den Himmeln eingeschrieben sind", geht der Blick auf das irdische Gottesvolk. Die richtige Abtrennung des Satzteils macht im Urtext zwar einige Schwierigkeiten, kann aber u. E. eindeutig vollzogen werden. Muß „zur Festschar" als indeterminiertes Glied sachlich-logisch zu dem Ausdruck „Abertausende von Engeln" gezogen werden? Steht es für sich oder gehört es zur folgenden Wendung? Der Sinn und die offensichtliche Bevorzugung zweigliedriger Ausdrücke lassen u. E. nur die letztere Möglichkeit plausibel erscheinen. Der Hebr. geht von der Voraussetzung aus, daß

die angeschriebenen Christen Glieder einer größeren Gemeinschaft sind, die sich auf der Erde wie im Himmel zur Anbetung Gottes vereinigen. Insofern gehören auch die angeschriebenen Christen zu den „Erstgeborenen", d.h. zu den Bevorrechteten, nämlich auf Grund ihres Erstgeburtsrechtes, das es sorgsam zu hüten gilt (s. V. 16ff.). Möglicherweise ist damit jüdischen Christen zugesprochen, worum sie als Angehörige Israels, des „erstgeborenen Sohnes Gottes" (s. 2.Mose 4,22ff.; Sir. 36,17), in besonderer Weise wissen dürfen. Ihr Name steht in den himmlischen Büchern geschrieben (s. Dan. 12,1; Lk. 10,20; Phil. 4,3; Offb. 3,5 u.a.), was besagt, daß ihre künftigen Rechte von Gott her gesehen am wenigsten zweifelhaft sind. Wenn nun überdies diese irdische Gemeinde so betont als „Festversammlung" bezeichnet wird, dann offenbar deswegen, weil man sich in einem gottesdienstlichen Vollzug und Erleben wußte, durch das die Einheit mit den himmlischen Bewohnern unmittelbar gewährleistet schien.

d. Die Aussage über den „Richter" sowie über die „Geister der Verstorbenen" muß zur Erfassung des Sinnes genau übersetzt werden. Zur Diskussion steht nicht die allgemeine Wahrheit „zu Gott, dem Richter aller", sondern die andere, daß man auch (!) vor einen Richter tritt, der „Gott aller" ist. Damit wird gesagt, daß die Herzutretenden ebenfalls des allmächtigen Gottes gewiß sein dürfen. Er ist Richter als der, der vor allen Menschen für sie handeln möchte und ihnen Recht verschaffen kann (s. auch 10,35), weshalb hinzugefügt wird: „und zu den Geistern der vollendeten Gerechten". Sie dürfen als Zeugen des zugesprochenen Trostes betrachtet werden. Schon das vorchristliche Judentum hat gelernt, daß die Schar der sich im Leben und Leiden bewährten Frommen bei Gott weilt (äth. Hen. 39,4ff.; Asc. Jes. 4,14 u.a.). Die Vorstellung wurde von daher übernommen, wie ja auch zu 11,40 eine gewisse Spannung vorliegt, weil dort die Frommen des Alten Testaments als noch „nicht vollendet" angesehen werden. Da kaum nur christliche Verstorbene gemeint sind, mag – geleitet vom traditionellen Schema – das Künftige zur bereits gegenwärtig gültigen Wirklichkeit erhoben sein. Zweifellos blickt die Aussage auf die Vollendung als eine nicht nur persönliche, sondern allgemeine Wirklichkeit.

24 e. Hierfür spricht auch, daß in der abschließenden Wendung von Jesus, dem Mittler eines „neuen, sc. erst jüngst geschlossenen Bundes", und von seinem „Blut" gehandelt wird, weil eben hierin alle neue Errungenschaft ihren Grund hat. Der Opfercharakter des Christusgeschehens stellt sich dar als das tragende Geheimnis der letzten Offenbarung Gottes, zu der die Gemeinde Zugang hat. Ähnlich kann später die Offenbarung des Johannes das Lamm Gottes als die Mitte allen endzeitlichen und jenseitigen Geschehens lehren. In typischer Sprache gelingt es dem Hebr. noch einmal, die wesentlichen Ausführungen der vorausgegangenen Abschnitte in Erinnerung zu rufen (s. 7,20ff.; 8,6ff.; 9,11ff.; 15ff.; 10,19ff.). Zugleich an 11,4 erinnernd, wird angemerkt, daß das Blut Jesu „Höheres" oder „Gewaltigeres" redet als das Blut Abels. Vergossenes Blut steht am Anfang der Menschheitsgeschichte, vergossenes Blut steht auch an ihrem Ende. Jenes schreit nach Rache und Vergeltung, dieses bietet Vergebung an. Unausgesprochen ist niedergelegt (doch s. Kap. 11), daß im Grunde die gesamte geschichtliche Entwicklung zutage bringt, was der Mensch ist, nämlich ein Mörder nach der Art Kains. So bleibt die Anfrage, ob der Mensch

dort seinen Standort sucht, wo nicht nur er, sondern auch Gott gehandelt hat, auf
daß er nicht nur gereinigt, sondern darüber hinaus „vollendet“ werde. Der letzte 25
Sinnabschnitt nimmt erneut den Ton der Warnung auf (s. V. 12-17). Niemand soll
den Ernst der Situation verkennen! Ohne Übergang, fast drohend, werden die Hörer
der Homilie angewiesen, Gott, der da spricht, nicht abzulehnen. Nun, da der Ver-
fasser gewillt ist, sein Zeugnis abzuschließen, ist er deutlich und hält mit seinem An-
liegen nicht mehr zurück. Wie man sich verhalten soll, kann aus jener Offenbarung
Gottes am Sinai unmittelbar gefolgert werden. Wenn der offenbarungsmächtige
Gott spricht, ist dem Menschen geboten, zuzuhören und zu gehorchen. Verstockt-
heit und Ablehnung (s. V. 19; 3,7ff.), die damals schon zur Bestrafung und zum
Untergang der Wüstengeneration führten, dürfen nun am wenigsten mehr sein.
Größeres bahnt sich an! Wenn schon jene dem Gericht nicht entrannen, dann erst
recht nicht die Christusgemeinde, wenn sie abirrt (s. auch 2,3). Damals handelte es
sich um eine Offenbarung im Rahmen irdischer Möglichkeiten, nun aber steht eine
Kundmachung vom Himmel, also ohne Maß und Grenzen, bevor. Es geht jetzt um
die Vollendung der Dinge schlechthin. Erneut wird zu der Überzeugung hingeführt,
die schon den imposanten Eingang bestimmt: Gott redet noch einmal abschließend
durch seinen Sohn, den er zum Herrn über das All eingesetzt hat (1,2). Die Einzel-
heiten stehen dabei selbstverständlich nicht mehr zur Debatte. Daß Christus als der
Mittler zur letzten Offenbarung begriffen werden muß, ist längst entfaltet. Doch
bezieht sich V.25 nicht auf ihn. Nun kann es in lakonischer Kürze und fast zeitlos
heißen, daß es einen Redenden, sc. Gott, gibt. Ihn abzuweisen, wäre unsinnig, weil
wir ihm nie und nimmer entfliehen können. Er hat uns immer, entweder als der
Gnädige oder als der Richtende. Angesichts der Allgewalt seines Wortes hilft kein
„Abwenden“, denn seit Christus spricht er nicht mehr mittelbar, sondern direkt.
Die Wahrheit der Personhaftigkeit Gottes wird für den Hörer überaus eindringlich
gemacht mit Hilfe eines vielfältigen typischen Vokabulars, das Gott als den be-
schreibt, der sich worthaft offenbart. Er „redet“, „gibt kund“, bezeugt sich als
„Stimme“ und „schenkt seine Verheißung“ (V. 25ff.). Gott wird in dieser Welt nicht
gefühlt und geschaut, sondern in seinem Wort gehört. Eben dadurch ist er gegen-
wärtig und wirksam. Eben dadurch „erschütterte“ er damals schon die Erde. Aus- 26
gehend von 2.Mose 19,18 kommt der Hebr. zu einer generellen Aussage über die
Erschütterung der Erde durch Gottes Stimme. Der Vorgang ist zur Gewinnung einer
theologischen Aussage ins Typische erhoben. Sprachlich-sachlich scheint weniger
eine Abhängigkeit von Ps. 68,9 oder Ps. 77,19 vorzuliegen, als von Ps. 114,7, eben-
falls ein Hallelpsalm, dessen Schilderung des Auszugs das Denken im besonderen
angeregt haben mag. Auch Ri. 5,4ff. kann hinter dem Wortlaut stehen. Die damalige
Stimme hat ihr Gegenstück in einer jetzt ergehenden Verheißung, identisch mit dem
bedeutsamen prophetischen Zeugnis Hagg. 2,6. In leichter logischer Verschiebung
von V. 26a hin zu V. 26b wird zunächst nicht die nahe künftige „Erschütterung“ aus-
gesagt, sondern die Verheißung genannt, die „jetzt“ gegeben ist. Der Wortlaut selbst
ist im Sinne der für den Hebr. typischen Schlußfolgerung vom Kleineren zum
Größeren (s. „nicht nur, sondern auch“) verändert. Wie immer ist auf die Fassung
der LXX zurückgegriffen. Sie wurde außerdem auf das Wesentliche verkürzt. Anders
als im hebräischen Urtext geht es darin nicht so sehr um die Nähe der letzten Offen-

barung und Heilsvollendung als vielmehr um die Betonung des abschließenden Noch-einmal. Dieser Sachverhalt ließ wahrscheinlich dem Hebr. das Zitat in besonderer Weise brauchbar erscheinen, insofern sich die Möglichkeit bot, das Noch-einmal im Sinne des Gedankengangs auf eine über die Sinai-Offenbarung weit hinausgehende Schlußoffenbarung Gottes zu deuten. Wie sehr ihn der Gedanke ihrer zeitlichen Nähe leitete, mußte schon mehrfach berücksichtigt werden (s. 10,37ff.). An dieser Stelle geht es um den Tatbestand der Einmaligkeit und der Unwiederholbarkeit. In auffallender Beschränkung wird auf die Ausmalung des Wie der letzten Welterschütterung verzichtet. Nicht das bizarre Gemälde eines furchtbaren „Weltspektakels" soll zur Einsicht bringen, sondern das bündige Wort von einer letzten allumfassenden Tat. Wieder zeichnet sich deutlich die Tendenz zur grundsätzlichen Aussage ab. Nicht Details können Gegenstand der Hoffnung sein, sondern die Entscheidung hängt daran, ob und wieweit Gott selbst als offenbarungsmächtige Autorität begriffen und anerkannt ist (s. „ich werde erbeben machen"). Stand er mit seinem Wort am Anfang und war dieses Wort bis zur Stunde in der Geschichte lebendig, dann ist auch das Ende davon bestimmt. Das Umgreifende der theologischen Besinnung prägt die Sprache: „Jetzt aber (Gegenwart) hat er eine Verheißung gegeben (Vergangenheit): ‚Ich werde erbeben machen ...' (Zukunft)". Kein Zweifel! Unsere Rede von dem, was am Ende steht oder kommt, entscheidet sich daran, ob Gott als Person geglaubt und begriffen wird. Der Glaube an den Einen und Lebendigen bestimmt aber auch die Aussagen über die „letzten Wahr-
27 heiten" bzw. die Beschreibung dessen, was „bleibt". Von hierher gesehen steht V. 27 mit seiner philosophisch-begrifflichen Unterscheidung von Dingen, die erschüttert werden können, und dem, was unerschütterlich ist, im Dienste der eigentlichen theologischen Beweisführung. Ähnlich wie die Redeweise vom Sichtbaren und Unsichtbaren (s. 11,1ff.) verleiht sie der Überzeugung Ausdruck, daß es eine Welt des Geschaffenen und eine ewige Welt des Schöpfers gibt. Während aber jene vergeht, wird diese in einer „Umwandlung", die alle Vorstellungen sprengt, zur Wirklichkeit, die da „bleibt", weil ihrem Wesen nach unvergänglich (vgl. auch 7,3.24; 10,34; 13,1.14). Gedacht ist an eine bestimmte Umwandlung (s. den Artikel), nämlich im Sinne des Zeugnisses der biblischen Erwartung, gleichwie es am Schluß des Propheten Jesaja heißt (66,22), daß der neue Himmel und die neue Erde „vor ihm bleiben". Indem das Bild vom schwankenden Gefüge der irdischen Schöpfung eingebracht wird, mischen sich noch einmal zutiefst existentiale Töne ein, denn fragil
28 wie unser Leben ist auch der Grund, auf dem wir stehen. Erst im Schlußsatz der Homilie kommt es fast beiläufig heraus, daß das unerschütterliche Hoffnungsgut, das die Gemeinde empfängt, identisch ist mit einer „königlichen Herrschaft". Hat der Hebr. ausdrücklich darüber auch noch nicht gesprochen, so darf man doch bei aller philosophischen Färbung der Sprache in keiner Weise übersehen, daß niemals etwas anderes gemeint war. Die Herrschaft des hohenpriesterlichen Christus (s. Ps. 110) kann nicht gedacht werden ohne das Reich seines Volkes. Am „Ende aller Dinge" steht kein abstraktes göttliches Sein, sondern die Herrschaft Gottes als lebenerfülltes Reich. Was schon im Alten Testament charakteristische Erwähnung findet (s. Dan. 7,18; Hagg. 2,21ff. u.a.), stellt sich im Zeugnis des Hebr. ohne Zweifel als Inbegriff des in Jesus eröffneten und begründeten Heils dar. Der Wir-

Stil des Satzes bringt die Note sehr persönlicher Gewißheit ein. Es klingt an, daß sich die Christusgemeinde, die Anteil am Reich Gottes empfängt, als ein königliches Volk wissen darf. Sie lebt nicht unter einem Druck, auch nicht unter einem Zwang, sondern in Anbetracht eines ihr zugeeigneten Geschenkes. Die Haltung, die ihr geziemt, kann somit nur die der Dankbarkeit gegenüber Gott sein. Wenn es in der Folge heißt, daß wir ihm in wohlgefälliger Weise „dienen", so mag die Aussage über alle Allgemeingültigkeit hinaus einen engen gottesdienstlichen Bezug haben (s. auch 10,25). Daß alles Leben des Christen im Grunde Gottesdienst sein soll (vgl. auch Röm. 12, 1 f.), findet im paränetischen Anhang des Briefes seinen weiteren Ausdruck. Am Ende des großen homiletischen Vortrags ist eine solche Überlegung aber kaum ohne den unmittelbaren Bezug zur Gegenwart und zur Situation der hörenden Gemeinde denkbar. Das Wir dieses Schlußverses ist somit nicht nur ein kommunikatives, in dem sich Prediger und Hörer noch einmal zum gemeinsamen Entschluß („laßt uns") zusammenfinden, es ist mehr noch ein „liturgisches". Wo immer sich Gemeinde zusammenfindet, spricht sie als eine Gesamtheit, die mehr ist als die Summe persönlicher Meinungen und Verhaltensweisen. Ihre „Furcht und Scheu"
gelten Gott, der so Großes getan und so Wunderbares bereitet hat. Er ist der Heilige, 29
von dem die Schrift sagt (s. 5.Mose 4,24; 9,3), er sei ein „verzehrendes Feuer". Selbst die neutestamentliche Gemeinde sollte letztlich die Wirklichkeit Gottes, vor der auf eigene Weise auch schon das Gottesvolk am Sinai stand, nicht verkennen. Von hierher will das etwas nachklappende, zugleich aber leicht aktualisierende Zitat verstanden werden. Ist auch die Meinung keineswegs die, daß der Gott der Gemeinde des neuen Bundes ein anderer sei als der des Alten Testamentes, so wird doch im Blick auf alle Überlegungen nie außer acht gelassen, daß ein vom Damals deutlich verschiedenes Jetzt vorliegt. Die Einheit des Ganzen ist dabei freilich nicht eine solche des Geschehens, sondern der Person. Voller majestätischer Heiligkeit bezeichnet sie die umgreifende Wirklichkeit, aus der heraus die befreiende Botschaft vom Opfer Christi und vom künftigen Reich ihre Legitimation empfängt.

Fünfter Hauptteil (Briefanhang): Weisungen für das Leben der einzelnen Christen und der Gemeinde, dazu Schlußsätze mit einem persönlichen Begleitwort 13,1 — 25

Kap. 13 hebt sich nach Form und Inhalt deutlich von den bisherigen Ausführungen ab. Wird man auch nicht sagen, daß ein „Nachtrag" vorliegt, so doch unverkennbar ein Anhang, der das gesamte Schreiben als eine in Briefform gebrachte Homilie ausweist. Eben für diesen letzten Teil ist eine gewisse Nähe zum paulinischen Briefformular unverkennbar. Nicht nur seine typischen Merkmale finden sich wieder, auch Sprache und Stil sind hier einfacher gehalten. Damit brechen, wie die Forschung immer wieder empfunden hat, eine Reihe Fragen hinsichtlich der Abfassung,

Entstehung und Verwendung des Schreibens auf, die in diesem Rahmen unseres Kommentars verständlicherweise nur versuchsweise einer Antwort zugeführt werden können. Grundsätzlich muß zur Kenntnis genommen werden, daß mit dem Urteil über den geschichtlichen Wert des Kap. 13 immer auch ein Urteil über den urchristlichen Rang des gesamten Briefes verbunden ist.

1-6 An die Stelle der thematisch geschlossenen Ausführungen treten verschiedene Gruppen von mehr oder weniger eng verbundenen Mahnworten. Ein erster Block liegt vor mit V. 1-6. Die darin vereinigten Sätze zielen stärker auf das sittliche Streben des einzelnen Christen, dem ganz konkret gesagt wird, wie er sich denn verhalten müsse. Die z. T. imperativischen Anweisungen weisen sich als lose zusammengestellt aus. Möglicherweise ist hier in erster Linie traditionelles, katechetisches Lehrgut vereinigt. In einfachster, unmißverständlicher Weise wird verlangt: Bruder- und Nächstenliebe (V. 1f.), speziell in Gestalt der Gastfreundschaft und der Gefangenenfürsorge (v. 3), dazu sittliches Ringen auf dem Gebiet des Geschlechtslebens und des Verhältnisses zum Geld (V. 4 und 5). Zwei Schriftzitate schließen die Spruchgruppe ab.

7-17 In der Folge wird stärker auf die Gesamtgemeinde geblickt, die gewisser Verhaltensregeln bedarf. Von solcher Überlegung her empfiehlt es sich, das Spruchgut der V. 7-17 zu einem eigenen Abschnitt zusammenzufassen, mag es in sich auch wenig einheitlich sein. Neben weiteren Mahnworten (V. 7. 9. 15. 16. 17) stoßen wir auf Sätze teils begründenden (V. 9b. 16b. 17b), teils bekennenden Inhalts (V. 8. 14). Die V. 10-13 erwecken den Eindruck eines Exkurses zum homiletischen Gedankengang. Unverkennbar spricht aus ihnen die typische theologische Denkart des Hebr., wobei erneut deutlich wird, daß Kap. 13 in innerer Beziehung zu den vorausgehenden Darlegungen steht. In diesem Zusammenhang wird man auch beachten, daß V. 11 noch einmal im Sinne der größeren Gesamtthematik über den Hohenpriester gehandelt wird. V. 15 kann mit dem situationsbezogenen Aufruf zum „Lobopfer" wiederum in sehr typischer Weise ein Hallelmotiv anklingen (s. Ps. 116,17). Auch die gegebene Interpretation weckt derlei Assoziationen (s. Ps. 111,1; Ps. 118,1. 21. 28). Überhaupt gewinnt die Gemeinde auf Grund verschiedener Hinweise etwas an Anschaulichkeit (s. V. 7. 9. 17), was erneut zu der Annahme nötigt, daß der Verfasser über ihre Lage doch wohl näher im Bilde war.

18-25 Die persönlichen Bezüge nehmen im eigentlichen Briefschluß (V. 18-25) überhand. Ohne Zweifel hängt an ihrer Klärung sehr viel, wenn freilich das literarische Rätsel des Hebr. immer bestehen bleiben wird. Die Berührungen mit dem Briefformular des Paulus und der Paulusschule sind an dieser Stelle jedenfalls besonders eng. Wir nennen: den Aufruf zur Fürbitte (V. 18; vgl. 1.Thess. 5,25 u. a.), die Eröffnung persönlicher Vorhaben (V. 19 und 23; vgl. Röm. 15,32; 1.Kor. 16,17f.), einen bekenntnishaften Segenswunsch (V. 20; vgl. Röm. 15,33; 16,20; 2.Kor. 13,11; 1.Thess. 5,23), den Brief betreffende Anliegen (V. 22; vgl. 1.Thess. 5,27; 2.Kor. 13,10), Grußaufträge (V. 24; 1.Thess. 5,26; 1.Kor. 16,19f.) und endlich den Gnadenwunsch (V. 25; 1.Kor. 16,23; 2.Kor. 13,13). Die Übereinstimmungen sind weitgehender und typischer Art, so daß sich die Frage nach den gemeinsamen geschichtlichen Voraussetzungen mit Nachdruck anmeldet.

Wie der Christ sich verhalten soll 13,1-6

1 Die Bruderliebe soll bleiben! 2 Die Gastfreundschaft unterlaßt nicht, denn durch sie haben einige ohne ihr Wissen Engel beherbergt! 3 Gedenket der Gefangenen als Mitgefangene, der Geplagten als die ihr selbst auch im Leibe seid! 4 Achtet die Ehe in jeder Hinsicht hoch und das Ehebett sei unbefleckt! Unzüchtige und Hurer wird Gott nämlich richten! 5 Das Verhalten sei frei von Geldgier, indem ihr euch am Vorhandenen genügen laßt, denn er selbst hat gesagt: „Ich will dich nimmermehr aufgeben und dich nimmermehr verlassen", 6 so daß wir getrost sprechen: „Der Herr ist mein Helfer; ich will mich nicht fürchten. Was kann mir ein Mensch tun?"

V. 5: *5.Mose 31,6.8 und 1.Mose 28,15; vgl. auch Jos.1,5;* V. 6: *Ps.118,6.*

Die christliche Gemeinde bedarf der lehrhaften und nicht weniger der sittlichen 1
Unterweisung. Neben der Aufgabe, das Geheimnis des Christusglaubens zu erfassen und zu verstehen, meldet sich immer auch die andere an, mit ihm das Leben zu durchdringen und zu gestalten. Abgesehen von der Tiefe der Darlegung wird rechte Predigt daran zu erkennen sein, ob sie imstande ist, das für die Lebensführung Wesentliche zu sagen. Die Aufforderung, der Bruderliebe wie bisher nachzukommen, berührt sich nur formal mit einem Hauptgedanken der traditionellen, philosophischen Sittenlehre. Inhaltlich wird damit sofort auf das Eigentliche, wovon das christliche Leben ausgefüllt und bestimmt sein soll, hingelenkt. Was in der hellenistischen Welt primär als Bruder- und Geschwisterliebe ebenfalls hohe ethische Bedeutung hat, wird im Denken der Urchristenheit zum herausragenden Kennzeichen eines die Bande des Blutes sprengenden Verhaltens. „Bruderliebe" soll sich im Rahmen des Gemeindelebens und des gemeinsamen Gottesdienstes Betätigung verschaffen. Das Zeugnis der meist gemeindlich bezogenen Briefe liefert eindrucksvolle Belege (1.Thess. 4,9; Röm. 12,10; 1.Petr. 1,22; 3,8; 2.Petr. 1,7). Vielsagend ist auch die häufige Aufforderung zum gemeinsamen „Bruderkuß" am Schluß der Paulusbriefe (Röm. 16,16; 1.Kor. 16,20; 2.Kor. 13,12; 1.Thess. 5,26; 1.Petr. 5,14). Sicherlich wäre es falsch, die Mahnung darauf zurückzuführen, daß der Hebr. in der augenblicklichen Lage den Verfall der „brüderlichen" Ordnung befürchtet. Die betonte Hervorhebung des „Soll bleiben" geht vielmehr davon aus, daß die Bruderliebe bisher ein konstitutives Moment des Gemeindelebens gewesen ist. Wenn im 2
gleichen Atemzug die Aufforderung ergeht, die Gastfreundschaft ebenfalls nicht in Vergessenheit geraten zu lassen, so wird damit ein zusätzlicher Gesichtspunkt eingebracht. Was modernes Denken vielleicht nicht unmittelbar beschäftigt, war in der antiken Gesellschaft von durchaus primärer Bedeutung. Gastfreundschaft hatte in der griechischen Welt ebenso wie einst in Israel den Rang einer heiligen Ordnung. Was im Sog eines allgemeinen Sittenverfalls zum Problem geworden sein mag, gewann in der christlichen Gemeinde neue vorbildliche Gestalt (s. Lk. 10,5 ff.; Tertull., De praescript. 20). Man ist außerdem in der Lage, hierfür eine neue Begründung abzugeben und zwar unter Hinweis auf das Zeugnis des Alten Testaments (1.Mose 18,3; 19,2 ff.). Berichtet es nicht davon, daß Abraham und Lot Engel beherbergten, ohne deren göttliches Wesen, was auch Philo betont (De Abr. 107 ff.), zu erkennen? Der Verfasser denkt wahrscheinlich vor allem an diese Erzählungen (weniger an Ri. 13 und Tob. 5-12), verbleibt aber bewußt bei Andeutungen, um die

Leser gedanklich zu verlocken, es auf eine ähnliche Erfahrung ankommen zu lassen. Ohne ausdrücklich darauf hinzuweisen, will er dem Wort und der Zusage Jesu (Mt. 25,38.40; auch Mt. 10,41 ff.) Geltung verschaffen. Gedanklich liegen Berührungen mit Philo vor, der ebenfalls die durch Abraham bewiesene Gastfreundschaft als „Betätigung der Menschenliebe" ausgibt. Vermutlich steht hinter der Aussage des Hebr. das Anliegen, den „Gottesboten", die diese Welt im Dienste Gottes durchziehen, den Weg zu ebnen. Stand er ihnen nahe? Gehörte er selbst zu einem solchen
3 Kreis? Wir halten es für wahrscheinlich. Ein zweigliedriger Mahnspruch dehnt das Verhalten der Bruderliebe auf das sicherlich spezielle Erfordernis der Gefangenenfürsorge und der gegenseitigen Hilfe bei gewalttätiger Unterdrückung aus. Die Aufforderung „Gedenket!" will selbstverständlich nicht nur die ideelle Unterstützung, Fürbitte u. ä., sondern vor allem auch die tätige Liebe, worüber der Wortlaut nicht den geringsten Zweifel läßt. Bloßes Eingedenksein wäre in echter Notsituation alles andere als christlich. Der Gedanke des Mitleidens mit dem Bruder findet vor allem bei Paulus immer wieder Ausdruck (Röm. 8,17; 12,13; 1. Kor. 12,26; Kol. 4,18). Jedes Glied des Leibes Christi hat für das andere einzustehen (1. Kor. 12,25). Viele Texte aus frühchristlicher Zeit legen eindrucksvolles Zeugnis ab für bewiesene Solidarität (s. bes. Phil. 4,10 ff.; 1. Klem. 59,4; Ign., Smyrn. 6,2; vgl. auch Lukian, De mort. per. 12). Die Gemeinde des Hebr. hatte ihre Bewährungsprobe bereits abgelegt (10,34), doch war die Lage wohl weiterhin kritisch geblieben. Schwerlich kann die Notiz, die sehr grundsätzlich gehalten ist, auf eine der bekannten größeren
4 Verfolgungen der urchristlichen Zeit bezogen werden. Mit V. 4 wendet sich das Interesse dem Schutz der ehelichen Liebe zu, die durch Unzucht und Ehebruch gefährdet ist. Die Ehe ist mehr als nur legitimierte Geschlechtsgemeinschaft, nämlich in gewisser Hinsicht die engste Form mitmenschlichen Zusammenlebens. Da an ihrem Bestand die Weitergabe des Lebens und die Grundordnung der menschlichen Gesellschaft hängen, ist sie im Alten und Neuen Testament Gegenstand des göttlichen Rechtes. Der Mensch, der sie als Grundordnung zerstört, wird vor Gott schuldig und untersteht seinem künftigen Gericht. Das entschiedene Ethos der urchristlichen Gemeinde gerade auf diesem Sektor ist bekannt. Man verknüpfte damit den Tatbestand der Glaubwürdigkeit vor der heidnischen Umwelt, die sich weithin in einem Zustand sexueller Verwahrlosung befand. Der Sittenverfall war vor allem in den Großstädten ein ernsthaftes Problem. Indem die Mahnung „Ehe" und „Ehebett" ins Auge faßt, wird die Institution und die persönliche Bindung gleicherweise zur Aufgabe christlichen Verhaltens gemacht. Die Wendung „in jeder Hinsicht" wendet sich gegen alle Formen der Herabwürdigung, die bildliche Redeweise vom „unbefleckten Ehebett" verurteilt speziell den ehebrecherischen Umgang (zum gesamten Komplex vgl. auch 1. Kor. 5,9 ff.; 6,13 ff.; 7,1 ff.; 1. Thess. 4,1 ff.).
5 Die Warnung vor Habsucht, eine andere Form egoistischer Gier, schließt sich an. Der Christ sollte vielmehr die Haltung der Selbstgenügsamkeit aufbringen, weil sie allein dem Vertrauenscharakter des Glaubens gemäß ist. Kein Zweifel, daß sich derlei Gedanken gleichfalls in der philosophischen Ethik der Zeit finden. Das Wissen darum ist nicht beschränkt. Sehen wir recht, dann geht das christliche Denken aber, trotz gleicher Überlegung, von anderen Voraussetzungen aus. Nicht negative Kriterien geben den Ausschlag, sondern die positive Tatsache, daß das neubegrün-

dete Gottesverhältnis durch absolutes Vertrauen gekennzeichnet sein darf und damit auch die Freiheit von den materiellen Gütern ermöglicht. Der Hebr. beruft sich in diesem Sinne auf das Zeugnis der Schrift, das sich im ersten Fall (5.Mose 31,6.8 und 1.Mose 28,15 scheinen wie bei Philo, De conf. ling. 166, kombiniert zu sein) in typischer Weise, nämlich als Rede Gottes selbst, im zweiten Fall aber an bezeichnender 6
Stelle findet (Ps. 118!). Man wird nicht überhören, daß das letzte Zitat zugleich Mut machen will für den Fall neuerlicher Bedrückungen, wobei weniger eine staatliche Maßnahme zur Debatte steht, als vielmehr der Tatbestand persönlicher Anfeindungen oder Verleumdungen.

Versuchen wir an dieser Stelle ein erstes Fazit zu ziehen: Dieser Sinnabschnitt ist keineswegs ausschließlich traditionell-katechetisch bedingt, sondern hat deutlich einen Bezug zur Gemeinde des Hebr. Andeutungsweise zeichnet sich ab, daß ihr Menschen zugehörten, die in einem größeren städtischen Gemeinwesen zu Hause waren. Ihre Probleme resultierten samt und sonders aus einem gewissen Wohlstand.

Was die Gemeinde beachten soll 13,7-17

7 Habt eure Vorsteher im Gedächtnis, die euch das Wort Gottes gesagt haben! Habt den Ausgang ihres Wandels vor Augen und ahmt ihren Glauben nach! 8 Jesus Christus, gestern und heute derselbe, ist es auch in Ewigkeit! 9 Durch schillernde und fremdartige Lehren laßt euch nicht irreführen! Denn es ist gut, daß das Herz durch Gnade gefestigt werde, nicht durch Speisen, wodurch die keinen Nutzen hatten, die damit lebten. 10 Wir haben einen Opferaltar, von dem zu essen die keine Vollmacht haben, die ihren Dienst im Zelt verrichteten. 11 Die Leiber der Tiere nämlich, „deren Blut für die (Tilgung der) Sünde" durch den Hohenpriester „in das Heiligtum gebracht wird", werden „außerhalb des Lagers verbrannt". 12 Darum litt auch Jesus, damit er durch sein eigenes Blut das Volk heiligte, „außerhalb des" Tores. 13 So laßt uns denn zu ihm hinausgehen „außerhalb des Lagers" und seine Schmach tragen! 14 Denn wir haben hier keine bleibende Stadt, sondern wir streben nach der zukünftigen. 15 „Laßt uns" also durch ihn allezeit „Gott ein Lobopfer darbringen", d. i. die „Frucht der Lippen", die seinen Namen preisen! 16 Wohltun aber und Gemeinsinn vergeßt nicht! An eben diesen Opfern hat Gott Wohlgefallen. 17 Gehorcht euren Vorstehern und seid folgsam; denn sie wachen für eure Seelen als solche, die Rechenschaft geben werden, (es geschehe) damit sie dies mit Freuden tun und nicht seufzen. Denn dies wäre für euch zum Schaden.

V. 11: *3.Mose 16,27;* V. 15: *Ps.116,17, Ps.50,14; Hos.14,3.*

Müssen die Christen der angeschriebenen Gemeinde darauf gefaßt sein, daß auch 7
künftig Anfeindungen nicht ausbleiben, so bedeutet es für sie eine Hilfe, wenn sie ihrer früheren Vorsteher, wörtlich: „Führer", eingedenk sind (zum Begriff vgl. 1.Klem. 1,3; 21,6; Herm. Vis. 2,2,6 u.a.). Haben sie nicht in Wort und Tat für die Wahrheit der Christusbotschaft Zeugnis abgelegt? Es scheint, daß der Hebr. frühere Verantwortliche meint (s. bes. V. 17.24), die neben der Aufgabe der Gemeindeführung auch in entscheidender Weise dem Verkündigungsdienst nachgekommen waren. Da sie bekannt sind, kann auf Namen verzichtet werden. In technischer urchristlicher Rede heißt es von ihnen, daß sie „das Wort Gottes gesagt haben" (Apg. 4,31; 8,25; Mk. 2,2; Phil. 1,14; 1.Petr. 4,11 u.a.). So kann im Grunde nur ein

christlicher Missionar schreiben. Vermutlich klingt an, daß die Verkündigung jener Vorsteher von elementarer Bedeutung für die Anfänge der Gemeinde war (vgl. z.B. 1.Kor. 16, 15 ff.). In bündiger Sprache handelt die Wendung demnach von dem, was Grund, Voraussetzung und Inhalt des Glaubens ist. Damit wird gesagt, daß sich die Gemeinde in einer größeren Verkündigungsgeschichte wissen darf. Was das Tatzeugnis jener Gemeindevorsteher betrifft, so zielt die umständlich-feierliche Redeweise vom „Ausgang ihres Wandels" auf beispielhaft bewiesene Glaubenstreue. Sicherlich braucht keineswegs der Märtyrertod dieser Gruppe gemeint zu sein, wogegen wohl auch 12,4 spräche, wohl aber das vorbildliche Verhalten in einem zugemuteten Lebens- und Leidenskampf, woraus die Christen Kraft und Trost schöpfen können. Bedenkt man den Tatbestand einer jüdischen Christengemeinde, so liegt es näher, an gewisse Auseinandersetzungen mit der synagogalen Ortsgemeinde zu denken. Indem der Hebr. darauf zu sprechen kommt, bringt er überdies zum Ausdruck, daß er den Verstorbenen persönlich eng verbunden gewesen ist. Reicht also sein Dienst bis in die Anfänge der Gemeinde zurück? Mit der Möglich-
8 keit ist zu rechnen. Unmittelbar aus V. 7 erwächst die bekenntnisartige Formel V. 8. Sie hält zweierlei fest, nämlich einmal das Christus-sein Jesu und zum andernmal seine gottgleiche Unveränderlichkeit. Der einprägsame Satz ist keine eingeworfene liturgische Formel, sondern hat wahrscheinlich einen aktuellen Bezug, wird doch allenthalben in unserem Schreiben die Notwendigkeit betont, am „Bekenntnis" festzuhalten. Die Aussage, daß der gekreuzigte Jesus der Christus ist, war für die Synagoge ein überaus anstößiger Satz (s. 1.Kor. 1, 23). Das Zeugnis, daß er überdies gottgleichen Rang als „derselbe" gestern, heute und morgen besitzt, bedeutete darüber hinaus eine unerhörte Provokation. Wie die Formel lautet, ist sehr wahrscheinlich darin für Christus (s. auch Offb. 1, 8) in einprägsamer Weise (vgl. z.B. Homer, Ilias I, 70) die Wahrheit des in 2.Mose 3, 14 geoffenbarten Namens beansprucht, wonach Gott als der Allein-Seiende (s. Philo, De vit. M. I, 75) Vergangenheit, Gegenwart und Zukunft umgreift (Sir. 38, 22). Ist aber Inhalt des Bekenntnisses in so betonter Weise Christus, dann steht er als Garant für ein neues Gottesverhältnis und eine neue Gotteswahrheit. Möglicherweise hat V. 8 seinen „Sitz im Leben" in den mannigfachen liturgischen Formeln des österlichen Festes (s. Ps. 111, 10; 113, 1 ff.; 136, 1 ff.). Die Gemeinde soll wissen, daß Christus, der sich im Leben der erwähnten Vorsteher als der Lebendige erwiesen hat, auch ihr Herr jetzt (s. 3, 7 „Heute") und für alle Zeit ist. Als Anfrage bleibt, wie sie seiner Treue entspricht.
9 V. 9 bringt den Gedanken ein, sich ja vor falschen und verlockenden Lehrmeinungen zu hüten. Zur Eindeutigkeit des Bekenntnisses gehört die Festigkeit des Standpunktes. Es scheint, daß die Leser und Hörer zufolge der Gemeindeverhältnisse im besonderen gefährdet waren. V. 9 b spricht in keiner Weise von Kultmählern. Aus dem Zusammenhang und der nachgeholten Begründung geht hervor, daß Speisevorschriften, die bekanntlich im Leben des jüdischen Frommen infolge der gesetzlichen Weisungen überaus bedeutungsvoll waren, zum Problem geworden sein können. Vor allem asketische Motive waren imstande, die Haltung entscheidend zu bestimmen (s. Röm. 14, 13 ff. 20 ff.; 1.Kor. 8, 9 ff.). Dabei führte alle Auseinandersetzung über die Frage Rein oder Unrein, Erlaubt oder Unerlaubt, Tauglich oder Untauglich (s. 3.Mose 17) in einen ausweglosen Dschungel von Satzungen und

Meinungen. Für eine judenchristliche Gemeinde verschärfte sich das Problem durch
den Sachverhalt des gebotenen brüderlichen Zusammenhalts mit den Heiden-
christen. Mit fast paulinischer Prägnanz hält V.9b fest, daß die nötige Festigkeit des
Herzens nur durch Gnade gewonnen wird, nicht durch die Einhaltung vielfältiger
und unangemessener Vorschriften. In klarer Rede stellt er das Geschenk einfachen
Glaubens dem menschlichen Bemühen entgegen, aus Heilsverlangen skrupulös oder
sophistisch Satzungen zu befolgen. Derlei religiöses Streben ist ohne Nutzen für den
einzelnen und vom Kern der Christuswahrheit her zu verwerfen (s. ähnlich Ign.,
Magn. 8,1). Zum besseren Verständnis der vom Hebr. in Frage gestellten Position
sei angemerkt, daß das Judentum der Diaspora auf gemeinsame Mahlzeiten zur
Festigung der Gemeinschaftsbande großen Wert gelegt hat (s. Josephus, Ant. 14,10,8;
Philo, De vit. M. II,42). Dabei handelt es sich in keiner Weise im eigentlichen Sinn
um Kultmahle oder Opfermahlzeiten, sondern – wie im Falle des Passamahls hin-
reichend bezeugt – um festliche Zusammenkünfte ohne Opfercharakter. Verständ-
licherweise besaß von daher zugleich auch das Erfordernis der „tauglichen Speise“
im religiösen Denken erhebliches Gewicht. Eben darauf nimmt der Hebr. Bezug,
was die Auslegung nicht übersehen sollte. Verständlicherweise konnte das tradi-
tionelle Denken nicht ohne Rückwirkungen auf die judenchristliche Verhaltensweise
bleiben. Der „tauglichen Speise“ konnte nur zu leicht ein besonderer Heilswert zu-
gesprochen werden, wogegen der Hebr. ein eindeutiges Votum für nötig erachtet.
Eine zusätzliche Stellungnahme, die zu den schwierigsten Abschnitten des Briefes 10
zählt, beginnt mit V.10. Sie beruht auf der Idee, daß alle die, welche am levitischen
Opferkult teilnehmen, sich selbst um den Vorzug des neuen Bundes bringen. Damit
wird von der aktuellen Fragestellung her noch einmal an die früheren Überlegungen
angeknüpft. Der Verfasser des Briefes argumentiert grundsätzlich. Was er sagt, ist
nicht nach gemeinten Einzelheiten hin zu befragen. Der Ton liegt darauf, daß die
„im Zelt Dienenden“ als Repräsentanten des alten Bundes kein Recht besitzen, vom
„Altar“ der Christen zu essen. Was meint die Rede vom „Altar“? Den „Abendmahls-
tisch“ oder das „Kreuz Christi auf Golgatha“ als den von Gott in diese Welt hinein-
gestellten Opfer- und Sühnealtar? In Anbetracht des gottesdienstlich-liturgischen
Bezugs der Briefaussagen sollte man wahrscheinlich keine Alternative aufstellen,
zumal auch in der judenchristlichen Gemeinde der Begriff der Eucharistie nicht am
sakramentalen, sondern am spirituellen Opfer orientiert war und zwar in Antithese
zum jüdischen Opferdenken (s. Mal. 1,10f.). Daraus folgt, daß in V.10 der Begriff
des „Opferaltars“ geistlich vom Opfer Christi zu verstehen sein dürfte (s. 7,27;
9,14.28), die Redeweise „von dem wir essen“ aber realistisch von der eventuell
sogar: sakramentalen Feier der Christen. Zweifellos kann die Wendung „von dem
wir essen“ nicht nur bildlich gemeint sein. Von dieser Auslegung her empfangen
dann auch die folgenden Verse eine gewisse Erhellung, bezeichnen sie doch unmiß-
verständlich einen konkreten Aufruf in einer vorgestellten bestimmten liturgischen
Situation (s. V.15). Dabei soll die Gemeinde getrost und entschieden vom falschen
Opfer, das nichts nützt, zum rechten „Lobopfer“, woran Gott Gefallen hat, gebracht
werden und zwar nicht nur symbolisch, sondern wahrscheinlich überdies im
Geschehen einer gottesdienstlichen Handlung. V.11 begründet in bekannter typo- 11
logischer Betrachtungsweise, warum der am alten Bund und seinem Opfer aus-

gerichtete Mensch ohne Rechte ist im Blick auf die Anteilhabe an dem im Kreuz niedergelegten Heil. Nach der alttestamentlichen Gesetzesordnung (s. 3.Mose 16,27) wurde beim feierlichen Sühnopfer des Versöhnungstags ausschließlich das Blut der Tiere in das „Heiligtum", gemeint ist: in das Allerheiligste gebracht, das Fleisch dagegen wurde bei diesem Opfer höheren Grades dem Genuß der Priester entzogen
12 und „außerhalb des Lagers" verbrannt. V. 12 treibt, sicherlich etwas überraschend, den Gedankengang antitypisch weiter. Jesus als Gegenbild zum Sündopfer des großen Versöhnungstages mußte ebenfalls außerhalb des heiligen Bezirks, historisierend heißt es sogar: „außerhalb des Tors", „leiden". Und eben dies bedeutet: die Priester, die ihr Opfer nach Weise des alten Bundes darbringen, sind von seinem Opfer wie durch einen Abgrund geschieden. Sie haben sich jeder Vollmacht hierüber entäußert. Für das Heil des Volkes wurde damit ein völlig neuer Grund gelegt, der in keiner Weise mehr über den Umweg des alten Bundes mit seinem Opferkult und seinen rituellen Mahlzeiten erreichbar ist. Christus hat als Ausgestoßener den Tod erlitten (s. 3.Mose 24,14; 4.Mose 15,35ff.), woraus hervorgeht, daß damit die
13 Situation eine vollkommen gewandelte ist. Wer das Heil sucht, soll nicht nur zu ihm hinausgehen, sondern muß auch seine Schmach tragen. Aus der Formulierung läßt sich entnehmen, daß die gesamte Gemeinde ihren Platz bei ihm einnehmen soll. Demnach kann auf die Trennung von der Synagoge nicht verzichtet werden. Sie ist
14 unerläßlich, weil dem Wesen der neuen Glaubenswirklichkeit allein gemäß. Das Irdische, das in Gestalt des alttestamentlichen Bundes nur unvollkommen und befristet vorliegt, wird vom Himmlischen abgelöst werden, und durch Jesus wurde der Zugang zu dem, was ewig und unvergänglich ist, freigelegt. Bemerkenswerterweise hat Philo (De gig. 54) die Wendung „außerhalb des Lagers" ähnlich typisch auf die Welt der Offenbarung Gottes bezogen. Welche Konsequenzen ergeben sich für die gegenwärtige Situation? Die alttestamentlichen Opfer, die zur Zeit noch dargebracht werden (s. die präsentischen Aussagen V. 9b. 10b), sind durch die Hingabe Jesu abgelöst und überholt, weil sie sich als unfähig erweisen, die letzte Wirklich-
15 keit zu vermitteln. Gott aber will gerade deshalb ein reines Opfer, das „Lobopfer" als „Frucht der Lippen", worin der Mensch stets unmittelbar zu seinem Schöpfer und Erlöser sein darf. Der „Lobpreis Gottes" gehört zur Existenz der Erretteten, die in der Gewißheit seiner befreienden Gegenwart leben (s. bes. Ps. 111,1 und 118,1). Diese Unmittelbarkeit wurde hergestellt „durch ihn", d. h. durch den vor den Toren Jerusalems gekreuzigten Christus (V. 12f.). Damit ist der Hebr. nicht ohne Berufung auf das alttestamentliche Zeugnis zu einer umwälzenden Erkenntnis gelangt. Begegnet darin auch der Gedanke, daß das Lob Gottes das wahre und rechte Opfer des Menschen sei (s. Ps. 50,14.23; bes. Ps. 116,17), womit Philo übereinstimmt (De spec. leg. I, 271f. u. a.), so bleibt doch von dem Hebr. festgehalten, daß in Wahrheit nur das Verhältnis zum geschichtlichen Opfer Christi die ungeteilte und dauernde Auslieferung des Menschen bewirkt. Er weiß, daß letztlich nur ein empfangenes einmaliges Geschenk das Leben zur Hingabe befreien kann. Das Lobopfer des alten Bundes bestand in eßbaren Gaben und Früchten (3.Mose 7,11ff.), nun erwartet Gott den Lobpreis als „Frucht der Lippen" (s. Hos. 14,3), nämlich als Ausdruck für ein ganz und gar ihm unterstelltes Leben. Das Lobopfer des Mundes wäre aber heuchlerische Phrase, stünde ihm nicht das Opfer der Hände zur Seite.

So wie schon Jesus die Gottes- und die Nächstenliebe unauflöslich verknüpft hatte, 16
so auch durchweg die apostolische Unterweisung, in deren Gefolge V. 16 steht. Die synonyme Wendung „Wohltun und Gemeinsinn" meint die materielle Unterstützung des notleidenden Mitmenschen, vor allem natürlich im Rahmen der christlichen Gemeinschaft. Der von uns mit „Gemeinsinn" übersetzte Begriff steht bei Paulus mehrfach technisch für die als Aufgabe betrachtete Kollektensammlung (Röm. 15, 26; 2. Kor. 9, 13). Ähnlich dürfte der Hebr. eine finanzielle Beteiligung an der allgemeinen Wohltätigkeitsarbeit im Blick haben, worin die frühchristlichen Gemeinden zweifellos wie die Synagoge Vorbildliches geleistet haben. Daß derlei „Opfer" Gott gefallen, kann auch gelegentlich Paulus dankbar bezeugen (Phil. 4, 18). Hier wie dort ist aber gleicherweise der Gedanke der „guten Werke", der die altjüdische private Wohltätigkeit nachdrücklich bestimmt hat, zugunsten einer neuen Betrachtungsweise abgelöst, die nicht den Pflicht-, sondern den Dankescharakter betont. Die Mahnung „vergeßt (ferner) nicht" erweckt den Eindruck einer sehr zurückhaltenden Formulierung. Sie erinnert nicht an einen Mangel, sondern ermutigt zum beharrlichen Weitermachen (s. schon 6, 10). Die Gemeinde hat es bis zur Stunde kaum an einem guten Beispiel fehlen lassen. Dennoch war es gewiß nicht verkehrt, den zum Gottesdienst versammelten Christen auch dieses Anliegen ausdrücklich zu unterbreiten (vgl. 1. Kor. 16, 1 ff.). Am Schluß der stärker gemeindlich 17
ausgerichteten Überlegungen richtet sich der Blick erneut auf die Ordnungskräfte (s. schon V. 7). Man schuldet den „Vorstehern" Gehorsam, denn keine Gemeinschaft kann ohne Führung und Unterordnung bestehen. Der Begriff des „Vorstehers" scheint auf eine stärker synagogale Organisationsform zu deuten, was mit den übrigen Beobachtungen gut zusammenstimmt (s. auch Apg. 15, 22; Lk. 22, 26). In überaus typischer Formulierung wird gesagt, daß es um die Befolgung von Anweisungen geht, nicht also um Unterordnung schlechthin. Andererseits ist zugleich zum Ausdruck gebracht, daß die Bindung als eine zweiseitige angesehen werden muß. Den „Vorstehern" ist schwerste Verantwortung auferlegt, sind ihnen doch nicht nur Personen, sondern „Seelen" anvertraut, über die sie vor Gott Rechenschaft abzulegen haben (s. Lk. 16, 1 ff.). „Wachen" kann Schlaflosigkeit bedeuten, wenn Verantwortung ernst genommen wird. Kein Zweifel, daß die Formulierung das Pflichtgefühl der Gemeindevorsteher ansprechen möchte! Zugleich wird auf seiten der Gemeindeglieder das Verständnis dafür geweckt, daß das geistliche Amt, in rechter Weise ausgeübt, stets verzehrender und aufreibender Dienst ist. V. 17b faßt dies im Blick auf die Angeschriebenen in Worte. Man soll den Vorstehern folgen, damit diese „mit Freuden" zur Rechenschaft bereit seien und „nicht seufzen". Anscheinend setzt der psychologisch einfühlsame Satz ein genaueres Wissen des Hebr. über die Gemeinde voraus. War es vielleicht gar zu Klagen der Verantwortlichen gekommen? Wir deuteten bereits an, daß die Möglichkeit eines von seiten der Gemeinde erbetenen „Wortes der Ermahnung" nicht auszuschließen ist. Es fällt auch auf, daß abschließend noch einmal – wie schon mehrfach (s. 6, 4 ff.; 10, 26 ff.; 12, 14 ff.) – der Ton drohenden Ernstes anklingt: „Denn dies wäre für euch zum Schaden". Der in vielsagender Weise nachklappende Satz besagt, daß ein Auseinanderleben von Gemeinde und Gemeindeleitung nicht zuletzt für jene überaus unheilvoll wäre. Das Heil steht keineswegs nur für den Einzelnen auf dem Spiel, sondern auch für die

Vielen der Gemeinschaft, in der einer auf den anderen angewiesen ist. Man hat gelegentlich richtig bemerkt, daß der Hebr. mit V. 17 aus der Perspektive der Gemeindevorsteher spricht. Andererseits wird man nicht übersehen, daß sie in die Ermahnung zu ganzer Hingabe einbezogen sind. Rechenschaft muß am Jüngsten Tag vor dem himmlischen Richter abgelegt werden (s. 6,7ff.; 10,31; 12,29). Die Höhe der Verantwortung bemißt sich nach der Größe der Bestimmung.

Ermahnung zur Fürbitte, Segenswunsch und Doxologie 13,18-21

18 Betet für uns! Wir sind nämlich überzeugt, daß wir ein gutes Gewissen haben, da wir bestrebt sind, in jeder Hinsicht recht zu wandeln. 19 Um so nachdrücklicher aber ermahne ich, dies zu tun, damit ich euch schneller wiedergegeben werde. 20 Der Gott des Friedens aber, der den großen „Hirten der Schafe" von den Toten heraufführte, „kraft des Blutes eines ewigen Bundes", unseren Herrn Jesus, 21 rüste euch mit allem Guten aus, um seinen Willen zu tun, wobei er in uns schaffe, was vor ihm durch Jesus Christus wohlgefällig ist. Ihm sei Ehre für ewige Zeiten! Amen.

V. 20: *Jes. 63,11; Sach. 9,11; Jes. 55,3; vgl. auch Ps. 111,9.*

18-25 Der letzte Abschnitt (V. 18-25) besteht aus Sätzen liturgischen und persönlichen Inhalts. Neben einer gewissen Feierlichkeit, wie sie der Größe der Sache und der Situation der gottesdienstlichen Verlesung des Briefes angemessen ist, bezeugen sie die innige Verbundenheit des Absenders mit der angeschriebenen Gemeinde. In der
18 Aufforderung zum Fürbittgebet „für uns" unmittelbar nach dem eindringlichen V. 17 kommt zum Ausdruck, daß der Hebr. die auf ihm lastende Verantwortung gleichfalls empfindet. Andeutungsweise hören wir heraus, daß er sich als führende Gestalt verstanden hat. Die Formulierung selbst läßt daran denken, daß er nicht nur als Einzelner, sondern zugleich im Namen eines Kreises schreibt, wofür vor allem der weitere Zusammenhang spricht (V. 24). Geht auch auf ihn die homiletische Darlegung zurück (V. 22), so soll doch zugleich das Schreiben dem Zusammenhang zwischen den Adressaten und einer um ihn, den Verfasser, befindlichen Gruppe förderlich sein (ähnlich 1. Thess. 5,25.27). V. 18 gibt eine ziemlich umständliche Begründung unter Verweis auf das „gute (wörtlich: schöne) Gewissen" des Verfassers und seiner Begleiter, die sich in jeder Hinsicht eines rechten Wandels befleißigen. Sind vielleicht Verdächtigungen über ihn oder seine Gruppe im Umlauf? Der Satz klingt zu hochgestimmt, als daß eine solche Folgerung erlaubt ist. Der Hebr. bekundet für sich und seine Genossen vielmehr mit Nachdruck den festen Willen, sich (weiterhin) der Fürbitte der Gemeinde würdig zu erweisen. Ist er nicht als Christ in einer heidnischen Welt unterwegs? Vielfach sind darin die Bedrohungen und Anfechtungen. Daher betrachtet er, was er anderen nahegelegt hat (s. V. 17), für sich selbst als erste Aufgabe, nämlich in seiner Lebensführung beispielhaft zu sein. Weil er es letztlich nicht aus sich selbst sein kann und nur zu gut um mögliches Versagen
19 weiß, bittet er darum, in das Gebet der Gemeinde eingeschlossen zu werden. Er tut dies um so mehr, weil er wünscht, ihr „sehr schnell" wiedergeschenkt zu werden. Offenbar halten ihn vorläufig noch besondere Umstände davon ab. Wahrscheinlich befindet er sich auf einer größeren Reise, vermutlich – wofür das Gesamtzeugnis spricht – als berühmter und begehrter Lehrer der Urchristenheit. Die Aussage V. 19

erinnert an gelegentliche ähnliche Sätze des Paulus (s. Röm. 15,30ff.). Gewiß ist aber die Ausdrucksweise am wenigsten imitiert. War also der Hebr. etwa zum Zwecke missionarischer Verkündigung unterwegs? Arbeitete er vielleicht gar mit dem Paulusbegleiter Timotheus zusammen? Nur dieser kann V. 23 gemeint sein. Oder suchte er wenigstens mit ihm, der sich in Haft befunden hatte, in Verbindung zu treten? Zumindest die letztere Möglichkeit hat ihren sicheren Anhalt am Text. Wir entnehmen ihm, daß beide Missionare zu den Adressaten in einem engen Verhältnis gestanden haben. Der Schluß ist unvermeidlich, daß die angeschriebene Gemeinde nur im Raum des großen paulinischen Missionsfeldes lokalisiert werden kann. Der Begriff des „Wiedergeschenkt-werdens" deutet darauf hin, daß der Verfasser in ihr, aller Wahrscheinlichkeit nach seit der Gründung (s. 6,1ff.), ein gewisses Heimatrecht gehabt hat. Ebenso scheint Timotheus dort besonders bekannt und verehrt gewesen zu sein. Unbegründet ist die Folgerung, der Verfasser habe sich ähnlich wie Timotheus in Unfreiheit oder Haft befunden. Was trennt und schmerzlich empfunden wird, ist die Entfremdung. Schließlich besteht zwischen den Adressaten und dem Verfasser ein seit vielen Jahren währendes Verhältnis enger Verbundenheit. Eben daraus empfing dieser die Freiheit, so offen und kompromißlos das Gebot der
Stunde aufzuzeigen. Als Gegenstück zur erbetenen Fürbitte kommt es seinerseits zu 20
einem überaus gefüllten Segenswunsch V. 20ff. In gewisser Weise bezeichnet er den theologischen Schlußpunkt des Schreibens. Was folgt, sind nur noch persönliche Aussagen, sehen wir vom Gnadenwunsch V. 25 ab. Inhalt der umfänglichen Fürbitte, die mit einer doxologischen Formel schließt, ist der „Gott des Friedens" als Urheber des in Christus, der der Sieger über den Tod ist, beschlossenen Heils (s. schon 2,14). Der Ausdruck „Gott des Friedens" stellt die Beziehung zum jüdischen Friedensgruß (hebr. *schalom*) her, der nun im Sinne einer höheren neuen Heilswirklichkeit Anwendung findet. Ein kompendiarischer Beisatz erläutert, daß eben dieser Gott den großen Hirten der Schafe kraft des Blutes eines ewigen Bundes von den Toten heraufgeführt hat. Damit wird noch einmal der Kern der theologischen Darlegungen berührt. Man hat immer darauf hingewiesen, daß allein an dieser Stelle die Auferstehung Christi erwähnt werde. In der Tat! Nun, da die Voraussetzungen dieses ureigensten Themas christlicher Verkündigung klargestellt sind, nämlich Jesu Sterben und Opfer, kann davon auch bekenntnishaft gesprochen werden. Die Grundeinsicht aber bleibt gewahrt. Jesus ist der auferstandene Lebendige wegen seines Todes, wörtlich: „im Blut des neuen Testamentes". Wenn es im einzelnen heißt, daß Gott ihn aus den Toten „heraufgeführt hat", so ersteht vor den Augen des Lesers noch einmal das Bild des Anfängers und des Vollenders (s. 2,10; 12,2). Mit der umschreibenden Wendung „großer Hirte der Schafe" aber klingt an, daß Jesus alle Herrschererwartung Israels und der Völker zur Erfüllung gebracht hat. Der durch sein Blut besiegelte „Neue Bund" sprengt die nationalen Schranken, wie auch der von Jesus vorgelebte Glaube und Gehorsam jedermanns Sache sein kann. Von Mose, der großen Führergestalt Israels, der ebenfalls gelegentlich als „Hirte der Schafe" gerühmt wird (s. Jes. 63,11), unterscheidet er sich grundlegend, weil er nicht nur wie jener seinem Volk gedient, sondern den absoluten Gehorsam des Sohnes geleistet hat. Daher ist er „großer Hirte" als „großer Priester" (10,21), nicht etwa als das „Ideal eines Königs" (so Philo, De vit. M. I,61ff.). In der Folge

nennt ihn der Hebr. „unseren Herrn Jesus". Dankbar bekundet er auf diese Weise, was der bestätigte Gekreuzigte für ihn ist: Inhalt und Mitte allen Gebets und aller
21 Verehrung. In ihm hat Gottes Friedenswerk mit der Welt seinen Grund. Ist dies die Wahrheit, die zu erkennen der Glaube ermöglicht, dann darf die Gemeinde wissen, daß Gott aus allen Schwierigkeiten zu helfen vermag, vor allem aber, daß er sie „zu allem Guten" befähigen werde. Was der philosophischen Betrachtung oft schwer fällt zu bestimmen, empfängt im biblischen Raum seine klare Definition: „Gut" ist das Tun des Willens Gottes, der keine unerkennbare, sondern eine mit Jesus Christus geoffenbarte Größe darstellt. Er umgreift, „was vor Gott durch Jesus Christus wohlgefällig ist". Wußte das Volk Israel um den Willen auf Grund des Gesetzes, so besitzt die neutestamentliche Gemeinde die entscheidende Weisung in der Stimme und im Wort Jesu (s. Mk. 10,17ff.; 12,28ff.). Die Fassung des Segenswunsches berührt sich inhaltlich u.a. mit Phil. 1,6. Der doxologische Lobpreis Gottes (kaum: Christi) mit dem bekräftigenden Amen hat ebenfalls paulinische Parallelen (s. Gal. 1,5; Röm. 16,27 u.a.). Christliches Leben kann letztlich nur als theozentrische Existenz begriffen werden. Aus dem persönlichen Gottesbezug erwachsen Kräfte, die uns das Leben, mag es noch so begrenzt und fraglich sein, dankbar bejahen lassen.

Persönliches Begleitwort und Gnadengruß 13,22-25

22 Ich ermahne euch aber, Brüder, die Rede des Zuspruchs anzunehmen. Ich habe euch auch nur in Kürze geschrieben. 23 Nehmt zur Kenntnis, daß unser Bruder Timotheus freigelassen wurde, und ich mit ihm, kommt er schnell genug, euch sehen werde. 24 Grüßt alle eure Vorsteher und alle Heiligen! Euch grüßen die aus Italien: 25 Die Gnade sei mit euch allen!

22-25 Die V. 22-25 erwecken den Eindruck eines ganz persönlichen Begleitwortes. Möglicherweise hat sie der Verfasser selbst geschrieben, wogegen der Brief mit Hilfe eines Amanuensis (= Schreibers) gefertigt sein dürfte. Bei längeren Schreiben war die Mitarbeit eines Sekretärs, wie wir wissen, allgemeine Praxis (vgl. Röm. 16,22). Zugleich aber war es üblich, daß der Absender einen eigenhändigen Schlußvermerk
22 anbrachte. Für V. 22 beachten wir die nochmalige sehr vertraute Anrede „Brüder" und überhaupt die sehr persönlich formulierte Bitte, doch das „Wort der Ermahnung" anzunehmen. Eine Predigt, die aus der Fremde zugeschickt wird und überdies von einem Lehrer stammt, der nicht selbst ein Amtsträger der Gemeinde ist, kann auf Widerspruch stoßen. Dies um so mehr, als ja auch der geistliche Zustand der Adressaten nicht völlig befriedigt. Indem für den übersandten homiletischen Vortrag die Selbstbezeichnung „Wort der Ermahnung" gewählt ist, hat der Verfasser sowohl dem Inhalt als auch der Form sachgemäßen Ausdruck verliehen (s. Apg. 13,15). Fast wie ein understatement klingt die angehängte Bemerkung, er habe nur „in Kürze" geschrieben. Gehört das Schreiben denn nicht zu den längsten des ganzen Neuen Testaments? Gewiß! Aber man darf in keiner Weise vergessen, daß das Werk keinesfalls nach unseren Maßstäben zu messen ist. Ohne Zweifel hätte noch Umfänglicheres geliefert werden können (s. 5,11), wie ja auch in Kap. 13 einige ergänzende Überlegungen angestellt sind (s. V. 10-14). Vollends verzichtet der Hebr.

auf die Beschreibung der eigenen Situation, ein Sachverhalt, der dem Wesen und
dem Anliegen des Briefes in der Tat nicht gemäß wäre (s. auch V. 18). Nur mit V. 23 23
und V. 24, und hier nun freilich an einem briefpsychologisch überaus vielsagenden
Platz, erhalten wir einen Einblick, der geeignet ist, das Dunkel wenigstens einiger-
maßen zu erhellen. Wohl um die Gemeinde in einen Zustand höchsten Glücks zu
versetzen, wird zum Schluß angezeigt, daß „(unser) Bruder Timotheus" aus einer
Gefängnishaft freigekommen ist. Langt er bald an, wird der Verfasser zusammen
mit ihm die angeschriebene Gemeinde besuchen. Also stimmt es (s. V. 19), daß Gott
Gebete erhört! Die Notiz wird verständlich, nehmen wir an, daß die Rückreise von
seiten des Hebr. bereits ins Auge gefaßt wird. Wie groß wäre das Glück, wenn
Timotheus sofort mitziehen könnte! Der Wendung „unser Bruder" läßt sich ent-
nehmen, daß der Verfasser Beziehungen zum Pauluskreis unterhält, wenn nicht gar
mit Paulus selbst bekannt gewesen ist. Um der Enge des Kontaktes auf die Spur zu
kommen, wird man sich erinnern, daß der letztere gelegentlich in ähnlicher Diktion
vom „Bruder Apollos", der wohl ebenfalls eine Schar von Mitarbeitern um sich
gesammelt hatte, sprechen kann (s. 1.Kor. 16,20). Nicht unerhebliche Fragen wirft 24
V. 24 auf, in dem der Verfasser Grüße bestellt. Daß die „Vorsteher" herausgehoben
sind, leuchtet ein, weil augenscheinlich ihre Autorität gefestigt werden soll (s. bes.
V. 17). Was aber meint die Wendung „und alle Heiligen"? Wird etwa in unklarer
Rede zum Ausdruck gebracht, daß sich die Gemeinde gleichsam selbst grüßen
möchte? Andererseits kann der Ausdruck „und alle Heiligen" sicherlich keine engere
Gruppe im Blick haben, sondern nur die gottesdienstliche Gesamtgemeinde, zu der
gewiß auch Heidenchristen gehörten. Dies nötigt zu dem Schluß, daß das persönliche
Begleitwort doch wohl ursprünglich nur eine Gruppe im Auge gehabt hat, die –
vielleicht mit einer Familie oder Hausgemeinde identisch – als spezielle Empfänger
der Homilie zu denken sind. Auch die Ankündigung V. 23b hätte dann einen sehr
bestimmten Sinn. Vielleicht gab es in der Stadt mehrere Teilgemeinden mit einer
ganzen Reihe von Vorstehern. Möglicherweise war der Verfasser nicht mit allen
bekannt. So mag er den Brief an eine befreundete Gruppe geschrieben haben, die
umfangreiche Homilie aber dürfte für alle verfaßt worden sein. Ob sich bei solcher
Lösung das Fehlen des Präskripts, das bei wiederholtem Gebrauch der Homilie weg-
gefallen sein kann, angemessen erklärt, wäre zu fragen (s. zu 1,1ff.). Kein Zweifel
aber besteht u.E. darüber, daß der letzte Satz: „Es grüßen euch die aus Italien" nur
dann wirklich einleuchtend erklärt ist, bringt man ihn nicht mit einer Gruppe in
Verbindung, die aus Italien stammt und dorthin Grüße entbietet, sondern auf eine
solche, die aus Italien schreibt. Dies um so mehr, als eine logische Beziehung zum
folgenden Gnadenwunsch besteht, der den Schlußsatz bildet und somit den Inhalt
des Grußes selbst bezeichnet. Die älteren Ausleger waren hierüber nie im Zweifel
(z.B. Chrysostomus, Theodoret u.a.). Von daher legt sich dann auch nahe, daß der 25
Hebr. einzig und allein an eine größere Gemeinde des griechischen Ostens gerichtet
gewesen sein kann (Ephesus, Korinth?). Der Gnadenwunsch ist auffallend knapp
und bündig gehalten. Ohne Näherbestimmung wird „die Gnade" zugesprochen.
„Es gibt nur eine, die, welche am ‚Thron der Gnade' zu finden ist, die das Herz fest
macht, und vor deren Verlust zu warnen des Briefes Zweck ist (4,16; 13,9; 12,15)"
(H. Strathmann).

Abkürzungen der Schriften Philos von Alexandrien

(mit Angabe der Bandzahl der deutschen Cohnschen Gesamtausgabe in römischen Ziffern)

De Abr.	= Über Abraham (I)
De aet. m.	= Über die Unvergänglichkeit der Welt (VII)
De agric.	= Über die Landwirtschaft (IV)
De cher.	= Über die Cherubim (III)
De conf. ling.	= Über die Verwirrung der Sprachen (V)
De cong.	= Über das Zusammenleben (VI)
De dec.	= Über den Dekalog (I)
De ebr.	= Über die Trunkenheit (V)
De fug.	= Über die Flucht und das Finden (VI)
De gig.	= Über die Riesen (III)
De Jos.	= Über Joseph (I)
De migr. Abr.	= Über Abrahams Wanderung (V)
De mut. nom.	= Über die Namensänderung (VI)
De op. m.	= Über die Weltschöpfung (I)
De plant.	= Über die Pflanzung Noahs (IV)
De post. C.	= Über die Nachkommen Kains (IV)
De praem.	= Über Belohnungen und Strafen (II)
De prov.	= Über die Vorsehung (VII)
De sac. A. et C.	= Über die Opfer Abels und Kains (III)
De sobr.	= Über die Nüchternheit (V)
De somn.	= Über die Träume (VI)
De spec. leg.	= Über die Einzelgesetze (II)
De virt.	= Über die Tugenden (II)
De vit. M.	= Über das Leben Mosis (I)
In Flacc.	= Gegen Flaccus (VII)
Leg. ad. G.	= Gesandtschaft an Caligula (VII)
Leg. all.	= Allegorische Erklärung des Gesetzes (III)
Quaest. in Ex.	= Untersuchungen zum 2. Mosebuch (–)
Quaest. in Gen.	= Untersuchungen zum 1. Mosebuch (–)
Quis rer.	= Wer ist der Erbe? (V)
Quod det.	= Über die Nachstellungen (III)
Quod deus	= Über die Unveränderlichkeit Gottes (IV)
Quod omn. prob.	= Über die Freiheit des Tüchtigen (VII)

Namen- und Sachweiser

Bearbeitet von Gotthold Holzhey

Da die im *Bibeltext* enthaltenen Namen und Begriffe in den zahlreich vorhandenen biblischen Nachschlagewerken aufgesucht werden können, sind in diesen Namen- und Sachweiser nur solche *Stichworte* aufgenommen, zu denen in der *Texterklärung* besondere Ausführungen vorliegen. *Die Zahlen beziehen sich demnach auf die Erklärungen zu den betreffenden Textabschnitten.* Um Wiederholungen zu vermeiden, und doch die in vielerlei inneren Beziehungen zueinander stehenden Begriffe möglichst vollständig darzubieten, sind entsprechende Hinweise gegeben, wobei der vorwärts oder rückwärts gerichtete Pfeil (→ ←) stets auf das Stichwort verweist, unter dem zu suchen ist. Die bei den einzelnen Erklärungsabschnitten hinzugefügten besonderen „Ausführungen [Exkurse]" sind mit dem Buchstaben A gekennzeichnet.

I

J

K

T

Begriffserläuterungen

Allegorese/Allegorie: Auslegungsmethode, die die Einzelzüge der Allegorie (= gleichnisartiger Redeform, bei der die erzählerischen Einzelzüge von tieferer Bedeutung sind) und andere Texte so interpretiert, daß sie jenseits des wörtlichen Sinnes eine tiefere Bedeutung erhalten
Alliteration: Stabreim, Wiederholung derselben Anlaute
a minori ad maius (lat): Schlußverfahren, das vom Kleineren, Geringeren auf das Größere, Gewichtigere schließt
antithetisch: gegensätzlich
apokalyptisch: besondere Literaturform: Offenbarung der Vorgänge des Weltendes; bezogen auf die Erwartung des Endes dieser Welt
apotropäisch: (auf magische Weise) Gefahren abwehrend und damit schutzgebend
Axiologie: Lehre von den (grundlegenden) Werten
christonom: ein auf Christus begründeter Vorgang oder Sachverhalt
dialektisch: bezogen auf Gegensätze
dualistisch: eine Position, die zwei unterschiedene Seinsweisen in Welt und Mensch annimmt (z. B. Fleisch-Geist)
ekklesiologisch: bezogen auf das Kirchenverständnis
Eschatologia crucis: Eschatologie des Kreuzes
Eschatologie/eschatologisch: die sachliche oder zeitliche Unüberbietbarkeit des göttlichen Handelns; hier im ersteren Sinne verstanden
essenisch: die jüdische Gemeinde der Essener, vgl. die Qumrangemeinde
existential/existentiell: bezogen auf Strukturen menschlichen Daseins (Existenz) bzw. deren konkrete, lebendige Ausfüllung
extra nos: „außerhalb von uns" (scil. die Unabhängigkeit und Vorgegebenheit des Heils)
haggadisch: erbaulich-erzählend auslegend (jüdisch)
homiletisch/Homilie: (hier) eine Predigtweise, die einen Text Vers für Vers auslegt
Kerygma/kerygmatisch: der Verkündigungsinhalt bzw. -gehalt
Kosmologie: Lehre von der Welt(-entstehung)
Logos: „Wort, Rede", christologischer Titel oder auch Weltprinzip
Lustration: kultische Reinigung (meist durch Wasser)
LXX = Septuaginta: griechische Übersetzung des Alten Testaments
Messianologie: die Lehre vom Messias
Midrasch-Pescher: rabbinischer Kommentar zum Alten Testament
nihilistisch: eine Überzeugung, die höhere Werte und Sinngebungen leugnet
noetisch: erkenntnismäßig, erkenntnisbezogen
Pantheismus/pantheistisch: philosophische Denkweise, die das Gesamt der Welt mit dem Göttlichen gleichsetzt
Paradox: ein Sachverhalt, der bleibend normalen Maßstäben widerspricht
parenthetisch: einen Zwischengedanken (-satz) bildend
Parusieverzögerung: die Verzögerung der endgültigen Wiederkunft Christi
Pentekoste: fünfzig Tage nach Passa (bzw. Ostern): Pfingsten
Polis: Stadt, *bzw.* griechischer Stadtstaat
Präexistenz: die Seinsweise Christi vor seinem irdischen Erscheinen
Quod non in Thora, non in mundo: Was nicht in der Thora steht, ist nicht in der Welt vorhanden
Syngeneia: (gnostischer Begriff) die Verwandtschaft des wahren menschlichen Selbst mit dem Göttlichen
teleologisch: ziel- bzw. zweckgerichtet

Theologumenon: theologische Begriffsbildung
Thora: alttestamentliches Gesetz, die fünf Bücher Mose
transzendent: was irdische Erfahrung(smöglichkeit) übersteigt; überirdisch
Typologisch/Typologese: ein Tatbestand wird als Vorabschattung eines anderen, höherwertigen begriffen; v. a. alttestamentliche Institutionen bzw. Gestalten gegenüber neutestamentlichen Institutionen bzw. Gestalten (v. a. Jesus Christus). – Typologese meint die damit befaßte Auslegungsmethode

Inhalt

Verzeichnis der Ausführungen